顧頡剛全集

顧頡剛古史論文集

卷　八

中　華　書　局

卷八目録

致胡適：論今文尚書
著作時代書[*]

適之先生：

承告古史分期大旨，極感。將來討論當秉着此旨做去。

九鼎的來源固是近于神話，但不可謂沒有這件東西。看左傳上楚子問鼎，國策上秦興師求鼎，史記上秦遷九鼎，没于泗水，恐不見全假。九鼎不見于詩書，興國遷鼎的話自是靠不住。或者即是周朝鑄的，置于東都，以爲觀耀；後人不知其所自來，震于其大，（國策云：“一鼎九萬人輓之。”）遂編造出許多説話耳。九鼎没于泗水而非銷燬，將來儘有復出的可能。

關於銅器時代的問題，哈同花園印有一部殷文存，我想買來看看，不知和甲骨文字比較之下相像否。我覺得周代始進入銅器時代的假設頗可成立，因爲發見的鼎彝多半是封國後或嗣位後鑄的宗器，可見當時看鑄金是很珍貴的。又看春秋時鑄兵器皆用銅，鐵器始見于左傳昭公二十九年晉趙鞅以鐵鑄刑鼎，繼見于孟子“以鐵耕乎”，可見用途不廣。又看古代金銅不分，銀錫二物到漢代還分不清楚，可見冶金的工藝是進得很遲的。

先生要我重提尚書的公案，指出今文尚書的不可信，這事我頗想做。前天把二十八篇分成三組，録下：

第一組：（十三篇）

---

* 原載古史辨第一册，附文同。

　　盤庚　大誥　康誥　酒誥　梓材　召誥　洛誥　多士　多方　呂刑　文侯之命　費誓　泰誓

　　這一組，在思想上，在文字上，都可信爲真。

第二組：（十二篇）

　　甘誓　湯誓　高宗肜日　西伯戡黎　微子　牧誓　洪範　金縢　無逸　君奭　立政　顧命

　　這一組，有的是文體平順，不似古文，有的是人治觀念很重，不似那時的思想。這或者是後世的僞作，或者是史官的追記，或者是真古文經過翻譯，均説不定。不過決是東周間的作品。

第三組：（三篇）

　　堯典　皋陶謨　禹貢

　　這一組決是戰國至秦漢間的僞作，與那時諸子學説有相連的關係。那時擬書的很多，這三篇是其中最好的；那些陋劣的（如孟子所引"舜浚井"一節）都失傳了。

但我雖列出這個表，一時還不能公布。因爲第三組我可以從事實上辨它們的僞，第一組與第二組我還沒有確實的把握把它們分開。我想研究古文法，從文法上指出它們的差異。但這是將來的事情。

　　對於第三組，我想做兩篇文字——禹貢作於戰國考，堯典皋陶謨辨僞——登在國學季刊的二卷或三卷上。文字的大綱如下：

（一）禹貢作於戰國考：

　　（1）古代對於禹的神話只有治水而無分州。

　　（2）古代只有種族觀念而無一統觀念。

　　（3）古代的"中國"地域甚不大。

　　（4）戰國七雄的疆域開闢得大了，故有一統觀念；交通便了，種族糅雜得多了，故無種族觀念。因此，九州之説得以成立，而秦始皇亦得成統一之功。

(5)騶衍"大九州"之説即緊接九州之説而來。

(6)"分野"之説亦由九州之説引起。

(7)九州州名及各地名之初見在何時，何書？

(8)九州州名的來歷(取義)。

(9)九州疆域與七國疆域的比較。

(10)九州州名未嘗統一，貢賦服屬之説亦未嘗統一，故呂氏春秋、爾雅、周官(逸周書)與禹貢之説均不同。

(11)所以考定禹貢爲戰國時書而非秦漢時書之故。(一，禹尚是獨立而非臣于舜；二，每州尚無一定的一個鎮山；三，不言"南交"。)

(二)堯典、皋陶謨辨僞：

(1)堯舜之説未起前的古史。

(2)春秋時的堯舜與戰國時的堯舜。

(3)一時並作的堯典、舜典(論語堯曰篇及孟子萬章篇所引)。

(4)今本堯典、皋陶謨的出現：

　　1 取事實于秦制。

　　2 取思想于儒家(禪讓)與陰陽家(五行)。

　　3 取文材于立政(三宅，九德)與呂刑(降三后，絶苗民)。

(5)堯典、皋陶謨與他書的比較：

　　1 堯典上的舜臣與論語上的舜臣。

　　2 堯典、皋陶謨上的禹與詩經、周書、論語、楚詞、禹貢上的禹。

　　3 堯典上的后稷與詩經、論語上的后稷。

　　4 堯典上的伯夷與呂刑上的伯夷。

　　5 堯典上的鯀與洪範、楚詞上的鯀。

　　6 堯典、皋陶謨上的苗與呂刑上的苗。

　　7 堯典上的五服與周書上的侯甸男衛。

（6）堯典、皋陶謨的批評：

　　1 "倒亂千秋"式的拉攏。

　　2 思想進化程序的違背：

　　　　（一）商周人的先王和上帝的神權思想與堯典等
的人治思想。

　　　　（二）商周人的威力思想與堯典等的德化思想。

　　　　（三）商周人的大邦小邦並立思想與堯典等的中
央集權思想。

（7）所以考定爲秦漢時書之故（此條或可併入第四條）：

　　1 "南交"即秦之象郡、交趾至秦始入版圖。

　　2 羲和四宅，惟西無地名，這因秦都咸陽，已在國
境西偏了。

　　3 帝號的作爲職位和稱謂始于秦。

　　4 巡狩封禪始于秦。

　　5 秦以六紀，而此之山、州、師亦均以六紀。

（8）堯典、皋陶謨雜評：

　　1 "蠻夷猾夏"係春秋時成語。

　　2 "金作贖刑"由呂刑來。

　　3 甲骨文只有"十三月"而無閏，閏名當始于周。

　　4 "日中星鳥"，"日永星火"，話説得太簡單，不能
斷爲紀元前二千四百年時確是如此。——這須請教天文
學家。

　　5 啟與禹的關係，啟與夏的關係。

　　6 皋陶與益在春秋戰國間的傳説。

　　7 契與玄王。

以上寫的節目很雜亂。請先生審定一下，如此做法適宜否？這兩
篇文字我所以要慢一點做，因爲牽涉的地方太多了，非多下些苦

工，不易做得愜心。好在我在努力上既引起了這問題，將來討論的事正多，一方面在報上與人討論，一方面即可將討論的結果隨時加入文中。到此二文刊入國學季刊時，堯舜禹在歷史上的位置不由得不推倒了。

郊祀志雖説漢高祖加一黑帝，但吕氏春秋上已把天上五帝分配好，頗不可解。我意，戰國時五行之説如此盛，天上不容不有五帝，既有青黄白赤四色，不容不有黑色。必待漢高而具五帝，誠爲可疑。或者秦王稱帝，代周而標水德，衣服旄旌節旗皆上黑，乃自居于黑帝乎？

　　　　　　　　　　　　學生顧頡剛。十二，六，一。

附

胡適：论帝天及九鼎書

頡剛：

得來信，甚慰。

關於"帝"字，我也認爲"天帝"。此字是世界最古的字，古義，"帝"與"天"當相同，正如其音之同紐。試看

梵文	deva	帝，天。
希臘	zeus	上帝
拉丁	dues	上帝
中文		帝，天。

Ｚ与ｄ相通。

五字同出一源，大概是很可能的。看郊祀志，可見許多"帝"原爲西方民族（秦民族）的天神，此是無可疑的。"帝乙"的解釋，我以爲你的説法頗可用，——如果商朝真有帝乙。此如唐有"神堯"，清有"聖祖"，並不稀奇。至如"神宗"，更不少了。

郊祀志最宜細讀。如云漢高祖加一帝而成"五帝"，此必是信史無疑。

關於古史：最要緊的是重提尚書的公案指出今文尚書的不可深信。我盼望你能抽出工夫，把猶太民族的古史——舊約——略讀一遍，可以得不少的暗示。

"九鼎"，我認爲是一種神話。鐵固非夏朝所有；銅（bronze）恐亦非那時代所能用。發見澠池石器時代文化的安特森（J. G. Andersson）近疑商代猶是石器時代的晚期（新石器時代），我想他的假定頗近是。

……（下論古史分期，見本册中編答劉胡兩先生書引。）

適。十二，五，三十。

致丁文江：詢禹貢僞證書[*]

在君先生：

前日適之先生告我，謂先生極不信禹治水之説。我擬推翻禹貢，此説極所願聞。

去年四月間，曾擬一禹貢作于戰國考之目録。今鈔在下面，請鑒正：

(1)禹治水之説的由來。

(2)古代對于禹的神話只有治水而無分州。

(3)古代只有種族觀念而無一統觀念。

(4)古代的"中國"地域甚不大。

(5)九州之説的由來及其影響。

(6)九州之説的擴大（驪衍"大九州"之説）。

(7)戰國雖有"九州"之説，但九州之説未嘗統一。

(8)九州之名的取義及其初見。

(9)九州疆域與七國疆域之比較。

此文荏苒至今未作。但即作，亦只能證明九州之説出于戰國，而禹之治水根本上無此事則力不足以説明。先生專攻地質，足跡甚廣，能從實地上證明治水之説的虛誕，于辨禹貢尤爲重要。務請有暇則著專篇，無暇則通函告我以大概，不勝盼感。

頡剛敬上。十三，二，六。

---

[*] 原載古史辨第一册，附文同。下一篇同。

附

丁文江：論禹治水説不可信書

顧頡剛先生：

禹治水之説絶不可信。江河都是天然水道，没有絲毫人工疏導的痕跡——江尤其如此。

去年同揚子江水道委員會的技師Palmer君等同赴萬縣，他對我説"就是要用現代的技術來疏導長江，都是不可能的。石器時代的禹如何能有這種能力"？

我説禹是石器時代的人，因爲我們至今没有發見夏代的銅器。

揚子江的水患絶對不能如黄河下流的利害，所以你的"南方洪水"的假設是不能成立的。但是黄河的水患也只能在下游，垣曲縣以上萬不能有洪水。龍門砥柱我都親自到過，並且略有研究。龍門是黄河出峽的口子，河面在峽中，寬不過幾十丈，兩岸的峭壁卻有一千尺多高；同長江的三峽情形一樣。一出龍門，峽谷變爲廣川，河面有二里以上。這也全是有天然的理由的，與禹毫不相干；況且龍門是天然的峽口，用不着人鑿的，也非人工所能爲力的。

砥柱又叫做三門，是因爲有兩塊火成岩侵入煤系的岩石之中；煤系軟而火成岩硬，所以受侵蝕的遲速不一樣。煤系被水沖開一丈，被風蝕低一丈，火成岩卻不過受了十分之一的影響，成功了所謂三門。與禹何涉？

所以治水的話我向來不信，不過"導江""導河"的導字應該如何講，本來是疑問。禹不能治水，不一定是不曾導河導江的憑據，因爲導字若是作"溯源"講也未始不可通。

禹貢係晚出的書，是没有疑問的。據我的朋友章演群考證

（石雅末篇），鐵是周末（最早是周的中葉）纔發見的（他的證據很多），而禹貢已經講梁州貢鐵。銅的發明比鐵還遲，而禹貢梁州貢璆鐵銀鏤，許慎訓鏤爲鋼。若許氏説的不錯，則禹貢爲戰國之書無疑。

　　這是據我所曉得的隨便寫給先生供參考，若是細細的考證起來，當然還有許多憑據。

　　聽見適之説，你在開封照了許多相（爲研究新鄭銅器用）。很希望代我印一份。不知先生能否見惠。關于新鄭發見的古物，我這里材料很多，最重要的就是一副人骨。現在李濟之博士代我研究，不久大約可以發表了。

　　　　　　　丁文江頓首。十三，二，十一。

致丁文江：論禹治水故事書

在君先生：

　　接讀來書，承告以禹無治水之事，極感。

　　先生書謂"揚子江的水患絕對不能如黃河下流的利害，所以你的'南方洪水'的假設是不能成立的。"我意，揚子江無水患不即是南方無水患，洪水也不必定出於長江黃河。注重江河的乃是戰國時的禹貢，不是商周時的傳說。禹的故事最有名的兩個地方是塗山與會稽。塗山在淮河旁，淮河的水患至今依然。會稽在浙東，浙東以山多之故，時發山洪。記得前年那地即曾發過一次大水，錢塘江裏浮屍無數。所以兩地盡可都有洪水的傳說。甲地的洪水與乙地的洪水本非一物，但因兩地同受此水患，所以故事流傳所及，會得合成一物。禹的故事所以能由越舒流傳至中原，亦因中原有黃河的水患故。中原的人受了黃河的水患，有求得一水神（或一個有治水的大神通之人）之需要，恰由越舒傳了一個禹來，於是就十分的信奉了。（周頌沒有禹，決是禹不出于中原的一個重要證據。）

　　水患的事，現在固因交通的便利，有了清楚的地域觀念，知道是一地的，但在古代各以自己地域看作世界中心的時候，逢到了水患，一望汪洋無際，說不定是看得極普遍的。創世紀的洪水和詩書上的洪水恐怕都是這種心理的表現。若把創世紀和詩書上的洪水併作一物，以爲這真是全世界同時共起的一件事，這更是一種錯誤的聯想了。

　　先生説："禹不能治水，不一定是不曾導河導江的證據，因爲導字若是作'溯源'講也未始不可通。"我以爲禹貢作於戰國，不過是戰國時人把當時的地域作一整理而託之於禹蹟，原無原始意義可尋，不必爲之講通。若導字作溯源講，講固講通了，但禹只是一個地理學家，不是一個治水的偉人了。看"微禹，吾其魚乎"等話，禹在傳説中的不能單單走過一次是甚顯明的。

　　肊見如蒙教正，至幸。

　　　　　　　　　　　　　　頡剛敬上。十三，二，廿六。

尚書通檢序 *

　　尚書是中國上古史的資料中最重要的一部書，那是誰都知道的了。只因這部書流傳經過的年代太長久，以致其中生出許許多多的問題來。我們若要研究商、周史，非先把它澈底整理不可。民國二十年，我在燕京大學講授"尚書研究"一門功課，第一期所講的便是尚書各篇的著作時代，其中如堯典、禹貢等篇，因爲出世的時代太晚了，所以用了歷史地理方面的材料去考定它，已經很夠。但到了商書以下各篇，因爲它們的編成較早，要考定它們著作的較確實的時代便很費事，這是使我知道不能單從某一方面去作考證的。因此我便有編輯尚書學的志願。編輯的方法，第一是把各種字體的本子集刻成一編，看他因文字變遷而延誤的文句有多少。第二是把唐以前各種書裏所曾引用的尚書句子輯録出來，參校傳本的異同，並窺見逸書的原樣。第三是把歷代學者討論尚書的文章彙合整理，尋出若干問題的結論。第四是研究尚書用字造句的文法，並和甲骨文、金文作比較。最後才下手去作尚書全部的考定。現在編出這部尚書通檢，就是尚書學的一部分工作，用來做比較文法的工具的。

　　我們編這部通檢所根據的本子，是相臺本尚書孔傳。所以選取這個本子的緣故，因爲相臺本是現存有句讀的本子中最早而且

＊　原載尚書通檢書首，哈佛燕京學社，1936 年 12 月；書目文獻出版社，1982 年 5 月。

最完全的，僞孔安國傳也是一部比較早出而且完全的尚書解釋。但是僞孔傳很有解釋不通的地方，因而斷句也就不能完全妥當了，例如：

1. 舜典："如五器卒乃復。"孔傳説："卒，終；復，還也。器謂圭璧，如五器禮終則還之，三帛生死則否。"照它的解釋，"如五器卒乃復"六字，便應爲一句。但我們知道"如五器"本與上文"修五禮：五玉，三帛，二生，一死，贄"的文義相連（蔡傳以爲這裏有錯簡）；"卒乃復"是説"東巡守的事完畢，就回去了"。這個意思本很顯明，像孔傳所解，反而弄得不明白的很。

2. 盤庚："盤庚作惟涉河以民遷。"孔傳説："爲此南渡河之法，用民徙。"照它的解釋，這兩句話便應點作"盤庚作惟涉河，以民遷"。但我們知道這兩句話翻成白話是應當作"盤庚起身（作），帶了人民渡河遷居"的。它卻把原來的意義弄迂曲了。

3. 同上："乃話民之弗率誕告用亶其有衆咸造勿褻在王庭。"孔傳説："話善言；民不循教，發善言大告用誠於衆。造，至也；衆皆至王庭無褻慢。"照它的解釋，應於"有衆"絶句。但我們從文義看來，知道是應當把"其有衆咸造"为一句的。

4. 同上："故有爽德自上其罰汝。"孔傳説："湯有明德在天，見汝情下罰汝。"照它的解釋應於"上"字絶句。但我們明明知道"爽德"是"失德"的意思，應於"德"字絶句。它卻把"失德"解作"湯的明德"了。

5. 微子："我其發出狂吾家耄遜於荒。"孔傳説："我念殷亡，發疾生狂，在家耄亂，故欲遜出於荒野，言愁悶。"照它的解釋，應於"耄"字絶句，於是"吾"字的底下就增出了"在"字。我們從文義看，明明知道"吾家耄遜於荒"是一句，

　　是説"我家的老成人都逃到荒野去了"。孔傳這種解釋，真是
　　不能徵信的。

斷句這樣錯誤，而本書還依照着它，這深使我們不安。只因尚書
一經最爲難讀，宋以後人的解釋雖很合於理性，但尚未成爲定
論，現在没有一種標準本可用，不得已纔採用了現存注釋的最早
而又最完全的孔傳的句讀。將來我們的尚書學全部編定之後，當
然要改定的。

　　我主編這部通檢，承馮世五（續昌），童丕繩（書業）、趙惠人
諸位先生的先後幫助，極可感謝。敬附記在這裏，永遠留着這個
合作的紀念。

　　　　　　　顧頡剛，中華民國二十五年十二月二日。

書經中的神話序 *

尚書這部書，自春秋迄清代，二三千年來誰不把它當作至尊無上的聖經看，誰不把它當作至真無假的古史讀（雖然曾有孟子和劉知幾等極少數的人懷疑過它的歷史的價值）！他們所謂：

> 二帝、三王治天下之大經大法，皆載此書。（蔡沈書經集傳序）

這就證明了這是多麼不應懷疑的一部書呵！可是，不幸到了我輩手裏，這個好夢已不容再維持下去了，那澎湃的時代潮流鼓盪着世界，把任何有權威的偶像都衝倒了。自從康長素先生提出了"孔子改制"的一個觀念，於是儒家經典的歷史的權威就漸漸動搖起來。我們生在這個時代，能夠用了歷史學和民俗學的眼光來研究這幾部古書，細細地分析，把分析的結果換了一個方式來綜合，而得到一種新結論，這是我們所碰到的機會特別好，並不是我們的聰明遠勝過古人。

自從中國的書籍流傳到西方，外國學者運用他們的精密的頭腦，科學的方法，居然把我們的幾部古書也整理出一部份的頭緒來。馬伯樂先生就是一個以外國學者的資格來研究中國古書的

---

* 原載書經中的神話書首，北平研究院史學研究會出版，商務印書館發行，1937 年。

人，他曾著有中國古代史、中國文化的起源、中國漢代以前所受西方影響等書。這部書經中的神話，就是他的著作中尤應介紹到中國來的。現在已由馮沅君女士把它精細譯出，更經陸侃如先生把馬伯樂先生的事蹟寫出了一篇簡傳，使得我們可以領略這位外國學者的治學精神，這是怎樣值得感謝的一件事！

　　這部書共分三章，是：一、羲與和的傳說；二、洪水的傳說；三、重黎絕地天通的傳說。關於第一部分，馬先生根據歸藏和山海經等書，以爲羲和本是一個神話中的人物，她（羲和本是個女性）彷彿是個司日的神，她是太陽的母親兼御者，後來才變成羲與和的四個天文家。跟着他叙述關於十日與羲和傳說的一切，並叙述了中國人對於宇宙的種種觀念。關於第二部分，馬先生以爲中國古代洪水傳說共有六種：（一）禹的傳說；（二）臺駘的傳說；（三）女媧的傳說；（四）共工的傳說；（五）蚩尤的傳說；（六）混淆了的傳說（如禹與共工、女媧傳說的混淆）。他以爲中國文化只是現在的中國與印度支那北部的人民的共同文化的進展；把這些傳說與那些南方落後的部落的傳說相比較，我們便可以想像出它們在古中國人的信仰中所佔的地位。於是他跟着舉出了幾個印度支那半島的神話以與中國的洪水傳說相比較，結果，覺得兩方面很相接近。關於第三部分，馬先生以爲“重黎絕地天通”也是一種神話（國語的解釋不可靠），他取了幾種外國神話來比較它，結果，他以爲這個神話的大綱本是這樣：“在原始時天與地是互相交通的，一些神能自天下降於地；後來上帝命重黎絕天地之交通，於是人神間的關係就停止了。”

　　本書的見解很精到，稱引很繁博，驟然看去，簡直叫人不信這是一本外國學者討論中國學問的書。對於問題的討論，我們即使有些不能完全同意的地方，但就大體上說，這部書究竟是值得特別稱道和介紹的。

　　尚書中所有的神話並不止馬先生所舉的幾條（這一點馬先生

自己也知道），如堯典

　　　　胤子朱啟明

一語，就包含着一個神話。考山海經海内西經云：

　　　　海南崑崙之墟……帝之下都，……面有九門，門有開明
　　獸守之。
　　　　崑崙南淵深三百仞，開明獸身大類虎而九首皆人面，東
　　嚮立崑崙上。

它説崑崙山上有一種神獸，叫做開明，守着崑崙山的九門。開明
獸是一種身體大到像老虎，長着九個腦袋和人的面孔的怪物。案
"開""啟"古音同，"啟明"實在是"開明"的變文。"朱"呢？堯典下
文又云：

　　　　益拜稽首，讓於朱、虎、熊、羆。

可見"朱"也是同"虎、熊、羆"差不多的一種大獸之名。堯典的作
者把"朱"與"開明"連在一起，把"朱"説成了人，把"開明"作爲
"朱"的表德，這是不是一種"愛凡麥"式的歷史解釋法的例證？
　　堯典又云：

　　　　舜……闢四門，明四目，達四聰。

前人把這兩句話解作"廣致衆賢"，"廣視聽於四方"（尚書僞孔安
國傳），自是合於堯典作者的原意。但是這句話裹卻也包含着幾
種神話的素質。考天問云：

　　　　崑崙縣圃，其居安在？……四方之門，其誰從焉？西北
辟（闢）啟，何氣通焉？

　　這是説崑崙山上有四方之門，只有西北方的門開啟着。堯典的
"闢四門""達四聰"，我以爲就是從這裏來的。在戰國時，上帝的
傳説往往化成堯、舜的傳説，如上帝殛鯀，變成堯、舜的殛鯀；
上帝"遏絕苗民"，變成堯、舜的放伐苗民等。崑崙山是"帝之下
都"，它是上帝傳説裏的一個地名，所以會與舜發生關係。又舜
有"重華"之號，又有"目重瞳子"的傳説，這種傳説的原始，或許
是説舜長着四隻眼睛，所以堯典又有"明四目"的記載。例如戰國
時傳説"黃帝四面"，這本來是説他一個脖子上長着四張臉，但是
太平御覽七十九引尸子載：

　　　　子貢問於孔子曰："古者黃帝四面，信乎？"孔子曰："黃
帝取合己者四人，使治四方，不謀而親，不約而成，大有成
功，此之謂'四面'也。"

　　經此一解，"四面"的神話就成了"四人治四方"的人事了。這與舜
"明四目"的傳説的演變何異？這是不是又是一件"愛凡麥"式的歷
史解釋法的例證？
　　堯典同皋陶謨中又有夔典樂的記載：

　　　　帝曰："夔，命汝典樂！……"夔曰："於！予擊石拊石，
百獸率舞。"（堯典）
　　　　夔曰："戛擊鳴球，搏拊琴瑟以詠，祖考來格；……笙
鏞以間，鳥獸蹌蹌；簫韶九成，鳳皇來儀。"（皋陶謨）

　　這位夔能使"百獸率舞"，"鳥獸蹌蹌"，"鳳皇來儀"，本領真大極

了！但考山海經大荒東經云：

> 有龍狀如牛，蒼身而無角，一足，出入水則必風雨，其
> 光如日月，其聲如雷，其名曰"夔"。黃帝得之，以其皮爲
> 鼓，橛以雷獸之骨，聲聞五百里，以威天下。

原來"夔"就是這麼一個怪物，怪不得他與鳥獸這樣關切哩！因爲
有了這"雷聲鼓"的傳説，於是訛傳"夔"爲樂官，仍説這位樂官是
一足，有人覺得不合理，替他解釋道：

> 魯哀公問於孔子曰："樂正夔一足，信乎？"孔子曰："昔
> 者舜欲以樂傳教於天下，乃令重黎舉夔於艸莽之中而進之，
> 舜以爲樂正。夔於是正六律，和五聲，以通八風，而天下大
> 服。重黎又欲益求人。舜曰：'夫樂，天地之精也，得失之
> 節也，故惟聖人爲能和樂之本也；夔能和之以平天下，若夔
> 者一而足矣！'故曰'夔一足'，非'一足'也。"（吕氏春秋察
> 傳）。

經此一解，"一隻腳"便成了"一個就够了"。這是不是又是一件
"愛凡麥"氏的歷史解釋法的例證？

皋陶謨又云：

> 無若丹朱傲，惟慢游是好，傲虐是作，罔晝夜額額，罔
> 水行舟，朋淫於家，用殄厥世。

丹朱與傲是兩個人（孔廣森等説），他們會"陸地行舟"（罔水行
舟），又是一件怪事。考天問云：

鼇戴山抃，何以安之？釋舟陵行，何以遷之？惟澆在
戶，何求於嫂？何少康逐犬而顚隕厥首？女歧縫裳而館同爰
止，何顚易厥首而親以逢殆？

據聞一多先生的研究，"釋舟陵行"就是"罔水行舟"（毛奇齡也這
樣説），"鼇"就是"澆"（説見離騷解詁，清華學報第十一卷第一
期）。"澆"實在也就是"傲"，又就是"象"（説詳顧剛與童書業先生
合作之夏史三論，燕京大學史學年報第二卷第三期）；"惟澆在
戶，何求於嫂"，和"館同爰止"，就是天問下文所云"眩弟並淫"
（象事），也就是孟子所説的"二嫂使治朕棲，象往入舜宮"，更就
是皋陶謨所謂"朋淫於家"。本來是一件鼇與犬爭鬭的神話，到了
皋陶謨裏卻變成了堯子和舜弟的故事了。（孔廣森釋"無若丹朱、
傲"之"傲"爲象。）

古經典裏的神話多着哩，正待我們去分析，去研究。如果我
們一班人都能走上正經的軌道幹去，我敢説，將來的成績決不是
現在所能想像得出來的！

馬先生這部書很可以作我們研究的先導。他的態度是客觀
的，他的方法是科學的，他的成績也是值得相當欽佩的。讀了這
本書，我敢寄語國内一班研究古史的人：你們再不要作建設"真
美善合一"的歷史的迷夢了！——歷史是只有"真"的，而那"美"
的和"善"的歷史的時代現在是早已過去了！

中華民國二十五年七月十二日，顧頡剛。

尚書講義*

（廈門大學）

講授尚書學計劃書

從前人研究經學很不合理，或者以意補闕僞作一書，或者故意立異自成一派，或者迷信了古代的一個家派自己投做了它的馬前小卒：所以經書流傳了二千餘年，讀它的人不知道有幾萬萬，但愈弄愈糊塗，至今不能知道它的究竟意義。我們現在再不能沿用這種主觀的見解來研究學問了，我們要一層一層地剝去它的外面的塗飾，要從種種方面歸納出它的真相來。

我們現在對于古書的態度只是一個研究歷史的態度，要處處看出它的背景。我們讀儀禮便要知道何以那時那國的人會有這些制度？他們的階級如何？他們的禮器和禮節怎樣？我們讀周易也要知道何以那時那國的人行用這種卜筮？他們所希求的是什麼？所要避免的又是什麼？但我們要知道他們的思想和制度，一定先要知道他們的歷史事蹟的（書）有兩種，一是尚書，一是春秋。尚書記的是堯、舜到周代，春秋記的全是東周。我們如果對于這兩

---

* 廈門大學油印。

部經書有了深切的瞭解，便是對于古史有了相當的理會。古代的思想制度等等也可以得着它們的歷史地位。例如儀禮，相傳是周公所做，自周初行到春秋的；但我們卻在春秋時的事蹟裏得到許多反證，證明這書是春秋以後的出品，于是周公作儀禮這句話便不攻而破了。

本學年本校文科國學系主任沈兼士先生邀我擔任經學專書研究一課，我自己知道經學的知識淺陋得很，沒有在大學裏授課的力量；但我對于經書有要求明瞭它的真相的一段熱誠，酷想闢出一條研究經學的新途徑，在這一點上面或者可以和諸君切磋。我們既知道要研究古書須先明白古史，而古史實爲中國史中癥結最甚的，若不斬荂荆棘闢出一條大路來，古書研究決不會有大成功。尚書既爲古史中最重要的一部書，應先提出研究。

研究尚書是經學中最困難的一件工作，這是因爲時代隔得太遠了，言語、文字都經過許多變遷，歷次的寫刻又有許多譌脱、改易之處，以致不能讀懂的句子太多；又因古史的傳説太紛歧，它受了外面的紛歧的傳説的影響，以致生出了許多葛藤，掩没了它的真相。但我們幸而生在清代學者之後，他們對于文法、文字、音韻、訓詁、校勘各方面都有深邃的研究，散見在各書。我們若能集合他們的研究的結果，加以我們自己對于古史的見解，不難貫穿成爲一種系統的解釋。

今將這一年的功課定一計劃如下：

(1)據清代學者的考定：今所傳尚書，出于虞、夏以來的史官的凡二十八篇，出于魏、晉間人僞造的有二十五篇（我的見解：他們所謂僞的一定是僞，而他們所謂真的卻未必完全可靠）。僞造的一部分因爲時代很後，句子容易懂，今先讀。（既已知道它僞，爲什麽還要去讀它，這一因它輯集逸書甚多，借此可以略窺尚書未散亡時的大概；一因清代人對于它辨證得極清楚，我們可以借此領會校勘的方法。）

(2)現在各處大學裏教的經學多爲通論。通論固然容易使人知道一點概要，但若不先看見實物自己摸出一個頭路來，這一點概要的影子不久就要漸滅了。所以我主張要研究經學，須先熟讀經文，好在每篇字數不多，熟讀並不困難。熟讀之後，將來看別種古書，以及金石刻辭時，自會有左右逢源之樂。

(3)一年上課時間作三十五星期，計共七十小時。尚書已有五十餘篇，又須選讀逸周書若干篇（這是戰國時人僞造的尚書，可以與魏、晉間人僞造的比較），又須由我編輯尚書學通論，作全書的總說明；材料多而鐘點少，不得不趕，現擬一小時講一篇或兩小時講三篇。（問題複雜的如堯典、禹貢等篇，當然費去的時間須特多）。

(4)編發之講義分爲四種：

(一)經本文——加以標點及分段（標點古書本是最困難的事情，尚書的句義捉摸不定，尤不易着手，但我們終須在困難之中勉强去做，方有漸漸弄清楚的希望。只要有人做了，大家肯就見到的地方指摘他的不對就好了）。

(二)經義摘要——就古今人對于本書的注解加以選擇，備讀經時的對照。選擇的標準，但視其切理入情者，不復問家法。

(三)參考材料——爲學第一要開拓見聞，故擇錄關于本經之記載、辨論、考證等材料，裁篇別出，爲讀經之輔助，暫不分類。

(四)尚書學通論——本經問題太多，特編輯此書以爲系統的說明，其中篇目大約如下：

(甲)經文方面

一、尚書的文字

二、尚書的音韻

三、尚書的文法

四、尚書的本子

五、尚書的篇目

六、尚書中待問的文義

七、尚書的逸文

八、模倣尚書而作的文字

（乙）經義方面

一、尚書的年代

二、尚書中的人物

三、尚書中的制度

四、尚書中的宗教

五、尚書中的中心問題

六、尚書中的古史觀念

（丙）經學方面

一、商周時的史官與史書

二、孔子與尚書

三、春秋戰國間人的引書

四、託古改制與尚書

五、逸周書

六、今古文公案

七、百兩篇泰誓與書序

八、僞古文尚書

九、唐以後最通行的兩部注解——孔穎達尚書
　　正義與蔡沈書集傳

一〇、清代尚書學的總成績

一一、今後研究的途徑

一二、尚書學書目及批評

（5）研究學問，札記的功夫決不可少，希望諸君各備札記簿

一册，凡是自己想到的見解，研究上發生的疑問，以及對於我的主張的批評，都請記在上面，每月的月底交給我一看，我有什麼意見也可批在上面。研究學問必須取公開的態度纔可希望進步。我自己歡喜立主張，當然願意自己主張的成立，可是我不願意把主張成立在虛浮的想像裏，所以錯誤之處極盼望有人提醒，絕對不敢護短。韓愈說得好："師不必賢于弟子，弟子不必不如師。"請大家鼓起勇氣來。

十五，九，廿一。

尚書講義第一編序目 *

漢以後僞尚書

甲　僞古文尚書二十五篇

---

* 1927 年 1 月 3 日作。

　　西周以前的歷史，大家都知道是少極的了。尚書除了文侯之命和泰誓兩篇以外，都是講的西周以前的事情，在這一點上，我們應當怎樣的寶貴它呢。但是尚書自從東周到六朝，經過了多少次的竄亂，我們真要明白西周以前的事情也苦于無從明白起。我們一定要把它外面塗附着的和裏邊糅和着的東西一齊去掉，方纔可以見得它的真相。可是這件事情談何容易！

　　我們只要看僞古文尚書自從宋朝學者懷疑之後，經過了五百餘年，纔有閻若璩出來，用了他的畢生的精力來作破壞的工作，僞古文之僞始爲不可辨護的事實。但是僞古文作自何人？爲什麽要作出僞古文來？這種問題他依然不能作切實的回答。直等到過了一百餘年，研究漢學的人多了，把漢代的各種學派分得清楚，知道了王學和鄭學爭戰的内幕，纔知道這二十五篇是王肅（或是王肅的門徒）做來擁護他自己所建立的學說，而他的學說是有意和鄭玄立異，想奪去鄭玄在學術界上的勢力的。僞古文的背景于是大明。

　　我們幸生在清代學者之後，僞古文的僞亦開卷了然，在歷史上，在材料上，在辭氣上，在字體上，一切都知道了。它已是現出原形的精怪；它已是捉得真贓的竊賊。但是我們須要記着兩件事情。第一件，僞古文意義淺薄，文句不通，它的僞是極容易發見的，然而它還騙了一千餘年的讀書人；竭了宋元明清四代數十學者的九牛二虎之力方始把它征服。假使在它露臉的時候就有人出來抗議，何至于使一般人受了它的蒙蔽，更何至于消耗了學者的許多氣力。這在一方面可以見得我國的讀書人太不敢用思想，一方面又可見出研究學問實在困難。學問界上的問題何限，只是大家安于苟且的信從，懶得做深徹的研究，遂使我們覺得似乎沒有什麽問題。我們現在既從僞古文尚書上得到了一個例，知道了以前的學者的懷疑的原因和求證的方法，我們正可把這一個例應用到別種問題上去，爲去僞存真的工作，得到真實的知識。第二

件，僞古文作于魏晉之間，因爲時代不遠，我們可以得到許多當
時的事蹟和書籍，來證明它的僞。但是尚書在魏晉以前已有了許
多的僞作，如泰誓，如孔壁尚書和中古文，如逸周書，如堯典和
禹貢，因爲他們時代較前，證實他們作僞的材料較少，我們要辨
明他們的僞，決不會像清代學者對于僞古文的研究的有滿足的結
果。但是我們既當在清代學者之後，正似走扶梯一樣，便不能不
更上一級，勉力作這一件工作了。我們要作這一件繁難的工作，
試想應當有怎樣的豫備，來應付研究時的困難？這是我們應當刻
刻自己惕勵的。

　　這半年中所發的講義過于簡少，遠不能見到清代學者辨明僞
古文的全功。如果諸君有空閑，可以閱讀以下那些書籍，這是最
好的事情：

　　　尚書考異　　梅鷟著
　　　　（浙江書局本）
　　　尚書古文疏證　　閻若璩著
　　　　（單行本，續皇清經解本）
　　　古文尚書考　　惠棟著
　　　　（皇清經解本）
　　　晚書訂疑　　程延祚著
　　　　（續皇清經解本，聚學軒叢書本）
　　　尚書後辨　　王鳴盛著
　　　　（在尚書後案之後；單行本，皇清經解本）
　　　古文尚書辨僞　　崔述著
　　　　（崔東壁遺書本）
　　　尚書餘論　　丁晏著
　　　　（單行本，續皇清經解本）
　　　　　　以上諸書爲攻擊僞古文者。
　　　古文尚書冤詞　　毛奇齡著

　　　　（西河合集本）

　　古文尚書辨惑　　　張諧著
　　　　（單行本）

　　　　　以上諸書爲擁護僞古文者。

　　尚書隸古定釋文　　　李遇孫著
　　　　（聚學軒叢書本）

　　　　　以上爲證明僞古文之文字者。

此目尚未盡，例如李紱古文尚書考即以不易得傳本而未列。又零碎的辨論如朱彝尊經義考等亦未列。

　　我更希望諸君在這一册講義裏得到一個歷史觀念，知道一件事實是不會無端而來的，就是僞書也有它的所以作僞的原因，就是僞書的流傳也有它的所以流傳的理由。如果鄭玄的學説不激起一種反動，如果王肅不是晉武帝的外祖，如果僞古文不摹做聖賢之言，爲舊道德作保障，僞古文便作了不會傳，傳了也不會長久。我們更須知道一件事實是不會無端而去的，在學術上一定要進化到哪一個階級，始足以打破哪一種偶像。僞古文的作僞是很顯著的，但爲什麼唐代人疑之而不敢言？爲什麼宋代人言之而不敢決？爲什麼到了明末清初，始敢作決絕的判斷，始搜出真確的贓證？爲什麼到了清代中葉以後，始有完滿的解答？我們能够有了這一種觀念，便可明白我們自己所處的時代，便可明白我們所負的時代的使命！

經學專書研究試題

　　一　我們要使得經書成爲聖人專有的東西呢？還是把它看成了古代的歷史的好？如其要使它成爲聖人專有的東西，我們應當怎樣辦？如其要使它成爲古代的歷史，我們又應當怎樣辦？

　　二　我們應該如何對付僞書，是注目于它的好壞呢？還是注目于它的真僞呢？如果注目于它的好壞，爲的是什麼？如果注目于它的真僞，我們研究它的方法應該怎樣？

　　三　我們既知道僞古文尚書的僞，還值得去研究它嗎？如説值得，那爲的是什麼道理？

　　四　試將僞古文尚書的成立和失敗的歷史作一個系統的叙述。

　　五　讀了僞古文尚書以後對于中國學術史上發生了哪些感想？

　　六　在講義中尋出前人研究僞古文尚書的問題共有若干？我們現在應該繼續研究的問題還有多少？

　　七　對于評論僞古文尚書者的評論。

　　八　普通歷史書（如通鑑綱目及綱鑑易知録等）裏面，根據了僞古文尚書而成立的歷史共有若干？

　　九　把逸周書中的克殷世俘兩篇和僞古文尚書中的泰誓武成兩篇作比較。（如高興把它們和封神榜一起比較，那是更好。）

　　一〇　比較僞孔傳與蔡傳對于僞古文尚書的訓解的異同，並評其優劣。

　　一一　將僞古文尚書中看不懂的句子寫出，並指出其難懂之點。

　　一二　將僞古文尚書中的話分類，並指出其雷同之點。

　　一三　把僞古文尚書二十五篇中的要義抽出，合成一篇，使得人們讀了這一篇就可以知道二十五篇的全部意義。

　　一四　把僞古文尚書中所説的事實鈔出，看作者承認的史蹟有多少。

　　一五　試把書序中無書的篇名選出一個，仿照僞古文尚書的文體，也僞造一篇，看僞造古書到底是難是易。

一六　試將研究僞古文尚書的方法研究一種別的僞書（如列子、六韜、關尹子等）。這固然不是一時間的事，但不妨説出一個大概。

附啟

（一）選題數目不拘，但至少作三題。

（二）用文言或白話聽便。

（三）請于一月十九日以前交到國學研究院。

（民國十六年一月）

致選修經學專書研究同學書

兄：

頡剛爲環境所迫，不得不捨本校而去。對于諸位選修“經學專書研究”的，非常抱歉。

今送上上學期編就之講義若干紙，又題目二紙，請檢收。如本校要將此課考試記分，請選題作就，寄至廣州中山大學頡剛處，當于評定分數之後寄還本校注册部也。

尚書講義，原意分爲四編，第一編爲漢以後僞尚書，第二編爲漢代僞尚書，第三編爲周、秦時代僞尚書，第四編爲真本尚書。不幸事與願違，僅僅編成第一編，遽爾中輟。有始無終，思之悵惘。如到粵之後，服務外尚有餘閒，當按照原定計劃編就，寄至本校付印，但能否做到，現在未敢説定。

第一編中各篇，請改依目録排列，勿照原寫頁數爲次。試題兩紙，附在本編之末。又前發講義，目録上所未登者，請另外放開，將來可裝入第二或第三編中。

希望諸位讀了僞古文尚書和辨論僞古文尚書的文字之後，能夠得到判別古書的方法，就用了這個方法研究別種古書。因爲我們現在讀古書的目的，是要明白古代歷史。而研究歷史的第一層工作，是在審定史料的真僞。必先剔去了僞的材料，始可發見當時事實的真相，而加以各種方面的研究。僞古文尚書在這一方面，很可給與我們一個明顯的例。

有暇和我通信，請將讀書心得多多告我。敬頌進步！

顧頡剛啟。十六，三，廿二。

附王煦華編者按：

顧頡剛先生編的尚書講義有四種：一是在廈門大學時編的；二是在中山大學時編的；三是在燕京大學時編的；四是在誠明文學院時編的。這四種講義，這裏不能一一介紹；僅就他最早在廈大時編的一種作一簡要的介紹。

一九二六年五月，林語堂任廈門大學文科學長，邀請顧頡剛先生前去。七月，顧先生接得廈大聘書後，于八月赴廈大。九月，國學系主任沈兼士邀他任三年級"經學專書研究"，教尚書。于是作講授尚書計劃書，接着編尚書講義，九月二十八日開始講課，以後邊編講義邊講課，講義至年底編畢，講課則接着至第二年一月六日結束，歷時近四個月，共講二十一次，四十二個小時。由于所講的內容都是關于僞古文尚書的，僅是尚書問題的一部分，所以一月三日他爲這本講義所寫的序，名爲尚書講義第一編序。（以上均據顧先生的日記）

顧先生在計劃書中提出的"對于古書，只是一個研究歷史的態度，要處處看出它的背景"，"研究經學，須先熟經文"；"研究學問，札記的功夫，決不可少"，"研究學問必須取公開的態度纔可希望進步”；在序中希望學生“在這一册講義裏得到一個歷史觀念，知道一件事實是不會無端而來的，就是僞書也有它的所以作僞的原因，就是僞書的流傳也有它的所以流傳的理由”等等，對今天做學問仍有重要的意義，即使他出的試題，在今天也有參考價值。

講授尚書計劃書以前没有發表過，廈大印發的油印講義中未列入，原稿僅剩下第一頁，其他已佚，所幸還存一個鈔本。該講義的原稿，因部分後來已抽入中山大學時所編的尚書講義，只剩下一個殘稿；幸而還留下一個廈門大學的油印本，經過幾十年的變動，可能是僅剩的一個孤本，賴此得以見到它的全貌。

二〇〇四年十月二十日

尚書學講義 *

（中山大學）

提要

甲　正文

一　尚書二十八篇

二　逸周書六十篇

三　僞古文尚書二十五篇

　　按：尚書自古無成書，其篇目多寡隨時變異。所謂
"二十八篇"者，西漢初期之數而已。今之所據，最早爲
唐開成石經本，則已非三家之今文，非劉歆之古文，非
王肅之僞古文，而爲衛包改字本矣。逸周書缺誤殊多，
今從朱右曾集訓校釋中録出。二十八篇與逸周書，皆有
不可明了之字句，故不爲施標點；僞古文尚書則文從字
順，且有一手所著之僞孔傳爲之訓釋，不至錯認其文
義，故加以章句焉。

＊ 1927 年 11 月—1928 年 9 月作。中山大學油印。

又按：尚書正文猶多，若戰國人所引書，若西漢太誓，若逸十六篇，雖殘字斷句，亦當編録，與上三種同列。不幸爲時間所限，未得輯成。今但就他人成書轉寫，入諸參考材料中。

又按：録尚書正文而並寫僞作，或將爲人所譏。然僞與不僞特相對之辭耳，實未有絶對之界限。即二十八篇，可明必其皆真乎？即曰大誥、洛誥必真而堯典、禹貢必僞，然介于其間之金縢、君奭之真僞固爲一不能遽解之懸案也。逸周書明是秦、漢人僞造，欲以雜厠諸尚書中而未成者，然如世俘解，以種種材料比勘之，若可信爲戰國以前文字。真僞之辨既不可必定如此，則吾人何能擯絶僞作乎？故吾意不如真僞并收，略依其著作時代而分列，俾得考見某一時代對于三代之觀念如此，對于尚書之要求增加材料又如此；不以商、周人著作觀之，而以自西周至六朝一千七八百年之“尚書演變史”觀之焉。

乙　參考材料

按：上列六篇略見尚書一學之大要。書序固出西漢末人僞造，而搜集尚書篇名略備，可藉見尚書記事之範圍。第二至第五篇，大率記載漢代書學。漢人説經固極謬妄，然其有操縱二千餘年中學者之心思耳目之權威則固事實。吾人欲明了此種事實，不可不先分別當時家派，而後探索各家派所發生之影響。太誓三種，爲僞書舉一例證，一以知作僞者之源源不絕，亙千載而未已，一以知作僞者各受時代影響，其文辭之方式及其對于古人古事之觀念固隨順時代而變遷者也。

　　　　按：上列十二篇。皆關于僞古文尚書者，讀者于此，可見一種僞書，當其成立之時必有其成立之原因，又必握有幾種之優點而後可以經歷久遠。及其勢力既衰，則有發得證據以攻擊之者，又有漸漬于傳統思想而維護之者。其結果，則勝利常歸于攻擊者方面，蓋以一物而使人敢于懷疑，必其破綻已露，不復能牢籠天下人之心也。僞古文何以不作于唐以後而作于曹魏，閻、惠之倫何以不生于宋以前而生于清代，此中消息皆可以思而得之耳。

二〇　書古微例言　　　　　　　　　　　　　　　魏源

二一　馬鄭王及僞孔注舉例（堯典一篇，録自王鳴盛尚書後
　　　案）　　　　　　　　　　　　　馬融、鄭玄、王肅等

　　　　按：上列三篇皆論東漢書學。當時僞古文尚書之權
　力既失墜，于是群奉馬、鄭以爲準繩，然馬、鄭之説若
　果厘然有當于人心，王肅新派即無自崛起。王之能掩鄭
　也，固自有其優于鄭者在也。廢王而尊鄭，何以異于百
　步之笑五十步乎？魏源承乾、嘉學者之後，首揭今文書
　學以攻古文書學，其目的雖未是（西漢之學純尚主觀，
　怪誕百出，更下于東漢之循文疏解），而古文學來歷之
　不可信與馬、鄭注釋之紕謬乃藉其言而大白，所謂"舉
　燭尚明"，言在此而效在彼也。

二二　書序辨説（書集傳卷末）　　　　　　　　　　蔡沈

二三　書序辨僞（新學僞經考卷十三）　　　　　　　康有爲

二四　證書序爲劉歆作（史記探源卷一）　　　　　　崔適

　　　　按：上列三篇皆攻擊書序者。書序爲古文經之基
　礎，而學者見史記載之，誤謂今文經所固有，但辭微不
　同，于是彼乃得于清代今文學崛起之時苟延其殘喘。至
　康有爲，始斥爲劉歆據史記所造。至崔適，始指爲劉歆
　既造而溷入史記，而彼乃無所遁形。蔡氏之説雖未得其
　要，然于宋代而有是，可見彼之不足維繫人心由來已
　久，特有漢儒之大帽子，不敢自展其理性耳。

二五　漢書劉歆傳

二六　漢書王莽傳

　　　　按：在此二篇中，足見古文學之所由創，及當時以
　尚書致諸實用之情狀。

二七　説中古文（定盦文集補）　　　　　　　　　　龔自珍

二八　中古文考（中國學報）　　　　　　　　　　　劉師培

案語

一　古文尚書考

惠　棟

尚書學參考材料之八

頡剛案：惠定宇先生此書，于僞古文二十五篇及舜典篇首二十八字，詳求其依據，實爲讀僞古文尚書者所當全讀。今以限于鈔印之力，止録舜典及大禹謨兩章。録舜典者，以後讀尚書本文時即不録此二十八字，特于此見之。録大禹謨者，此篇勦竊特多，閻氏曾于古文疏證中特作“言大禹謨句句有本”一篇(第三十三，今佚)，舉之以爲三隅之反也。

二 模仿尚書文字一斑

尚書學參考材料之一五

頡剛案：漢、魏、六朝間文字好模仿古代，僞古文尚書出于此時，宜也。所可怪者，特當時無人起而斥之，任其風靡一世，于後此千餘年竟成不刊之典耳。蓋僞書之文辭，是時文人皆優爲之；以千載而上之古籍猝然發見，而展此古籍乃一若出于己之手筆，幾何不激動其疑，而何以竟不聞辨之之言也？以意逆之，或有四因：王肅爲晉武帝外祖，書由政府頒行，讀者雖心知其不可，終劫于勢而不敢道其所疑，一也。非薄堯、舜者不僅法有常刑，實爲舉國所擯棄；僞書託體彌尊，湯、武爲君，伊、召爲臣，既道統之所繫，誰奮臂而敢指！二也。文籍考訂之學未興，學者猶無審察材料之問題橫于胸膈；古文乍出，既驚其名而不敢疑，又愛其完整而不肯疑，三也。僞書收輯逸文大略備矣；學者固先熟睹碎辭，一旦復于完篇中遇之，恍若七襄之已成報章，寶玉之重歸故櫝，方將引爲大幸而忍疑之乎！四也。凡此外因二，內因二，皆足以錮人神智，使其苟焉而已，而僞書之行即無阻攔之者矣。今雜錄彼時文字數篇，始自王莽，迄于蘇綽，俾知僞古文尚書者原不異于九錫文、禪位冊；且當九錫文、禪位冊盛行之際，此二十五篇之構成乃至易也。

三 馬、鄭、王及僞孔注舉例 堯典

尚書學參考材料之二一

頡剛案：自東漢末至魏、晉，說尚書者以四家爲最著：曰馬融尚書傳，曰鄭玄尚書注，曰王肅尚書注，曰僞孔安國尚書傳。此四家者，惟僞孔傳爲唐人正義所本，至今猶存完帙，餘則亡佚矣。賴清代學者之努力，于經史注及字書類書之中輯出若干，俾吾儕猶獲見其梗概，持以論學術變遷史焉。四家之注，馬、鄭在前，王、孔在後，遞嬗相因，亦遞嬗相革。平心論之，自以後出爲勝。如"光被四表"之"光"，鄭釋爲"光耀"，僞孔釋爲"充"；而稽之西漢人所引經文，原作"横被"，充義爲長。又如"師錫帝曰"之"師"，鄭釋爲"諸侯之師"，僞孔釋爲"衆"，是時堯詢四岳，何來諸侯之師攙語其間，釋之爲"衆"，則與"僉"義合符，無所扞格。鄭氏志于溝通群籍，化異爲同，乃致屢有附會。例如孟子"舜不告而娶"之言本是關于舜之一種傳説，堯典既云"釐降二女于嬀汭，嬪于虞"矣，則與孟子所舉之傳説截然不同可知，而鄭氏必欲句爲一談，乃云"不言妻者，不告其父，不序其正"，是亦足徵其心勞而日拙也。他如謂羲、和仲叔之外別有羲伯、和伯掌天地，謂羲、和子死，分四岳爲八伯，謂堯冬官本名共工，以寵異禹而改爲司空，其後禹登百揆而司空分爲共工與虞兩職，謂夔之百獸爲服不氏所養，謂"稽古"爲同天，謂"月正元日"爲改堯正朔，雖多仍西漢舊説，或因周官成文，要使經義增其紛紜焉。僞孔傳疏釋文字，求其通順，不甚將僞史臆説穿插其間，是即足以遠軼鄭氏。然亦有甚費解者，如"共工方鳩僝功""湯湯洪水方割"之兩"方"字，明是狀時之副詞，而釋爲"方方聚見其功"，"大水方方爲害"，則以名詞解釋之矣。"方命圮族"之方，猶言違也，而釋云"好此方名"，蓋但記楚辭"鯀婞直以亡身"之語，遂以方直釋之，而不知其固非形容詞也。及宋蔡沈作書集傳，改云"方且鳩聚"，"逆命而不行"，則僞孔之非已正之矣。至于釋熊、虎爲元、凱，指三苗爲饕餮，併左傳于堯典，蔡氏亦撥除之。是故解釋古書非易事也：漢距古近，説最不當；魏、晉漸遠，説漸當；宋更遠，乃更當。清代學者不識學術以積累而益進之義，僉謂

"漢人近古，其説必有所據"，故始薄唐、宋而尊漢、魏，繼捨馬、鄭而從三家，而不知適得其反也。吾人生于今日，既備有歷史觀念，則是非爲一事，真僞爲一事，歷史上之地位爲又一事，至易明白。故有真而不必是者，如尚書大傳、洪範五行傳之類，謬妄滿眼，然自有其在西漢時代之歷史地位。有僞而不必非者，如僞古文尚書孔氏傳，其作僞之跡已無可掩護，其西漢之歷史地位自在必打倒之列，而其解釋有勝于漢代經師，及其有魏、晉時代之歷史地位，則固不容否認者也。馬、鄭説書雖多疵累，要其變西漢怪誕之風，開魏、晉理智之先，亦自有其相當之價值在。具此眼光以論古籍，則萬物芸芸，皆得等量而齊觀之，使之各返其本，何必以勢利之見標榜"不讀秦漢而下書"乎！王鳴盛尚書後案，闡揚鄭玄一家之書學者也，而亦附録馬、王、孔注以資比勘。文字過多，弗可盡録，今但鈔出堯典一篇以示例。讀者就同而觀其所沿，就異而觀所變，則四家之真可見。又丁晏據"六宗""大麓"諸説，推僞孔傳爲王肅作，亦可于此徵之。惟注語紛歧，經義難定，如馬以"放勛"爲堯名，孔乃以爲放上世之功，又鄭以"舜生三十，徵庸三十，在位五十載"爲句，孔則以"舜生三十徵庸，三十在位，五十載陟方乃死"爲句，標號點號無可齊一，故但施于注而不施于經。至于文字之異，當詳載于校勘記中，兹不及焉。

四　書序辨説（書傳音釋卷末，咸豐五年望三益齋刻本）

蔡　沈

尚書學參考材料之二二

頡剛案：書序剽襲經文，臆造故事，語皆似是而非，其僞望

而可見。宋蔡沈作書集傳，仿朱熹詩集傳之例，以孔傳冠于各篇
之序合爲一篇而置于書末，且爲之駁辨；雖本于直覺，佐證無
多，又頗依違僞古文，要其發難之功不可没也。顧蔡氏于書序明
斥其僞，于古文尚書猶徘徊未敢決斷。至于清代漢學極盛之際，
則僞古文已被擊至體無完膚，而崇奉書序之情乃轉益隆重，其故
何也？蓋書序視僞古文爲早出，自不隨僞古文而俱踣；且鄭玄服
膺書序，爲之作注，鄭氏于經學中既操絕大權威，誰敢議其非
者。故雖張今文之學如劉逢禄，所作書序述聞猶推爲孔子之筆，
曾無一語之疑。自後學者攻擊馬、鄭，歸于西漢，既揭"二十八
篇爲備"之旨，百篇之説自然動搖。康有爲推考新學僞經，始直
揭書序爲劉歆僞造，然猶以爲攘竊三代本紀之文爲之，則其書雖
僞，而其所道之事猶若不僞也。至崔適作史記探原，昌言先有書
序而後攙入史記，其文其事，舉不足徵信，案乃大定。學者于
此，可以見推倒一學術界之偶像，常歷千載而竟其功，成事之難
有如是。蔡氏書爲塾中讀本，獨書序一卷自明代已被削去，故傳
刻雖多而極不易見，清代學者鄙薄宋學，又復弗加稱引。悲其沈
薶，取録于斯。原書但題"書序"，嫌其混淆，爲依詩序辨説之
例，名之曰"書序辨説"焉。

五　王莽傳（節録）（漢書卷九九）

尚書學參考材料之二六

　　頡剛案：西漢之世，一迷信六經之時代也。當時視六經爲治
身治國之玉律，有所言，有所行，必稽于是，惟其得此威權，故
愚者由其顛倒，而黠者則假借之以顛倒他人。僞經僞説之出，非
由好古，但欲藉此以增高自己之威權耳。尚書于六經中爲道統之
所繫，紀聖王政治最明顯，一于其中得有依據，即足以自舉于九

天，故尤爲僞託者所歸。讀王莽傳，此義彌顯。當王莽之爲漢室臣也，一切摹仿周公，儼然一周公也。當王莽之爲新室帝也，一切摹仿堯、舜，儼然一堯、舜也。尋其根據，不過堯典、禹貢、金縢、洛誥等四五篇，加以僞造之舜典、嘉禾、九共等篇耳。自有此若干篇，受其穿鑿，爲其裝點，而漢祚潛移矣，制度大改變矣。彼特不幸而失敗，苟其成功，豈非三代而上之大聖人復出于世，成其未盡之功乎！節録此篇，以見尚書在當時之地位，且以觀用儒術而革命者其成效蓋如是。

六　百兩篇序録（漢魏遺書鈔之一）

王 謨

尚書學參考材料之三一

　　顧剛案：張霸僞書雖綴百有二篇，亡失殆盡，所可確知之遺文僅論衡所引"伊尹死，大霧三日"一語耳。孔穎達、王應麟不知劉歆僞書與張霸僞書有別，誤認逸十六篇即百兩篇，蓋非盡考證之疏，亦時代智識有以限制之也。王謨是鈔既知後人所指目之張霸書出于意度，而仍雜集太誓、武成、嘉禾之文于一編，洵不可解。今删去此類（別見西漢僞尚書篇中），而以"大霧三日"一條置于序録之後。

七　尚書緯

尚書學參考材料之三二

　　顧剛案：自來學者視緯書問題過于簡單，以爲是不過怪誕不經之言，是不過起于西漢哀、平之間。其實，緯書之著録雖遲，而其源流則甚遠，斯固古代之正統思想也。吾人讀春秋、戰國時書，以爲提倡人治，宣揚德化，蓋自古而然；而不知吾人所得見之春秋、戰國時書固與當時民衆思想不相容也。古代之民衆思想如何？曰：索隱行怪而已矣！此不待藉他證據，即視尚書已明。金縢之求代死與天反風也，大誥之以大寶龜紹天明也，召誥之"皇天上帝改厥元子"也，洛誥之"王賓殺禋咸格"也，無逸之以德行定年壽之修短也，多士、多方之"惟帝降格，命成湯革夏，命周王割殷"也，此皆崇信上天，視爲最高權力之所在，而亦皆崇信國君，視爲代行上帝之意志者也。至于春秋之末，巫祝之術衰而學者挺起，始有抉破天道神鬼之説者；迄乎戰國，更暢斯旨。故子産謂"天道遠，非所及"，孔子不言神怪，又罕言命，墨子非命，荀子非相，韓非子非前識，莊子"與造物者爲友"，老子以天地爲不仁，斯皆獨標真理而與民衆違異。吾人不見當時俗書，遂以爲并世皆然，乃責備西漢學者之故意流入機祥，斯亦不諒人矣！蓋自戰國大亂，民墜涂炭，人求其故而不得，則以爲聖智之所召，而有"絶聖棄知"之痛言。西漢天下初定，急于休息，絶學無憂之説乃以實現，而春秋、戰國間蟄伏于下層之思想遂得一時迸發，代聖智而興。適尊儒學，表章六籍，則此種妄想遂悉湊合于是。若齊詩，若公羊春秋，若董子改制論，若洪範五行傳，若月令，皆有徵也。而緯書者，是綜彼大成，而又變本加厲者也。尚書緯若干種俱已亡佚。明孫瑴輯古微書，録爲五卷。其後王謨（漢魏遺書鈔），趙在翰（七緯），黃奭（漢學堂叢書），馬國翰（玉函山房輯佚書）遞有輯集，後出加密。初意匯考諸家，寫一定本；恨不爲時間所許，故但就古微書中摘録一過，以見其例。原文未注出處，今亦仍之。其間頗有不可解之文句，有如咒偈，以意屬讀，慮多誤謬。于此零縑斷簡之中，觀其因堯典而泛論天文，因呂刑而解釋刑法，因太誓而廣徵文、武受命之祥，實與尚書大傳體例相類。西漢説經，故是如此。其説亦有甚善者，如謂"帝者

天號，王者人稱"，足折堯典等篇以帝爲生人階位之稱之非。而
賈逵之説"六宗"，鄭玄之説"稽古"，亦並取于緯書，讀此可以探
索東漢經學之源流焉。要其中心思想，在于聖人之感天而生，受
命而王，故于禪讓封禪之事而三致意，此又吾人讀王莽傳時之絶
好比較材料也。

八　尚書大傳

尚書學參考材料之三四

　　顧剛案：尚書大傳者，西漢尚書學説之總匯也。鄭玄曰：
"伏生終後，數子（張生、歐陽生等）各論所聞，以己意彌縫其闕，
別作章句，又特撰大義，因經屬指，名之曰傳"，雖其言未可盡
信（大傳涉及太誓、歸禾、九共諸書晚出，時代必不如此早），而
其謂不出于伏生則固不誤也。自今日視之，此書主于述故事，發
空談，若無關于尚書義者；然西漢説經體例固是如此，若詩之有
韓詩外傳，春秋之有董子繁露焉。西漢經説，極謬而極占勢力。
此書所發生之影響，則尚書之全部聖道化是。原尚書中最早數篇
（若大誥、多士、費誓等）本是古代公文書，但有威力與敬畏，而
無道德誥誡之意。無逸，君奭等篇稍後出，有道德誥誡之意矣，
而猶無崇高之聖道與德化也。堯典、皋陶謨等篇更後出，寫聖道
與德化甚神妙矣，而猶未使其他諸篇涂同一之色彩也。自尚書大
傳出而後粉飾爲一色，使數十篇成一篇，使種種不同之思想成一
種之思想，凡其所舉，皆吉祥故事，瑞靄氤氳，使人拜倒者也。
從此以後，堯、舜、禹、湯、文、武、周、召之道統乃得樹堅固
之基礎于尚書之中，孟子之道統説遂得有確據矣。其更可注意
者，則欲藉尚書以應合當時時勢，建立强有力之中央政府也。若
"諸侯三不適則紲；三紲而爵地畢"，"諸侯有過行者，留其圭，

九年圭不復而地削"（堯典），"諸侯非天子之命，不得動衆起兵殺不義者，所以強幹弱枝"（鮮誓），此皆漢代之諸侯而非商、周以上之諸侯也。（漢書諸侯王表序云："景有七國之難，抑損諸侯，減黜其官。武有衡山、淮南之謀，作左官之律，設附益之法，諸侯惟得衣食税租，不與政事。"）司馬遷作史記，頗採大傳文。（如成王葬周公于畢，魯得郊祭，周公誡伯禽封魯等説。大傳書如不在史記前，則史記與大傳同採當時傳説。）尚書緯所言亦多與大傳符者。（如堯典昏中星條，吕望釣得玉璜等説。）鄭玄注書，又採其語。（如虞廷有八伯及羲、和仲叔外有羲伯、和伯等。）欲研究西漢之上古史説及尚書在西漢之型式者，固所必稽焉。其書宋代尚存，至明而佚。清人爲之蒐輯，盧見曾刊入雅雨堂叢書中，盧文弨、陳壽祺續爲輯録，視雅雨本幾倍。今限于時間，故但以雅雨本點印。

九　尚書故言（檢論卷一）

章炳麟

尚書學參考材料之三五

　　頡剛案：尚書大傳，洪範五行傳皆謂之"傳"。傳者何也？章太炎先生文學總略曰："繩綫聯貫謂之經，簿書記事謂之專（傳），比竹成册謂之侖（論），各從其質以爲之名，亦猶古言方策，漢言尺牘，今言札記也。"又曰："傳者，專之假借。説文訓專爲六寸簿，簿即手版，古謂之忽（今作笏），書思對命，以備忽忘，故引伸爲書籍記事之稱。書籍名簿，亦名爲專。專之得名，以其體短有異于經。鄭康成論語序云：'春秋二尺四寸，孝經一尺二寸，論語八寸。'此則專之簡策當復短于論語，所謂六寸者也。（漢藝文志言劉向校中古文尚書有一簡二十五字者；而服虔注左氏傳則有云'古文篆書，一簡八字'。蓋二十五字者，二尺四寸之經也；八字者，六寸之傳也。古官書皆長二尺四寸，故云二尺四寸之律；舉成數言，則曰三尺法。經亦官書故長如之。其非經、律則稱'短書'。見論衡。)"循其所言，則傳蓋私家之雜記，故各家之傳可以不同，其書式較之經、律乃縮至三分之一。外此又有"故"（周語單襄公曰："吾聞之太誓故曰"）。故者何也？太炎先生于明解故上篇説之曰："往者宋之役薛，陳之受賜，其書皆在故府。楚申公得隨兕之占于故記。故記者，藏在平府，漢亦有掌故官。……有故事者，有故訓者。毛詩以外，三家亦有魯故、韓故、齊后氏故、齊孫氏故，斯故訓之流也。書、春秋者，記事之籍，是以有故事。太誓有故，猶春秋有傳。馬季長以書傳引太誓者今悉無有；誠知所引在故，則可與理惑也。然則故亦傳之流亞，並爲雜集古事與經義之書。西漢末之緯雖特立一名，要亦繼是而興者也。"太炎先生尚書故言之篇，提出戰國時書傳一個問題，使吾人知尚書大傳以前已有書傳，其功甚偉。惟誤信舊説，以封禪書所載七十二代之封禪，左傳所記三墳、五典、八索、九丘，周官外史所掌三皇、五帝之書，與尚書緯孔子刪書之説，合爲一事，爲僞書作保障，則其蔽也。又"謂漢世得諸壁中"，其語含糊。若謂書傳得于壁中，則臆造史實矣。故爲之辨而録之。

一〇　五經異義中之尚書今古文説

許　慎

尚書學參考材料之三六

顧剛案：西漢時歐陽、大小夏侯三家尚書立于學官，傳授極盛。班固所謂"一經説至百餘萬言，大師衆至千餘人，蓋祿利之途然也"。及東漢之初，桓榮所作歐陽尚書章句猶四十萬言，乃百餘年中，古文家與通學者(不主一家之學，如鄭玄)起，遂奪三家之席。魏、晉之後言尚書者，即不主偽孔，亦但知有賈、馬、鄭。三家之業，亡也忽焉。至于今日，欲觀其遺説殆不可能。陳喬樅竭一生之力，研究今文尚書；而其所輯録之歐陽、夏侯經文經説，寥寥十七條耳。嗚呼，其故蓋亦由于禄利之不屬也！五經異義，許慎所作。許氏爲學頗具分析手段，生值今古文經説並峙之際，遂爲比較異同而別擇之。其後鄭玄逞其博辨，逐條駁詰。然許主釐分而鄭主混同，許用客觀而鄭用主觀，鄭固不如許也。駁文附于原書，凡爲十卷，至宋而佚。清人從義疏、類書之中輯成二卷（見四庫全書本及王復、武億所輯鄭氏遺書本），賴此得窺兩漢今古文家法。陳壽祺、皮錫瑞並有疏證，廖平今古學考亦率取資于是。清末學者之所以能嚴別古今文者，許慎此著實有大功。今就其中録出尚書各條，一以見當時經學派別，一以存歐陽、夏侯佚説焉。

一一　太誓答問評（見中國學報）

龔自珍著　方勇評

尚書學參考材料之三八

　　頡剛案：今文與古文因字體之差異，遂使種種學説無不差異（亦可云：爲欲建立種種差異之學説，而以字體之差異爲其出發點），故治經者不可不知今古文之分，亦不得不嚴今古文之別。然今古文之問題僅于西漢末至東漢初一現耳，其後漸歸混同。及王肅與鄭玄爭席時，已不復以今古文派別置諸心目中矣。宋人雖于尚書中重揭今古文之名，然其所謂古文者但指魏、晉間之偽古文，則兩漢時發生之問題猶未重温也。至于清代，積二百餘年之努力，爲之層層釐剔，層層逼進，其結果乃有康有爲之新學偽經考，使今古文之真相大白于天下。今古文中，尚書問題獨多，其糾紛難理逾于治亂絲。龔自珍之太誓答問，即欲對于尚書篇目問題作一解決，而篇目問題之最難解決者，爲史記儒林傳與漢書藝文志所言之"伏生藏書屋壁，漢定後求之，得二十九篇"一事。蓋伏生書實只二十八篇，此溢出之一篇爲何篇乎？前人皆謂太誓後得而立于學官，故增二十八爲二十九。（劉向、劉歆、王充、馬融、鄭玄、趙岐、房宏皆同此說。）孔穎達尚書正義曰："司馬遷在武帝之世，見太誓出而得行，入于伏生所傳内，故爲史總之，並云伏生所出，不復曲別分析，云民間所得也。"清儒多不以此說爲然。謂二十九篇之一爲百篇之序者，朱彝尊、陳壽祺也。謂伏生書本有太誓，無待民間之獻而已足二十九篇之數者，王引之也。謂伏生壁藏之太誓與後得之本本無二者，錢大昕也。至龔氏出，謂書序不足當一篇，太誓又僞作，爲伏壁及孔壁所無，此一篇蓋康王之誥。其所根據，則在書序。彼以百篇之文，孔子所訂；百篇之序，伏壁所傳：其可信之程度自突過于漢人之言。書序中顧命與康王之誥駢列，而稽之經文，則兩篇相承接，此爲誤合無疑。近人方勇起而駁之，以爲太誓者伏壁、孔壁所同有（此用王引之之說），凡傳記、諸子所引而不見于今太誓中者，盡爲太誓傳文（此用章炳麟說），故二十九篇之一，實爲太誓無疑。揚榷而論，則龔氏之目太誓爲僞作爲是，而析康王之誥于顧命則非，方氏納太誓于二十九篇爲是，而以太誓爲真出于伏、孔之壁則非。蓋太誓者，在文法上既遠不及費誓之高古，在思想上又絶不類傳記、諸子所引太誓之精美，而頗雜有漢人崇信之五行符瑞之色彩，其爲漢人僞撰至易明白。及博士應召集讀，起傳教人。則此篇之地位遂與二十八篇相等，尚書大傳遂收之，史記、漢書遂稱之爲伏生書，後人遂合稱之曰二十九篇耳。至于書序爲西漢末古文家所造，康、崔二家已有極確切之證明。其所以從顧命中析出康王之誥者，蓋欲湊足百篇成數，猶是張霸"分析二十九篇以爲數十"之長技也。龔氏所根據者既崩潰，則其所建立之說自然不攻而倒。要之自今古文情狀大明之後，龔氏所提出之問題實已不成爲問題，但當劃分今古界綫之時，此一番討論殆不可少。其斥太誓之非真，與疑司馬遷之曾向孔安國問故，皆于經學爲有功。方氏拘牽舊説，無所發明，于康氏所已論定之問題（如書序著作時代，史記所録尚書之爲今文或古文等）猶勿知援用，蓋未能隨時代而俱進者。劉師培，回護古文説者也，乃其與方勇書獨能持平，謂書序爲古文家言，西漢博士所未見；謂康王之誥爲出古文家所析，與伏書不相應，其言與康氏説若合符節。其所異者，但未別自古文本身之真僞耳。捨黨派之成見而共作學術史之探討，此蓋生于今日而治經學者所應有之覺悟也。

一二　孟子所見之武成尚存
（晚書訂疑卷一）

程延祚

尚書學參考材料之四〇

　　頡剛案：尚書中有武成，孟子言之，書序載之，西漢逸十六篇具備之，劉歆三統曆（漢書律曆志所本）引用之；而亡于東漢之初。程延祚曰，其實未亡，蓋即逸周書中之世俘解。斯言也，雖未必果爲定論，然頗有若干之確實性。三統曆所引武成與世俘語多同，一也。孟子疑武成之“血之流杵”，而世俘乃有“鹹魔億有十萬，俘人三億萬”之語，二也。孟子尚取其二三策，而世俘于誇揚武功之中乃有“治庶國，正國伯，正邦君”之事，與“維予冲子綏文”之誓，正合孟子脾胃，三也。孟子言“武王誅紂，滅國者五十，驅虎、豹、犀、象而遠之”，雖未明標武成，然此二事于他書無可徵而世俘乃獨有之。于滅國曰“御方來”，“伐越、戲、方”，“伐靡集于陳”，“伐衛”，“伐曆”，“伐宣方”，“伐蜀”，“伐屬”，皆“告以馘俘”，于驅獸則曰“禽虎、貓、麋、犀、牦、熊、豕、貉、麈、麝、麋、鹿”，凡萬餘頭，武功之盛與“血之流杵”正相合，四也。有此數證，故不妨假定今之世俘即爲孟子所見之武成。按此篇所記之事雖未敢必其爲史實，然其著作時代必較早于太誓（戰國時人所引者）牧誓諸篇。蓋聖道與德化之説未起時，王者之功業則戰伐已耳；即進而言道德，亦惟有敬事上帝已耳。世俘所記“俘人三億萬有二百三十”，與盂鼎所記“盂伐鬼方，俘人萬三千八十一人”，同爲表揚戰績應有之事。惟其有此戰績，而後武王得以成其王業。至于戰國，德化之説作時勢之反動而風靡于學者之心，于是古代帝王遂無不受德化之潤飾，駸駸焉使古代帝王但有德化而無攻伐。若戰國太誓之“予有臣三千而一心”，西漢太誓之“八百諸侯不召自來”，僞古文武成之“前徒倒戈，攻于後以北”，及“垂拱而天下治”，皆商、周間之武王所未敢涉想之成功，而戰國以後之武王所必須具有之型式。孟子以德化型式中之武王爲標準而排斥未落此型式時之記載爲失真，固其宜也。然惟其爲孟子標準所排斥而轉可信其前于孟子之世者尚甚久。則是篇雖一録于逸十六篇，再録于逸周書，得無猶是西周之遺文也乎？

一三　尚書逸文（尚書集注述疏）

簡朝亮

尚書學參考材料之四四

　　顧剛案：搜輯尚書逸文始于江聲，繼于孫星衍。簡氏書晚出，排比較爲完密。原意竭一月之力，集合三家所録，并檢其所引本書，作“春秋戰國時人所引尚書”，“西漢初期所引逸書”，“逸十六篇輯殘”，“西漢後期所出尚書”數篇，以明著其發生之時代。人事苦多，終虛此願，故但録簡氏書以見大凡。簡氏所輯逸文分三部分：今文太誓，彼認爲真本尚書而厠于二十八篇中者也。逸文，自戰國至東漢人之所引，彼亦認爲真本而以爲應在百篇中者也。僞逸文，彼審定爲僞造者也。自我等視之，則真僞問題固無如此簡單。王莽時之舜典、嘉禾固僞，而百篇之目亦僞，今文太誓亦僞，戰國時人所引書亦多僞。百篇之目，蓋西漢後期人雜集戰國及漢初時書所引古書篇名，而復加以肛造，湊足百篇，謂爲孔子删定者。（簡氏不信書序而猶信百篇，不知百篇之説即由書序來。）今文太誓臚陳嘉瑞，侈言符命，比于公孫卿所上黄帝札書。其爲漢人用當時之思想，當時之文體所作之書，至易明白。但僞作較早，得爲董仲舒、司馬遷所見，歐陽、夏侯三家所收耳。後人以其曾入二十九篇之中而不敢懷疑，反以馬融之疑爲多事，過矣。至戰國時人所引書實與其所鼓吹之學説有密切關係，如儒家主中庸，而儒家之書載堯命舜之詞乃曰“允執其中”；墨家主非命，而墨家之書載武王伐紂之言乃曰“殷王謂人有命”，吾人誠不敢信古代帝王之言能豫符于戰國學者之主張至于如是，則其以當時思想作爲尚書，視西漢人不相同乎！此問題固以材料不完備，不能一時解決，然此問題之提出亦今日應有事也。吾人讀此逸文，當知今文經二十八篇乃西漢初期所結集之尚書，其中有作于西周者，有作于東周者，有作于秦及漢初者；古文經五十六篇乃西漢末期所結集之尚書，其中有作于東、西周者，有作于秦、漢間者，有作于西漢中期以後者。凡不見于二十八及五十六兩目之書，皆隨時隨地之所叢生潛發，而不幸被結集之人所屏落，或遺忘，或未見者也。（其中亦有誤入者，如“大社唯松，東社唯柏……”一條，蓋尚書大傳釋“社”之文。漢人引春秋傳稱春秋，引書傳稱書，遂淆雜而不別耳。）

一四　説文解字中所引之尚書（説文引經證例卷三——四）

承培元

尚書學參考材料之四九

　　頡剛案：今所傳之尚書，唐衛包改字本也。衛包未改前之各種本子，但得零星收拾，不復可睹其全。如欲輯爲一書，當取材于漢熹平石經、魏三體石經等古本之殘字，及史記、漢書、説文等古書所引之字句。今限于時間，僅從承培元書中録出説文所引之尚書（略移其次第，去其無甚關係者），以見東漢中葉流行之本子之大凡。許慎于説文序中曾言"其稱……書孔氏，詩毛氏，……皆古文也"，似謂説文中之尚書全爲古文然者。然許君生當今古文並峙之際，所收非一本古文，其引書體例頗不純。故其中有明著爲古文者，如"關四門"，"遷以記之"，"我有載"，"詔詔猗"是也。有明著不用古文者，如"睿"下引"睿畎澮距川"而又以出"濬，古文"，"慇"下引"今汝慇慇"而又出"聾，古文"，"量"下引"鯀量洪水"而又出"壐，古文"是也。有兩引之者，如土部引"堣夷"，日部引"暘谷"，馬部引"由蘗"，皆古文也；山部引"嵎銕"，又引"崵谷"，木部引"枬"，則又今文也。惟其不主一家，故不得以説文所引盡納諸古文尚書。若曰，其所引經文以古文尚書爲多，其所援用杜林、徐巡、賈逵諸家經説皆古文家説，斯則然矣。此本雖寡少，以今本校之，文字別異者已什七八，即此可見古書變動之劇烈。如"執拘"之爲"執柯"，"屬婦"之爲"嫡婦"，皆關係甚大。至于篇次不同，如以洪範屬商書之類；句讀不同，如"乃惟孺子妝"之類，亦可注意。吾人爲此校勘功夫，似乎瑣屑而實非徒勞，蓋古書流衍至于今日，不知幾經傳寫，其脱字衍字誤字不知凡幾，若據今本而施解詁，必有不能通者。不能通而强通之，則鑿矣。故當盡集古本以求其最初之形式與其變遷之跡象，即最初之本不可得，亦當于可得之材料中求其最前者，以觀其最近于原本者。尚書雖只二十八篇，其問題乃至千百，文字之校勘，猶椎輪之于大輅，爲最淺近之工作，亦最應先着手之工作也。

一五　經義述聞中之尚書解（節録）

王引之

尚書學參考材料之五〇

　　頡剛案：尚書中誤字脱文不知凡幾，有自先秦以來已然者，有自漢以後始然者。歷代學者解釋此經，惟知隨文疏説，以當世通用之字義解釋詰屈而又多誤之古文，使字面宛轉以就注，語盡而止。解固解矣，無如非其本真也！王念孫、王引之父子生值清代樸學極盛之際，創爲新法以治經，于古語之不易解者不直接解之，而先搜集成語、通假、異文，及各種比較之材料，以推考其原本之字義與文法，然後古書可得而讀。自有此法，于是前代解經之作乃悉失其權威，比于待滅之爝火。所不幸者，此道初闢，國勢已衰，學者不復能有畢生治學之環境，致俞樾、孫詒讓以外繼跡者彌寡耳。經義述聞一書，王引之記其所聞于父之經説而並著其己意者也。博衍精深，讀之使人愧奮。其中尚書數卷，爲修習本課者所當卒讀，限于時間，僅摘鈔其用比較方法之最明切者十餘條，略陳其概。吾人讀此，當知居今日而研究經學，至少必如王氏父子能充分應用音韻、訓詁、文法、校勘諸學，方足列于學者之林；否則治經雖勤，終爲學究而已矣。

一六　字說（摘鈔八篇）

吳大澂

尚書學參考材料之五七

頡剛案：經學之最大敵人爲經師。自有經師而經義爲之不明，自有經師而後人之靈智爲之痼禁。故漢以來表章六經，至矣盡矣。惟以經師專己守殘，視自己學派所建立之假設爲真理，亘二千年而晦盲如故；不但晦盲如故，抑且益增其糾紛焉。至清代中葉，因訓詁學之發達，使高郵王氏父子敢突破經師家法，以訓詁學治經學，而後經義之明者什三四。清代末葉，又因金石學之發達，使吳大澂敢突破經師家法，以彝器文字比較經文而後經義之明者亦什一二。（吳氏成就所以不及王氏父子者，以其年壽較短，又無專心治學之機會。然後起者如王靜安先生，即已應用其方法而獲得更大之發見。）今從字說中錄出其有關于尚書義者數篇，以見吳氏開山之力，並見欲讀古書非可但求之于古書本身，而言語學與考古學之素養尤不可闕焉。

試題[*]

在以下題目中選作三題。如文字較長，可但作二題。如文字特長，可但作一題，如想多作幾題，也可以。

一　尚書這部書，如何一層一層地塗上去成爲尚書正義這般

---

[*] 1928 年 6 月 18 日作。

的面目？又如何一層一層地削下來成爲我們今日所要求透露的樣子？

二　把尚書學的演變的歷程，作圖表以説明之。

三　尚書學中有多少大問題？請列舉出來。

四　尚書中有多少話是宗法制度和封建思想所由出的？有多少話是後人用了宗法制度和封建思想造出來的？我們對于這些東西，應當用什麼方法，把後者推出尚書以外，把前者送進博物院去（這就是説，使它只佔古代歷史的地位而不佔現代生活的地位）。

五　春秋、戰國間的尚書怎樣？試爲設想其情狀。

六　在尚書中看出來有商、周、秦間的思想、宗教和政治是怎樣的？

七　尚書中的道德的話頭，哪些是真實的？哪些是當時騙人的？哪些是出于後人的猜想的？

八　請就時代不同的書篇中指出某一個人的面目的變遷（例如武王在世俘中的面目，在牧誓中的面目，在兩種太誓中的面目，各各不同，可尋出它的變遷的綫索來）。

九　把尚書各篇，依了它的發現的時代，列成一表（不必很完全）。

一〇　尚書中的材料，在文字方面，在文法方面，在史事方面，在輯録逸文逸説方面，我們可以做的工作有多少？請擬一個具體的計劃。

一一　二十八篇是怎樣來的？二十九篇是怎樣來的？五十八篇是怎樣來的？百篇是怎樣來的？百二篇是怎樣來的？百二十篇是怎樣來的？三千二百四十篇是怎樣來的？這許多種尚書的價值如何？

一二　孔子與尚書的關係怎樣？伏生與尚書的關係怎樣？劉歆與尚書的關係怎樣？

一三　伏生傳經一事有哪幾種傳説？孔壁得經一事有哪幾種傳説？這些傳説的信實的程度如何？

一四　尚書傳是什麼時候發生的？尚書大傳的經歷怎樣？爲什麼它們都亡佚了？伏生的尚書既只有二十八篇，爲什麼尚書大傳裏卻有九共、太誓、歸禾……等篇名而又爲之傳？

一五　歐陽、夏侯三家經傳在尚書學中的地位怎樣？賈、馬、鄭注在尚書學中的地位怎樣？王肅注和僞孔傳在尚書學中的地位怎樣？尚書正義在尚書學中的地位怎樣？蔡沈集傳在尚書學中的地位又怎樣？

一六　清代學者研究尚書的著作，大約可以分成多少派別？所得的結果如何？

一七　論新學僞經考在尚書學中的功績。

一八　從西漢的尚書學看來，今古文家的根據哪一方面可靠？今古文家的思想哪一方面高超？今古文家的學説哪一方面穩固？今古文家的歷史哪一方面光榮？

一九　研究尚書到今日始上正軌，以前的解釋幾乎可以一齊摧破。我們爲什麼還要把已失傳的紕繆之説很辛勤地輯集起來呢？

二〇　尚書緯的中心問題是什麼？它在尚書學中的承前啟後的關係怎樣？它是不是一件完全荒謬的東西？

二一　假的孔安國的書有多少種？它們的出現，始于哪時？終于哪時？

二二　史記中用的尚書是古文還是今文？説文中用的尚書是真古文還是僞古文？

二三　現在通行的尚書根據于哪種本子？這種本子又根據于哪種本子？試爲溯其源。

二四　太誓有幾種？這幾種太誓如何發生？如何流行？如何消滅？

　　二五　書序是怎樣出來的？它發生了怎樣的影響？它的偶像到什麼時候才動搖？到什麼時候才打倒？清代學者上了它的當，在尚書學中發生了哪樣的糾紛？

　　二六　周公攝政稱王之説，在尚書上有没有根據？周公東征之説，在尚書上有没有根據？

　　二七　解釋金縢篇的，對于“周公居東”有哪幾種不同的説法？對于“罪人斯得”有哪幾種不同説法？對于“出郊親迎”又有哪幾種不同的説法？

　　二八　西漢一代，尚書學的經歷怎樣？那時所發生的東西哪一種勢力最大？哪一種滅亡得最快？

　　二九　模仿尚書的文字，以哪時爲最盛？爲什麼會得這樣盛？

　　三〇　僞古文尚書爲一手所作，其中有一貫的主義，試爲它分析一下。

　　三一　攻擊僞古文的主要意義何在？他們有不對的地方嗎？反攻擊僞古文的主要理由何在？他們有强有力的證據嗎？

　　三二　逸周書是什麼時候起來的？是否出于一人的手筆？裏邊有没有可靠的史料？

　　三三　書序是今古文都有的嗎？史記中所載的，是司馬遷採用書序呢？還是作書序的人採用史記呢？

　　三四　僞作尚書從何時起？到何時止？他們的作僞是不是起于某種需要？

　　三五　各時代的人，對于尚書的觀點怎麼不同？由于這種不同的觀點發生了怎樣的影響？

　　三六　你對于二十八篇，以爲它們的真僞如何？發生的時代如何？請憑了你的目光，你的證據，約略地批評一下。

　　三七　請把研究尚書最感困難的地方列舉出來，並擬一個解決這些困難的辦法。

三八　因爲研究尚書使你對于古書發生了哪些見解？你想用研究尚書的方法研究別種古書嗎？如果是的請你把預備研究的東西提出問題，寫出方法來。

三九　我們研究尚書需要哪幾種工具？需要哪幾種輔助的學科？請列舉出來。

四〇　我們研究尚書，別人笑我們在故紙堆中作蠹魚，究竟我們鑽研這幾篇破書有什麼用？我們曾經自己問過嗎？我們承認這種嘲笑的話嗎？如不承認？請擬一個答復來。

尚書研究第二學期平時課題[*]

一

尚書學中的問題，哪幾種是已得結論的？哪幾種是已不成問題的？哪幾種是前人工作沒有完成而我們應當繼續進行的？哪幾種是前人所未致力而現在應該提出來的？

二

將西漢的尚書學史作爲系統的叙述。

三

在下列之一種或多種書中鈔出其有關於尚書學之材料（凡引尚書文，逸周書文，説書義，及所舉之古語古事有出於尚書之疑似者，皆鈔之）：

---

[*] 録自底稿。

論語　　　孟子　　　禮記　　　荀子
管子　　　墨子　　　國語　　　左傳
戰國策　　呂氏春秋

四

搜輯西漢古文尚書逸十六篇之逸文。

五

將龔自珍与方勇兩家之書説作爲系統的説明而批評之。

　　目録中列有"研究題目"一項，原意將講義統讀一過，再行提出；不幸日子一天一天地過去而空閒永不可得，只得把去年在講臺上所出的平時課題數條寫出，暫代研究題目。

　　　　　　　　　　頡剛記。十八，二，十七。

尚書研究講義

（燕京大學及北京大學）

堯典著作時代考 *
（尚書研究講義丙種之一）

本篇開首即云"曰若稽古"，其非當時之紀載已極顯明。而説者以有尊重道統之成見，必欲納之於唐、虞之時代，遂曲解"稽古"，謂爲"堯順考古道"（馬融及僞孔傳説），或竟云"稽，同；古，天也。言堯能順天而行之，與之同功"（鄭玄説）。此實僅足供我儕劇笑之資耳。

韓非子云："舜之救敗也，則是堯有失也。賢舜則去堯之明察，聖堯則去舜之德化，不可兩得也"（難一）。持此義以觀本篇，其矛盾之狀彌顯矣。堯在位時，問"疇咨若時登庸"，則放齊以"嚚訟"之朱對；問"疇咨若予采"，則驩兜以"靜言庸違"之共工對；問"有能俾乂洪水"之人，則四岳以"方命圮族"之鯀對。是則邪佞盈朝，互爲朋比，堯雖嫉惡，卒無如何。及舜受終文祖而向

* 原載 1931 年燕京大學石印尚書研究講義第一册，訂補後載文史第二十四輯，1985 年 4 月。

之凶人流于四裔，天下咸服；至放勳殂落而九官咸得其人，蹟蹟蹌蹌，雍容揖讓：虞廷之上何其大異於帝堯時也？此非"賢舜則去堯之明察"之確證乎？

且不獨堯、舜相較有高下也，即帝堯一人之德化亦復起落無常。篇首固言帝堯以"欽明文思……"之俊德致睦九族，昭百姓，雍黎民之大功矣，自羲、和"敬授民時"之後又釐百工而熙庶績矣，是則天下已平，郅治已成；何以佞人在朝，競薦凶頑，四岳又强欲用鯀，勞他日大舜四罪之誅？倘賢人必待舜而後舉，凶人必待舜而後除，則篇首所言豈非虛頌堯美乎？抑將謂堯協和萬邦則有餘，自理其政事則不足乎？是則此篇所記，堯、舜之間固大有軒輊之情，即堯之前後爲人亦頗參差不能一貫。所以然者，總由此篇主於寫舜，不暇復爲堯地也。

此篇思想，密合儒家。故舜命夔之"直而溫，寬而栗……"，儒家之中庸主義也。堯崩而百姓如喪考妣，三載遏密八音，儒家之三年喪也。自明德而親九族，而昭明百姓，而協和萬邦，儒家之修身、齊家、治國、平天下之次第也。若此篇爲堯、舜時之真記載，則儒家學說悉是因襲古人，堯、舜之真相亦早已大白於世，何以有"俱道堯、舜而取舍不同"之墨家勃興於戰國，倡導兼愛之説，主行三月之喪，敢與儒家相犄角乎？且即使墨家敢於誣古，儒家何不持唐、虞時之真記載——堯典——而與之質證耶？

故堯典者，儒家記其所道之堯、舜事也；若使墨家操觚爲之，便當不爾。

然則堯典爲戰國時儒家作乎？觀孟子答咸丘蒙堯朝舜之問而曰"堯典曰：'二十有八載，放勳乃徂落，百姓如喪考妣，三年，四海遏密八音'"（萬章上），又萬章問放象事而云"舜流共工于幽州，放驩兜于崇山，殺三苗于三危，殛鯀于羽山：四罪而天下咸服"（同），此二章並在今書，似堯典必出於孟子以前。然問題不能如是簡單。孟子時自可有堯典，而吾儕今日所見之堯典能必定其爲孟子時書乎？是固不易言也。

中國一統之局，至秦始立。殷、周之世，則大邦與小邦並峙，蠻夷與諸夏雜居，王畿止於千里，交通限於一隅，不僅無統一之制度，亦且無統一之思想。至於春秋，交通始廣。至於戰國，國境始大。於是有"九州"之具體説明，有"定於一"之迫切要求。至秦始皇帝二十六年（公元前二二一），而後此醖釀五百年之局面乃定。故是年丞相王綰等議帝號，皆曰：

> 昔者五帝地方千里，其外侯服夷服，諸侯或朝或否，天子不能制。今陛下興義兵，誅殘賊，平定天下，海内爲郡縣，法令由一統，自上古以來未嘗有，五帝所不及。

倘是時已有今之堯典，則堯、舜之世固有十二州矣，秦皇之天下固上古以來所早有者矣，何言"未嘗有"耶？

始皇三十二年，因得"亡秦者胡"之讖，使將軍蒙恬發兵三十萬人北擊胡，略取河南地（即河套，漢武立朔方郡者）。三十三年，又略取陸梁地爲桂林、象、南海三郡。當是時，北方逾於秦之舊境，南方亦逾於楚之舊境，度越禹貢之記載多矣。然今之堯典，則有"命羲叔宅南交"，"命和叔宅朔方"之語，將謂始皇新闢之境固早爲帝堯之疆域耶？

當始皇統一之後，即令"一法度、衡石、丈尺；車同軌；書同文字"。今堯典亦有"同律度量衡"之語。

始皇二十七年，治馳道，遂頻年出巡。東上泰山，登之罘，至琅邪；又之碣石。南渡淮水，之衡山，南郡；又浮江下，至錢唐，上會稽。西出雞頭山，過回中。北巡邊，從上郡入。其之罘刻石之辭曰："時在中春，陽和方起，皇帝東游，巡登之罘"。以較堯典所云"歲二月，東巡守"以及巡守四岳之文，何其似耶？

始皇二十八年，上鄒嶧山，與魯儒生議封禪、望祭山川之事，遂封泰山，禪梁父。東游海上，行禮祠名山大川及八神。史記封禪書記其祀典云：

　　自殽以東，名山五，大川祠二。曰太室、恒山、泰山、會稽、湘山。水曰濟、曰淮。
　　自華以西，名山七，名川四。曰華山、薄山、岳山、岐山、吳岳、鴻冢、瀆山。水曰河、沔、湫淵、江水。

其上帝則有雍四時（上畤祭黃帝，下畤祭炎帝，鄜畤祭白帝，密畤祭青帝）。其群神則有陳寶、諸布、諸嚴之屬。以視堯典，則云"類于上帝，禋于六宗，望于山川，遍于群神"，又云"望秩于山川"，又云"封十有二山"，又何其相似耶？

　　夫與秦制相似固不能遂斷為秦人所作，然一統之意味若是其重，君主之勢力若是其厚，則必不能在秦之前。且秦以"不師古"自標，"偶語詩書"者罪至棄市。假使今之堯典竟先秦之統一而存在，則秦且事事師古矣，秦始皇且法堯、舜矣，何有乎挾書之禁？觀李斯之言曰："五帝不相復，三代不相襲，各以治；非其相反，時變異也。"則知堯典所云，非秦之襲堯，乃堯之襲秦矣。何以故？秦之創制與堯典之成文同在於一個時代潮流中也。

　　然則此篇遂為秦人作乎？是又不然。堯典與秦制最衝突之一點曰封建。秦有天下，分為三十六郡，郡置守尉監；其下立縣，縣有令。子弟功臣無尺寸之土。故博士淳于越遂有"今陛下有海內而子弟為匹夫，無輔拂何以相救"之語。今堯典中有四岳而置四岳，有十二州而置十二牧，固是郡縣制矣，然一則曰"協和萬邦"，再則曰"班瑞于群后"，三則曰"肆覲東后"，四則曰"群后四朝"，是乃仍有諸侯之制存在，而侯國又至多。夫封建制與郡縣制可兩存乎？

　　曰：可兩存，是在西漢之世。漢書高惠高后孝文功臣表序云：

> 漢興，……八載而天下迺平，始論功而定封。訖十二年，侯者百四十有三人。時大城名都民人散亡，户口可得而數裁什二三，是以大侯不過萬家，小者五六百户。

又諸侯王表序云：

> 漢興之初，海内新定，同姓寡少。懲戒亡秦孤立之敗，於是剖裂疆土，立二等之爵，功臣侯者百有餘邑，尊王子弟大啟九國。自鴈門以東，盡遼陽，爲燕、代。常山以南，太行左轉渡河、濟，漸於海，爲齊、趙。穀、泗以往，奄有龜、蒙，爲梁、楚。東帶江、湖，薄會稽，爲荆、吳。北界淮瀨，略廬、衡，爲淮南。波漢之陽，亙九嶷，爲長沙。諸侯比境，周市三垂，外接胡、越。天子自有三河、東郡、潁川、南陽，自江陵以西至巴、蜀，北自雲中至隴西，與京師内史，凡十五郡；公主、列侯頗邑其中。而藩國大者，夸州兼郡，連城數十，宮室百官同制京師：可謂矯枉過其正矣！

又地理志云：

> 本秦京師爲内史，分天下作三十六郡。漢興，以其郡太大，稍復開置；又立諸侯王國。武帝開廣三邊。故自高祖……訖於孝平，凡郡國一百三，縣邑千三百一十四，道三十二，侯國二百四十一。

即此可見西漢時之特殊制度，一方既承秦之郡縣，一方又襲周之封建，縣令、郡守與侯王並立，與堯典之以“群牧”與“群后”並立者正相合。但此種制度實爲封建制之迴光返照，故文景武三世專爲芟刈之工作，高祖所封異姓王盡於文帝時，其異姓侯則盡於武帝時。同姓之封雖未能遽削，然武帝下推恩之令，使諸侯王得分戶邑以封子弟，不行黜陟而藩國自析；諸侯惟得衣食稅租，不與政事，與富室無異。封建之名雖存，而其實已非矣。然封建者古制也，儒者所樂道者也。當時之實際政治無封建之需要，此非儒者所能喻；當時矯秦之制而有封建，則固儒者所歡欣歌頌者也。其以此種特殊制度録入堯典，宜哉。

堯典之爲西漢人作，不僅此一點。即"肇十有二州"一語，亦一堅強之證據。

自來言分州者惟以九數，無以十二數者。齊侯鎛鐘云：

> 虩虩成唐（湯），有嚴在帝所，尃受天命。……咸有九州，處禹之堵（都）。

此謂湯繼禹而有九州也。左傳襄四年，魏絳述周太史辛甲虞人之箴曰：

> 芒芒禹跡，畫爲九州，經啟九道。

又宣三年記王孫滿之言曰：

> 昔夏之方有德也，遠方圖物，貢金九牧，鑄鼎象物。

則禹之時州爲九，牧亦爲九也。禹貢一篇既分述九州，又總叙之曰："九州攸同，……九山刊旅，九川滌源，九澤既陂。"國語記太子晉之言（周語下）亦曰："其後伯禹……封崇九山，決汨九川，陂鄣九澤，豐殖九藪，汨越九原，宅居九隩。"此可知當春秋、戰國之時確信地制當以九數，舉凡州、牧、山、川、澤、藪、原、隰以及道路莫不受範焉。以此之故，呂氏春秋有始覽曰"天有九野，地有九州，土有九山，山有九塞，澤有九藪"，不但地以九分，而天亦以九分矣。即迂僻之鄒衍，以九州爲不足，推而廣之爲八十一州，亦爲九之自乘數。此等事自吾輩觀之，或以其過于整齊爲可嗤，而在當時則確有强烈之信仰在。故其後地域既擴大，幽、并二州不能不立，則職方（見逸周書及周官）寧删去徐、梁以遷就之，誠以地方可增廣而九數則不能改變也。直至漢武帝窮兵黷武，開拓三邊，境域過廣，當其分州之際，禹貢之州不足，則以職方之州補之；又不足，則更立朔方、交趾兩部：而後向之九州觀念因事實上之需要而被打破，堯典中亦遂應時而有"肇十有二州"、"咨十有二牧"之言，許九數擴張爲十二矣。

予爲此言，或將曰：畫地爲九州，禹事也。肇十有二州，舜事也。安見九州之前不爲十二州乎？

答之曰：禹之治水，孟子言堯舉舜而舜使之，則舜攝政時事也。禹貢言"禹敷土，隨山刊木，奠高山、大川"，即接言九州山川、貢賦，是分州即在治水時也。堯典言"肇十有二州"，亦舜攝政時事也。同一時代而有兩種界畫，何也？豈禹爲一種制度，舜又爲一種制度乎？抑禹定之而舜改之，舜禪禹而禹又改之乎？且尚書大傳者，最早之解釋尚書者也，其記舜事云："維元祀，巡守四嶽、八伯。"（通鑑前編引）八伯者何？王制云："凡四海之内九州，州方千里。……八州，州二百一十國。天子之縣内……凡九十三國。……州有伯。八州，八伯。"是九州之中，天子自領一州，餘八州各設伯以爲之長，八伯即州牧也。此可知尚書大傳之作者雖猶依違經文十二州之說，然其觀念則仍以舜時爲九州，未改其舊焉。

禹之爲九州，自古無異論。舜之地不容爲十二州，亦從戰國、秦、漢間人之觀念中可以知之。然則今本堯典之文顯然有受時勢影響而增竄者，其跡可推也。

　　夫堯典之襲漢制，堯典固自言之矣。羲、和四宅之地，羲叔宅於南交，和叔宅於朔方。南交者何？漢之交州也。朔方者何？漢之朔方郡也。交義至顯，朔方則有説。

　　朔方之名，最早見於詩。小雅出車云：

　　　　王命南仲，往城于方。出車彭彭，旗旐央央。"天子命我，城彼朔方。"赫赫南仲，玁狁于襄！

又六月云：

　　　　玁狁匪茹，整居焦、穫；侵鎬及方，至於涇陽。織文鳥章，白旆央央。元戎十乘，以先啟行。
　　　　戎車既安，如輊如軒。四牡既佶，既佶且閑。薄伐玁狁，至於大原。文武吉甫，萬邦爲憲。

此二詩在文體上，在記事上，均可信爲同時之作。是則玁狁居焦、穫而侵鎬、方，以至於涇陽；吉甫伐之，至於太原；方既爲玁狁所侵，周王爲防禦計，遂命南仲往城之。此二詩中，二稱方而一稱朔方。蓋方在周都之北，故以"朔"加之；亦猶交在漢境之南，遂稱曰"南交"耳。方在何處，前人無能指言之。數年前，王靜安先生作周䣝京考，據井鼎、靜彝、史懋壺等"王在䣝京"之文，謂䣝即小雅之方，秦、漢之蒲坂。又謂吉甫伐玁狁所至之大原，據左傳"宣汾、洮，障大澤，以處太原"之文推之，當在漢之河東郡境（今之山西省南部）。又謂涇陽，據秦始皇本紀之"肅靈公居涇陽"及穰侯列傳之"秦昭王同母弟曰高陵君、涇陽君"推之，當在涇水下游，即今陝西之涇陽縣。焦、穫之地，舊説在陝西。近錢賓四先生作周初地理考，云：

墨子："舜漁於濩澤"。水經沁水注："濩澤水出濩澤城西，東逕濩澤；得陽泉口水，水歷嶕嶢山東，注濩澤水"。焦、穫者，殆即嶕嶢、濩澤，故爾雅列之十藪而稱"周有焦、穫"者，蓋成周，非岐周。地近析城、王屋諸山，正當春秋皋落、赤翟之東，西接絳、翼，北連沁源，東掖黨、潞，南瞰河、洛；其爲玁狁整居之所，最爲近是。

又錢先生考，安邑有方山，則方在安邑。此與王先生說雖微異，而其在山西省之西南部則同。予按史記秦本紀云：

惠文君……九年，渡河取汾陰、皮氏，與魏王會應，圍焦，降之。

正義引括地志云："焦城在陝州城內東北百步，因焦水爲名。"是則焦亦密邇安邑者。上述數說如皆信，則當年玁狁整居於今山西南部及河南東北部，先侵山西西南之方京，自河入渭而侵陝西中部之鎬京，又渡渭而北至涇陽。吉甫逐之東去，至山西南部之太原而止。本爲侵方及鎬，而詩云"侵鎬及方"者，爲叶"至於涇陽"之韻也。

或以鎬京被侵不見史籍，遂以爲別有一地名鎬者，則周襄王三年（公元前六四九），揚拒、泉皋、伊、雒之戎同伐京師，入王城，焚東門，亦不見於春秋。況涇陽之離鎬京若是其近，玁狁既能至涇陽，豈不能侵鎬京乎？

總上地名，涇陽也，鎬也，方與朔方或荃京也，焦、穫也，太原也，皆不出陝西、河南、山西三省交錯之地，悉在北緯三十四度至三十六度之間。若漢武帝之朔方郡，則在今綏遠之鄂爾多斯，當北緯四十度，相去絕遠矣。

予言至此，或將見詰曰，大戴禮少閒篇言"虞舜以天德嗣堯，朔方幽都來服，南撫交趾”，漢武帝得河套地，立朔方郡，是朔方之爲北方邊境，信矣。堯命和叔宅朔方以正仲冬，宜矣。可知詩言“城彼朔方”，自當在綏遠，不當在山西。故朱熹詩集傳直云：“方，朔方，今靈、夏等州之地。”（出車）宋之靈、夏等州則今綏遠也。三證符同，安見南仲所城非即和叔所宅者乎？又安見和叔所宅非即漢武所置郡乎？

答之曰：苟以名稱之同而即説爲一地，則一切糾紛殆不足理，然其貽於後人之糾紛亦更不勝理矣。今將解答此題，試申二問：

其一，周人能有漢朔方郡之地乎？左傳昭九年，王使詹桓伯辭於晉曰：“武王克商，……肅慎、燕、亳，吾北土也。”不言及河套，亦不言有朔方。雅、頌所載，絶無開拓北邊至千里以外之事。大雅韓奕云：“王錫韓侯，其追其貊，奄受北國，因以其伯。”韓以立國於周北而命爲北伯，似甚北矣，然其地即今之陝西韓城縣，去鎬京東北垂四百里耳；而其地已“其追其貊”，深入蠻夷之叢矣。其尚能越安定、榆林而至於綏遠耶？六月、出車諸篇，文字茂美，迥異周頌，蓋周頌作於成、康以後而六月等篇則出西周之末。説爲宣王，固自近是。然至於西周之末，召旻已慨歎“日蹙國百里”矣。假使宣王之世尚能彭彭央央以城綏遠之朔方，尚何有日蹙之懼；亦何至驪山烽火，幽王見殺而宗周遂滅哉！

自周東遷，秦乃奄有其地；自穆公霸西戎而其國境日拓。假使綏遠之朔方本是周地，則道路已闢，秦自當襲而有之。然春秋、戰國之世，秦地固不聞有朔方也。義渠者，戎國也，在今甘肅東部及陝西北部。據史記秦本紀，厲共公三十三年（公元前四四四），伐義渠，虜其王；至惠文王十一年（前三二七），縣義渠，義渠君爲臣。又惠文王後元十年（前三一五；六國表作十一年），伐取義渠二十五城。史記匈奴列傳云：“秦昭王時（前三〇六—二六五），義渠戎王與宣太后亂，有二子；宣太后詐而殺義渠戎王於甘泉，遂起兵伐殘義渠。於是秦有隴西、北地、上郡，築長城以拒胡。"其所記年代雖與紀、表差池，要之秦有涇、洛、渭諸水上游之地實在戰國中葉之後。然是時拓地雖廣，尚不能至河套。禹貢一篇，實紀戰國疆域，其導河一章獨詳下游，龍門以上不能質言；蓋非其不願知，乃尚不容知耳。

直至秦始皇三十二年，使將軍蒙恬發兵三十萬人北擊胡，略取河南地，秦之疆界始越陝西而至綏遠。夫以虎狼之秦，力征經營如此，而河套之地直至六國殘滅之後方得擊而有之，乃謂周人能早有之乎？乃謂唐、虞之世能早有之乎？

其二，漢之朔方郡其本名爲朔方乎？按漢族始有河套地者爲趙武靈王。自其易胡服，習騎射，二十年（前三〇六），略中山地，遂西略胡地，至榆中。榆中者，即今榆林也。二十六年（前三〇〇），復攻中山，攘地北至燕、代，西至雲中、九原。九原者，河套以北也。（以上據趙世家。）又築長城，自代並陰山下至高闕爲塞。高闕者，徐廣注曰："在朔方。"（據匈奴列傳。）是河套南北，趙悉有之。然其地名曰榆中，曰九原，曰高闕，不聞有朔方也。（趙有河套地由漢南行，略如今大同至包頭之鐵路綫，而從九原直南至秦，道固未通也。）

其後始皇使蒙恬北擊胡，本紀云"略取河南地"，匈奴列傳云"悉收河南地"，亦不云朔方也。自秦得其地，名之曰北河。故漢書主父偃傳云：

> 諫伐匈奴，曰："……昔秦皇帝任戰勝之威，……遂使蒙恬將兵攻胡，卻地千里，以河爲境；……然後發天下丁男以守北河。……"

又録公孫弘語云：

秦時嘗發三十萬衆築北河，終不可就，已而棄之。

又嚴安傳云：

上書曰：“……使蒙恬將兵以北攻彊胡，辟地進境，戍
於北河。……”

則秦名新闢之地亦不曰朔方也。漢書食貨志記武帝元狩三年“徙
貧民於關以西及充朔方以南新秦中”，應劭注云：

秦遣蒙恬攘卻匈奴，得其河南造陽之北千里地，甚好，
於是爲築城郭，徙民充之，名曰新秦。

則北河之外又有名新秦者，亦不曰朔方也。秦得朔方之地而不名
爲朔方，何耶？
漢書衛青傳云：

明年(元朔二；公元前一二七)，青復出雲中，西至高闕，
遂至於隴西，捕首虜數千，畜百餘萬，走白羊、樓煩王，遂取
河南地，爲朔方郡。……使建築朔方城。上曰：“……詩不云
乎，‘薄伐獫狁，至於太原’，‘出車彭彭，城彼朔方’。今車騎
將軍青渡西河，至高闕，獲首二千三百級。……遂西定河南
地，案榆谿舊塞，絶梓領，梁北河，討蒲泥，破符離，斬輕
銳之卒，捕伏聽者，三千一十七級。……”

讀此可見衛青率師所至之地原無一處名爲朔方者。其所以立郡名
爲朔方，則以逐走白羊、樓煩王有類於吉甫之“薄伐玁狁，至於
太原”；而其建築城治亦有類於南仲之“出車彭彭，城彼朔方”也。

當時爲儒家全盛時代，六藝具有無上之權威，故武帝取詩語以美衛青，亦取詩語以名所築之城與所立之郡；至於詩之朔方之在此與否，固所不計也。是則河套之地之名朔方，乃古典主義下之產物，而非周人原地明矣。

漢武帝喜以古地名名新地，不止此一事，即崑崙亦然。史記大宛列傳云：

> 漢使窮河源，河源出于寶。其山多玉石，采來。天子案古圖書，名河所出山曰崑崙云。

可知于闐之山本不名崑崙，武帝好古，遂案"古圖書"而名之曰崑崙。此與河套地本不名朔方，以其好古，遂案詩小雅而名之曰朔方者正相類耳。

更如金城郡有縣曰令居，蓋取韓奕"慶既令居"之義。朔方郡有縣曰渠搜，蓋取禹貢"渠搜，西戎即序"之義。雖未明言爲武帝所定名，其出於此種風氣之下固自顯然。若信以爲真，遂謂韓姞燕譽之地在今皋蘭西北，雍州之北部延及鄂爾多斯，則惑矣！

明乎此，則知小雅朔方一名最在前，其地在河曲；漢朔方郡之名次之，其地在河套；堯典"宅朔方"出最遲，乃在朔方郡既立之後。蓋假使堯典與小雅之文所指爲一地，則南仲所城不在北表，不得爲和叔測候之所；使堯典之文出於立朔方郡前，則武帝詔書亦不當但引小雅而捨棄此更可寶貴且更適合之經言也。若大戴禮輯集於宣帝後，彼時堯典行世久矣，其以朔方與幽都並舉又何疑！

朔方既然，南交亦然。禹貢南至衡山，不知有交趾。秦定南越之地，立桂林、南海、象郡，至交趾矣，而不以"交"名其地。至漢武元鼎六年（公元前一一一）平南越，以其地爲交阯等九郡。越五年，置十三州刺史，乃以此九郡總爲交州。故"宅南交"者，亦置交阯郡與交州後之產物也。

四宅之南北既定，東西即可推知。

堯命羲仲宅嵎夷，嵎夷見於禹貢青州章，當是山東海畔夷人，原非甚遠之地。惟至漢而其意義改變。西漢之言今雖不可見，而東漢則有說文"嵎"字條云："嵎山，在遼西。……一曰，嵎銕，暘谷也。"又"堣"字條云："堣夷在冀州陽谷。"是則嵎夷不在青州而在碣石之北，幽、冀之間。若仍欲納之於青州，惟有說爲越海而有之。然遼西及冀州皆在北而羲仲測候之所應在東，頗不合契。范曄後漢書東夷列傳記朝鮮、日本等海國事，其篇首云：

　　王制曰："東方曰夷。"……夷有九種，曰畎夷、于夷、方夷、黃夷、白夷、赤夷、玄夷、風夷、陽夷，故孔子欲居九夷也。昔堯命羲仲宅嵎夷，曰暘谷，蓋日之所出也。

其篇末贊云：

　　宅是嵎夷，曰乃陽谷。巢山潛海，厥區九族。……

是以嵎夷爲九夷之總稱，亦即以嵎夷指朝鮮等地。此說若取解禹貢之嵎夷，未免過遠；若以解堯典之嵎夷，尤其於明白羲叔、和叔所宅在漢武立朔方、交阯諸郡之後，則甚是。按漢書武帝紀元封二年（前一〇九），朝鮮王攻殺遼東都尉，迺募天下死罪擊朝鮮。明年，朝鮮斬其王右渠降，以其地爲樂浪、臨屯、玄菟、真番郡。是所謂"宅嵎夷"者，亦即漢武新闢之朝鮮四郡也。

堯典云："分命和仲，宅西。"此甚怪事。東之地爲嵎夷，南之地爲交阯，北之地爲朔方，何以西獨無地乎？禹貢云："西被于流沙。"何以此不言宅流沙乎？秦始皇本紀云："西至臨洮、羌中。"何以此不言宅羌中乎？以此之故，鄭玄遂以"西"爲地名，而云："西者，隴西之西。"蓋隴西郡有西縣也。然西縣故址在今甘肅東南部天水縣與禮縣之間，當西經十一度，其遠尚不及臨洮（西經十三度）、羌中（約在十四度之西），更不及流沙（約十八度）。何以羲、和四宅，於東南北俱取其遠而於西獨取其近乎？是則仍有難通者。

欲剖析此疑案，又不得不據漢武帝時之情勢以度之。當武帝即位之初，匈奴降者言月氏與之爲讐；漢方有志滅胡，欲得月氏助，乃募能使者，張騫應募。然月氏在匈奴北，道必經匈奴，騫遂被留。得間亡去，至大宛、康居、月氏、大夏諸國。歸爲武帝言其地形所有，帝欣欣然，發間使四道並出。然北方則見閉於氐、莋，南方則見閉於巂、昆明，終莫得通。元狩二年（前一二二），霍去病破匈奴西邊，至祁連山。其秋，渾邪王率衆降漢，漢以其地爲武威、酒泉郡。而金城、河西西並祁連山至鹽澤（今羅布淖爾），空無匈奴，道乃可通。張騫說帝厚賂烏孫，招大夏之屬爲外臣；帝以爲然，多齎金帛而遣之。騫遂與烏孫等國使者俱來，令知漢之廣大。中西交通，由此而闢，此則周、秦間人所未嘗夢見者也。

元鼎六年（前一一一），武帝遣公孫賀出九原，趙破奴出令居，皆二千餘里，不見虜而還。乃分武威、酒泉地，置張掖、敦煌郡，徙民以實之。自是漢境至玉門、陽關，達西經十九度矣。

自張騫鑿空以致尊貴，吏士爭上書求使；使者相望於道。樓蘭、姑師當道，苦之，屢攻劫漢使。元封三年（前一〇八），遣趙破奴等擊之，虜樓蘭王，破姑師，因暴兵威以動烏孫、大宛之屬。太初元年（前一〇四），以大宛不肯與漢善馬，遣李廣利伐之。連四年，宛人斬其王首，獻馬三千匹；漢軍乃還。諸小國聞宛破，皆使其子弟從入貢獻見天子，因爲質。自有此次戰事，而自敦煌西至鹽澤亦列亭障矣。

初，諸國大率土著，有城郭田畜，與匈奴、烏孫異俗，而兵力甚弱，故皆役屬於匈奴。匈奴西邊日逐王置僮僕都尉，居焉耆、尉黎間，領諸國之賦稅以供其國用。自漢列郡至玉門，又列亭至鹽澤，其西輪臺（今新疆輪臺縣）、渠犁（今輪臺縣東南）皆有田卒數百人，置使者校尉領護，以供給使外國者。匈奴益弱，僮僕都尉由此罷；而漢境遂達西經三十二度矣。

漢西闢之地，本皆在蠻夷中，經典所不見，將何以名之？又地極廣，將以何名爲其總名？是則雖以善於命名之武帝而亦躊躇莫決者。觀張騫傳云：

> 騫……所遣副使通大夏之屬者皆頗與其人俱來，於是西北國始通於漢矣。

又云：

> 初置酒泉郡，以通西北國。

似以"西北國"爲其總名。而西域傳記桑弘羊奏云：

> 臣愚以爲可遣屯田卒詣故輪臺以東，……益墾溉田，稍築列亭，連城而西，以威西國。……願陛下遣使使西國以安其意。

似亦以"西國"爲其總名者。又李廣利傳云：

> 下詔曰："貳師將軍廣利征討厥罪，……涉流沙，通西海，……獲王首，虜珍怪之物畢陳於闕；其封廣利爲海西侯！……"

則似又以“西海”爲其總名者。又張騫傳云：

> 初，天子發書，易曰：“神馬當從西北來。”得烏孫馬好，
> 名曰天馬。及得宛汗血馬益壯，更名烏孫馬曰西極馬，宛馬
> 曰天馬云。

此事與本書他處所記相較，有不合處。按武帝紀云：

> 貳師將軍……獲汗血馬來，作西極天馬之歌。

又禮樂志載天馬歌云：

> 天馬徠，從西極。涉流沙，九夷服。

可見當時以宛馬爲西極馬，不曰天馬。然無論以西極屬諸烏孫或
大宛，而彼時既知此二國之西尚有康居、月氏、奄、蔡諸國在，
則必不以此二國爲西方之極也。意者“西極”一名亦諸國之總稱
乎？至鄭吉傳云：

> 神爵中（前六一——前五八），吉既破車師，降日逐，威震
> 西域。……乃下詔曰：“都護西域騎都尉鄭吉拊循外蠻，宣
> 明威信。……”吉於是中西域而立幕府，治烏壘城。

自此以後，“西域”一名遂爲其總稱，至於今不改。然此是宣帝時
事，武帝時固未嘗聞有此名也。

　　總上所録，可知武帝時對於此一帶地原無定名，率隨意呼
之；然曰西北國，曰西國，曰西海，曰西極，名雖有異，要必有
一“西”字在。是即堯典所以言“分命和仲宅西”，而不從禹貢言

“宅流沙”，亦不從秦紀言“宅臨洮”之故也！

　　堯典所述之地，以漢武帝時之疆域度之，幾于不差累黍，尚不得爲文、景時書，況可列於虞夏書耶！且即以本篇“四罪”之文較之，亦復廣狹迥異。流共工於幽州：幽州，燕也。（幽、燕，雙聲字。此問題甚複雜，當於禹貢篇中討論之。）放驩兜於崇山：不詳其處；孔穎達疏謂在衡嶺之南，杜佑通典謂在澧陽縣，則皆指今湖南地。殺三苗於三危：三危，禹貢列於雍州之域，則亦不出今陝西、甘肅。殛鯀於羽山：羽山見禹貢徐州，則必在泰山之南，淮水之北；説爲江蘇東海縣，殆近之。夫四罪者，所謂“惟仁人放流之，迸諸四夷，不與同中國”者也，亦即近世所謂“發配極邊充軍”者也，乃北不過遼寧，南不過湖南，西不過甘肅，東不過江蘇，較之羲、和之北宅綏遠，南宅安南，西宅新疆，東宅朝鮮者，其不廣爲何如？豈羲、和已度居於邊疆而四罪仍容留於内地耶？抑四罪故已迸之於四夷，而羲、和之測候日景乃更投於四夷之外耶？即此可知孟子所引爲戰國之堯典，其想像之四極，不過爾爾；而吾儕所見則爲漢武之堯典，彼時之四極已大遠於戰國，然而誤襲戰國堯典之舊文，遂使一篇之中之地理觀念自相牴牾如此耳。

　　難者將曰：堯典云：“申命和叔宅朔方，曰幽都。”朔方，史記引作“北方”，則方位之通稱而非土地之專名也。幽都，即幽州，則和叔所宅與共工所放原在一處，何廣狹迥異之有！

　　應之曰：若朔方僅爲方位之通稱，則命羲仲應曰宅東方，羲叔當曰宅南方，和仲當曰宅西方，何三子者皆不然而獨然於和叔耶？幽都（或幽州）本是某一地之專名，但此間用之則含有象徵之意義。蓋東以日出故曰暘谷，西以日入故曰昧谷，本無其地，存想而有之；日出日入，東西之極也。北方於五行屬水，於色屬黑，故以幽闇之義名之而曰幽都。其云幽都，固已非戰國之幽州而改指北方之極矣。故淮南子地形訓云：“北方幽晦不明，天之所閉也。”而鄭玄亦於“南交”下注云：“夏不言‘曰明都’三字者，摩滅也。”彼意北方既以幽晦而曰幽都，則南方自當反之而取昭明之義曰明都矣。然其謂爲經文摩滅，則非是。楚辭天問云：“出自湯谷，次于蒙汜；自明及晦，所行幾里？”所謂湯谷，即暘谷也。（湯與暘皆易聲。）所謂蒙汜，即昧谷也。（昧與蒙同紐。爾雅釋地：“西至日所入曰大蒙。”淮南子天文訓：“日出於暘谷，……至於蒙谷。”）幽都又屢見於戰國諸子。是此三名皆習熟于當時人之口耳，然未見有以明都名南方者，亦更無類此之名，故堯典之作者寧闕之而不言也。

　　予言如此，讀者或不免致疑曰：尚書，古人之所習讀；即使武帝時有人撰爲是篇，其容貿貿然厠入本經，且弁之於首乎？況二千年來，學者無不誦之肄之，使爲西漢人作，寧無一人指摘之，又何待於子之翻案？

　　曰：自秦始皇焚禁詩、書以後，迄於文帝之末，凡歷五十餘年，以秦法令之嚴，加以楚、漢之爭，及漢興以後之以文吏爲政而不用儒生，古籍之殘闕甚矣。故漢書鼂錯傳云：

　　　　孝文時，天下無治尚書者。獨聞齊有伏生，故秦博士，治尚書，年九十餘，老不可徵，乃詔太常，使人受之。太常遣錯受尚書伏生所，還，因上書稱説。

是當文帝時治尚書者僅有伏生一人，此學已垂絶。鼂錯雖傳之，而國家尚未立學，則傳習者必不多。又儒林傳云：

　　　　伏生教濟南張生及歐陽生。……歐陽生授兒寬。……寬有俊材，初見武帝，語經學，上曰：“始吾以尚書爲樸學，弗好，及聞寬説，可觀。”乃從寬問一篇。寬授歐陽生子，世世相傳至曾孫高子陽爲博士。……由是尚書世有歐陽氏學。

夏侯都尉，從濟南張生受尚書，以傳族子始昌；始昌傳勝，……勝傳從兄子建。……由是尚書有大小夏侯之學。

西漢尚書之學立於學官者凡此三家。宣帝紀云：

〔甘露三年〕詔諸儒講五經同異，……乃立梁丘易、大小夏侯尚書、穀梁春秋博士。

是大夏侯（勝），小夏侯（建）兩家博士俱係甘露三年（前五一）所立，距武帝之没已三十六年。歐陽之學不知何時所立，但觀其至歐陽高始爲博士，而高之先人歐陽世爲兒寬弟子，兒寬乃武帝時人，則亦當者武帝之後。觀藝文志，除本經及逸周書、五行傳記之外，惟有下列數書：

歐陽章句三十一卷。

歐陽説義二篇。

大小夏侯章句各二十九卷。

大小夏侯解故二十九篇。

夫以尚書傳授之垂絶，朝廷訪求之已遲，加以三家立學之在武帝後與三家以外更無釋書之書，則武帝時之僞造堯典及其得以編入"官本"，勢固甚易。至於學者無有懷疑，此自劫於政治之威力與好爲古聖人辨護之成見有以致之。觀光武帝以赤伏符受命而桓譚非讖，則帝怒其非聖無法，將下斬之；嵇康與山濤書，言己"每非湯、武而薄周、孔"，司馬昭聞而惡之，致招殺身之禍：學術思想之不自由固已久矣。久而久之，化爲當然，故雖以崔述之善於辨析真僞，亦信堯典、皋謨爲唐、虞時之真記載，所謂"習俗移人，賢者不免"者已。

且昔之人曷嘗無疑堯典者哉！史記改"朔方"曰"北方"，此即疑堯典不當有朔方也。尚書大傳曰"中祀大交霍山"，鄭玄注云

“仲祭大交氣於霍山”，僞孔傳曰“‘南交’言夏與春交”，此即疑堯典不當有交趾也。馬融訓“稽古”曰“堯順考古道”，鄭玄更訓爲“同天”，此即疑堯典若真爲唐、虞時書便不當云“稽古”也。既珍寶之而又不能掩其罅漏，則不得不曲解以彌縫之；然則此罅漏者蓋曲解之人之所知也，然則此曲解者亦吾人所可藉之以尋本篇之罅漏者也。

曰：漢境東至朝鮮，南至交趾，西至西域，北至朔方，自武帝至於東漢皆然，是則堯典即使出於僞撰，而其著作之時代亦大有伸展之可能，何能必定其爲武帝時所作乎？

曰：吾所以定爲武帝時作之理由有四事。其一爲經傳之篇目，其二爲史記之收錄，其三爲西漢人之徵引，其四爲漢武帝之志願及其時代潮流。

按漢志，“尚書經二十九卷”。注：“大小夏侯二家。歐陽經三十二卷”。至於章句，則大小夏侯各二十九卷，而歐陽三十一卷。歐陽氏書何以經三十二卷而章句三十一卷？文籍散失，不復可稽考。大小夏侯則經與章句均爲二十九卷，即今之今文尚書二十八篇及後出之太誓一篇也。是宋、清諸儒在僞古文中洗刷而出之尚書即爲大小夏侯本，堯典固其弁首之篇。昔人所以深信堯典爲伏生所傳，即因此故。夏侯尚書之立學在宣帝時，則堯典必在其前。此其一也。

史記五帝本紀記黃帝、顓頊、帝嚳事以五帝德、帝繫姓爲骨幹；而其記堯、舜事則以堯典爲骨幹。司馬遷作史記，始於太初元年（前一〇四）改曆法之後；至天漢三年（前九八）而下獄受腐刑，自惜草創未就，忍死續成之。其卒年不可知，其成書之年亦不可知，王靜安先生作太史公繫年考略，謂“視爲與武帝相終始當無大誤”，吾儕亦可作如是觀。是堯典之出，不能在武帝後。此其二也。

古書徵引堯典者，惟孟子二次，大學一次。孟子所引爲戰國堯典，予已言之。大學一書，則其本身之著作時代亦大有問題。傅孟真先生云："大學之談'平天下'但談理財。……到了理財成了平天下的要務，必在天下已一之後。……且大學末後大罵一陣聚斂之臣。漢初兵革擾攘，不成政治，無所謂聚斂之臣。文帝最不會用聚斂之臣，而景帝也未用過。直到武帝時才大用而特用，而大學也就大罵而特罵了。……意者其作於孔、桑登用之後，輪臺下詔之前乎？"（中山大學語言歷史學研究所週刊第十三期）此言而信，則大學與堯典實有同時出世之可能，故其言修齊治平之道亦最相似。大學如此，孟子如彼，雖謂武帝以前之文籍未有引堯典焉可也。

　　西漢人之言可以證成此義者甚多，今姑先舉漢帝詔令言之。宣帝地節元年詔曰："蓋聞堯親九族以和萬國。"元帝初元元年詔曰："延登賢俊，招顯側陋。"成帝陽朔二年詔曰："昔在帝堯，立羲、和之官，命以四時之事，令不失其序。故書云：'黎民於蕃時雍'，明以陰陽爲本也。"哀帝建平元年詔曰："舉孝弟惇厚，……延于側陋，可親民者各一人。"平帝元始五年詔曰："昔堯睦九族，舜惇叙之。"皆用堯典之文與事以抒其言；誠以堯、舜爲帝王之模範，堯典爲帝王之教科書，凡言君道，不能外爾。然武帝屢下詔求賢，未嘗一言"揚側陋"也。武帝正曆法，未嘗一言"乃命羲、和"也。武帝下推恩之令，亦未嘗一言"以親九族"也。景帝詔令二千石修職，亦不言"允釐百工"與"三載考績"也。文帝詔除肉刑，亦不言"流宥五刑，鞭作官刑"也。（其言"蓋聞有虞氏之時，畫衣冠，異章服以爲僇，而民不犯"，似即堯典之"象以典刑"。然唐、虞象形之説，戰國時早有之，故爲荀子所斥——見正論篇。文帝之言，蓋與堯典同取於當時傳説，非取於堯典。）文帝之時尚可諉爲尚書未出，至景、武之時則已有典之者矣，而亦不用，何也？

　　詔令之不用尚可謂爲偶然，至于封禪之事，在經典中惟堯典爲詳，爲稱述其事者所不可廢，故史記封禪書即云：

> 自古受命帝王曷嘗不封禪？蓋有無其應而用事者矣，未
> 有睹符瑞見而不臻乎泰山者也。……尚書曰："舜在琁璣玉
> 衡以齊七政，遂類于上帝，禋于六宗，望山川，遍群神。輯
> 五瑞，擇吉月日，見四岳諸牧，還瑞。歲二月，東巡狩，至
> 于岱宗——岱宗，泰山也，——柴，望秩于山川；遂覲東
> 后。……"

是封禪之根據在堯典明矣。然司馬相如作封禪文，已言"君莫盛
於唐堯"而終不引堯典一言。兒寬作封禪對，乃云"封泰山，禪梁
父，昭姓考瑞，帝王之盛節也；然享薦之義不著於經"，寬傳尚
書而若不知有堯典在者，此其故何哉？

又建元六年（前一三五），閩越王郢興兵擊南越，武帝遣兩將
軍將兵誅閩越，淮南王安上書諫曰：

> 越，方外之地，鬋髮文身之民也，不可以冠帶之國法度
> 理也。自三代之盛，胡、越不與受正朔：非彊弗能服，威弗
> 能制也，以爲不居之地，不牧之民，不足以煩中國也。……
> 限以高山，人跡所絕，車道不通，天地所以隔外内也。……
> （漢書嚴助傳）

又是年匈奴來請和親，天子下議，韓安國曰：

> 匈奴負戎馬之足，懷禽獸之心，遷徙鳥舉，難得而制
> 也。得其地不足以爲廣，有其衆不足以爲彊；自上古不屬爲
> 人。……擊之不便！（史記韓長孺列傳）

夫朔方屬胡而交趾屬越，洵如劉安、韓安國之言，則是不居之
地，不屬爲人之人，天地所以隔外内之區，何得羲叔宅南交而和
叔宅朔方乎？自三代之盛，胡、越不與受正朔，何以唐、虞之
際，正仲夏於南交，正仲冬於朔方，正朔反出自胡、越乎？倘當
時有今之堯典在，劉與韓能作此言乎？若作此言，議者能不引堯
典之文以折之乎？武帝尚能嘉淮南之意而納安國之言乎？

其尤顯著者，莫如董仲舒之"考功名"篇（春秋繁露第二十
一）。彼云：

> 考績之法，考其所積也。……考績紃陟，計事除廢。……
> 有功者賞，有罪者罰。……則百官勸職，爭進其功。
>
> 考試之法，大者緩，小者急，貴者舒而賤者促。諸侯月
> 試其國。州伯時試其部，四試而一考。天子歲試天下，三試
> 而一考；前後三考而紃陟，命之曰計。

此非即堯典之"三載考績；三考，黜陟幽明"乎？何以不引堯典
也？此無他，董仲舒之壽僅及武帝之中葉，彼固不能見堯典；而
堯典之作者則可從容讀董仲舒書耳。

總之，在司馬遷史記以前無一人引今之堯典者。以堯、舜地
位之尊，堯典所繫之重，而史記著作之前乃人盡恝然置之，雖極
與時政相合而絶不一及，其熟視無覩耶？抑本無此物耶？如謂熟
視無覩，何以武帝之後忽群覩之耶？此其三也。

漢武帝者，有志效法堯、舜者也。故元光元年（前一三四）策
賢良詔云：

> 朕聞昔在唐、虞，畫象而民不犯；日月所燭，罔不率
> 俾。周之成、康，刑措不用，德及鳥獸，教通四海。……嗚
> 呼，何施而臻此與？今朕獲奉宗廟，夙興以求，夜寐以思，

若涉淵水，未知所濟。猗歟偉歟，何行而可以彰先帝之洪業休德，上參堯、舜，下配三王？……

是其所願實欲"上參堯、舜"，使"日月所燭，罔不率俾"，其志甚偉。然戇直之汲黯乃道破其欺人，荀悅漢紀建元六年云：

> 汲黯爲主爵都尉，……好直諫。上曰："吾欲興政治，法堯、舜，何如？"黯曰："陛下内多欲而外施仁義，如何欲效唐、虞之治乎！"上大怒，變色而罷。（漢書文略同；但帝問語但曰"吾欲云云"。）

此雖似貶損武帝，實足見漢代政治真相。其後元帝爲太子，仁柔好儒，宣帝作色斥之曰："漢家自有制度，本以霸王道雜之。奈何純任德教，用周政乎！"與此正一例。蓋霸者，内多欲也，當代之治術也；王者，外施仁義也，儒家理想之治術也。當時創造之政治制度，已不容其不趨於霸道；而懲秦之亡，欲求籠絡民心，又不容其不以王道粉飾太平。漢之制度至武帝而定，適會武帝爲一"内多欲而外施仁義"之主，足以駕馭此矛盾之局面，故克竟其功也。

武帝一生之政治工作，宣帝之詔與班固之贊均道之甚詳；彙而錄之，以見其凡。宣帝令議武帝廟樂詔云：

> 孝武皇帝躬履仁義，選明將，討不服，匈奴遠遁，平氐、羌、昆明、南越，百蠻鄉風，欵塞來享，建太學，修郊祀，定正朔，協音律，封泰山，塞宣房，……功德茂盛，不能盡宣。

班固武帝紀贊云：

　　漢承百王之弊。高祖撥亂反正，文、景務在養民，至於稽古禮文之事，猶多闕焉。孝武初立，卓然罷黜百家，表章六經；遂疇咨海内，舉其俊茂，與之立功。興太學，修郊祀，改正朔，定歷數，協音律，作詩樂，建封禪，禮百神，紹周後：號令文章，焕然可述。後嗣得遵洪業而有三代之風。

以此與堯典相較，則“修郊祀，禮百神”者，“類于上帝，禋于六宗，遍于群神”也。“封泰山”者，“至于岱宗，柴，望秩于山川”也。“改正朔，定歷數”者，“乃命羲、和……以閏月定四時成歲”及“協時月，正日”也。“興太學”者，“教胄子”也。“協音律，作詩樂”者，“詩言志，歌永言，聲依永，律和聲”也。“塞宣房”者，“濬川”也。“舉其俊茂，與之立功”者，“明明揚側陋”“闢四門”及“黜陟幽明”也。“表章六經”者，“慎徽五典”也。“選明將，討不服”者，“蠻夷猾夏，寇賊姦宄，汝作士”及“分北三苗”也。“百蠻鄉風，款塞來享”者，“協和萬邦”及“蠻夷率服”也。二者相較，比類連誼如此，故知宣帝、班固所言，不僅以武帝事美武帝，直以堯典語美武帝；亦不僅以堯典語美武帝，乃以武帝之事證成堯典之作於是時矣。

　　雖然，武帝之克建殊勳，固由其雄才大略，而亦由於時勢之推盪。武帝所處之時勢如何？請先以漢初言之。淮南子氾論訓云：

　　秦之時……發適戍……丁壯丈夫西至臨洮、狄道，東至會稽、浮石，南至豫章、桂林，北至飛狐、陽原，道路死人以溝量。……逮至高皇帝存亡繼絶，舉天下之大義，身自奮袂執鋭以爲百姓請命於皇天。當此之時，天下雄俊豪英暴露於野澤，前蒙矢石而後墮谿壑，出百死而紿一生，以爭天下

之權；奮武厲誠，以決一旦之命。當此之時，豐衣博帶而道
儒、墨者以爲不肖。

　　逮至暴亂已勝，海内大定，繼文之業，立武之功；履天
子之圖籍，造劉氏之貌冠；總鄒、魯之儒、墨，通先聖之遺
教；戴天子之旗，乘大路，建九斿，撞大鐘，擊鳴鼓，奏咸
池，揚干戚。當此之時，有立武者見疑。

　　一世之間而文武代爲雌雄，有時而用也。

讀此可見當高帝建國之初但有爭權決命之心，根本上無儒、墨之
需要；及海内大定，以襲秦爲不足，禮樂制度一切待創造，則
鄒、魯之儒、墨及先聖之遺教遂應運而興，出色當王矣。其開先
路者爲賈誼。史記賈生列傳云：

　　賈生以爲漢興至孝文二十餘年，天下和洽而固，當改正
朔，易服色，法制度，定官名，興禮樂。乃悉草具其事儀
法，色尚黄，數用五，爲官名，悉更秦之法。

然其議以阻於絳、灌之屬而不用。越數年，公孫臣踵賈誼之説，
請以土德改正朔服色，與張蒼爭議莫決。文帝十五年（前一六
五），以黄龍見於成紀，與土德説符應，拜公孫臣爲博士，與諸
生草改曆服色事；又使禮官議郊祀禮。明年，新垣平以望氣見
上，言長安東北有神氣成五采，於是作渭陽五帝廟，帝一殿，各
如其帝色。使博士諸生刺六經中作王制，謀議巡狩封禪事。是年
四月，始郊見五帝；修名山大川嘗祀而絶者。九月，詔諸侯王公
卿郡守舉賢良能言極諫者，上親策之。十七年，以新垣平候日再
中，更以是年爲元年。不久，新垣平以詐伏誅，文帝懲於前之受
欺，遂怠於改制度之事矣。（以上見史漢文帝紀、封禪書、郊祀
志等）

綜觀文帝之創制，不外下列數事：郊祀，一也；封禪，二也；巡狩，三也；改正朔，四也；易服色，五也；舉賢良，六也。此數事者，皆文帝爲之而不終，而有待於武帝者也。

武帝之性既已好大喜功，而其時國家之財力亦復足以資其揮霍。漢書食貨志云：

> 漢興，……民亡蓋臧，……上（高帝）於是約法省禁，輕田租，什五而稅一。……孝惠、高后之間，衣食滋殖。文帝即位，躬修儉節，思安百姓。……至武帝之初，七十年間，國家亡事；非遇水旱，則民人給家足，都鄙廩庾盡滿，而府庫餘財。京師之錢累百鉅萬，貫朽而不可校。太倉之粟，陳陳相因，充溢露積於外，腐敗不可食。衆庶街巷有馬，阡佰之間成群。

在如此經濟狀態之下，不但多欲之武帝有志建立豐功，即搢紳之蘄求亦正與之一揆。故史記封禪書云：

> 元年，漢興已六十餘歲矣，天下艾安，搢紳之屬皆望天子封禪改正度也。

而董仲舒對策云：

> 秦滅先聖之道，爲苟且之治，……其遺毒餘烈至今未滅。……竊譬之，琴瑟不調，甚者必解而更張之，乃可鼓也。爲政而不行，甚者必變而更化之，乃可理也。故漢得天下以來，常欲治，而至今不可善治者，失之於當更化而不更化也。……夫樂而不亂，復而不厭者，謂之道；道者萬世無弊。……故孔子曰："無爲而治者其舜乎！"改正朔，易服色，

以順天命而已。其餘盡循堯道，何更爲哉！（漢書本傳）

此可見董生理想中之政治，一方面爲"更化"（變秦之政），其又一方面爲"復古"（循堯之道）。至于其主張改正朔與服色，此乃順承天命者所不得不然。彼在繁露中論之云：

> 王者必改制。……今所謂新王必改制者，非改其道，非變其理；受命於天，易姓更王，非繼前王而王也。若一因前制，修故業而無有所改，是與繼前王而王者無以別。受命之君，天之所大顯也。……今天大顯已，物襲所代而率與同，則不顯不明，非天志。故必徙居處，更稱號，改正朔，易服色者，無他焉，不敢不順天志而明自顯也。

此謂漢家受天命登立爲帝，則必表示其受命之徵象以顯明天志，而改正朔易服色者即顯明天志之術也。其主張封禪者亦然。故司馬遷曰："自古受命帝王曷嘗不封禪！……未有符瑞見而不臻乎泰山者也。"司馬相如既死，其妻上其遺書一卷，言封禪事。文云：

> 大漢之德，……旁魄四塞，雲布霧散；上暢九垓，下泝八埏。……欽哉符瑞臻茲，猶以爲薄，不敢道封禪。……於是大司馬進曰："陛下仁育群生，義征不譓，諸夏樂貢，百蠻執贄，德侔往初，功無與二；休烈浹洽，符瑞衆變，期應紹至，不特創見。意者泰山、梁父設壇場望幸，蓋號以況榮？上帝垂恩儲祉，將以慶成，陛下謙讓而弗發也。挈三神之歡，缺王道之儀，群臣恧焉！……夫修德以錫符，奉符以行事，不爲進越也。故聖王不替，而修禮地祇，謁款天神，勒功中嶽，以章至尊；舒盛德，發號榮，受厚福，以浸黎

元。皇皇哉，斯事天下之壯觀，王者之卒業，不可貶也。願
陛下全之！……"於是天子僬然改容曰："俞乎，朕其試
哉！"……

彼所望於武帝者有四事：（一）封禪泰山、梁甫，（二）修禮地祇，
（三）謁款天神，（四）勒功中嶽。所以然者，符瑞紹至，上帝垂
恩，不可無慶成之禮，昭王者之卒業，以章至尊而浸黎元也。

學者文人之言既皆如此，元鼎四年（前一一三），遂議立后土
祠；東幸汾陰，祠后土如上帝禮：此修禮地祇也。元鼎五年，立
太一祠壇於甘泉，五帝壇環居其下：此謁款天神也。元封元年
（前一一〇），自登單于臺，祭黃帝塚還，幸緱氏，禮祭中嶽太
室，以山下戶三百爲之奉邑：此勒功中嶽也。遂東巡海上，還至
奉高，禮祠地主於梁甫；封泰山，禪蕭然：此封禪泰山、梁甫
也。太初元年（前一〇四），詔兒寬等議曆，司馬遷等造曆，乃改
曆，以正月爲歲首：此改正朔也。色上黃，數用五：此易服色
也。董仲舒、司馬相如等鼓吹於建元至元狩之際（前一四〇一前
一一七），而武帝於元鼎四年至太初元年十載之間（前一一三一前
一〇四）一一實行之，其足以鼓舞民心，革新百姓之耳目者爲何
如哉？

今以材料之方便，試就司馬遷父子之心理言之。當元封元
年，武帝始建漢家之封，而司馬談留滯周南，不得與從事，遂發
憤而死。將死，執其子遷之手而泣曰：

今天子接千歲之統，封泰山，而余不得從行，是命也
夫！命也夫！

使以今日之吾儕處之，則不得從封泰山乃一極尋常之事耳，何至
發憤，更何至因發憤而死。然當時之人乃如此，則封禪固不僅爲

帝王一人之大典，亦搢紳所共要求之大典可知也。談卒，遷繼爲
太史令，五年而當太初元年。十一月甲子朔旦冬至，天曆始改，
建於明堂，諸神受祀。太史公曰：

> 先人有言：自周公卒，五百歲而有孔子。孔子卒後，至
> 於今五百歲，有能紹明世，正易傳，繼春秋，本詩書禮樂之
> 際，意在斯乎？意在斯乎？小子何敢讓焉！……漢興以來，
> 至明天子，獲符瑞封禪，改正朔，易服色，受命於穆清，澤
> 流罔極。……於是論次其文。

是則史記之作實由司馬遷感受武帝改曆服色之刺戟而來；此種刺
戟力足以興奮一代學者，使之肩承孔子之道統而繼次春秋之文
辭，則其偉大可知。是豈武帝一人之野心所可致哉！時代潮流固
欲在此大一統之局面之下創造一個強有力之中央政府，驅遣群
衆，使之對於時代之光明渴望而膜拜之，而武帝乃會逢其適，得
以施行若干新制度耳。此其四也。

知當日之時勢，更觀之堯典，則堯之命羲、和四子宅四方，
曆象日月星辰以授民時，以閏月定四時成歲以釐百工，豈非即漢
武帝改正朔之事實之反映乎？類于上帝，望于山川，柴于岱宗，
封于十有二山，豈非即漢武帝立甘泉太一，汾陰后土，封泰山而
禪蕭然，及其禮日成山，禮祭太室，望祀九疑諸事實之反映乎？
此諸事實者，固大足以震盪人心，使之誤認武帝之世爲堯、舜之
世者也。且改制封禪則天志明矣，列於堯典則堯道循矣，董生所
要求之二事——更化與復古——皆實現矣，不已臻郅治之極
軌乎？

以此之故，予以爲羲、和四宅章與巡守四岳章皆漢武帝時編
入堯典者。（巡守四岳章取自王制，王制爲文帝使博士諸生謀議
巡守封禪事而作者；其錄入堯典則當在武帝實現此種事實之

後也。）

　　知堯典爲武帝時書，則一切問題悉得迎刃而解，且可證實宣帝班固所贊頌於武帝者，亦即堯典之撰人所推尊於堯、舜者。試一一證之：

　　元光六年（前一二九），大司農鄭當時言：“穿渭爲渠，下至河，漕關粟，徑易，又可以溉渠下民田萬餘頃。”詔發卒數萬人穿渠如當時策，自長安至華陰，三歲而通；人以爲便。元封二年（前一○九），帝自祀泰山還，臨瓠子，填決河，築宮其上，名曰宣防（即宣房），而導河北行二渠，自是梁、楚之地復寧無水災。其時用事者爭言水利，朔方、西河、河西、酒泉皆引河及川谷以溉田，而關中、靈軹、成國、湋渠引諸川，汝南、九江引淮，東海引鉅定，泰山下引汶水，皆穿渠爲溉田，各萬餘頃。它小渠及陂山通道者不可勝言。史記至特作河渠書以記之，漢書繼之爲溝洫志，是固當日一大政也。夫據孟子所言，堯時天下未平，洪水橫流，蛇龍居之，民無所定，是唐、虞之政莫急於治洪水。而今之堯典乃於鯀績弗成之後更無一字道治洪水者，卻于“封十有二山”之下書曰“濬川”，則其爲武帝時溝渠之政固極顯然，其與武帝祠泰山而臨瓠子之事亦甚似也。

　　春秋繁露郊義篇云：“王者歲一祭天於郊；……郊必以正月上辛者，言以所最尊首一歲之事。”郊祀篇又云：“天子每至歲首，必先郊祭以享天。”是董氏之意，祭天必於歲首，且歲必一祭。按文帝十五年（前一六五）春，黄龍見於成紀，夏四月，遂幸雍，始郊見五帝：是爲漢帝祭天之始。十六年（前一六四）夏四月，又郊祀五帝於渭陽。是文帝祭天俱在夏四月，不在歲首也。景帝中六年（前一四四），冬十月，行幸雍，郊五畤。漢襲秦制，以十月爲歲首，則是爲歲首祭天之始；然景帝一世僅此一舉耳。元光二年（前一三三），冬十月，行幸雍，祀五畤。是爲武帝於歲首祭天之始。元狩元、二年（前一二二—前一二一）亦均然。自元鼎四年

（前一一三）以下始舉之頻數，幾爲每年正月必行之典。此亦董氏學説漸漬於人心而視爲定制之一證也。而堯典云："正月上日，受終于文祖。"又云："月正元日，舜格于文祖。"馬融注云："文祖，天也。"鄭玄注云："文祖者，五府之大名。"五府即五帝之廟，亦天也。倘果如其言，則堯典之文可知其即由董氏之學説而來。惟司馬遷於五帝本紀中釋之云"文祖者，堯太祖也"，不以爲天。然孝經云："孝莫大於嚴父，嚴父莫大於配天。……昔周公郊祀后稷以配天，宗祀文王於明堂以配上帝。"此説爲武帝所取法，故元封五年（前一〇六），作明堂汶上已就，遂祠太一、五帝於上坐，高皇帝祠坐對之（封禪書）。是則當時以祖配天，格于太祖者亦即格于上帝也，謂非出於董氏之學説乎！

元封元年（前一一〇），帝至甘泉，爲且用事泰山，先類祠太一（封禪書）。太一者，漢之上帝也。其名上帝之祭曰"類"，及其先祭上帝而後封禪之序，皆與堯典若合符節。

元封元年，以五載一巡狩，用事泰山，令諸侯各治邸泰山下。四年（前一〇七），增封泰山，因朝諸侯王列諸，受郡國計。太初元年（前一〇四），朝諸侯，受計于甘泉，甘泉作諸侯邸。（見史記封禪書、漢書武帝紀等。）此即堯典所謂"覲四岳群牧"，所謂"至于岱宗，肆覲東后"者也。

繁露執贄篇曰："凡執贄，……公侯用玉，卿用羔，大夫用雁。"此即堯典所謂"五玉，……二生，一死，贄"也。（鄭玄云："羔、雁，生也，卿大夫所執，雉，死也，士所執。"董氏未言雉耳。）元狩四年（前一一九），以白鹿皮方尺爲幣，直四十萬，王侯宗室朝覲聘享，必以皮幣薦璧然後得行。大司農令顏異曰："今王侯朝賀以蒼璧，直數千，而以皮薦反四十萬，本末不相稱。"（漢書食貨志等）此可見當時王侯宗室朝覲聘享必以蒼璧爲贄，即堯典所謂"輯五瑞"也。元狩四年始以皮幣薦璧，在未行此制時當以帛薦，則即堯典所謂"三帛"者也。

史記曆書云："今上即位，招致方士，唐都分其天部，而巴落下閎運算轉曆，然後日辰之度與夏正同。"此可見落下閎爲武帝時之曆家。揚雄法言云："或問渾天，曰：落下閎營之，鮮于妄人度之，耿中丞象之；幾乎幾乎，莫之能達也。"此可見渾天儀創營於落下閎而制成於耿壽昌。堯典云："在璿璣玉衡以齊七政。"馬融注云："璿，美玉也。璣，渾天儀。可轉旋，故曰璣。衡，其中橫筩，所以視星宿也。以璿爲璣，以玉爲衡，蓋貴天象也。"是謂璿璣玉衡即渾天儀也。夫渾天儀始創於漢武帝時而已見於堯典，其時代錯誤章章明矣！於是爲之説者或曰此必古有其法，遭秦而滅，至武帝時而又經營之；或曰玉衡者北斗星，璿璣者北極星也。然古有其法，於何徵之？既爲星名，又何以云璿云玉，若爲制器之質耶？且北斗尚可云衡，北極又何以名璣耶？

元狩三年（前一二〇），立樂府，采詩夜誦，以李延年爲協律都尉，佩二千石印，絃次初詩以合八音之調。使司馬相如等造爲詩賦，多爾雅之文（漢書禮樂志等）。此與堯典所謂"夔，命汝典樂，……詩言志，歌永言，聲依永，律和聲，八音克諧"者固亦甚相類也。

文帝十三年（前一六七），因緹縈之上書而除肉刑，諸當髡者完爲城旦舂，當黥者髡鉗爲城旦舂（漢書刑法志）。此有當於堯典之"流宥五刑"。又文帝制當劓者笞三百，當斬左趾者笞五百。景帝以笞刑多死，累減笞數。中六年（前一四四），下詔曰："加笞者或至死而笞未畢，朕甚憐之：其減笞三百曰二百，笞二百曰一百。"又曰："笞者所以教之也，其定箠令。"箠長五尺，末薄半寸，皆平其節，自是笞者得全（刑法志）。此亦有當於堯典之"鞭作官刑"。至于"笞者所以教之也"一語，則更近於堯典之"扑作教刑"矣。

惠帝元年（前一九四），民有罪，得買爵三十級以免死罪（本紀。應劭曰："一級直錢二千，凡爲六萬"）。孝景時，上郡以西旱，復修賣爵令，得輸粟於縣官以除罪（食貨志）。武帝天漢四年（前九七），令死罪入贖錢五十萬，減死一等（本紀）。此等事皆春秋、戰國之所未聞，而漢獨有之（呂刑贖刑別有辨）。然堯典乃已有“金作贖刑”之語，抑又何其巧類耶！

　　建元三年（前一三八），閩越圍東越，天子遣嚴助發會稽郡兵浮海救之，閩越引兵去；東越請舉國徙中國，乃悉與眾處江、淮之間。六年（前一三五），閩越王郢擊南越，其弟餘善殺之，漢因立餘善爲東越王。至元鼎五年（前一一一），又叛。越二年，誅平之。於是天子曰：“東越陿，多阻；閩越悍，數反覆。”詔軍吏皆將其民徙處江、淮之間；東越地遂虛（史記東越列傳）。此與堯典之“分北三苗”抑又何其巧類耶？

　　執是以觀，不但堯典之疆域爲漢武帝時之疆域，即堯典之制度亦爲漢武帝時之制度。彼固以當代之典章而託之於唐、虞者也。

　　論者或曰：武帝既酷慕堯、舜，則其行事與堯典相類，宜也。依經義以改制，循先聖不變之道，歸于一揆，何疑之有！

　　曰：“五帝不相復禮，三代不同法。”不獨李斯輩言之，武帝亦自言之（元朔六年詔）。所以然者，時代背景不同，所需要者亦不同也。使武帝之政治與堯、舜若是合符，是復禮同法矣。豈堯、舜至武帝三千餘歲（姑依韓非顯學所言），其時代背景及其所需要者未嘗變耶？今日去武帝才二千年耳，試問當年之政治能復全部施行，若漢代之與唐、虞否耶？唐、虞之實固不可知，然依孟子之言觀之，則其時正一大恐怖之時代，無禹之治洪水則天下氾濫，無益之烈山澤則禽獸食人，無后稷之教稼則民人不育，是其時固洪荒草昧之世也。若武帝時，則漢家建業已歷六十餘年，民生豐裕，國用充盈，乃得煥其文章而有如是之改制度與舉大典。乃謂洪水氾濫，禽獸食人，民人不育之際亦能有如是之改制度與舉大典乎？是則不勞爭論而自然明白者。

　　曰：揚雄言"虞、夏之書渾渾爾"。馬驢初不知尚書有今古文之別，閻若璩告之，因使射覆，讀堯典，曰："此必今文。"至大禹謨，便眉蹙曰："中多排語，不類今文體，恐是古文。"歷數至卷終，無不驗者。閻氏服其神悟，記其事於尚書古文疏證中（卷八，第一一五）。使堯典為偽作，豈揚、閻、馬諸家皆不別黑白者乎？

　　曰：欲明此事，則必先知武帝之世之文風矣。武帝時，完全一模倣古昔之時代，政治制度有然，文辭亦有然。史記樂書云：

> 今上（武帝）即位，作十九章，令侍中李延年次序其聲，拜為協律都尉。通一經之士不能獨知其辭，皆必集會五經家相與共講習讀之，乃能通知其意；多爾雅之文。

夫以當時人所撰述者，通一經之士尚不能讀，必集合各經之專門家始得通知之，則其竭力摹古為何如！試即以相如封禪文為例："摅厥所元，終都攸卒。"元，始也；卒，終也；都，於也：蓋云摅其所始，至於所終耳。"大行越成"，大道於是成耳。"湛恩庞鴻"，深恩廣大耳。"晻昧昭晰"，化蠻夷為文明耳。是直不講文法（如"於"可訓"都"而"終於"不可為"終都"，"道"可訓"行"而"大道"不可為"大行"），而惟用生字澀句，使之脫離當代之文體而貌為古人。堯典中，如"有能奮庸熙帝之載，使宅百揆，亮采惠疇"，正是其類。

　　當時郊祀歌學詩，封策文學書。元狩六年（前一一七），廟立皇子閎為齊王，旦為燕王，胥為廣陵王，初作誥策。褚少孫補三王世家錄其誥辭，固皆摹倣尚書者也。今寫齊王策於下，以見大凡：

> 維六年四月乙巳，皇帝使御史大夫湯廟立子閎為齊王。

曰：於戲，小子閎，受茲青社！朕承祖考，維稽古，建爾國家，封于東土，世爲漢藩輔。於戲，念哉！恭朕之詔，惟命不于常。人之好德，克明顯光。義之不圖，俾君子怠。悉爾心，允執其中，天祿永終！厥有愆不臧，乃凶于而國，害于爾躬！於戲，保國艾民，可不敬與！王其戒之！

是則封建親戚爲稽古，其文辭爾雅亦爲稽古；若更進一步，以其理想改造堯、舜之典而自託于“稽古”，又何難哉！

且以當時之政事作成經典，列于六藝，固漢代學者之所要求。相如封禪文中假設大司馬之言，於請封禪勒功之後，更曰：

因雜搢紳先生之略術，使獲燿日月之末光絕炎，以展采錯事，猶兼正列其義，被飾厥文，作春秋一藝，將襲舊六爲七，攄之無窮。俾萬世得激清流，揚微波，蜚英聲，揚茂實。前聖所以永保鴻名而常爲稱首者用此。

此所謂應使搢紳先生記功著業，正義飾文，以當時之盛典作爲一經，與六經而爲七，傳之無窮以永保鴻名，常爲稱首：即司馬遷作史記之由來，亦即武帝時重作堯典之由來也。堯典列于尚書之首，則武帝已爲帝堯，正不必別作一藝矣！

不但漢武帝時以改制而有此要求，即王莽時亦有之。揚雄劇秦美新云：

大新受命，……郁郁乎煥哉！天人之事盛矣，鬼神之望允塞。群公先正，罔不夷儀。姦宄寇賊，罔不振威。紹少典之苗，著黃、虞之裔。帝典闕者已補，王綱弛者已張。炳炳麟麟，豈不懿哉！……宜命賢哲作帝典一篇，舊三爲一襲，以示來人，摛之罔極！

王莽好定制度，焕乎有文，與漢武帝類似，故揚雄亦欲以當時政治制度作爲帝典，列於六經，示與古帝王抗行。其云"舊三爲一襲"者，漢武帝時之堯典，一也；劉歆表章之古文尚書中之舜典，二也；更作一帝典，三也。按西漢末所出舜典，久失傳，不可知，然王莽作攝皇帝，居攝踐阼，而古文尚書嘉禾篇乃有"假王莅政，勤和天下"之語，則此古文尚書者乃作王莽篡國之根據者也，舜典之補闕，其爲禪讓張本明矣。夫武帝之政記於堯典，王莽之政或已記於舜典，而揚雄猶以爲未足，輒欲更撰一篇，與之爲三，此可見尚書首數篇之地位與其所記之事實在經典形式未固定時固常爲爭奪之目標，而尚書中之問題之所以糾紛難理，此亦一大原因也。

辨僞古文尚書者常尋出其援用之跡，證明其爲百衲之衣。今試將此辨僞方法加諸堯典，觀其是否與僞古文以同一之著作方法所産生者。惟魏、晉人援引之書存留尚多，故得一一搜抉出之；而西漢人所用古籍則散失者已不尠，此輯集之工作殊未足與明清諸家相頡頏耳。

曰若稽古

　　書呂刑："王曰若古有訓。"

帝堯曰放勳

　　孟子滕文公上："放勳曰勞之來之。"

　　孟子萬章上："放勳乃徂落。"

　　大戴禮記五帝德："宰我曰：'請問帝堯？'孔子曰：'高辛之子也，曰放勳。'"

欽明文思安安允恭克讓光被四表格于上下

　　書雒誥："惟公德明，光于上下，勤施于四方。"

　　書呂刑："穆穆在上，明明在下，灼于四方，罔不惟德之勤。"

書君奭："……伊尹格于皇天，……伊陟臣扈格于
上帝。"

書立政："方行天下，至于海表。"

禮記曲禮："毋不敬，儼若思，安定辭：安民哉！……
安安而能遷。……是以君子恭敬撙節退讓以明禮。"

禮記中庸："惟天下至聖爲能聰明睿知足以有臨也，寬
裕温柔足以有容也，發强剛毅足以有執也，齊莊中正
足以有敬也，文理密察足以有别也。"

孟子盡心上："夫君子所過者化，所存者神，上下與天
地同流。"

克明俊德

書康誥："克明德慎罰。"

書文侯之命："克慎明德。"

詩大雅皇矣："其德克明。"

詩魯頌泮水："克明其德。"

以親九族

孟子離婁上："人人親其親，長其長而天下平。"

又："舜盡事親之道而瞽瞍底豫，瞽瞍底豫而天下化。"

平章百姓

書君奭："百姓王人。"

書吕刑："在今爾安百姓。"

詩小雅天保："群黎百姓遍爲爾德。"

書洪範："俊民用章。"

百姓昭明

書康王之誥："用昭明于天下。"

詩大雅既醉："介爾昭明，昭明有融。"

協和萬邦

詩周頌桓："綏萬邦。"

詩大雅文王："萬邦作孚。"（詩中言"萬邦"者甚多，今舉
此二條作例。）

書雒誥："萬邦咸休。"

書無逸："咸和萬民。"

黎民于變時雍

詩大雅雲漢："周餘黎民。"

書秦誓："黎民亦職有利哉。"

孟子梁惠王上："黎民不飢不寒。"

欽若昊天

詩小雅巧言："悠悠昊天，……昊天已威，……昊天
泰幠。"

詩小雅蓼莪："昊天罔極。"

敬授民時

管子四時："令有時，……順天之所以來。"

孟子梁惠王上："不違農時，穀不可勝食也。……斧斤
以時入山林，材木不可勝用也。……雞豚狗彘之畜無
失其時，七十者可以食肉矣。百畝之田勿奪其時，數
口之家可以無飢矣。"

宅嵎夷曰暘谷寅賓出日

書禹貢："嵎夷既略。"

楚辭天問："出自湯谷。"

楚辭大招："魂乎無東，湯谷寂寥只。"

淮南子主術訓："昔者神農之治天下也，東至暘谷。"

淮南子天文訓："日出于暘谷，浴于咸池，拂于扶桑，
是謂晨明。"

淮南子時則訓："東方之極，自碣石山過朝鮮，貫大人
之國，東至日出之次，榑木之地，青土樹木之野。"

平秩東作

礼記月令（孟春）："王命布農事。……土地所宜，五穀
所殖，以教道民，必躬親之。田事既飭，先定準直，
農乃不惑。"

日中

礼記月令（仲春）："是月也，日夜分。"

星鳥

礼記月令（季春）："昏七星中。"（按七星即鳥。）

厥民析

礼記月令（仲春）："蟄蟲咸動，啟户始出。"

鳥獸孳尾

礼記月令（季春）："田獵罝罘、羅罔、畢翳、餧獸之藥
毋出九門。……乃合累牛騰馬，游牝于牧；犧牲駒犢
舉書其數。"

宅南交

楚辭大招："南交阯只。"

呂氏春秋求人："禹……南至交阯。"

淮南子主術訓："昔者神農之治天下也……其地南至
交阯。"

淮南子泰族訓："紂之地……前交趾。"

大戴禮記五帝德："顓頊南至于交趾。"

又："舜……南撫交趾大教。"

敬致

左氏桓十七年傳："天子有日官……居卿以厎日。"（按，
厎同致。）

日永

礼記月令（仲夏）："是月也，日長至。"

星火

大戴禮記夏小正："五月……初昏大火中。大火者，

心也。"

厥民因

　　禮記月令(孟夏)："是月也，繼長增高。"

鳥獸希革

　　淮南子時則訓："季夏之月……其蟲贏。"

　　禮記月令："中央土……其蟲倮。"

宅西曰昧谷寅餞納日

　　楚辭天問："次于蒙汜。"

　　淮南子天文訓："日……至于虞淵，是謂黃昏；至于蒙
　　谷，是謂定昏。"

平秩西成

　　詩豳風七月："九月築場圃，十月納禾稼。"

　　禮記月令(季秋)："農事備收，舉五穀之要，藏帝籍之
　　收於神倉。"

宵中

　　禮記月令(仲秋)："是月也，日夜分。"

星虛

　　禮記月令："季秋之月……昏虛中。"

鳥獸毛毨

　　禮記月令："其蟲毛。"

宅朔方曰幽都

　　詩小雅出車："城彼朔方。"

　　莊子在宥："流共工於幽都。"

　　淮南子主術訓："昔者神農之治天下也……北至幽都。"

　　淮南子泰族訓："紂之地……後幽都。"

　　楚辭招魂："君無下此幽都些。"

平在朔易

　　詩豳風七月："曰爲改歲。"(按，改即易。)

　　禮記月令（季冬）：“數將幾終，歲且更始。”

日短

　　禮記月令（仲冬）：“是月也，日短至。”

厥民隩

　　詩豳風七月：“穹窒熏鼠，塞向墐户；嗟我婦子……入
　　　　此室處。”

允釐百工

　　書康誥篇首：“百工播民和。”

　　書酒誥：“越獻臣百宗工。”

　　書雒誥：“予齊百工。”

疇咨若予采

　　書酒誥：“服休服采。”

共工方鳩僝功

　　國語周語下：“古之長民者……不防川。……昔共工棄
　　　　此道也，虞于湛樂，淫失其身，欲壅防百川，墮高堙
　　　　庳以害天下。”

靜言庸違象恭滔天

　　楚辭天問：“康回馮怒，地何故以東南傾？”（王鳴盛尚書
　　　　後案云：“康回者，庸違也。違與回通，古庸字或
　　　　作康。”）

　　淮南子原道訓：“昔共工之力觸不周之山，使地東
　　　　南傾。”

帝曰咨四岳

　　國語周語下：“祚四嶽國，命以侯伯。”

湯湯洪水方割

　　詩衞風氓：“淇水湯湯。”

　　詩小雅鼓鐘：“淮水湯湯。”

　　詩商頌長發：“洪水芒芒。”

書大誥："天降割于我家。"

浩浩滔天

詩小雅雨無正："浩浩昊天。"

下民其咨

書文侯之命："殄資澤于下民。"

詩小雅十月之交："今此下民亦孔之哀。"

有能俾乂

書立政："茲乃俾乂。"

方命圮族

孟子梁惠王上："方命虐民。"

績用弗成

書雒誥："惟王有成績。"

女于時

詩大雅公劉："于時處處，……于時語語。"

觀厥刑于二女

詩大雅思齊："刑于寡妻，至于兄弟，以御于家邦。"

孟子萬章上："帝使其子九男二女……事舜于畎畝
之中。"

釐降二女于嬀汭

楚辭九歌湘夫人："帝子降兮北渚。"

賓于四門四門穆穆納于大麓烈風雷雨弗迷

詩豳風七月："三之日納于凌陰。"

書雒誥："旁作穆穆，迓衡不迷。"

論語鄉黨："迅雷風烈必變。"

乃言底可績

書禹貢："覃懷底績。""和夷底績。"

汝陟帝位

易履彖傳："履帝位而不疚。"

受終于文祖

　　書雒誥："承保乃<u>文祖</u>受命民。"

　　<u>左</u>氏哀二年傳："曾孫<u>蒯聵</u>敢昭告皇祖<u>文王</u>，烈祖<u>康叔</u>，
　　　文祖<u>襄公</u>。"

肆類于上帝

　　詩大雅皇矣："是<u>類</u>是禡。"

　　禮記王制："天子將出，<u>類</u>乎上帝。"

禋于六宗

　　詩大雅生民："克<u>禋</u>克祀……不康<u>禋</u>祀。"

　　書雒誥："惇<u>宗</u>將<u>禋</u>……未定于<u>宗禮</u>。……曰明<u>禋</u>……
　　　則<u>禋</u>于<u>文王武王</u>。"

望于山川

　　春秋<u>僖</u>三十一年："夏四月，四卜郊不從，乃免牲；猶
　　　三<u>望</u>。"（宣三年、成七年略同。）

　　<u>左</u>氏昭二十六年傳："至于<u>夷王</u>，王愆于厥身，諸侯莫
　　　不<u>奔走其望</u>，以祈王身。"

　　<u>左</u>氏哀六年傳："三代命祀，祭不越<u>望</u>。<u>江</u>、<u>漢</u>、<u>睢</u>、
　　　<u>漳</u>，楚之<u>望</u>也。"

輯五瑞

　　詩大雅韓奕："<u>韓侯</u>入<u>覲</u>；以其介圭，入<u>覲</u>于王。"

覲四岳群牧

　　書立政："宅乃<u>牧</u>。……任人、準夫、<u>牧</u>，作三事。……
　　　立事，<u>牧</u>夫、準人，則克宅之。"（篇中言牧處尚多，今
　　　舉此三例。）

　　書呂刑："非爾惟作天<u>牧</u>。"

　　<u>左</u>氏宣三年傳："昔<u>夏</u>之方有德也，遠方圖物，貢金九
　　　<u>牧</u>，鑄鼎象物。"

　　孟子梁惠王上："今夫天下之人<u>牧</u>。"

班瑞于群后

　　書呂刑：“群后之逮在下。”

歲二月東巡守至于岱宗柴望秩于山川肆覲東后協時月正日同
律度量衡修五禮……五月南巡守至于南岳如岱禮八月西巡守
至于西岳如初十有一月朔巡守至于北岳如西禮歸格于藝祖
用特

　　書雒誥：“稱秩元祀，咸秩無文。”

　　書禹貢：“海岱惟青州。”“岱畎絲枲。”

　　孟子梁惠王下：“天子適諸侯曰巡狩；巡狩者巡所守
　　　　也。”（按，上一句與告子下同。）

　　禮記王制：“歲二月，東巡守，至于岱宗，柴而望祀山
　　　　川，覲諸侯。……命典禮，考時月定日，同律禮樂制
　　　　度衣服正之。……五月，南巡守，至于南嶽，如東巡
　　　　守之禮。八月，西巡守，至于西嶽，如南巡守之禮。
　　　　十有一月，北巡守，至于北嶽，如西巡守之禮。歸，
　　　　假于祖禰，用特。”

五載一巡守群后四朝

　　孟子梁惠王下：“諸侯朝于天子曰述職。”（按，告子下亦
　　　　有此語。）

　　禮記王制：“天子五年一巡守。”又：“天子無事與諸侯相
　　　　見曰朝。”

敷奏以言

　　詩商頌長發：“敷奏其勇。”

肇十有二州封十有二山

　　詩商頌玄鳥：“肇域彼四海。”

　　左氏哀七年傳：“周之王也，制禮上物不過十二，以爲
　　　　天之大數也。”

象以典刑

荀子正論：“治古無肉刑而有象刑：墨黥（黥，當作幠），
慅嬰（慅，當作澡），共艾畢（畢與韠同，載也），菲對
屨（對當作緉），殺赭衣而不純。”

慎子（楊倞荀子注引）：“有虞氏之誅，以畫跪當黥，以
草纓當劓，以履緉當刖，以艾畢當宮。”

史記孝文本紀文帝十三年詔：“蓋聞有虞氏之時，畫衣
冠，異章服以爲僇，而民不犯。”

漢書武帝紀元光元年詔：“朕聞昔在唐、虞，畫象而民
不犯。”

流宥五刑

書呂刑：“苗民……作五虐之刑曰法，殺戮無辜，爰始
淫爲劓刵椓黥。”又：“觀于五刑之中。”（按，以下五刑
字甚多，不悉舉。）

金作贖刑

書呂刑：“墨辟疑赦，其罰百鍰。……劓辟疑赦，其罰
惟倍。……剕辟疑赦，其罰倍差。……宮辟疑赦，其
罰六百鍰。……大辟疑赦，其罰千鍰。……”

眚災肆赦怙終賊刑

書康誥：“人有小罪，非眚，乃惟終，自作不典，式爾，
有厥罪小，乃不可不殺。乃有大罪，非終，乃惟眚
災，適爾，既道極厥辜，時乃不可殺。”

書呂刑：“五刑之疑有赦；五罰之疑有赦。”

欽哉欽哉惟刑之恤哉

書康誥：“嗚呼，封，敬明乃罰！”

又：“嗚呼，封，敬哉！”

書立政：“司寇蘇公，式敬爾由獄以長我王國；茲式有
慎以列用中罰！”

書呂刑：“惟敬五刑，……何敬非刑！”

　　　　又：“嗚呼，敬之哉！……朕言多懼，朕敬于刑。”

流共工于幽州放驩兜于崇山竄三苗于三危殛鯀于羽山四罪而
天下咸服

　　　　孟子萬章上：“萬章曰：‘舜流共工于幽州，放驩兜于崇
　　　　　　山，殺三苗于三危，殛鯀于羽山：四罪而天下咸服，
　　　　　　誅不仁也。’”

　　　　莊子在宥：“堯於是放驩兜於崇山，投三苗於三峗，流
　　　　　　共工於幽都。”

二十有八載帝乃殂落百姓如喪考妣三載四海遏密八音

　　　　孟子萬章上：“堯典曰：‘二十有八載，放勳乃殂落；百
　　　　　　姓如喪考妣，三年，四海遏密八音。’”

食哉惟時

　　　　孟子盡心上：“食之以時。”

柔遠能邇惇德允元而難任人蠻夷率服

　　　　書顧命：“柔遠能邇，安勸小大庶邦。”

　　　　書文侯之命：“柔遠能邇，惠康小民。”

　　　　詩大雅民勞：“柔遠能邇，以定我王。”

　　　　論語衛靈公：“言忠信，行篤敬，雖蠻貊之邦行矣。”

　　　　又：“遠佞人……佞人殆。”

　　　　孟子公孫丑上：“以德服人者中心悅而誠服也。……詩
　　　　　　云：‘自西自東，自南自北，無思不服。’此之謂也。”

有能奮庸熙帝之載

　　　　書多方：“爾曷不惠王熙天之命？”

汝平水土

　　　　書呂刑：“禹平水土。”

播時百穀

　　　　詩周頌噫嘻：“播厥百穀。”（按，周頌載芟、良耜及小雅
　　　　　　大田並有此句。）

　　詩豳風七月："其始播百穀。"

　　書呂刑："稷降播種，農殖嘉穀。"

契百姓不親五品不遜汝作司徒敬敷五教

　　孟子滕文公上："人之有道也，飽食煖衣逸居而無教則
　　　近於禽獸。聖人有憂之，使契爲司徒，教以人倫：父
　　　子有親，君臣有義，夫婦有別，長幼有叙，朋友
　　　有信。"

　　禮記中庸："曰君臣也，父子也，夫婦也，昆弟也，朋
　　　友之交也：五者天下之達道也。"

蠻夷猾夏

　　左氏僖二十一年傳："成風曰：'蠻夷猾夏，周禍也。'"

　　左氏定十年傳："孔丘以公退，曰：'士兵之！兩君合好
　　　而裔夷之俘以兵亂之，非齊君所以命諸侯也！裔不謀
　　　夏，夷不亂華。……'"

　　戰國策秦策："乘夏車，稱夏王。"

寇賊姦宄

　　書盤庚："乃敗禍姦宄。"又："暫遇姦宄。"

　　書康誥："寇攘姦宄，殺越人于貨。"

　　書呂刑："罔不寇賊，鴟義姦宄，奪攘矯虔。"

　　國語魯語上："竊寶者爲宄，用宄之財者爲姦。"

帝曰疇若予工僉曰垂哉

　　莊子外篇胠篋："毀絕鉤繩而棄規矩，攦工倕之指，而
　　　天下始人有其巧矣。"

帝曰疇若予上下草木鳥獸僉曰益哉

　　孟子滕文公上："舜使益掌火，益烈山澤而焚之，禽獸
　　　逃匿。"

讓于朱虎熊羆

　　書牧誓："如虎，如貔，如熊，如羆。"

夙夜惟寅

　　詩周頌我將："我其夙夜畏天之威。"

　　詩周頌閔予小子："惟予小子夙夜敬止。"

　　詩大雅烝民："夙夜匪懈。"（按，韓奕句與此同。）

　　書雒誥："予冲子夙夜毖祀。"

　　書多方："弗永寅念于祀。"

直哉惟清

　　詩周頌維清："維清緝熙。"

　　孟子萬章下："伯夷，聖之清者也。"（按，予疑堯典中之伯夷即孟子中之伯夷，當於呂刑篇論之。）

直而溫寬而栗剛而無虐簡而無傲

　　論語述而："子溫而厲，威而不猛，恭而安。"

　　論語八佾："子曰：'關雎，樂而不淫，哀而不傷。'"

　　論語堯曰："泰而不驕，威而不猛。"

　　禮記中庸："君子之道，淡而不厭，簡而文，溫而理。"

夔曰於予擊石拊石百獸率舞

　　呂氏春秋古樂："帝堯立，乃命質爲樂，……擊石拊石以象上帝玉磬之音，以致舞百獸。"

震驚朕師

　　詩大雅常武："震驚徐方。"

出納朕命

　　詩大雅烝民："出納王命，王之喉舌。"

分北三苗

　　書禹貢："三危既宅，三苗丕叙。"

舜生三十徵庸三十在位五十載陟方乃死

　　書文侯之命："有績予一人永綏在位。"

　　書立政："以陟禹之迹，方行天下。"

　　大戴禮五帝德："舜……二十以孝聞乎天下，三十在位，嗣帝所五十乃死，葬于蒼梧之野。"

就此以觀，則堯典一篇之文辭大率取於詩、書，其意義大率取於孔、孟，更加以前章所陳，其地域與制度大率取於漢武帝時，則其著作之背景及其著作之依據釐然大明，向所謂虞夏書之地位已根本不存在矣。

或曰：堯典所用成語與詩、書同，則固與詩、書同時代矣。其意義與孔、孟同，而孔、孟固"祖述堯、舜"者，則固爲堯、舜之真記載矣。奈何以其偶與漢制相合而遂破壞之哉？

曰：孔、孟如果祖述真堯、舜，而堯典又爲堯、舜時之真記載，則墨家以其理想中構成之堯、舜與儒家爭辨時，儒家出堯典相質，當俯首無辭，何以韓非有"堯、舜不可復生，將使誰定儒、墨之誠"之言乎？此義曩已言之。

至於其所用成語與詩、書同，按詩三百篇之最早者莫過周頌，周頌作於成、康以後，遲則至陳靈公，約包括公元前十世紀至六世紀。而依通常之年代説，堯、舜固已在公元前二十三四世紀。相去千數百年，堯、舜時代之成語尚能沿用而不變乎？書雖備列夏、商，然自甲骨文出後，一經比勘，即知商代尚爲文字草創之時代，決不能有此調諧詞整之作；況在夏代，有無文字猶不可知，更何有成篇之文。其可信諸篇當自大誥始，則亦在周初，與詩同。然堯典乃具有其文辭，將謂周初之際即有此摹古之風乎？抑周以後人有志摹古，而所得之古代材料僅止于周初，故其所援用者亦即止于周初也？

夫上所列者，雖不能謂吾儕之所比附即堯典作者之所據，然必有一大部分爲彼於有意無意之間採擷而成文者固無疑。無意之襲用由於作者之習熟古書，且弗論。若其有意勦撦而又加以組織之功者，則自可窺見其變周文爲虞書之跡矣。今試舉"眚災肆赦，怙終賊刑"二語言之。按康誥云：

> 人有小罪，非眚，乃惟終，自作不典，式爾，有厥罪
> 小，乃不可不殺。

寫以近代之言，則爲"人有小罪，非其遭際之不幸而由於其故犯，且怙惡不悛，以此不法之事爲當然，是則其罪雖小而不可不殺者"。此甚長之口語，堯典乃括以精整之四字曰"怙終賊刑"。又云：

> 乃有大罪，非終，乃惟眚災，適爾，既道極厥辜，時乃
> 不可殺。

是謂"人有大罪，非由其怙惡而由其遭際之不幸，適然罹禍，既已服其罪矣，是則不可殺者"。此亦一甚長之口語而堯典復括以精整之四字曰"眚災肆赦"。此豈非堯典作者鍛鍊康誥而成之駢偶文乎？閻、馬二氏於大禹謨謂其多排語，於堯典則謂無之，如此抹搬證據，不謂其胸中橫梗一成見不可也！且大禹謨云"宥過無大，刑故無小"，正與堯典同樣鍛鍊康誥而成，是則僞古文之作僞，堯典固先詔之矣。若曰此非堯典襲康誥，乃康誥襲堯典，然則堯典既有此精整之儷語矣，周王欲言之意固已爲古人所先道矣，當其誥康叔時何不遂引用之，乃猶爲此累墜拖沓之辭耶？

又如巡守之章，王制本文云：

> 命典禮，考時月定日，同律禮樂制度衣服正之。

文辭殊不修潔。一入堯典，則爲"協時月正日，同律度量衡，修五禮"，其言明且清，修改之跡不可見乎？又云：

> 五月，南巡守，至于南嶽，如東巡守之禮。八月，西巡

守，至于西嶽，如南巡守之禮。十有一月，北巡守，至于北嶽，如西巡守之禮。

其文式畫一而無變化。一入堯典，則南巡守曰"如岱禮"，西巡守曰"如初"，朔巡守曰"如西禮"，視王制爲簡鍊，修改之跡不又可見乎？夫王制根據孟子之言以成書，且謂"古者以周尺八尺爲步，今以周尺六尺四寸爲步"，其著作時代明已入漢，而善於修辭之堯典乃更在其後，此非王制爲文帝時作而堯典爲武帝時作之確證耶？若曰此非堯典襲王制，乃王制襲堯典，然則王制之作者何乃舍棄此明清與簡鍊之典文不用而自造此拙劣之語以易之耶？

又如舜年之章，五帝德文云：

二十以孝聞乎天下，三十在位，嗣帝所五十乃死。

此謂舜年二十被舉，舉三十年即帝位（此即"二十有八載帝乃殂落"加"三載四海遏密八音"之數。三年之喪，二十五月而畢，故三載即兩年也），即位五十年死，凡百歲也。孟子云："舜五十而慕。"蓋稱歎其孺慕於爲帝之年，與此說合。百歲之說固未可信，然古人述事好作整數，如五帝德云"黃帝三百年"，又謂其在位百年，是也。至於堯典，乃改其文曰：

舜生三十徵庸，三十在位，五十載陟方乃死。

以兩個三十與一個五十相加，則成一百十歲，視五帝德溢出十年，而舜之年歲於是有畸零。推彼之意，蓋以男子三十壯而有室，堯試舜時即以二女妻之，是徵庸之年當爲三十也。經此一改，說者遂紛紜。司馬遷欲調停兩說，於五帝本紀詳叙之曰：

舜年二十以孝聞；年三十，堯舉之；年五十，攝行天子事；年五十八，堯崩；年六十一，代堯踐帝位；踐帝位三十九年，南巡守，崩于蒼梧之野。

彼取孝聞之年於五帝德，取徵庸之年於堯典，二十三十固皆可通矣。然兩書並云“五十載”，此何以云“踐帝位三十九年”也？若謂年五十而攝行天子事，六十一而踐帝位，又三十九年而崩，是謂五十載，然堯典固已明云：

帝曰：“格汝舜，詢事考言，乃言底可績，三載；汝陟帝位！”……正月上日，受終于文祖。

從此巡守、封禪、肇州、恤刑，儼然一攝皇帝矣。是則舜之攝帝即在徵庸三載之後，何待遲至五十之年？史記所云“年五十，攝行天子事”者，又有何證？此非司馬遷杜造故實而何！其後鄭玄亦欲解決此問題，依據司馬之說而改易堯典之數字與讀法曰：

舜生三十，徵庸二十，在位五十載。

蓋謂“徵庸二十”者即史記之“年三十，堯舉之；年五十，攝行天子事”之中間年數；“在位五十載”者即自攝行天子至崩於蒼梧之年數也。經此解釋，舜之百歲說雖可維持，而堯典之“底可績三載”遂不得不棄擲之，“二十有八載”亦不得不蕩析之。此蓋不知堯典之文由小變五帝德而來，“三十在位”本不誤；且堯典之作者本未嘗爲百歲說計算，亦不料有司馬遷等爲之拍合其藍本（五帝德）之文而更定之也。夫司馬遷以前無引五帝德者，其中充滿“日月所照，風雨所至，莫不從順”等秦始皇刻石以來之濫調，其時代亦甚後矣，而堯典又陰襲之，則堯典之著作時代不可知乎！

又堯典襲用古書成語，不免誤謬。試舉"受終于文祖"一例。此文祖字，如作者無所依傍而自鑄之，雖爲不典，猶可言也。如確有所根據，而其所根據者乃爲雒誥之"承保乃文祖受命民"，則大誤。文祖者，文王也，周公對成王而稱文王之辭也。康誥曰："今民將在祇遹乃文考。"文王爲康叔之父，故對康叔而言文王則曰文考。文王爲成王之祖，故對成王而言文王則曰文祖。今堯禪舜於其祖廟而曰文祖，豈堯之先人亦有號文王或文帝者乎？依帝繫姓，堯之祖爲顓頊，其曾祖爲黄帝，何以不言黄帝顓頊而言文祖乎？豈黄帝、顓頊曾有文祖之號乎？

至於矛盾之辭，篇中亦屢見之。"象以典刑"，即象刑矣，而又"流宥五刑"，不以服章象之而以流刑宥之。既"流宥五刑"矣，而又"五刑有服，五服三就"，刑固未嘗以流宥也。既"百姓昭明"矣，而又"百姓不親"；"九族既睦"矣，而又"五品不遜"；"協和萬邦"矣，而又"蠻夷猾夏"。又如"共工"一名，在驩兜舉薦之時則爲人名，在命垂任官之時則爲官名。既爲官名矣，則掌工之官應曰共工，乃又曰"伯禹作司空"，司空固掌工事者也。未識作者之意將別司空於共工之外乎？抑謂同是一官而前後異名乎？又如羲、和四宅之章，羲仲宅嵎夷而平秩東作，羲叔宅南交而平秩南訛，和仲宅西而平秩西成，和叔宅朔方而平在朔易。夫春之作，夏之訛（化），秋之成，冬之易，此遍天下皆然之事，何得作但屬東，訛但屬南，收但屬西，易但屬北；更何得以平秩之事歸之於宅居四極之羲、和？此在事理上斷斷不可通者，而堯典乃有其文，何也？蓋堯典作于五行思想極昌盛之日，以五行之方式排列事物，則春與東，夏與南，秋與西，冬與北，固皆不可分解者也。亦猶巡守之章，五月南巡守，十有一月北巡守，雖以帝王之尊貴亦必服從五行之方式，不得不冒酷暑犯祁寒而往耳。

凡此種種，左右支吾，不能自完其説。總由作者架空爲文，既無實事可按，遂至恍惚不可捉摸。此等罅漏，作者正不能自檢之；即使自檢及之，亦無從決定其取舍耳。

難者曰：堯典一篇，在意義上，文辭上，制度上，疆域上，子既一一摧陷之矣；然有一點必不能破者，則中星是也。按月令，仲春昏弧中，季春昏七星中，今羲仲殷仲春者乃爲星鳥，鳥即七星，是堯典之仲春當於月令之季春也。又月令，仲夏昏亢中，季夏昏心中，而羲叔正仲夏者曰星火，火即心，是堯典之仲夏當於月令之季夏也。又月令，仲秋昏牽牛中，季秋昏虛中，今和仲殷仲秋者爲星虛，則又遲一月矣。至仲冬，月令，昏東壁中，季冬昏婁中，而和仲正仲冬者爲星昴，昴星尚在婁星之後，且不止於一月矣。此其故何也？蓋堯典著作在月令前二千餘年，以歲差之故，列星東移已一次也。歲差者，太陽每歲與恒星相距之分。如今年冬至，太陽躔某宿度，至明年冬至時不能復躔原宿度而有不及之分。但其差甚微，古人初未之覺。至東晉虞喜始知之，乃立歲差法以追天度之變。使堯典爲漢代所作，則與月令必相符合，而羲仲將以星弧殷仲春，羲叔將以星亢正仲夏，和仲將以星牛殷仲秋，和叔亦將以星壁正仲冬。今堯典不然，則知其天象固已得堯、舜時代之真實矣。梁任公先生作中國歷史研究法，謂古代交易媒介物用貝而不用金，以此致疑于堯典之"金作贖刑"；然又云："堯典所記中星，據日本天文學者所研究，公元前二千四五百年確是如此，因此可證堯典最少應有一部分爲堯、舜時代之真書。"是知他處猶可疑，中星一節則萬萬不容疑矣。子比而同之，豈有説乎？

曰：此固非予之學力所得解決，然近數十年來，東西邦之天文學者研究此問題者多矣，其結論全不能一致。依劉朝陽先生從天文曆法推測堯典之編成年代(燕京學報第七期)所載，固有以爲當堯之時者，但亦有以爲羲仲等四人中有三人不能見到所測之星者，有以爲係本冬至昏時之昴中點，由于計算而規定其他三點者，又有以爲非由于實地之觀測而本于占星術之思想者，有以爲殷末周初之天象者，有以爲周代之天象者，更有以爲公元前三百年附近之天象者。可知説爲必然，實天文學界所不能容許。夫堯典記載星象，文字過簡，故竺可楨先生言："觀測之日期若差十五日，則星次之位置可差十五度，推定之年代即可差至千有餘年。又觀測之時刻若差一小時，星宿之位置亦將行過十五度，所估之年代亦可差至千餘年。"況又有觀測地點之緯度與觀測對象之廣狹等問題，此等前提既因材料不足而無法決定，則堯典中星之年代固終屬一懸案也。

　　且記及中星者，月令之外又有夏小正。月令於仲秋之月曰："旦觜觿中"，而夏小正則曰："八月，參中則旦"，已差一宿矣。夏小正云："五月，初昏大火中"，則與月令之"仲夏，昏亢中"異，而與堯典之"日永，星火"合。司馬遷於夏本紀贊云："孔子正夏時，學者多傳夏小正。"可見此書於漢初頗流行。漢初曆家言多異，故其所記有黃帝、顓頊、夏、殷、周及魯曆。漢以張蒼之言，用顓頊曆，比於六曆，疏闊中最爲微近；然朔晦月見，弦望滿虧多非是（見漢書律曆志）。以當時曆法之亂及曆家學説之多岐，乃有夏小正與月令出於其間而各不同，則不知夏小正者，其確有見於夏代之天象耶？抑其觀測之或誤耶？堯典作者既記堯、舜之事，當然思引唐、虞時之曆法以爲佐證，獨惜曆家立説不及唐、虞，夏既密邇，遂承襲之，從"五月初昏大火中"之一點推之於春秋冬三時之仲月，而得鳥、虛、昴以爲之中星焉，此亦甚可能之事也。若然，則堯典中之中星非復堯典之問題而爲夏小正之問題矣。

　　又史記曆書云："今上即位，招致方士，唐都分其天部。"天部者，孟康曰："謂分部二十八宿爲距度。"（漢書律曆志注）是二十八宿之分，實武帝時唐都啟之。夏小正作於其前，猶無分部之觀念，故但記其最顯著之星象而不逐月爲記，亦不僅記南中星（如七月之記織女東鄉，十月又記其北鄉）；所記之星若鞠，若南門，其名亦爲後來所不用。至若堯典四仲中星之整齊，月令十二月旦中昏中之鑿然秩然，明俱是天部分定之後所出。倘指羲、和四宅之章爲堯、舜時代之真記載，則以"夏時"之重要，何小正所記星象脱略乃爾？且二十八宿之天部已早定於堯、舜時，又何待武帝招唐都而分之耶？

堯典之著作問題至此盡乎？曰：尚未盡。堯典者，古代權威之所寄也，欲握權威以臨人者輒有託於是，是其所受之改竄必多。如以改竄一次爲一本，則當有幾本耶？

今吾儕已知之本子有三：一戰國時本，爲孟子所引用者；一漢武帝時本，如上所討論者；又其一爲僞古文本，割"慎徽五典"以下爲舜典者。請循次述之。

孟子答咸丘蒙問，引"二十有八載"之文而冠之以"堯典曰"，是知孟子時必已有堯典存在。然觀"百姓如喪考妣"一語，以父與祖母連稱，尚非春秋時之詞法（見郭沫若先生釋祖妣），則其書之出必在妣義不明之後，不得甚前于孟子，或竟與孟子並世。戰國時曾有大批僞尚書出現（諸子及左傳所引甚多，當于尚書學史中詳之），此篇即其一也。

孟子爲"言必稱堯、舜"之人，然其所述堯、舜時事甚與今本堯典異。一加比勘，其矛盾之狀立顯。

第一，堯之時代，在孟子中尚是草萊未闢之景象，而在今本堯典中則天下之平固已久。故孟子云：

> 當堯之時，天下猶未平。洪水橫流，氾濫於天下。草木暢茂，禽獸繁殖。五穀不登，禽獸偪人。獸蹄鳥跡之道交於中國（滕文公上）。

若此之可畏也。而今本堯典乃云：

克明俊德，以親九族，九族既睦；平章百姓，百姓昭明；協和萬邦，黎民于變時雍。……允釐百工，庶績咸熙。

又若此其安和。兩者相較，幾爲草昧與文明之兩極端，而堯世乃備有之，不可怪乎？今本堯典固亦曰："湯湯洪水方割，蕩蕩懷山襄陵。"但此是天下平定時突發之水災，與"草木繁殖，禽獸偪人"之洪荒情狀固不能併爲一談者也。

第二，舜之身份，在孟子中完全爲一起於田野之匹夫，而在今本堯典中則固是一貴族。故孟子云：

大舜……自耕稼陶漁以至爲帝。（公孫丑上）
舜……遷於負夏。（離婁下）
舜之居深山之中，與木石居，與鹿豕游，其所以異於深山之野人者幾希。（盡心上）

惟其如此，是以舉之之後：

帝使其子九男二女，百官牛羊倉廩備，以事舜於畎畝之中。（萬章上）

終不離乎田間。而今本堯典乃云：

有鰥在下，曰虞舜。……釐降二女于嬀汭，嬪于虞。

虞爲國名，舜之名與國名連稱，如左傳中之"晉重""楚比"然，所以表示其爲國君或公子。故登庸之後，亦遂"慎徽五典"，"納于百揆"，而不養之於畎畝之中矣。

第三，舜之感化瞽瞍，在孟子中時期特長，而在今本堯典中則至短。故孟子云：

> 萬章問曰："'舜往于田，號泣于旻天。'何爲其號泣也？"
> 孟子曰："怨慕也。……五十而慕者，予於大舜見之矣！"（萬
> 章上）

其後述捐階揜井之事，接以象語曰："二嫂使治朕棲。"是則舜當
登庸之後，依然不得於親，屢遭殺身之禍。堯雖竭其帝王之力以
養舜，曾無解於其困厄。五十之年，攝政已久，猶不得不號泣於
田間以抒其怨慕，其遭際之可悲甚矣。而今本堯典乃云：

> 師錫帝曰："有鰥在下，曰虞舜。……父頑，母嚚，象
> 傲；克諧以孝。烝烝乂，不格姦。"帝曰："我其試哉！……"

合以篇末之"舜生三十徵庸"之語，則當其年三十時固已以孝道諧
和其家庭，且使頑嚚者"烝烝乂"矣。何至爲帝館甥而尚遭焚廩揜
井之毒害，更何至年屆五十而尚作不得於親之怨慕乎？

　　此問題尚附帶一小問題，即"不告而娶"是。孟子信舜之家庭
未化，告則不得妻，故謂舜尚帝女不告父母，堯以二女妻舜亦不
告其父母（萬章上、離婁上）。然今本堯典云：

> 帝曰："我其試哉！女于時，觀厥刑于二女。"釐降二女
> 于嬀汭，嬪于虞。

則堯固因四岳稱舜之孝，降二女于其家，藉觀其齊家之典型矣。
舜曰虞舜，而堯嬪女于虞，豈嘗爲遮掩其父母之耳目計哉！

　　第四，禹、益、稷、契之服官，孟子中皆在堯時，而今本堯
典則皆在堯崩後。故孟子曰：

獸蹄鳥跡之道交於中國。堯獨憂之，舉舜而敷治焉。舜使益掌火，益烈山澤而焚之，禽獸逃匿。禹疏九河，瀹濟、漯而注諸海，決汝、漢，排淮、泗而注之江，然後中國可得而食也。……后稷教民稼穡，樹藝五穀；五穀熟而民人育。人之有道也，飽食煖衣逸居而無教則近於禽獸；聖人有憂之，使契爲司徒，教以人倫。……放勳曰："勞之，來之，匡之，直之，輔之，翼之，使自得之，又從而振德之。"（滕文公上）

此謂堯以天下未平而舉舜，舜遂使益烈山澤，禹疏江、河，以奠定民居；及水土既平，又使后稷教稼，契教人倫，以完成其治績。當契任官時，堯又命以撫民之道。（孫奭孟子音義引丁氏音："日音馹，或作曰，誤也。"洵如其說，則此數語爲堯之行事，謂其既命益、禹、稷、契，猶不自已，對於民人日日勞來匡直輔翼之。）是則其時皆堯之時，其官皆堯之官也。而今本堯典於所以舉舜之故，云：

朕在位七十載，汝能庸命，巽朕位。

則其求賢讓位由於年老倦勤而不由於治洪水。及舜既舉，又云：

慎徽五典，五典克從。納于百揆，百揆時叙。賓于四門，四門穆穆。……

皆道其治理政事之功，初不謂其使益掌火，使禹治水也。至于堯崩，乃曰：

咨，四岳：有能奮庸熙帝之載，使宅百揆，亮采惠疇？

而後四岳以禹薦，禹又以稷、契薦。及詢“疇若予上下草木鳥獸”而後四岳以益薦。此數人之命詞中，惟禹有“汝平水土”之語，似前已居官者，他數人皆新命也。此甚違於舊説，故史記五帝本紀强爲之解曰：

　　　堯崩……天下歸舜。而禹、皋陶、契、后稷、伯夷、夔、龍、垂、益、彭祖，自堯時而皆舉用，未有分職。

使之可兩屬於唐、虞。然既舉用矣而不分職，何耶？又何以在孟子中則已舉用且已分職耶？

　　以上四事，都足見孟子雖曾讀堯典，而彼所讀者必與吾儕所見者異。否則當時之傳説雖多，而堯典爲唐、虞時代之正則記載，孟子爲一代大師，決不致捨棄經典而專拾取當時之傳説。即使彼有意拾取傳説，甚或有意改變傳説，然既有堯典存在，則對于唐、虞之歷史觀念必不致與經典相差過遠。此觀於漢以來二千餘年言古史者而可知也。

　　以上舉其牴牾者言之。至其未嘗牴牾者，亦有以徵其後出之跡。蓋孟子發揮議論，好引詩、書以爲佐證，其所作議論有與今本堯典絶相似者，乃不引堯典以證實之，豈忘之耶？抑本未見耶？如：

　　　孟子曰：“人有恒言，皆曰‘天下國家’。天下之本在國，國之本在家，家之本在身。”（離婁上）
　　　孟子曰：“道在邇而求諸遠；事在易而求諸難。人人親其親，長其長，而天下平。”（離婁上）

此種由個人推至天下之倫理説，莫詳於堯典及大學；而孟子反撇捨此經典之文，寧引據人之恒言，何也？蓋孟子抵抗墨家兼愛之説，主張以差等之愛平治天下，是爲此種學説之創始時期，故彼亦但有此簡單之議論，所可用爲佐證者亦但有此人之恒言；洎届堯典及大學之時期，乃始有此精密詳備之學説耳。

又如言巡狩朝覲事，其一次引晏子之言曰：

> 天子適諸侯曰巡狩，巡狩者巡所守也。諸侯朝於天子曰述職，述職者述所職也。無非事者。春省耕而補不足；秋省斂而助不給。（梁惠王下）

又一次則自申其説者：

> 天子適諸侯曰巡狩。……入其疆，土地辟，田野治，養老尊賢，俊傑在位，則有慶；慶以地。入其疆，土地荒蕪，遺老失賢，掊克在位，則有讓；一不朝則貶其爵，再不朝則削其地，三不朝則六師移之。（告子下）

夫"五載一巡守，群后四朝"，非巡所守與述所職乎？"明試以功，車服以庸"及"三考黜陟幽明"，非有慶與有讓乎？管仲、晏嬰者，孟子之所卑視，嘗以此笑齊人之陋；何以言及巡狩，反取晏子而不取堯典耶？此無他，王制之言已取自孟子（如"有功德於民者加地進律"等），而堯典又轉襲於王制，宜孟子之不能知也。

此外，如與齊宣王言樂（梁惠王下）而不及"八音克諧，神人以和"，與滕文公言庠序學校（滕文公上）而不及夔之"教胄子"，言"千歲之日至可坐而定"（離婁下）而不言羲、和四宅以正分至，言"公輸子之巧"而不及垂，言"師曠之聰"（皆離婁上）而不及夔，皆足爲孟子不見今本堯典之旁證。夫我儕固不當刻舟求劍，强孟子以必用堯典，然以孟子之好道堯、舜與好引詩、書之慣習，苟其見之，有若是之索寞者乎！

然則孟子時之堯典將若何？

關於此問題有一難解決之點，即不知彼時堯典之外尚有舜典與否。苟其有之，則孟子中引堯、舜之書之語及其不明引書而酷似書文者，其應歸入何帝之典實難臆斷。今姑假定戰國堯典亦如漢世堯典然，萃二帝之事於一篇者，以孟子所引輯出如下：

（一）明引堯典者：

　　二十有八載，放勳乃徂落；百姓如喪考妣，三年，四海遏密八音。（萬章上）

（二）明引書文，其事又在堯、舜時者：

　　洚水警余。（滕文公下）
　　祇載見瞽瞍，夔夔齊栗；瞽瞍亦允。（萬章上）

（三）不明引書而其文應在古書者：

　　放勳曰："勞之，來之，匡之，直之，輔之，翼之，使自得之，又從而振德之。"（滕文公上。按：此稱堯爲放勳，與徂落章文同：彼既爲堯典，此亦當在堯典。又按：此章在命契之後，足證任命諸官爲堯時事。）
　　舜往于田，號泣于旻天，于父母。（萬章上。按萬章問時但引"舜往"至"旻天"，孟子答時轉述前代長息之問則引"舜往"至"父母"，可見其爲舊文。）
　　放（象）。不及貢，以政接于有庳。（萬章上。按：孟子於"放"云"故謂之"，於"不及貢"一語云"此之謂也"，足證其引據舊文。）

（四）不明引書而用古文法成文者：

　　父母使舜完廩，捐階，瞽瞍焚廩。使浚井，出，從而揜之。象曰："謨蓋都君咸我績。牛羊，父母；倉廩，父母。干戈，朕；琴，朕；弤，朕；二嫂使治朕棲。"象往入舜宮，舜在牀琴。象曰："鬱陶思君爾！"忸怩。舜曰："惟兹臣庶，汝其于予治。"（萬章上。按"牛羊父母"，"舜在牀琴"等句缺乏動詞，非戰國時語法，足見其爲摹仿古文。）

　　瞽瞍厎豫。（離婁上。按：厎字非戰國人語所習用。）

（五）稱堯爲"帝"者：

　　帝使其子九男二女，百官牛羊倉廩備，以事舜於畎畝之中。（萬章上。按：此句又見於萬章下，似是舊文。今本堯典稱堯，皆謂之"帝"，大學引堯典，亦謂之帝典。孟子稱堯皆直曰堯，惟此與下條稱帝，又"牛羊倉廩"語與象語合，故疑其亦出於堯典。）

　　舜尚見帝；帝館甥于貳室，亦饗舜。（萬章下）

（六）雖不言引用舊文而見於今本堯典者：

　　舜流共工于幽州，放驩兜于崇山，殺三苗于三危，殛鯀于羽山：四罪而天下咸服。（萬章上）

若上之所録皆爲戰國堯典之文，則吾儕藉此可知彼篇之崖略：
一、寫舜之家庭事特多，舜在家庭間之困厄久久未已。
二、堯崩之後似無甚可注意之事。
三、禹、益、稷、契皆堯時所命官；此平治天下之成績爲堯、舜共同努力之結果。
此皆與今本堯典相乖剌者也。

　　孟子所見之堯典似流傳極不普遍，不久亦即失傳，故戰國諸
子更無稱引之者。惟左傳中有二事。其一，僖二十七年，晉作三
軍，謀元帥，趙衰曰："郤縠可，……説禮樂而敦詩、書。……
夏書曰：'賦納以言，明試以功，車服以庸。'君其試之！"此所引
者似是堯典。然皋陶謨亦有其文，而"賦納"作"敷納"，較之堯典
之作"敷奏"者爲近，則引自皋謨，不自堯典也。又其一，文十八
年，莒太子僕弑紀公，以其寶玉奔魯，季文子使司寇出諸境。公
問其故，文子使太史克以舜舉十六相、去四凶事對。末云：

　　故虞書數舜之功曰："慎徽五典，五典克從"，無違教
也。曰："納于百揆，百揆時序"，無廢事也。曰："賓于四
門，四門穆穆"，無凶人也。

則所引確爲堯典。然左傳引書言唐、虞時事者皆稱"夏書"，獨此
條稱"虞書"，頗堪注意。按：戰國時人每以堯、舜包於"三代"之
中，故孟子惟稱"三王"，稱三王即兼有堯、舜也。墨子中其證尤
多，如：

　　若昔三代聖王，堯、舜、禹、湯、文、武者是也。（天
志中）
　　凡言凡動合於三代聖王堯、舜、禹、湯、文、武者爲
之。（貴義）

此可見當時所以不別立虞書之故。至漢，乃以三代廣爲"四代"，
大戴記中遂有四代之篇，而虞書亦即析自夏書而獨立。左傳中，
如莊八年之引"皋陶邁種德"，僖二十四年之引"地平天成"，僖二

十七年之引"賦納以言"，應在虞書者而皆稱曰夏書，可信其早出。此曰虞書，頗有晚出之嫌。且所云"舉八愷，使主后土，地平天成"，則八愷之績即禹之功也；"舉八元，使布五教于四方，内平外成"，則八元之績即契之功也。雖容有傳說爲之素地，而此十六族之功業固就禹、契放大者甚明。又其言元、愷與四凶之所自出，曰高陽氏、高辛氏、帝鴻氏、少皥氏、顓頊氏、縉雲氏，此等古帝王名號均出現於戰國後期，非孟子時所有。而少皥氏一名爲今古文家爭論之中心，其出現或至遲。又其言窮奇"靖譖庸回"，即爲今本堯典所云共工"靜言庸違"之異文，可知此四凶亦即由四罪脫化而出者。有此諸因，故予頗疑此段文字爲今本堯典出現之後所羼入。他日有暇，當別爲文以論之。

　　荀卿爲戰國末之儒家大師。其所著書陳修身、勸學、君臣、禮樂之大義，亦與堯典最合。然書中引康誥者四，呂刑者三，洪範者二，泰誓者一，而未嘗一稱堯典。豈但不稱而已，彼且不承認堯、舜之書有存留至當日之可能。故非相篇云：

　　　　五帝之外無傳人：非無賢人也，久故也。五帝之中無傳政：非無善政也，久故也。禹、湯有傳政而不若周之察也：非無善政也，久故也。傳者久則論略，近則論詳；略則舉大，詳則舉小。……是以文久而滅，節族久而絕。

夫堯、舜爲五帝之二，堯典備記其治績，豈非五帝之中有傳政乎？爲輔弼者，堯時有羲、和四子，舜時有二十二人，豈非五帝之外有傳人乎？荀子乃謂其"外無傳人，中無傳政"，使非不見堯典，或雖見之而不信之，其能如此言耶？以荀子在儒家中之地位而乃不見堯典，不可也。以堯典在經書中之地位而乃不爲荀子所信，亦不可也。然則若非堯典一現於孟子時而旋歸散失，此問題將無以索解矣！

　　此從荀子之年代觀念言之；若就其地域觀念言，亦有然。彊國篇云：

　　　　秦……威彊乎湯、武，廣大乎舜、禹。……曷謂"廣大乎舜、禹"也？曰：古者百王之一天下，臣諸侯也，未有過封内千里者也。今秦南乃有沙羡與俱，是乃江南也；北與胡、貉爲鄰；西有巴、戎；東在楚者乃界於齊，在韓者踰常山乃有臨慮，在魏者乃據圉津，即去大梁百有二十里耳，其在趙者剡然有苓而據松柏之塞，負西海而固常山：是地遍天下也。……此所謂"廣大乎舜、禹"也。

此所言者爲秦未滅六國時之疆域。按以現今之地，則奄有陝西、四川兩省（"北與胡、貉爲鄰，西有巴、戎"），及湖北省之南部（漢書地理志：沙羡縣屬江夏郡），河南省之北部（漢志：河内郡有隆慮縣，臨與隆同紐通假），山東省之西部（圉津，楊倞注："圉當爲圍，漢書：'曹參渡圍津'，顏師古曰：'在東郡'"），河北省之南部（苓，楊倞注："未詳所在。或曰苓與靈同，漢書地理志：常山郡有靈壽縣，今屬真定"），地誠不小；然以始皇統一後之版圖較之，猶不足五之一也。而荀子已詫其"廣大乎舜、禹"，是其視舜、禹之地之狹將何如乎？其後始皇建號而李斯等曰"自上古以來未嘗有，五帝所不及"，始皇巡游而李斯等議曰"古之帝者地不過千里，今皇帝并一海内"，蓋猶是荀子之地域觀念。若謂堯、舜時已有四岳與十二州，則荀子之世秦地之不廣亦甚矣，何謬言"廣大乎舜、禹"耶？
　　更就其政治觀念言之，亦與堯典若方枘圓鑿之不相入。戰國以來，皆謂堯、舜以德化人，有罪者不實施刑而以衣服象之，故堯典有"象以典刑"之語。荀子乃云：

世俗之爲説者曰：治古無肉刑而有象刑。……是不然！以爲治邪，則人固莫觸罪，非獨不用肉刑，亦不用象刑矣。以爲人或觸罪矣而直輕其刑，然則是殺人者不死，傷人者不刑也。……是爲惠暴而寬賊也，非惡惡也。故象刑殆非生於治古，並起於亂今也！治古不然！（正論）

其言古無象刑，斬釘截鐵至此。使當時有堯典存在，則一出簡書即破其説，尚能如此言耶？

又禪讓者，堯典之中心事件也。孟子雖曰"天子不能以天下與人"，然終不敢直捷否認堯、舜禪讓之事，則以曾讀堯典也。至於荀子，乃云：

世俗之爲説者曰：堯、舜擅讓。是不然！天子者，勢位至尊，無敵於天下，夫有誰與讓矣！……曰：死而擅之。是又不然！……聖王已没，天下無聖，則固莫足以擅天下矣。天下有聖而在後者，則天下不離，朝不易位，國不更制，天下厭然，與鄉無以異也；以堯繼堯，夫又何變之有矣！聖不在後子而在三公，則天下如歸，猶復而振之矣，天下厭然，與鄉無以異也；以堯繼堯，夫又何變之有矣！……曰：老衰而擅。是又不然！血氣筋力則有衰，若夫智慮取舍則無衰。曰：老者不堪其勞而休也。是又畏事者之議也！……故曰：諸侯有老，天子無老；有擅國，無擅天下：古今一也。夫曰堯、舜擅讓，是虛言也！是淺者之傳，陋者之説也！不知逆順之理，小大至不至之變者也！未可與及天下之大理者也！（同上）

彼對于堯、舜禪讓之事作如此猛烈之抨擊，不爲堯典少留餘地，其態度豈儒家所宜有者。然若彼以堯典爲僞，何不明白言之。今但云"淺者之傳，陋者之説"，是可知當時止有禪讓之口説流行，原未有堯典之書存在也。

夫孟子所見之書而荀子已不及見，其生命之短甚矣！——此今所知之第一本。

至漢武帝時，以君主與人民各欲複現堯、舜太平之治，故襲孟子中堯典之名，合以流行之傳説，當代之政事，儒家之主義，五行之信仰，摹古之文辭，撰爲一篇，如上所舉者。——此今所知之第二本。

西漢末年劉歆所表章之古文尚書，於王莽時立學官，中有舜典一篇；惜莽敗之後旋即亡佚，不審作何語。然彼時所出書序則云：

　　　昔在帝堯，聰明文思，光宅天下；將遜于位，讓于虞舜：作堯典。

　　　虞舜側微，堯聞之聰明，將使嗣位，歷試諸難：作舜典。

似以堯典終於堯將遜位，舜典始於舜將嗣位，而此等事皆今之堯典所備有，則信書序者必疑此本爲合舜典以成篇者。西晉永嘉（公元三〇七—三一二）之亂，歐陽、夏侯三家之書並亡。東晉元帝時（三一七—三二二），豫章内史梅賾得孔安國古文尚書傳奏之；亡舜典一篇，購不能得，乃取王肅注堯典從"慎徽五典"以下分爲舜典篇以續之，而書序之説乃實現。齊明帝建武中（四九四—四九七），吳興姚方興造孔傳舜典一篇，加"曰若稽古帝舜，曰重華，協于帝"十二字於"慎徽五典"之上，云於大航頭買得之。梁武帝時爲博士，議曰："孔序稱伏生誤合五篇，皆文相承接，所以致誤。舜典首有'曰若稽古'，伏生雖昏耄，何容合之！"遂不行用。然其書卒傳，且一本於"協于帝"下更有"濬哲文明，溫恭允塞，玄德升聞，乃命以位"十六字。梁、陳以下，孔傳與鄭玄注並行。至唐初而推崇古文，鄭注遂廢，此後出之二十八字乃儼然爲舜典之篇首矣。（以上錄自經典釋文及隋書經籍志。但此問題甚複雜，將來當別論之。）且經此一析，而孟子所引之"堯典曰：'二十有八載，放勳乃徂落……'"乃不在堯典而在舜典矣。

　　僞古文之僞，自宋儒獻疑，至清儒而證成之。今自惠棟古文尚書考中錄出此二十八字之所依據者如下：

　　曰若稽古帝舜曰重華協于帝
　　　　尚書中候考河命（御覽八十一引）："曰若稽古帝舜，曰重華，欽翼皇象。"
　　　　史記五帝本紀："虞舜者名曰重華。"
　　濬哲文明温恭允塞
　　　　詩商頌長發："濬哲維商。"
　　　　又商頌那："温恭朝夕。"
　　　　又大雅常武："王猶允塞。"
　　　　易文言傳："天下文明。"
　　　　後漢王延壽靈光殿賦："粤若稽古帝漢，祖宗濬哲欽明。"
　　　　後漢王粲七釋（藝文類聚二十七引）："濬哲文明，允恭玄塞。"
　　玄德升聞乃命以位
　　　　淮南子原道："舜執玄德於心而化馳若神。"

此今所知之第三本也。

　　在此三本之外尚有他本乎？曰：有，就篇末"二十有二人"一語推知之。

　　堯典於帝堯殂落之後，記"月正元日，舜格于文祖"，於是

"詢于四岳"，"咨十有二牧"，而繼以任用九官，——伯禹作司空，后稷播百穀，契作司徒，皋陶作士，垂作共工，益作虞，伯夷作秩宗，夔典樂，龍作納言。其間有益讓于朱虎熊羆之事，而朱虎熊羆之曾否受職則不得而知。其人數合四岳、十二牧、九官計之，凡二十有五。乃其結語云：

　　　　帝曰："咨汝二十有二人，欽哉，惟時亮天功！"

明云"二十有二人"，其數失三，何也？此實爲本篇中一奇特之問題。

　　既有此問題，於是猜測之者紛然以起。據吾人所知，首作解釋者爲司馬遷。史記五帝本紀云：

　　　　禹、皋陶、契、后稷、伯夷、夔、龍、垂、益、彭祖，自堯時而皆舉用，未有分職。於是舜乃至于文祖，謀于四嶽，……命十二牧。……舜曰："嗟，女二十有二人，敬哉，惟時相天事！"

此可證當司馬遷時，經文已爲"二十有二人"，而彼亦感覺其難解，故以十二牧爲十二人，九官爲九人之外，別增彭祖一人，以足二十二之數，不數四岳。但彭祖授何職乎？堯典不見其名而數其人，於理詎可通！且四岳與十二牧同當牧伯之重任，今數牧而不數岳，於理又詎可通！

　　其次作解釋者，當爲馬融，裴駰史記集解引其言云：

　　　　稷、契、皋陶皆居官久，有成功，但述而美之，無所復勑。禹及垂皆初命，凡六人。與上十二牧、四嶽，凡二十二人。

彼自二十五人中減去三人以迎合二十二之數。然稷、契、皋陶之居官久，堯典有明文乎？其特舉三人，又有何特殊之證據？若謂稷、契與堯爲兄弟，分不當於堯世不受職，則鯀殛而禹興，平治水土而後烝民乃粒，禹之治水固已久矣，何爲而反不在"居官久有成功"之列耶？若謂據堯典之文，稷、契、皋陶之命，舜未嘗疇咨於四岳，故謂爲舊官，則此三人之命實由於禹之讓，與夔、龍之命由於伯夷之讓者無異。將謂九官中當去其五人乎？且徵之舊説，堯崩而天下如一，同心戴舜以爲天子，則舜當即位之初，誠有如荀子所云"天下晏然，與鄉無以異也"；四岳、十二牧當地方之重任，豈必皆爲新命，何以又厠之於二十二人之數乎？是其牴牾之甚，實在司馬遷之上。而後出之僞孔傳及孔疏皆沿用之，寖假成爲定説，斯則經師朋黨之習矣。

按僞孔傳云：

> 禹、垂、益、伯夷、夔、龍六人，新命有職，四岳、十二牧，凡二十二人，特勅命之。

孔穎達正義云：

> 據上文，詢於四岳，咨十有二牧，及新命六官等，適滿二十二人，謂此也。其稷、契、皋陶、殳斨、伯與、朱虎、熊羆七人仍舊，故不須勅命之。岳、牧亦應是舊，而勅命之者，岳、牧外內之官，常所咨詢，故亦勅之。

是則正義雖循僞傳之説，亦心知其未安，故曰"岳、牧亦應是舊"；然而更爲出一義曰："岳、牧外內之官，常所咨詢，故亦勅之"，則又入於歧途。試思岳、牧如以常被咨詢而勅命，則后稷、司徒與士並是朝廷最重要之官，豈可不常咨詢與"不須勅命"耶？

馬融之弟子鄭玄亦欲獨樹一義，襲用其師之説而略變之。其書已亡，正義引其説曰：

> 自"咨十有二牧"至"帝曰龍"，皆月正元日格于文祖時所敕命也。

此語似甚輕淡，而言外正有深意，蓋彼自咨十二牧數起，即已將四岳屏於二十二人之外。然十二牧與九官僅得二十一人，又將何以足數？正義述其義云：

> 鄭以爲二十二人，數殳斨、伯與、朱虎、熊羆，不數四岳。

是則彼既從史記説而去四岳，亦從馬融説而以稷、契、皋陶爲非初命者。去此七人，二十五人僅存十八，乃以垂所讓之"殳斨、伯與"爲二人，益所讓之"朱虎、熊羆"亦爲二人，足二十二之數焉。此説已見駁於孔穎達，正義云：

> 彼四人（指殳斨等）者，直被讓而已，不言居官，何故敕使敬之也？岳、牧俱是帝所咨詢，何故敕牧不敕岳也？

是誠足使鄭氏俯首無詞矣。然苟使模仿其説之方式以質之曰："彼三人（稷、契、皋陶）者，已言居官，何故不敕使敬之也？禹、益與稷、契同負國家重任，何故敕禹、益不敕稷、契也？"不知孔氏又將何以答我？

　　以上爲漢儒之説。至於宋代，而又有新解釋起。程氏遺書（卷二十二下）云：

問四岳一人否？曰：然，以二十二人數考之固然。觀對堯言衆曰"僉"，四岳則曰"岳"，亦可見也。

則程頤以爲四岳是一人，故合十二牧九官爲二十二人。朱熹承之，語類（卷七十八）云：

正淳問："四岳是一人，是四人？"曰："'汝能庸命巽朕位'，不成讓與四人。又如'咨二十有二人'，乃四岳、九官、十二牧，尤見得四岳只是一人。"

程、朱二氏既有此主張，朱氏弟子蔡沈便於書集傳中釋之云：

四岳，官名，一人而總四岳諸侯之事也。

在此解釋之下，不必屛去四岳，亦不必於九官之中剔出稷、契、皋陶，而自然合拍，實不能不服其巧思。然堯詢四岳以乂洪水之人而"僉曰於鯀哉"，舜詢四岳以宅百揆之人而"僉曰伯禹作司空"，堯命四岳明明揚側陋而"師錫帝曰有鰥在下"，僉也、師也，皆二人以上之代名詞也；則釋爲一人豈其然乎！

但此顯然之謬誤，蔡氏先已注意及之，故其注云：

僉，衆共之辭，四岳與其所領諸侯之在朝者同辭而對也。（湯湯洪水章；奮庸熙帝章略同。）

師，衆；錫，與也。四岳群臣諸侯同辭以對也。（在位七十章）

經此一解，似亦可以掩飾。而清代王引之於經義述聞（卷三）闢之曰：

　　案帝所咨者四岳也，所領諸侯安得越次而對乎！……經
又云："乃日覲四岳群牧，班瑞于群后。"四岳四人，群牧十
二人，故逐日遞見之。若以四岳爲一人，則群牧亦可謂之一
人乎？

　　經又曰："詢于四岳、闢四門、明四目、達四聰。"凡言
四者，其數皆實有四也。如謂四岳爲一人，則四門亦可謂之
一門，四目亦可謂之一目，四聰亦可謂之一聰乎！

　　四岳分掌四方，猶周、召之主陝東、西也。每岳一人，
皆爲方伯，故周語謂之"四伯"。若以四岳爲一人，則何以不
云一伯而云四伯乎？且一人而總四岳諸侯之事者帝也，方伯
安得而僭之乎！

王氏所持之理由至爲充分，四岳之人數必不能以遷就"二十有二
人"一語之故而解爲一人，絕無疑義。

　　與朱熹同時者有林之奇，爲第五種之索隱説。尚書全解云：

　　周官有三公、六卿，有侯伯。而顧命"乃同召太保奭、
芮伯、彤伯、畢公、衛侯、毛公"，以人言之則六人，而以
職言之則不止於六人也。蓋有以三公爲六卿者，有以侯伯入
居公卿之位者，雖數止六人而實兼數職也。此四岳、九官、
十二牧，當有二十五人。但言二十二人者，或有兼居岳、牧
之任者，或有在州牧之中而又居九官之列者。世之遼絕，不
得而知也。

彼以僞古文尚書周官篇中之制度合之於顧命中之史事而斷定周有
兼職之官，又以周之兼職推定虞廷之有兼職，而謂以二十二人居
二十五官。其設思彌巧，然試問有何直接證據？且以堯典之文觀
之，九官之職守甚專，事務甚重，何能兼任外州長官，常僕僕於

道路間乎？此説後爲王鳴盛所採，故尚書後案謂四岳之官介乎内外臣之間，内則爲王朝之卿，外則爲諸侯之長。又謂舜之所以首咨四岳者，以四岳爲六卿所兼故也；否則先外後内，殊非其次。然舜之命官，十二牧先於九官，非先外後内乎？又舜之巡守，“日覲四岳群牧”，非四岳爲外官之確證乎？

且此説尚有一最大之罅漏，即四岳既由王朝之卿（九官）兼攝，則舜所咨者但有十二牧與九官，二十一人而已，尚有其一爲誰乎？起而填塞此罅漏者曰張穆，渠於二十二人解（月齋文集卷一）論之云：

> 蓋嘗反復考之，而知禹、稷等九人中當有兼四岳者三人，其四岳一人蓋彭祖也。大戴禮五帝德云：“堯舉彭祖而任之。”史記五帝本紀云：“禹、皋陶、契、后稷、伯夷、夔、龍、垂、益、彭祖，自堯時而皆舉用，未有分職。”舜命九人而不及彭祖，則彭祖惟爲四岳，不兼他官可知矣。
> 國語：“共之從孫四岳佐禹，祚四岳國，命爲侯伯，賜姓曰姜，氏曰有呂。”則伯夷者，堯時爲四岳，舜命爲秩宗，仍兼岳也。鄭（玄）以崇伯鯀爲堯時八伯。禹嗣崇伯，周書亦稱“崇禹”。其宅百揆而仍兼岳，如周公爲太宰仍“分陝”也。大傳記孔子曰：“昔者舜左禹，右皋陶。”則皋陶爲右相仍兼岳也。

自司馬遷以彭祖置於九官之下，併十二牧爲二十二人以來，久不爲人所憶及；孰知“九變而復其初”，至此時乃以兼職問題之發生而重提出之。依張氏説，彭祖、伯夷、禹、皋陶爲四岳，稷、契、垂、益、夔、龍不兼職者六人爲内官，加以十二牧，是得二十二人。此真可謂極精密之解釋，非博雅如清儒者不能爲。然國語既云“四岳佐禹”，則禹之非四岳明矣。國語既以四岳爲共工之從孫，皆姓姜而氏呂，而皋陶依<u>世本</u>爲偃姓，則皋陶之非四岳又明矣。八伯者，<u>王制</u>之制，非<u>堯典</u>之制也；以<u>東漢</u>末之<u>鄭玄</u>謂<u>鯀</u>爲<u>堯</u>時八伯而遂信<u>禹</u>爲<u>舜</u>時四岳，其理由得稱爲堅强乎？<u>史記</u>於九官下特出一<u>彭祖</u>，未嘗言其任何職，遂以是而證<u>彭祖</u>爲四岳，其證據得稱爲確當乎？<u>張氏</u>掇拾雖勤，對此亦恐無以自解。

　　<u>索隱</u>之第六式則爲<u>王引之</u>所立。上列數式均就二十二人作解，無論如何困難，此數不敢變也；而<u>王氏</u>則逕變之。<u>經義述聞</u>（卷三）云：

　　　　今案：“二十有二人”，上“二”字當作“三”，傳寫者脫去一畫耳。三十二人者，四岳爲四人，十二牧爲十二人，<u>禹</u>、<u>稷</u>、<u>契</u>、<u>皋陶</u>、<u>垂</u>、<u>益</u>、<u>伯夷</u>、<u>夔</u>、<u>龍</u>爲九人，<u>殳</u>、<u>斨</u>、<u>伯</u>與爲三人，<u>朱</u>、<u>虎</u>、<u>熊</u>、<u>羆</u>爲四人。（<u>鄭</u>以“殳斨”爲一人，“朱虎熊羆”爲二人，失之。<u>吳仁傑兩漢刊誤補遺</u>曰：“‘殳斨’爲二人，‘伯與’爲一人，故加‘暨’以別之，如‘讓于<u>稷</u>、<u>契</u>暨<u>皋陶</u>’也。‘<u>朱</u>、<u>虎</u>、<u>熊</u>、<u>羆</u>’爲四人，故連文稱之，如‘讓于<u>夔</u>、<u>龍</u>’也。”）合計之，則三十二人也。

此以校勘學中傳寫誤脫之例施之於經文，自爲可能之事，可有之說。但<u>殳</u>、<u>斨</u>等七人實未受命而亦列之於<u>舜</u>咨之中，終覺其牽强。按<u>五帝本紀</u>云：

　　　　<u>益</u>拜稽首，讓于諸臣<u>朱虎熊羆</u>。<u>舜</u>曰：“往矣，汝諧！”遂以<u>朱虎熊羆</u>爲佐。

此云“遂以<u>朱虎熊羆</u>爲佐”，本<u>堯典</u>所未言，<u>史公</u>增字解經，以意爲之；至<u>殳斨伯與</u>之爲<u>垂</u>佐，則尚爲<u>史記</u>所未言。<u>王氏</u>踵事增華，作爲此說。夫上“二”字既可作“三”，下“二”字亦何嘗不可作

“一”，俾九官與十二牧即足此數；又何嘗不可作“五”，俾其能兼容四岳乎！

觀於上列六説，可知自漢迄清之經學家對於此一謎語之猜測實已大破功夫。彙而觀之，則四岳有兩問題：

　　（一）數目爲四人抑一人？

　　（二）職務爲專任抑兼理？

九官亦有兩問題：

　　（一）新命者九人抑六人？

　　（二）是否可以兼任四岳？

人數有三問題：

　　（一）二十二人是否包有四岳？

　　（二）九官之外有無加入他人之必要？

　　（三）二十二人之數字有無錯誤？

此數問題者，予敢爲之斷定曰：凡可以作解釋者悉已有人爲之假設，且疏通而證明之矣。然問題之不能解決猶如故也。

予今提出第七種之假設，以爲此問題之解決不當求之於堯典之本身，而當求之於戰國、秦、漢間人之分州觀念。洵如是，則四岳確爲四人，九官確爲九人，不必以兼職之説通之；二十二人之語亦不誤，不必變其數字。蓋此問題之關鍵乃在向不爲人所注意之“十有二牧”上，與漢武帝時地域擴張有深切之關係者也。

自來言分州者惟以九數，無以十二數者。齊侯鎛鐘云：

　　虩虩成唐（湯），有嚴在帝所，專受天命。……咸有九州，處禹之堵（都）。

此謂湯繼禹而有九州也。左傳襄四年，魏絳述周太史辛甲虞人之箴曰：

芒芒禹跡，畫爲九州，經啟九道。

又宣三年記王孫滿之言曰：

昔夏之方有德也，遠方圖物，貢金九牧，鑄鼎象物。

則禹之時州爲九，牧亦爲九也。禹貢一篇既分述九州，又總叙之曰：

九州攸同，……九山刊旅，九川滌源，九澤既陂。

國語記太子晉之言（周語下）亦曰：

其後伯禹……封崇九山，決汨九川，陂鄣九澤，豐殖九藪，汨越九原，宅居九隩。

此可知當春秋、戰國之時確信地制當以九數，舉凡州、牧、山、川、澤、藪、原、隩以及道路莫不受範焉。以此之故，呂氏春秋有始覽曰：

天有九野，地有九州，土有九山，山有九塞，澤有九藪。

不但地土山澤以九分而天亦以九分矣。此等事自吾輩觀之，或以其過于整齊爲可噱，而在當時則確有强烈之信仰在。其後地域既擴大，幽、并二州不能不立，則職方（見逸周書及周官）寧删去徐、梁以遷就之，誠以地方可增廣而九數則不能改變也。直至漢武帝窮兵黷武，開拓三邊，增域過廣，當其分州之際，禹貢之州不足，則以職方之州補之；又不足，則更立朔方、交趾兩部；而後向之九州觀念因事實上之需要而被打破，堯典中亦遂應時而有"肇十有二州""咨十有二牧"之言，許九數擴張爲十二矣。

予爲此言，或將曰：畫地爲九州，禹事也。肇十有二州，舜事也。安見九州之前不爲十二州乎？

答之曰：禹之治水，孟子言堯舉舜而舜使之，則舜攝政時事也。禹貢言"禹敷土，隨山刊木，奠高山大川"，即接言九州山川貢賦，是分州即在治水時也。堯典言"肇十有二州"，亦舜攝政時事也。同一時代而有兩種界畫，何也？豈禹爲一種制度，舜又爲一種制度乎？抑禹定之而舜改之，舜禪禹而禹又改之乎？且尚書大傳者，最早之解釋尚書者也，其記舜事云：

> 維元祀，巡守四嶽八伯。（通鑑前編引）

八伯者何？王制云：

> 凡四海之內九州，州方千里。……八州，州二百一十國。天子之縣內……凡九十三國。……州有伯。八州，八伯。

是九州之中，天子自領一州，餘八州各設伯以爲之長，八伯即州牧也。此可知尚書大傳之作者雖猶依違經文十二州之説，然其觀念則依然以舜時爲九州，未改其舊焉。

禹之爲九州，自古無異論。舜之地不容爲十二州，亦從戰國、秦、漢間人之觀念中可以知之。然則今之堯典之文顯然有受時勢影響而增竄者，其跡可推也。試列之如下：

（一）"覲四岳群牧"之原文當爲"覲四岳九牧"。

（二）"肇十有二州；封十有二山"之原文當爲"肇九州；封九

山"。

（三）"咨十有二牧"之原文當爲"咨九牧"。

"九州"之證多矣；"九牧"之名有左傳文可據，"封九山"之語又有國語文可據，固皆有所本者也。

知十二牧之爲九牧，則合以四岳九官，正得二十二人。用知"二十有二人"一語本不誤，徒以點竄堯典者改其前而忘改其後，遂致一篇之中自相牴牾，貽千載之躊躇耳。

然此點竄之事必不甚後，蓋司馬遷作五帝本紀時已用改本，且爲之索解而不得，增入彭祖以曲合之矣。

以此之故，予等又得就二十二人之問題而推知一個本子，此本與今本堯典大略相同，其著作時代則視今本稍前，以漢武帝分十三州而被點竄者。其所以改爲十二州而不云十三州者，或爲"天之大數"所限，（左哀七年傳，子服景伯曰："周之王也，制禮上物，不過十二，以爲天之大數也。"）或以一州爲王畿，如九州之但設八伯然，皆未可知也。

此外，自九官方面言，亦感覺今本堯典之前尚有一本在。按五帝德叙黃帝、顓頊、帝嚳事皆甚空洞，惟堯、舜則有實事可舉。猜測其故，蓋緣黃帝、顓頊等但有口説流傳而堯、舜事則有帝典在也。今錄其命官之事：

（堯時）伯夷主禮。龍、夔教舞。舉舜、彭祖而任之。四時先民治之。

（舜時）使禹敷土，主名山川，以利於民。使后稷播種，務勤嘉穀，以作飲食。羲和掌歷，敬授民時。使益行火，以辟山萊。伯夷主禮，以節天下。夔作樂以歌簫舞和以鐘鼓。皋陶作士，忠信疏通，知民之情。契作司徒，教民孝友，敬政率經。

此謂伯夷、龍、夔之任官在帝堯時，羲和之任官在帝舜時，又九
官中獨闕一垂，皆與今本堯典異。然予意，禮記明堂位有"垂之
和鐘"之語，世本作篇亦云"垂作鐘"（鄭玄禮記注引），而此云"和
以鐘鼓"，頗疑"舞"爲"垂"字之誤。此二字在古文字中雖不似，
而漢隸頗相近，又垂於古籍中多作倕（如呂氏春秋及淮南子並云
"周鼎著倕"，荀子解蔽篇亦云"倕作弓"），舞輒作僛（如國語"樂
及遍僛"，莊子在宥篇"鼓歌以儛之"），竊謂五帝德之文本作倕，
其後傳寫者以涉上篇字而誤爲僛；更書爲舞，遂離其始。"夔作
樂以歌籥"者，籥，舞具也，猶云夔作樂以歌舞也。"垂和以鐘
鼓"者，垂以所作之鐘鼓和夔之歌舞也。是則虞廷之官，有禹、
稷、契、皋陶、垂、益、伯夷、夔、羲和，而無龍。如以羲和爲
一人，則舜時亦爲九官。按羲和自來以爲一人。山海經大荒南
經曰：

> 東南海之外，甘水之間，有羲和之國。有女子名曰羲
> 和，方浴日于甘淵。羲和者，帝俊之妻，生十日。

言雖怪誕，猶見當時傳説真相，其以羲和之名爲一人之名，羲和
之人爲一人之妻，不若今本堯典之析爲四人。又楚辭天問云：

> 羲和之未揚，日華何光？

又離騷經云：

> 吾令羲和弭節兮，望崦嵫而勿迫。

均不以仲叔諸字厠於其間，則亦認爲一人。今本堯典所以析爲四
人者，蓋以分配四方所致；此則出於五行説之編排而非傳説所固

有者也。

　　基於以上理由，予疑舜之九官，在今本堯典之前一本，確如五帝德所舉，禹、稷、契、皋陶、垂、益、伯夷、夔爲八人，羲和爲一人。其後以漢武帝之改曆爲一代大政，故以羲和升諸篇首，析爲二名，又各配以仲叔，析爲四人，而以龍填補其位。龍本教舞者，虞廷之位不容其與夔重複，故採皋陶謨"工以納言"之文，命之爲納言焉。

　　此亦一推知之本子。惟此本與今本之形式甚相近，亦當出於漢代。而今本分命羲、和一章之後出，得此益足以證成之矣。

　　最後，請更述一事有別出於他一本之可能者，則論語堯曰篇之所載者是也：

　　　　堯曰："咨爾舜：天之曆數在爾躬！允執其中！四海困窮！天禄永終！"

此章之文，如吾儕以篤信之態度讀之，是爲堯、舜禪讓事件之中心，枝葉可刪，此不可刪，其應載於堯典絶無疑義。當時所以採入論語，大抵即因儒者以其重要之故。

　　雖然，吾儕若以懷疑之態度讀之，則實至可疑。"天之曆數"何物乎？詩、書中記易代之際，不少受命革命之文，獨不見有云天之曆數者。惟戰國時之鄒衍則有類此之學説。史記孟子荀卿列傳云：

　　　　騶衍睹有國者益淫侈，不能尚德，……乃深觀陰陽消息而作怪迂之變，終始大聖之篇十餘萬言。……稱引天地剖判以來，五德轉移，治各有宜，而符應若兹。……然要其歸，必止乎仁義節儉，君臣上下六親之施，始也濫耳。

所謂"五德轉移"者，七略（文選魏都賦注引）曰：

> 鄒子有終始五德，從所不勝：土德後木德繼之，金德次
> 之，火德次之，水德次之。

所謂"治各有宜，符應若茲"者，呂氏春秋應同篇述其事云：

> 凡帝王者之將興也，天必先見祥乎下民。黃帝之時，天
> 先見大螾大螻。黃帝曰："土氣勝！"土氣勝，故其色尚黃，
> 其事則土。及禹之時，天先見草木秋冬不殺。禹曰："木氣
> 勝！"木氣勝，故其色尚青，其事則木。及湯之時，天先見
> 金，刃生於水。湯曰："金氣勝！"金氣勝，故其色尚白，其
> 事則金。及文王之時，天先見火，赤烏銜丹書集於周社。文
> 王曰："火氣勝！"火氣勝，故其色尚赤，其事則火。

此可見鄒衍以五行說支配歷史，以爲帝王之業悉因其合於五行中
之某一德而來；而帝位不常，循五德之次以轉移，若干年之後，
獲代興之德者即繼前代而有天下。此即所謂"天之歷數"也。此說
取得秦、漢間人之極度信仰，故秦始、漢武之改制，王莽、曹丕
之受禪，光武之中興，公孫述之割據，莫不取準於是。

　　今論語載堯之命詞而有"天之歷數"之言，將如何作解乎？鄭
玄，信讖緯者也，其論語注直云：

> 歷數在汝身，謂有圖錄之名。（邢昺論語疏引）

圖錄者何？讖緯述其事曰：

> 堯時龍馬銜甲，赤文綠色，臨壇上，甲似龜背，廣袤九

尺，圓理平上，五色文，有列星之分，斗正之度，帝王錄紀興亡之數。（論語疏引尚書中候之文）

　　帝堯率舜等游首山，觀河渚。乃有五老游河渚，一老曰："河圖將來告帝期！"……有頃，赤龍銜玉苞，舒圖刻版，題命可卷，金泥玉檢，封盛書威，曰："知我者重瞳也！"五老乃爲流星，上入昴黃。姚視之，龍沒圖在。堯等共發，曰："帝樞當百，則禪于虞。"堯謂然欵曰："咨汝舜：天之曆數在汝躬！允執其中！四海困窮！天禄永終！"乃以禪舜。（藝文類聚引論語比考讖之文）

以此等説合諸鄭注，則堯見龍馬所銜之甲有帝王興亡之數，又見赤龍所銜之圖有禪虞之文，知天命攸歸，舜當代己，故咨舜以"天之曆數在爾躬"之言，遂禪之也。

　　夫緯書僞起哀、平，此等神話誠未必即爲論語所録堯語之原義；然堯語實有此等意義之傾向，足以開讖緯之先路。故魏之何晏，不信讖者也，猶不得不注云：

　　曆數，謂列次也。

其後邢昺疏之云：

　　言天位之列次當在汝身，故我今命授於汝也。

宋儒，最不信讖緯者也，而朱熹論語集注亦云：

　　曆數，帝王相繼之次第，猶歲時節氣之先後也。

誠以不作如是解即不可通爾。夫所謂"列次"，所謂"相繼之次第”，出於堯口而入於舜耳，若非先有一五德轉移之信仰在，以爲“帝樞當百則禪于虞”者，即爲無意義矣。謂非鄒衍之説而何！

又所謂“四海困窮”，與鄒衍之警戒有國者之淫侈而歸於節儉者正相印合。“允執其中”一語之由來較爲複雜。“中”本官府簿書之義。吕刑曰：“士制百姓于刑之中”，牧敦曰：“毋敢不刑不中”，立政曰：“兹式有慎以列用中罰”，齊叔弓鐘曰：“慎中厥罰”，所謂“中”皆指獄訟之簿籍，謂必有證據方施刑辟，刑與罪相當也。至孔子時，以聽訟折獄之中蜕化爲中庸之德。至戰國時，因楊、墨二家之主義極端衝突，而子莫立“執中”之誼。遂以推之先王，而孟子有“湯執中”之言。禮記中庸更暢陳其旨，而舜亦“執其兩端，用其中於民”，顏回亦“擇乎中庸”矣。兹文又以堯、禹補之，於是執中云者直爲道統之心傳，歷五聖人，亘數千年而不變者矣。（予友丁山先生有刑中與中庸一文，兹參用之。）惟“天祿永終”一語取材於詩大雅假樂篇之“受祿於天”，周頌振鷺篇之“以永終譽”，與書金縢篇之“惟永終是圖”，尚不失爲西周之言。然此與孟子所謂“舜視棄天下猶棄敝蹝也；……遵海濱而處，終身訢然，樂而忘天下”之不務永保天位者，其觀念又絕異。崔述唐虞考信録中固已辨之。

曰：然則論語亦有僞耶？曰：誠有之。漢書藝文志云：

論語：古二十一篇；齊二十二篇；魯二十篇。

是論語在漢代凡有三本也。又張禹傳云：

初，禹爲師，以上難數對己問經，爲論語章句獻之。始魯扶卿及夏侯勝、王陽、蕭望之、韋玄成皆説論語，篇第或異。禹先事王陽，後從庸生采獲所安，最後出而尊貴。諸儒爲之語曰：“欲爲論，念張文。”由是學者多從張氏，餘家寖微。

按之藝文志，則王陽、庸生爲齊論語，扶卿、夏侯勝及蕭望之爲魯論語。此諸家之篇第本不同，張禹雜而採之，成一新本；因其顯達，最行於時。齊、魯既糅雜，故一編之中遂有衝突之記載。清袁枚論語解（小倉山房文集卷二十四）嘗舉其一事云：

　　　諸子百家冒孔子之言者多矣；雖論語，吾不能無疑焉。夫子之所最重者仁也，以顏子之資僅許以三月，其他令尹子文、陳文子皆不許也；何至於管仲而曰：“如其仁！如其仁！”管仲果仁矣，天下有仁人而器小不儉且不知禮者乎？天下之知禮能儉且器不小者，或未必仁也。……然則何以有此？曰：論語有齊論、魯論之分。齊人最尊管仲，所謂“子誠齊人也，知管仲、晏子而已矣！”以管仲爲仁者，齊之弟子記之也。故上篇“齊桓公正而不譎”，下篇“陳成子弒簡公”，非齊論而何！魯人素薄管仲，所謂“五尺之童羞稱五霸”。以管仲爲無一可者，魯之弟子記之也。故上文“哀公問社”，下文“子語魯太師以樂”，非魯論而何！均有僞託，未足爲信。

此觀察甚敏鋭，可見齊、魯兩本之混合實使論語一書失其地方性且減低其可信之程度。然今兩本並亡，更無回復其原狀之望矣，況又有後出之古論語參雜其間哉！

　　堯曰篇所載堯之命詞，絶肖鄒衍之言。縱不必衍所自造，亦當由其後學者爲之；而鄒衍爲齊人，則此章大有出於齊論語之可能。又堯曰篇此章之下所引“予小子履”一章，墨子兼愛下稱爲湯説，與禹誓連舉，則亦當時之尚書。堯命詞與湯説相次，自當亦在尚書，意者鄒衍之後曾有一本堯典作此言耶？

　　綜合以上之説，序其先後，則堯典之本子可數者八：

　　　（甲）孟子所見本；

　　　（乙）論語所引本；

（丙）四岳九牧九官爲二十二人本；

（丁）五帝德所引本；

（戊）史記所引本——即清儒自僞古文洗刷而出之本；

（己）僞古文尚書析爲堯典、舜典兩篇本；

（庚）姚方興所上有"曰若稽古帝舜"十二字本；

（辛）僞舜典篇首續增"濬哲文明"十六字本。

甲本惟見於孟子，乙本惟見於論語，若曇花之一現，不崇朝而萎謝，但可使吾人知彼時主張行三年之喪者及主張五德轉移者各曾有此一種僞書而已。丙、丁兩本皆與今本相類而不盡同：丙本之州牧之制，作九而不作十二；丁本之虞廷九官，有羲和而無龍，且羲和爲一人而非四人。此二本或即爲一本，以其各涉一部分而不相戾也。戊本爲自丙、丁兩本蛻化而出者，以其作於漢武帝功業達至最高點之際，故此炳炳麟麟者悉爲當時政事之反映，宛然爲武帝作一經焉。前四本亡矣，僅得窺其鱗爪；惟此本以立於學官，載於史記，故流傳最久亦最完，且被視爲唐、虞時最正確之史料者歷二千年，諸僞書一一倒壞而彼終不倒，可謂諸本中之最幸運者。己、庚、辛三本雖有出現先後與文字多寡之異，然其竄改至微，舍橫截爲二篇之外曾未發生他種影響，清儒之爰書亦已早定，可弗勞深論矣。

附王煦華後記

顧頡剛師寫作此文的經過，在他的一九三一年十一月二十三日的日記中有以下的記載：

論堯典一文，始作於八月一號，至九月初，歷四十日，未及三分之一而上課。其後即以所搜集之材料編講義，自九月十五日起，至今歷七旬，得五萬言，未暢論也。總計關於此文，已費四閱月之工夫矣。然未解決之問題尚不知多少，研究之難如是。

這裏所説的"論堯典一文"即堯典著作時代考。後來，他把其中的
地理部分抽出，題爲從地理上證今本堯典爲漢人作，在禹貢半月
刊第二卷第五期上發表。一九三四年十月十三日他在杭州時寫的
序言中説：

　　　　民國二十年秋冬間，予曾作堯典著作時代考一篇，編入
　　尚書研究講義，與燕大及北大同學共商榷之。其結論爲：堯
　　典固爲孟子時所有，但吾人今日所見之堯典則非孟子時書而
　　爲漢武帝時人所改作。脱稿之後，自覺此問題甚大，甚願再
　　加考慮，故未敢在報紙中發表。本年發刊禹貢，正欲舉此舊
　　稿，提出討論，而暑假以前事務牽掣，竟未得爲；假中兩度
　　游覽綏、察，亦不得暇；假期將畢，家繼母猝然辭世，匆遽
　　奔喪南回，更無由伸紙作文。……因念舊作中，關於地理之
　　部分，可排比爲一篇，先質正於同好，較之閟於篋衍，惟待
　　一己之增删者爲更有希望，遂別立此題而刊之。至於三年以
　　來，續有所得，已登筆記，而皆存平寓，未遑攜以南行，故
　　於原文不再加以潤飾。

一九三九年，顧師在成都時曾對此文中的"二十有二人"一節加以
修改。又過了九年，這一節修改過的文字題爲堯典"二十有二人"
説，在文史雜誌第六卷第二期上發表。一九四八年一月一日，他
在末尾加了一個跋，説明其經過云：

　　　　予自在適之先生所編之讀書雜誌中討論古史問題以來，
　　即欲爲堯典著作時代考，顧愈作深入之研究而激起之問題愈
　　多，此文終不就。二十年夏，草創考文，完其大體，而是秋

"九‧一八"之變作，救亡心亟，迄未殺青。蘆溝之禍又起，予被驅離北平，研究之業不克爲矣。此文先發表於燕京大學講義，二十八年居成都，曾加修改，今更發表於此。他年考文告成，此當爲其一節。予於堯典，以爲始作於戰國，而今所傳本，乃修訂於漢武帝之世。前在禹貢半月刊發表一文，據"朔方"一名，作是論斷，茲據"二十有二人"一語又申言之如此。至其盛述大一統之規模，非至秦、漢，不能有也。質之讀者，以爲如何？

顧師一九三二年六月在燕京大學寫的本年工作報告中説：這篇文章"以牽涉問題尚多，擬暫緩發表"。因此全文除了編入燕大的尚書研究講義外，沒有發表過。此文有關地理的部分，顧師雖説過"於原文不加以潤飾"，但在禹貢發表時實際上還是作了一些小改動，以後在他自己藏的一本燕大的講義上也作了一些增補，這次繕清時就都照改照補了。"二十有二人"一節也依照後來改定的改了。因此，這個繕清稿跟流傳很少的燕大講義也不完全相同。一九七八年我奉調來京後，顧師曾教我根據他的筆記增補，并用白話改寫。但到他一九八〇年逝世，一直未有時間來做這件事情，實爲憾事。

王煦華　一九八四，三，八。

尚書研究第三學期講義序目 [*]

甲種之三

　　禹貢（假定標點本；文字依唐石經）

甲種之三，二

　　書古文訓中之禹貢（文字依通志堂經解本；考釋依李遇孫尚
　　　書隸古定釋文）

乙種三之一

　　周禮夏官職方氏

乙種三之一，二

　　孫詒讓周禮正義——夏官職方氏

丙種三之一

　　冀州境界問題

丙種三之二

　　兗州境界問題

丙種三之三

　　青州境界問題

丙種三之四

　　徐州境界問題

丙種三之五

　　揚州境界問題

丙種三之六

　　荊州境界問題

＊　原載 1933 年燕京大學石印尚書研究講義第四册。

丙種三之七
　　豫州境界問題
丙種三之八
　　黑水及三危問題

　　去年初講本書時，擬分講義爲六種：甲種爲二十八篇本文；乙種爲僞古文尚書本文；丙種爲對于二十八篇之評論；丁種爲對于僞古文尚書之評論；戊種爲參考材料；己種爲關于本講義之討論。其後盡半年之力，僅得粗將堯典探索一過，即覺此事大難，非一二年中所得藏事，遂擬另定體例，使二十八篇不與僞古文相間雜。故今所定，以關于經本文者，文字、校勘、書目、解釋之屬，爲甲種；以比較材料爲乙種；以問題之討論爲丙種；以批評爲丁種。禹貢爲二十八篇之第三篇，故悉以三數次之。

　　禹貢一篇，較之周誥自爲易讀，而問題之多乃在周誥以上，幾於一字一問題。推原其故，蓋有數端：古今地形有變更，川不常厥流，澤不常厥瀦。在古代視爲極重要者，今往往不得其所在。如兗州所述，川五澤一，今雷夏已涸，九河、濟、漯、灉、沮俱不可見。是則究兗州之地理者失其實物之依據，無一不當索之於冥漠之中矣。一也。當禹貢著作時代，以民族之隔閡，交通之阻難，作者雖爲彼時地理之學聞見最博之人，亦未能悉由目驗；其但憑傳説者自不能無誤。如黑水、弱水，後世學者殫智竭慮，卒不能得一定論者，非由其學之不至，實以涇、渭之西已非禹貢作者之知力所及，彼蓋從山海經一類之傳説中聞有此二水，過而存之，而不知其爲烏有耳。二也。古人著書，不施標點，遂使後人每遘疑難，輒無確定之意義可尋。例如揚州“三江既入震澤底定”之句，我儕將以“三江既入”與“震澤底定”爲平列之句而分之爲二事乎？抑以“三江既入”爲“震澤底定”之包孕句而判其主從之關係乎？從前説，則三江與震澤異流，各不相涉；從後説，則三江乃與震澤相貫串，而揚州之三江是否即是荆州之江、漢，又成問題矣。三也。古籍之問題常不在其本身而在外來之牽纏，有若棼絲然，使治之者目爲眩亂。即或審知其非是，而以葛藤之不易茇刈也，亦興無從下手之歎。例如禹貢九州，其疆域本易識；乃一纏于職方，再纏于釋地，三纏于堯典，遂使北止恒山之冀州拓地至於遼西，東止于海之青州乃越海而有遼東，不言彭蠡以南之揚州乃占有五嶺而外，且伸展至于交趾焉。若欲屏而去之，則二千年來解釋重重，早籌迴護之方，非先從事於此種解釋之摧毀不可。故研究一小問題常牽及若干大問題，令人躊躇無計。四也。他如古今文字之異文與誤文，事物之異名同實與同名異實，篇簡之錯亂，箋注之違牾，亦莫不爲其癥結之由。以故此篇雖僅一千一百九十二言（依唐石經本），而其問題之數亦幾相若，蓋禹貢之問題皆非可單獨解決者，直當以全部古籍及全部地理書爲之博稽而廣覈之也。

　　且豈但書籍爲需用哉，舉凡歷史、地理、地質、生物諸學之知識亦莫不當有。禹貢作於何時，須舉古代史實爲之一一比勘而後可作結論，固不待言。即如水道之何以變，澤藪之何以湮，土壤之何以赤白，何以墳壚，鍊金術之發達至何程度而有鏐鐵銀鏤之別，陽鳥之是否度冬月于彭蠡澤中，此等問題皆賴有現代之科學智識爲之判別而説明之。吾輩如病未能焉，亦當提出之以待他方面之學者起而解決之耳。

　　禹貢之問題既爲整個之地理學及地理沿革史上之問題，故欲研究此篇，當排萬難而爲之，不可先存速成之念。以前學者對此早有相當之注意，今日可見之專書及單篇論文之重要者以百數。胡渭禹貢錐指一書，以畢生之力爲之，集討論之大成，而又裁斷之以己見，其功力遠非吾輩可企及。顧今日之時勢實有勝于前者，觀念既變，所得往往突過前人。其一，夙昔對于經書，但有尊崇而無討論。禹貢既列夏書，則其出於禹無疑，其中九州爲夏制亦無疑；職方既在周官及周書，則其爲周制又無疑。以其時代之已固定也，苟有疑者，必不敢吐；不但不吐也，且思有以曲解之。卓犖如朱熹，敢言導漢之文不合事實，然其結論亦但謂是時三苗據彭蠡之地，禹未能親至江東西，惟遣官屬往視，故有誤爾（見朱子語類七九）；至其書之是否出於夏代，仍不令成問題也。今以歷史觀念之演進，知夏爲傳疑之時代，禹爲神話之人物，禹貢之著作時代必當移後。眼光既變，其所記者亦遂一切改觀，向以維持聖人之地位而不敢指出其破綻者，今乃可以直言而無隱，其真是非遂有大明之望矣。其二，諸子百家之書與經書之地位，夙昔判若天淵，有欲溝通之者且負叛道之嫌。今則皆古籍耳，雖其信實與否有程度之差，自其地位言則絕無階級之殊。山海經，昔人所鄙薄以爲荒唐言者也，今乃爲研究禹貢者所不可廢之書。不但借以爲參考之資也，且審知其地理觀念直爲禹貢導其先路，其次序應列禹貢上。淮南子之地形訓，承受山海經之學說者也，爲昔人所不道；今乃知爾雅釋地多本諸此。苟欲治經，當先治子，此亦前代學者所不敢設想者矣。其三，古銅器之學晚而始盛，甲骨卜辭近年纔出，取以證史，忽開新境。昔人覩禹貢、職方，以爲華夏疆域之廣袤振古如斯；讀春秋左傳，嫌其逼窄，則以爲周道之衰，戎狄侵陵，成此偏安之局。今以甲文、金文所記地名證之，乃知商、周之盛，所謂中原曾無異於東周，而禹貢、職方等篇則戰國諸王努力開闢疆土之反射爾。新材料既日出，舊材料之久廢者又登用之，加之以嚴正之歷史觀念，作爲批評，則前人所不能道，不敢道，且束手于整理之方術者，遂若堅冰之渙釋，可以縱一葦之所如矣。是以吾輩之有進於前人，非關學力之厚，實受此時代之賜。倘以爲未足而更勉焉，自必猶有進於此者。一切成功無不從痛苦中來，學問之道先難而後獲，諸君有志於此乎，願無以一時沈悶之感而遽萌退避之思也！

民國二十二年一月二日，顧頡剛記。

禹貢[*]
（尚書研究講義甲種之三）

虞夏書三

（文字依唐石經本）
禹敷[一]土，隨山刊[二]木，奠高山大川。

[一]荀子成相篇，史記夏本紀俱作"傅"，蓋同聲假借。詩長發
"禹敷下土方"，則作"敷"。
[二]漢書地理志作"栞"。説文木部作"栞"，云"槎識也"。夏本
紀云："行山表木。"以表釋栞，知栞是原文。王筠禹貢正字曰：
"衛包改作'刊'，刊者剟也，與删同訓，非其義也。"
　　　　以上本篇總綱。

冀州：既載[一]壺口，治梁及岐。既修太原[二]，至于岳[三]陽。覃
懷厎績，至于衡[四]漳[五]。厥土惟白壤。厥賦惟上上，錯。厥田惟中
中。恒[六]衛既從。大陸既作。島夷[七]皮服。夾右碣石，入于河。

[一]馬融鄭玄王肅及僞孔安國傳皆以"冀州既載"爲句，謂以冀
州之賦役載于册書；又以"壺口治梁及岐"爲句，謂治水自壺口而
至梁岐。蔡沈集傳則以"既載壺口"爲句，謂"禹既事壺口，乃即

＊　1932年9月作。原載1933年燕京大學石印尚書研究講義第四册；又
刊於説文月刊第四卷合刊本吳稚暉先生八十大慶紀念專號，1944年，
題作校點尚書禹貢篇。

治梁”也。今以下文“既修太原”句法例之，似蔡傳爲是，又本篇中更無與“壺口治梁及岐”相類之句法，故從蔡傳説。

㈡王筠曰：“太，當作大；古書作太者少。原，當作邍。……皆寫訛也。”

㈢夏本紀及漢地理志俱作“嶽”。經典釋文：“岳，字又作嶽。”下導山“太岳”同。

㈣釋文引馬融説：“衡，水名。”尚書疏引王肅説：“衡漳，二水名。”如其説，則標號應分截。然鄭玄謂“衡漳者，漳水橫流入河”（疏引），酈道元水經注亦稱濁漳爲衡水，則衡漳即濁漳。今從之。

㈤漢地理志作“章”。

㈥避唐穆宗諱缺末筆。

㈦夏本紀及漢地理志俱作“鳥夷”。按大戴禮記五帝德云：“東長夷鳥夷羽民”，字亦作鳥。僞孔傳：“海曲謂之島”，始讀爲島。至衛包改字，遂作島矣。

濟㈠河惟兗㈡州：九河既道。雷夏既澤。灉㈢沮會同。桑土既蠶，是降丘宅土。厥土黑墳。厥草惟繇。厥木惟條。厥田惟中下。厥賦貞；作十有三載㈣乃同。厥貢漆，絲。厥篚㈤織文。浮于濟漯㈥，達于河。

㈠漢地理志作“泲”；下導水章“東流爲濟”亦作“泲”。按説文水部：“泲，沇也，東入于海。”又云：“濟水出常山房子贊皇山，東入泜。”則泲濟非一水，濟且爲本篇所無之水，字當作“泲”無疑。下青州章“達于濟”，放此。

㈠夏本紀作“沇”。按説文水部：“沇水出河東東垣王屋山，東爲泲。”此即導水章所云“導沇水，東流爲濟”也。“兗”字則不見於説文。蓋此州原以沇水得名，字當作沇。不知何時改爲兗，又不知何以但改州名而不改導沇之文，致一篇之內留此牴牾耳。

⊜夏本紀及漢地理志並作"雍"。説文水部云："河灉水在宋。"則灉爲豫州水，非兗州水。王筠曰："當作雝，雍則隸字也。晉人改雍爲雝，非也。"

⊝釋文云："馬鄭本'載'作'年'。"

⊕本篇"篚"字，漢地理志俱作"棐"。

⊛唐張參五經文字云："濕，兗州水名；經典相承以爲燥濕之濕，別以'漯'爲此字。"按説文水部："濕水出東郡東武陽，入海。"王筠曰："漯不成字，當從説文作濕。蓋後人以濕爲溼，因改濕爲漯。從氵從累，聲不諧矣。"

海岱惟青州：嵎夷既略。維⊖淄⊜其道。厥土白墳；海濱⊝廣斥⊕。厥田惟上下。厥賦中上。厥貢鹽，絺，海物，惟錯；岱畎絲，枲，鈆，松，怪石；萊夷作牧。厥篚檿⊛絲。浮于汶，達于濟。

⊖釋文云："本亦作惟，又作維。"

⊜漢地理志作"甾"。

⊝漢地理志作"瀕"，濱之正體。

⊕夏本紀作"潟"。按，"斥"之正體爲"庐"。陳奐曰："廣庐，讀爲開拓之拓。……今文尚書作'廣舄'。庐者本字，舄者假借。"（汪遠孫漢書地理志校本引）

⊛夏本紀作"㐬"。按説文木部云："檿，山桑也，從木厭聲。"酉部云："㐬，酒味苦也，從酉今聲。"二字音義皆殊，不識史記所以假借之故。

海岱及淮惟徐州：淮沂其乂。蒙羽其藝。大野⊖既豬⊜，東原厎平。厥土赤埴⊝墳；草木漸包⊕。厥田惟上中。厥賦中中。

厥貢惟土五色，羽畎⑤夏翟⑥，嶧陽孤桐，泗濱浮磬，淮夷⑦蠙⑧珠暨⑨魚。厥篚玄纖，縞。浮于淮泗，達于河㊀。

㊀漢地理志作"壄"。下雍州章"至于豬野"，放此。

㊁即今"瀦"字。夏本紀於本篇"瀦"字皆作"都"，同音假借。

㊂釋文云："鄭作'塙'。徐鄭王皆讀曰'熾'"。王筠曰："熾，赤也。案'赤''熾'相連似複。説文'塽，黏土也'，僞孔傳與之合，蓋可從。"

㊃釋文云："漸，本又作蔪。包，本又作苞。"

㊄周禮染人鄭注引作"畎"。按畎之古文作"𤰝"。

㊅漢地理志及周禮鄭注俱作"狄"，同音假借。

㊆釋文引馬云："淮夷，二水名。"僞孔傳亦云然。果爾，則標號當分截。然青州"萊夷作牧"，揚州"島夷卉服"，荆州"三邦厎貢厥名"，俱以夷裔之貢録於他貢之下，以此例彼，則徐州之當有淮夷貢蠙珠與魚可知也。且"淮夷"一名，尚見於書之費誓，詩之江漢，金文之兮甲盤諸篇，其不當割裂尤無疑義。故今不從。

㊇釋文云："字又作蚍。"説文玉部："玭，珠也。蠙，夏書玭。"又糸部："紕，讀若禹貢玭珠。"王筠云："是許所據有兩本，一作蠙，一作玭。"

㊈夏本紀及漢地理志俱作"臮"。臮，暨之古文。篇末"朔南暨"，漢志亦作臮；史記作暨，乃出後人所改。

㊉説文水部"菏"字下曰："菏澤水在山陽湖陵，禹貢'浮于淮泗，達于菏'。从水苛聲"，則"河"應作"菏"。又水經注濟水篇曰："菏水分濟於定陶東北，……又東逕湖陸縣南，東入於泗水，澤水所鍾也。尚書曰：'浮于淮泗，達于菏'是也"，則更説明菏水分自濟而合於泗，爲由泗達濟之道。閻若璩尚書古文疏證卷二云："余考之，菏是也。……自淮而泗，自泗而菏，然後由菏入

濟以達於河，此徐之貢道也。上文兗州‘浮于濟漯，達于河’，次青州便‘浮于汶，達于濟’，不復言‘達于河’矣。又次徐州，‘浮于淮泗，達于菏’，亦不復言‘達于濟’矣。至揚州則‘浮于江海，達于淮泗’，且不復言‘達于菏’。不復言者，蒙上文也。”閻氏之言甚是，此字必應作“菏”。其作“河”者，乃不明水道之人習于冀兗諸州之文而妄改耳。

　　淮海惟揚州：彭蠡既豬，陽鳥^一攸^二居。三江既入，震澤厎定。篠，簜^三既敷。厥草惟夭。厥木惟喬。厥土惟塗泥。厥田惟下下。厥賦下上，上錯。厥貢惟金三品，瑤，琨^四，篠，簜，齒，革，羽，毛，惟木^五；島^六夷卉服。厥篚織貝^七。厥包橘，柚，錫貢。沿^八于江海，達于淮泗。

　　^一陽鳥，鄭僞孔蔡諸傳均訓爲鴻雁之屬，謂其隨陽南飛，冬月居于彭蠡澤中。宋林之奇尚書全解云：“治水下言‘陽鳥攸居’，九州無此例。古之地名取諸鳥獸，如虎牢犬丘之類多矣。左傳昭二十年，‘公如死鳥’。杜注云：‘死鳥，衛地。’以是觀之，安知‘陽鳥’之非地名乎？鄭有鳴鴈在陳留雍丘縣，漢北邊有鴈門郡，皆以鴈之所居爲名。‘陽鳥’意亦類此，蓋雁之南翔所居，故取以爲地名。”如其說，則應加地名標號。胡渭禹貢錐指駁之云：“此當與‘桑土既蠶’‘三苗丕叙’作一例看，不必致疑。‘陽鳥’爲地名，終無根據。”今姑仍舊説，不加標號。
　　^二漢地理志作“逌”。下文“灃水攸同”“九州攸同”亦均作逌。王筠曰：“逌亦俗字，漢書韋賢傳作‘卣’，乃與説文合。”
　　^三釋文云：“或作篒。”
　　^四釋文云：“馬本作瓗。”
　　^五夏本紀及漢地理志俱無“惟木”字。
　　^六漢地理志仍作“鳥”。夏本紀則作“島”。王筠曰：“史記作

島，與冀州違異，恐後人以既譌之尚書改不譌之史記也。”

㈦僞孔傳云：“織，細紵。貝，水物。”則“織貝”爲二物。鄭玄云：“貝，錦名。詩云：‘萋兮斐兮，成是貝錦。’凡爲織者，先染其絲乃織之，則文成矣。”是所織者即爲貝錦，“織貝”爲一物。以兗州“厥篚織文”，青州“厥篚檿絲”，徐州“厥篚玄纖縞”，荆州“厥篚玄纁璣組”，豫州“厥篚纖纊”例之，則入篚者皆絲織物，水物之貝非其類也。故今從鄭。

㈧釋文云：“鄭本作松，松當爲凇。馬本作均，云均平。”松必凇之誤文，均字亦不可解。

荆及衡陽惟荆州：江漢朝宗于海。九江孔殷。沱潛㈠既道。雲㈡土夢㈢作乂。厥土惟塗泥。厥田惟下中。厥賦上下。厥貢羽，毛，齒，革，惟金三品，杶㈣，榦㈤，栝㈥，柏，礪，砥㈦，砮，丹；惟箘，簵，楛㈧，三邦㈨厎貢厥名㈩；包㊀匭菁茅㊁。厥篚玄纁，璣組㊂。九江納錫㊃大龜。浮于江沱潛漢㊄，逾于洛㊅，至于南河。

㈠夏本紀作“涔”。漢地理志作“灊”。涔爲借字；灊爲正字。下“浮于江沱潛漢”之潛，放此。

㈡釋文云：“徐本作云。”

㈢漢地理志作“雲夢土”。按僞孔傳云：“雲夢之澤在江南，其中有平土丘，水去可爲耕作畎畝之治”，足證其本亦作“雲夢土”，而今本尚書之作“雲土夢”乃爲後人所改，夏本紀之“雲土夢”則更據今本尚書而改者。蜀石經亦作“雲夢土”，足證此二字之顛倒尚在五代後也。宋沈括夢溪筆談卷四云：“舊尚書禹貢云：‘雲夢土作乂。’太宗皇帝時得古本尚書作‘雲土夢作乂’，詔改禹貢從古本。”臣子尊本朝，稱太宗連以“皇帝”，則此太宗必是宋太宗，更足明證此文之改是北宋初年事。然北宋以前之本實亦有作“雲土夢”者。唐石經如是，是唐有之矣。司馬貞史記索隱單行本，大書"雲土夢"三字，注云："雲土夢，本二澤名；蓋人以二澤相近，或合稱雲夢耳。……韋昭曰：'雲土，今爲縣，屬江夏，南郡華容。'今按地理志云：江夏有雲杜縣，是其地。"文中引及韋昭，且以"雲土"爲一名詞，是三國時有之矣。若漢之雲杜縣果因禹貢之"雲土"來，則漢即有之矣。其文其義究如何，殊未易言。蔡傳云："'雲土'者，雲之地土見而已。'夢作乂'者，夢之地已可耕治也。"今姑依此解施標號。

　　㉔説文木部"枏"重文"櫄"，云"或從熏"。釋文云："又作櫄。"周禮鄭注兩引此文（太宰，考工記）亦皆作"櫄"。

　　㉕釋文云："本又作幹"。

　　㉖王筠曰："栝，篆作桰，隸變昏爲舌。"

　　㉗礪，漢地理志作"厲"。王筠曰："厂者山石之厓巖，故'厲''底'與'石'皆從之。此由'暴厲''厲鬼'皆借厲，'底定''底貢'皆借底，反於正義，加偏旁以別之。然砥從石尚合，礪從厂又從石則重複。且儒行爲後世之書，尚曰'砥厲廉隅'，豈有夏書作'礪'者。至於詩大東'周道如砥'，孟子尚引作'底'，故説文列底爲正文。"

　　㉘説文竹部："簵，箘簵也。……夏書曰：'惟箘簵楛。'簵，古文簬。"又木部："枯，……夏書曰：'唯箘簬枯。'"是在説文一書中，簵有"簵，簬，簵"三文，楛有"楛，枯"二文。（説文木部亦有楛，然但引詩"榛楛濟濟"。）

　　㉙夏本紀及漢地理志俱作"國"，避漢高祖諱。

　　㉚此句讀法頗不一致。馬融曰："言箘簬楛，三國所致貢，其名美也。"（夏本紀集解引）僞孔傳云："箘簬，美竹。楛，中矢幹。三物皆出雲夢之澤，近澤三國常致貢之，其名天下稱善。"則其讀法應爲"惟箘，簬，楛，三邦底貢厥名"。禹貢疏引鄭玄云："箘簬，聆風也。楛，木類。……經言'三邦底貢'，知近澤三國致此貢也。"又考工記疏引鄭云："此州中生聆風與楛者衆多，三

國致之。"不解"厥名",明此二字屬下句,則其讀法應爲"惟箇範,楛,三邦底貢"。今姑依前一説。

㊀王肅云:"包,揚州'厥包橘柚',從省而可知也。"(禹貢疏引)僞孔傳從之,故於"包"字絶句,謂包者即橘柚而甌者爲菁茅。鄭玄云:"甌,猶纏結也。……重之,故包裹而又纏結也。"(夏本紀集解引)則讀"包甌"爲連文。今以"包"與"甌菁茅"分爲二句非本篇句法,故從鄭説。

㊁僞孔傳云:"菁以爲菹,茅以縮酒。"分菁茅爲二物。王鳴盛尚書後案駁之云:"管子輕重丁篇稱'江淮之間一茆三脊,名曰菁茆',是……菁茅,茅名,不可分而爲二也。"今從之。

㊂僞孔傳云:"此州染玄纁色善,故貢之。璣,珠類,生於水。組,綬類",以入筐者爲三物。案,言筐者皆帛類,淮夷蠙珠暨魚,不以筐貢也。疑此"璣組"當與"貝錦"意義差同,謂有璣文之組,或以璣所飾之組耳。

㊃納錫,夏本紀作"入賜"。萬希槐十三經證異曰:"入,古文'内',見南宫中鼎。……賜,古文'錫',見儀禮注。……古文'入'亦作'内'。郔敦云:'毛伯内門立中庭'。内門,入門也。"因史記之用古文,可知"納"之原文作"内"。

㊄夏本紀作"浮于江沱涔于漢"。釋文云:"本或作'潛于漢',非。"段玉裁古文尚書撰異云:"無逸篇:'無淫于觀于逸于游于田',以'淫'領四'于'字,此以'浮'領二'于'字,句法正同。陸氏誤絶其句,故云非耳。"

㊅夏本紀作"踰于雒"。逾踰二字音義並同,惟洛與雒則大有辨。段玉裁古文尚書撰異曰:"凡禹貢'雒'字,今本皆改爲'洛',此衛包所爲也,今更正。兩漢人書洛字通作雒;其或作洛者轉寫改之。魚豢魏略云:'漢火行,忌水,故"洛"去"水"而加"隹"焉。'此語本不根之談,而顏籀信之,且傅會之云:'如魚氏説,則光武以後改爲雒字也。'地理志一篇,其述禹貢則作'洛',其列

漢郡縣則作‘雒陽’，蓋顏氏自用其説而改班氏所載今文禹貢之雒爲洛，未深覈其實也。凡地理志所載禹貢多經後人以尚書改字，夏本紀較善焉。説文水部‘洛’字下云：‘水出左馮翊歸德北夷界中，東南入渭（今本説文譌闕，依地理志，當云“洛水出北地歸德北夷界中，至左馮翊褱德東南入渭，雒州浸”），从水各聲’，未嘗云‘一出京兆上雒縣冢領山東北，至河南鞏縣入河’也。……漢志弘農上雒縣下云：‘禹貢雒水出冢領山東北，至鞏入河，豫州川’，字正作‘雒’，此謂禹貢及職方豫州之雒也。（如顏本前作“伊洛”“道洛”，則“禹貢雒水”無著。）左馮翊褱德下云：‘洛水東南入渭，雍州浸。’北地歸德下云：‘洛水出北蠻夷中入河（此“河”字乃“渭”字之誤，褱德下云：“洛水東南入渭”，即此一水也）。’字正作‘洛’，此謂職方雍州之洛也。……淮南墬形訓曰：‘洛出獵山。’高注：‘獵山在北地西北夷中。洛東南流入渭，詩云“瞻彼洛矣，維水泱泱”是也。’又曰：‘雒出熊耳。’高注：‘熊耳在京兆上雒西北也。’淮南王在前漢，而字亦一作洛，一作雒，分別劃然，與漢志同。前此經典，則小雅‘瞻彼洛矣’，毛傳‘洛，宗周漑浸水也’，周禮職方氏、逸周書職方解‘雍州，其浸渭洛’，鄭注‘洛出懷德’，此皆謂出北地水也。周禮職方氏，……逸周書職方解‘豫州，其川滎雒’，此皆謂出京兆上雒水也。二字分別，自古而然。……魏志‘黃初元年幸洛陽’，裴注引魏略曰：‘詔以“漢，火行也；火忌水，故洛去‘水’而加‘隹’。魏於行次爲土，土，水之牡也，水得土而乃流，土得水而柔，故除‘隹’加‘水’，變‘雒’爲‘洛’”。’世期引魏略於此者，正謂黃初元年幸洛陽乃有此詔，前此皆用‘雒’，後此乃皆用‘洛’也。魚氏錄魏詔云爾，則魏文帝之失也。漢以前皆用‘雒’，非漢去水加隹也。妄爲之説而用雍州浸名爲豫州川名，凡經傳子史或應用雒而作洛，或一篇一簡之内雒洛錯出，此皆黃初以後轉寫竄易，參差不整之故。……”段氏此説，理由極充足，故不厭其詳，附錄於此。其

經韻樓集中尚有伊雒字古不作洛考一篇，博考典籍，材料視此
爲多。

荆河惟豫[⊖]州：伊洛[⊜]瀍澗既入于河。滎波[⊜]既豬。導^⑭菏^⑤
澤，被孟豬^⑥。厥土惟壤；下土墳壚。厥田惟中上。厥賦錯上中。
厥貢漆，枲，絺，紵。厥篚纖，纊^⑦。錫貢磬錯。浮于洛河^⑧。

⊖避唐代宗諱缺筆。
⊜夏本紀作"雒"，下"浮于洛"放此。漢地理志此作"雒"而下
作"洛"，蓋顏師古改之未盡。
⊜夏本紀作"播"。釋文云："馬本作播。"周禮鄭注引作"滎播
既都"。疏云："馬鄭王本皆作'滎播'。"是漢魏時本皆作播無異
也。惟周禮職方豫州"其浸波溠"，鄭注云："波讀爲播，禹貢曰：
'滎播既都'"，其意蓋欲以職方之波傅合於禹貢之播。有此暗示，
而僞古文尚書之文即易作"滎波"，其後遂相承而不改矣。又釋文
云："馬本……滎播，澤名"，是滎播爲一澤之名也。鄭玄雖以
"播"釋職方"其川滎洛，其浸波溠"之"波"，若滎與播爲二水者，
然其尚書注曰："今塞爲平地，滎陽人猶謂其處作滎播"，則尚以
爲一澤也。（此注據史記索隱，若禹貢疏及詩定之方中疏則俱作
"猶謂其處爲滎澤"，不足證其與職方之注異趣。）僞孔傳曰："滎
澤波水，已成遏豬。"彼時無標號，不審其義指滎澤與波水皆遏豬
乎，抑滎澤之波水已遏豬乎？觀僞書之改播爲波，有意與周禮印
合，則殆以二水之說爲近。而孔穎達疏云："滎是澤名，洪水之
時，此澤水大動成波浪，其時波水已成遏豬"，則轉取後義，仍
一澤也。至顏師古漢書注云："滎，即流水所溢者也。波，即上
禹貢所云'滎波'者也"（地理志），始確定爲二水，然猶未得其證。
及蔡沈作集傳，乃云："滎波，二水名。……周職方豫州，'其川
滎雒，其浸波溠'。爾雅云：'水自洛出爲波。'山海經曰：'婁涿

之山，波水出其陰，北流至于穀。'……孔氏以'滎波'爲一水者非也"，始得波水獨立之證。元鄒季友書傳音釋駁之曰："案豬者水之所停，以大野彭蠡例之，恐只是一澤名。"閻若璩尚書古文疏證（卷六下）又駁之曰："山海經'婁涿之山，波水出于其陰'，今本'波'，本作'陂'，非屬波水證一。惟酈注引作'波'，然亦出于山，非出于洛者，非屬波水證二。水經洛水'又東，門水出焉'，注云，'爾雅所謂"洛別爲波"也'，惟此堪引。然余考門水下流爲鴻關水，今謂之洪門堰，在商州雒南縣東北，至靈寶縣而入河，何曾見水豬爲澤乎！非屬波水證三。"如上討論，可知波水原爲職方之問題，此水之有無尚不可知；其牽連而入于禹貢，使"滎播"易爲"滎波"，且發生一水或二水之問題者，則由於鄭玄之以禹貢釋職方。今既掃兹塵障，故仍定爲一水之名。

　　㈣王筠曰："當依下文作道。"

　　㈤夏本紀及漢地理志俱作"荷"，蓋借字。

　　㈥夏本紀作"明都"，漢地理志作"盟豬"，皆同聲假借，猶左傳之作"孟諸"（僖二十八年），周禮之作"望諸"（職方）也。

　　㈦僞孔傳曰："纊，細棉。"是以"纖纊"爲細纊也。林之奇曰："纖與纊，二物也。"胡渭曰："纖，亦繒也。"今從後説，分爲二。

　　㈧夏本紀作"浮于雒，達于河"。漢地理志作"浮于洛，入于河"。阮元尚書注疏校勘記曰："唐石經脱'達于'二字。"

　　華陽黑水惟梁州：岷㊀嶓既藝。沱潛㊁既道。蔡蒙旅平。和㊂夷㊃厎績。厥土青黎㊄。厥田惟下上。厥賦下中，三錯。厥貢璆㊅，鐵，銀，鏤，砮，磬；熊，羆，狐，貍，織皮㊆。西傾㊇因桓是㊈來㊉。浮于潛，逾于沔，入于渭，亂于河。

　　㊀本作岷，避唐太宗諱，改民作氏。夏本紀作汶，蓋借字。（觀史記西南夷傳，"冉駹爲汶山郡"，應劭注，"今蜀郡岷江"，

可知當時學官定本作汶，故立郡時取之以爲名也。)索隱云："一作嶓。"下導山章"岷山之陽"，導水章"岷山導江"，夏本紀亦均作汶；漢地理志則皆作嶓，而獨於此文作岷，蓋後人據尚書文字改其一而忘其二耳。

㊀史漢之文與荆州章同。下"浮于潛"，放此。

㊁釋文云："和，又作龢。鄭云：'和讀曰洹。'"水經注卷三十六桓水又引鄭玄曰："和讀曰桓。地理志曰'桓水出蜀郡蜀山，西南行羌中'者也"，則鄭以"和夷厎績"之和即"西傾因桓是來"之桓。

㊂馬融曰："和夷，地名也。"(夏本紀集解引)僞孔傳曰："和夷之地，致功可藝。"疏曰："和夷，平地之名。"此皆以"和夷"爲一地之名，等於冀州之"覃懷厎績"。鄭玄曰："和夷，和上夷所居之地也。和讀曰桓，地志曰：'桓水出蜀郡蜀山……'。"(水經注卷三十六引)酈道元曰："晉地道記曰：'梁州南至桓水，西厎黑水，東限扞關。……'自桓水以南爲夷，書所謂'和夷厎績'也。"(同上)此皆以"和夷"爲居于桓水之夷族之名，等於徐州之"淮夷"；其言"厎績"亦等于雍州之"三苗丕叙"。宋晁以道曰："和夷，二水名。和水，今雅州榮經縣北和川，水自蠻界羅嵒州東，西來逕蒙山，所謂青衣水而入岷江者也。夷水，出巴郡魚復縣東，南過佷山縣南，又東過夷道縣北，東入于江。"(蔡傳引)蔡傳云："和夷，地名。嚴道以西有和川，有夷道，或其地也。"此以"和夷"爲二水或二地，等於馬融之釋"淮夷"，王肅之釋"衡漳"。胡渭禹貢錐指駁晁説曰："今按夷水在荆域，與和川東西相距千五六百里。總撮而書之曰'和夷'，有是理乎！"又駁蔡説曰："夷道，漢屬南郡，今爲荆州府之宜都縣，夷水所經。若嚴道以西之夷道，則未有聞也。其謬更甚於晁氏。"此三説中，似以第二説爲當。大約所謂"和夷厎績"正與青州之"嵎夷既略"相類，其名介於地名與夷名之間，蓋即以夷人種族之名名其地者。故今標號

不析爲二。

㊄夏本紀作驪。

㊅夏本紀集解曰："孔安國曰：'璆，玉名。'鄭玄曰：'黄金之美者謂之鏐。'"是鄭釋爲金，故從金旁；僞孔釋爲玉，故從玉旁。釋文曰："馬本同。韋昭郭璞云：'紫磨金'。案郭注爾雅，鏐即紫磨金。"是作玉者少，作金者多；僞孔之文蓋承馬本來。王筠曰："今本作璆，即雝州所貢之球也，誤。"

㊆鄭玄曰："織皮，西戎之國也。西傾，雍州之山也。雍戎二野之間，人有事於京師者，道當由此州而來。"（水經注卷三十六引）是鄭以"織皮西傾因桓是來"爲句，"織皮"又當施地名標號。僞孔傳曰："貢四獸之皮，織金罽"，則以"熊羆狐貍織皮"爲句，織皮者即織四獸之皮也。葉夢得曰："雍言'織皮崐崘析支渠搜西戎即叙'，則織皮非中國之貢矣。'熊羆狐貍織皮'，文當與'西傾因桓是來'相屬，謂此四獸之織皮乃西傾之戎因桓水而來貢也。"（禹貢錐指引）依其言，則"熊羆"以下當與"砮磬"以上離句而與"西傾"以下合句。推原此紛紛之説，實由雍州之"織皮"來，當於下章論之，兹依注疏本標點。

㊇漢地理志作頃。

㊈馬融曰："治西傾山，因桓水是來，言無餘道也。"（夏本紀集解引）僞孔傳曰："桓水自西傾山南行，因桓水是來。"二説皆以"桓"爲水名，"是"爲助詞，鄭玄則曰："桓是，隴阪名。其道盤桓旋曲而上，故名曰桓是。今其下民謂是阪曲爲盤也"（水經注卷三十六引），乃以"桓是"爲一箇名詞，且爲阪名而非水名。酈道元注桓水，於鄭之讀"和"爲"桓"表贊同，而於"桓是"之説則否認之，以爲"斯乃玄之別致，恐乖尚書'因桓'之義，非'浮潛入渭'之文"。胡渭亦駁之云："鄭既破和爲桓，其於'因桓是來'則又云'桓是，隴坂名。……'支離舛錯，全不可通。"今依注疏本施標號。

㊀漢地理志作倈。王筠曰："當作倈，漢書郊祀志有之，楚詞亦有之。……玉篇既宗説文，以'來'爲麥名之專字，即以'倈'爲來去之專字。而經典皆借來，其作倈者不多見。"

黑水西河惟雍㊀州：弱水既西。涇屬渭汭㊁。漆沮既從。灃㊂水攸同。荆岐既旅，終南惇㊃物，至于鳥鼠。原隰厎績，至于豬野。三危既宅，三苗丕叙。厥土惟黃壤。厥田惟上上。厥賦中下。厥貢惟球㊄，琳，琅玕。浮于積石，至于龍門西河；會于渭汭。織皮。崑崙㊅析支渠搜㊆，西戎即叙㊇。

㊀爾雅釋地云："河西曰雝州。"説文玉部，玕，"禹貢雝州球琳琅玕"。艸部，藪，"雝州弦圃"。文皆作雝，不作雍。

㊁釋文云："本又作内。……馬云：'入也。'"是此字爲動詞。僞孔傳曰："水北曰汭，言治涇水入于渭。"疏曰："毛詩傳云：'汭，水涯也。'鄭云：'汭之言内也。'蓋以人皆南面望水，則北爲汭也。"是此字爲形容詞或名詞。蔡傳曰："涇渭汭，三水名。……汭水，地志作芮，扶風汧縣'弦蒲藪，芮水出其西北，東入涇'。……周職方雍州，'其川涇汭'，詩曰'汭鞫之即'，皆謂是也。……涇水連屬渭汭二水也。"是此字又爲川之專名。閻若璩曰："渭汭……説文，'汭，水相入也'，於此處爲確解。左氏一書，莊四年曰'漢汭'，閔二年曰'渭汭'，宣八年曰'澨汭'，昭元年曰'雒汭'，四年曰'夏汭'，五年曰'羅汭'，二十四年曰'豫章之汭'，二十七年曰'沙汭'，定四年曰'淮汭'，哀十五年曰'桐汭'。水名下繫以汭者衆矣，又何疑於禹貢哉！"（疏證卷六上）胡渭曰："汭之言内，其字或作内。河内曰冀州，州在河北也。漢中郡，亦在漢水之北。"按，此"渭汭"之汭，以導水章之"洛汭"及堯典之"嬀汭"比較觀之，自可知其爲川之方位而非川之名稱，故不從蔡沈之説。

㈢漢地理志作酀。下導水章"東會于灃"，放此。

㈣夏本紀作敦。

㈤夏本紀作璆。鄭玄毛詩箋於韓奕引書曰："黑水西河，其貢璆琳琅玕"，亦作璆。説文玉部，"璆，球或从翏"。

㈥夏本紀作昆侖。

㈦漢地理志作叟。又按史記索隱曰："鄭玄以爲衣皮之人居昆侖析支渠搜三山"，則以渠搜爲一名。僞孔傳曰："此四國在荒服之外"，疏曰："崑崙也，析支也，渠也，搜也"，則以渠搜爲二名。未詳孰是。以漢地理志朔方郡有渠搜縣，故依鄭説。

㈧按他州皆以貢道叙于最後，而此則貢道之下尚有他文，於本篇體例殊不倫。蘇軾書傳曰："此三國，……其文當在'厥貢惟球琳琅玕'之下，'浮于積石'之上。簡編脱誤，不可不正。"如其説，則此數句當爲"厥貢惟球，琳，琅玕，織皮。崑崙析支渠搜，西戎即叙。浮于積石，至于龍門西河，會于渭汭"，於文於理，甚爲近情；雖不必逕改舊籍，要不可不心知其意也。胡渭曰："參以梁州之文，則此爲錯簡明甚。其曰'織皮'，即'熊羆狐貍織皮'也，但文有詳略耳。曰'崑崙析支渠搜'，猶'西傾'也，但國有多少耳。曰'西戎即叙'，猶言'因桓是來'也，但辭有同異耳。曰'浮于積石，至于龍門西河，會于渭汭'，猶言'浮于潛，逾于沔，入于渭，亂于河'也，但彼爲一道，此爲二道耳。……推尋事理，蘇説爲長。"又按，鄭玄所以於梁州云"織皮，謂西戎之國也"者，正以本章言"織皮崑崙析支渠搜，西戎即叙"，若織皮爲西戎之一國然，故云爾也。然於本章卻云"衣皮之人居昆侖析支渠搜三山，皆在西戎"（索隱），又釋"織皮"爲衣皮之人，何耶？意者謂西戎之人皆衣皮，故以梁州之織皮泛指西戎之國耶？知"織皮"爲"琅玕"以下之錯簡，則此紛紛之揣測自可不成問題矣。

　　　以上述九州疆界，平治山川之經過及土地，貢賦，貢道等事。

導[○]岍[◎]及岐，至于荆山，逾于河；壺口雷首，至于太岳[◎]；底^四柱析城，至于王屋；太行恒山，至于碣石，入于海。西傾^五朱圉^六鳥鼠，至于太華；熊耳外方桐柏，至于陪^七尾。

○夏本紀與漢地理志俱作道；下文悉放此。釋文云："道，音導，從首起也。"則陸氏所見之本尚皆作道。

○夏本紀及漢地理志俱作汧。釋文云："字又作汧。馬本作開。"

○夏本紀及漢地理志作嶽。

四夏本紀作砥。下導河章"東至于底柱"放此。

五漢地理志作頃。

六夏本紀索隱曰："一作圍。"

七夏本紀作負。漢地理志作倍；又江夏郡安陸縣注云："橫尾山在東北，古文以爲倍尾山"，是漢代名橫尾也。

導嶓冢，至于荆山；内方，至于大別。岷[○]山之陽，至于衡山；過九江，至于敷[◎]淺[◎]原。

○見上梁州章。下章"岷山導江"放此。

○漢地理志豫章郡歷陵縣注云："傅昜山，傅昜川在南，古文以爲傅淺原"，則字作傅。

○夏本紀集解引徐廣曰："一作減。"

　　　以上述導山次第。

導弱[○]水，至于合黎[◎]；餘波入于流沙。

○説文水部："溺水自張掖删丹，西至酒泉合黎，餘波入于流沙。从水弱聲"，則字作溺。釋文云："本或作溺。"

㊀漢地理志作藜。水經禹貢山水澤地篇作離。

導黑水，至于三危；入于南海。
導河積石，至于龍門；南至于華陰；東至于厎柱；又東至于孟㊀津；東過洛㊁汭㊂，至于大伾㊃；北過降㊄水，至于大陸；又北播爲九河，同爲逆㊅河，入于海。

㊀夏本紀及漢地理志俱作盟。
㊁見前荆州章。
㊂漢書溝洫志作内。
㊃夏本紀作邳。爾雅釋山注作坯。釋文云："本又作伾。……字或作岯。"
㊄此字自史漢釋文唐石經至南宋岳珂刻相臺五經無不作"降"者。漢地理志信都國信都縣注云："禹貢絳水亦入海"，則字作絳。不知何時改爲"洚"；蔡傳從之，注云："洚水，地志在信都縣，今冀州信都縣枯洚渠也。"
㊅漢溝洫志作迎。

嶓冢導漾㊀；東流爲漢；又東爲滄㊁浪之水；過三澨，至于大別；南入于江；東匯澤爲彭蠡；東爲北江，入于海。

㊀夏本紀作瀁。漢地理志雖亦作漾，而隴西郡氐道注云："禹貢養水所出，至武都爲漢"，可知漢書原文作養，漾乃後人所改。夏本紀集解引鄭玄説，索隱引水經及孔安國説，亦俱作瀁。不識順史記之文歟，抑此三書本作瀁歟？説文水部："漾水出隴西相道，東至武都爲漢，从水羕聲。瀁，古文从養"，則從羕者今文，從養者古文也。
㊁夏本紀作蒼。

岷山導江；東別爲沱；又東至于澧[○]；過九江，至于東陵；
東迆北會于匯；東爲中江，入于海。

○夏本紀及漢地理志並作醴。夏本紀集解云："孔安國馬融
王肅以醴爲水名。鄭玄曰：'醴，陵名也。大阜曰陵，長沙有醴
陵縣。'"似馬鄭王孔諸本俱作醴者。疏云："鄭玄以此經自'導弱
水'已下，言'過'言'會'者皆是水名，言'至于'者或山或澤，皆
非水名，故以合黎爲山名，澧爲陵名。"則似僅鄭玄一本作醴。蓋
集解順夏本紀之文而謂馬王孔"以醴爲水名"，正猶疏承僞孔經文
而謂鄭玄以"澧爲陵名"也。

導沇水，東流爲濟[○]；入于河；溢[○]爲滎；東出于陶丘北；
又東至于菏[○]；又東北會于汶；又北東^四入于海。

○見前兗州章。
○夏本紀作泆。漢地理志作軼。周禮鄭注（職方氏）引書與夏
本紀同。王筠曰："僞孔作溢固謬；史記作泆，泆者水所蕩泆也，
亦不得其情，乃泆軼同聲假借耳。説文：'軼，車相出也。'清泆
貫濁河，故以車相出之軼狀泆之勇。酈氏沛水注引晉地道志云：
'泆自大伾入河，與河水鬥，南泆爲滎澤。'鬥與軼，同一譬況之
詞矣。"
⊜同前豫州章。
㊃夏本紀作東北。

導淮自桐柏；東會于泗沂；東入于海。
導渭自鳥鼠同穴[○]；東會于澧[○]；又東[⊜]會^四于涇；又東過
漆沮，入于河。

　　○漢地理志隴西郡首陽縣注云："禹貢鳥鼠同穴山在西南，渭水所出"，以"鳥鼠同穴"爲一山名。鄭玄曰："鳥鼠之山有鳥焉，與鼠飛行而處之，又有止而同穴之山焉，是二山也"（水經注卷四十引），則以"鳥鼠"爲一山，"同穴"又爲一山。僞孔傳云："鳥鼠共爲雄雌，同穴處此山，遂名山曰鳥鼠"，則仍以爲一山而不以爲一名，似山名爲鳥鼠，同穴爲鳥與鼠之事，經文乃偶然連及之者。案山海經西次四經云："又西二百二十里，曰鳥鼠同穴之山，……渭水出焉而東流注于河"，明以"鳥鼠同穴"爲一山之名；漢志亦云然，可知隴西確有此一山。推原鄭玄所以分之爲二，僞孔所以雖合爲一而猶未敢斷然言之者，蓋以雍州章云"至于鳥鼠"，導山章云"朱圉鳥鼠"，皆以鳥鼠爲一名，此不容增出二字。然名固有繁稱與簡稱之別，例如終南山可以簡之曰南山（見詩及山海經），華可以繁之曰太華（見禹貢及山海經），又何泥於此名！且"同穴"若去"鳥鼠"，尚能獨立成一名詞乎！

　　○漢地理志作酈。
　　○夏本紀作東北。
　　○漢地理志作至。

　　導洛○自熊耳；東北會于澗瀍；又東會于伊；又東北入于河。

　　○見前荆州章。
　　　　以上述導水次第。

　　九州攸○同；四隩○既宅；九山刊○旅；九川滌源○；九澤既陂；四海會同。

　　○漢地理志作逌，見前揚州章。
　　○夏本紀及漢地理志俱作奧。玉篇引作壆。

㈢夏本紀及漢地理志俱作柒，見前總綱。

㈣夏本紀及漢地理志俱作原。源，本原之俗字。

六府㊀孔修；庶土交正；厎慎財賦；咸則三壤；成賦中邦㊁。

㊀陳奐曰："玉篇彡部修下引書云：'六府三事孔修。'疑古本當有'三事'二字，寫者脱之。水、火、金、木、土、穀，謂之六府。正德、利用、厚生，謂之三事。其義見於文七年左傳。今大禹謨撮合爲之也。"（漢書地理志校本引）

㊁夏本紀及漢地理志俱作國，説見前荆州章。又按集解引鄭玄説，以"咸則三壤成賦"爲句。惟禹貢作者頗尚修辭，若上句末爲"財賦"，下句末爲"成賦"，用字複累，似非彼所願爾，故從僞孔及蔡兩傳。

錫土，姓㊀。

㊀鄭玄云："諸侯胙之土，賜之姓"（夏本紀集解引），以錫土與錫姓爲二事。僞孔傳云："天子建德，因生以賜姓，謂有德之人生此地，以此地名，賜之姓以顯之"，謂因地名而賜之姓，則"土姓"爲一物。蔡傳云："言錫之土以立國，錫之姓以立宗"，仍分爲二。按姓含有種族標幟之義，如姜如芈均以羊爲其標幟，未必是地名，故從鄭蔡之説。

"祇台德先，不距朕行！"㊀

㊀按：台，我也。此句即云"台德"，又云"朕行"，明是記言而非記事，故加引號。

　　以上總記平水土，正財賦，立諸侯，尚德行等建國要務。

五百里甸服：百里賦納⊖總，二百里納銍，三百里納秸⊜，服⊜；四百里粟；五百里米。

⊖漢地理志作內。釋文云："本又作內。"

⊜漢地理志作戞。顏師古注："戞，橐也。"釋文云："本或作秸。……馬云：'去其穎曰秸。'"王筠曰："古字少，故用假借之戞。說文收秸，已是後作之專字，釋文所引或本是也。且說文：'䆾，麻藍也'，而艸部亦不收。是知秸，秸，藍又皆秸之異文，唐虞之世所不當有。"

⊜服，鄭注（詩疏等引）無釋。僞孔傳曰："秸，橐也。服，橐役。"疏曰："於此言服，明上下服皆並有所納之役也。"是此服字，統攝上之總銍，下之粟米而言。蔡傳曰："謂之服者，三百里內去王城爲近，非惟納總，銍，秸，而又使之服輸將之事也。獨於秸言之者，總前二者而言也。"如其說，則自百里至三百里之民均當服輸將之役，此服字乃總結上文耳。陳奐曰："秸服二字連文得義。斷去其橐，又去其穎，謂之秸。帶稃言，謂之秸服。秸者，實也。秸服者，粟之皮也。服與稃聲相近。自僞孔傳誤秸爲橐，而顏又誤解服字耳。（按顏師古漢書注："言服者，謂有役則服之耳。"）（地理志校本引）此根本打破服役之說，而以秸服爲一名詞。其義究如何，不可知。今以蔡沈說最於文字爲順，故依以施點。

五百里侯服：百里采；二百里男邦⊖；三百里諸侯。

⊖夏本紀作任國，漢地理志作男國。邦作國，見前。男作任，王筠曰："以訓詁代也。大戴禮本命篇云：'男者任也。'白虎通引書云：'侯甸任衛作國伯。'今酒誥'侯甸男衛作邦伯'。"

　　五百里綏服：三百里揆文教；二百里奮武衛。
　　五百里要服：三百里夷；二百里蔡[○]。

　　○王筠曰："左傳昭元年定四年皆云'蔡蔡叔'。釋文云：'上素葛反，下如字。'説文云：'糳粲，散之也。'蔡者，古文假借字；糳者，後作之專字也。孟子引書'殺三苗于三危'。殺與蔡同；惟其假借，故字不同。然殺亦當讀素葛反，乃放流之詞。今堯典作'竄三苗'，則義是而字非也。"

　　五百里荒服：三百里蠻；二百里流。
　　　　以上記五服之制。

　　東漸于海，西被于流沙，朔南暨[○]：聲教[○]訖[○]于四海。禹錫玄圭，告厥成功。

　　○漢地理志作臮，見前徐州章。
　　○僞孔傳及疏均以"朔南暨聲教"爲句，謂"北與南雖在服外，皆與聞天子威聲文教"。夏本紀集解及蔡傳俱以"聲教訖于四海"爲句，以"聲教"爲"訖于四海"之主辭，於文義較長，今從之。
　　○漢書賈捐之傳引作迄。
　　　　以上記功成。

　　頡剛案：禹貢一篇，以史記夏本紀與漢書地理志皆全載其文，吾人遂得窺見西漢中期與東漢初期之兩本，視尚書他篇之比較材料爲多，誠一幸事。惟史記引書，時以訓詁代本文，又常有增益之語。如"厎績"作"致功"，"篠簜"作"竹箭"，"孔殷"作"甚中”，以訓詁代也。“汧及岐至于荆山”之前云“道九山”，“弱水至于合黎”之前云“道九川”，甸服之上云“今天子之國以外”，侯服之上云“甸服外”，“禹錫玄圭”云“於是帝錫禹玄圭”，增益其語以釋經也。漢書則既不以訓詁代，亦無所增益，其態度視史記爲謹嚴。然常删削助詞以求簡，故於“厥貢”輒去“厥”字，揚州之“厥草惟夭，厥木惟喬”且縮之爲“屮夭木喬”焉。

此兩本又有同樣之不幸者，則皆曾經後人據魏晉以來之尚書竄改其文，使歸於一律。其最顯著之痕跡，莫過於其自相矛盾之點。如揚州之鳥夷，讀史記者既從僞孔本而改之爲“島夷”矣，然冀州之“鳥夷”則忽而未改也。梁州“岷、嶓即藝”，漢書“岷”本作“崏”，讀者亦已改之爲“岷”矣，然導山之“崏山之陽”，導水之“崏山導江”，又忽而未改也。洛與雒本兩水，禹貢有雒無洛；徒以魏文帝之一詔，眩亂耳目，尚書既改雒作洛，讀漢書者遂因而改之，然豫州乃猶書曰“伊、雒、瀍、澗”，弘農郡上雒縣之下亦書“禹貢雒水”也。其改之未盡者既若此，則改之已盡者必更多。兩本之真面目，非我輩所可見矣。

雖然，即從此不純粹之本子中加以研究，則此片段之材料尚能組織之而獲見其遞變之跡。列次之如下：

一、史記異文中，以用同聲假借字者爲多。如敷之作傅，豬之作都，檿之作畬，潛之作涔，菏之作荷，孟之作明作盟，岷之作汶，黎之作驪，惇之作敦，陪之作負，伾之作邳，溢之作泆，滄浪之作蒼浪，皆是也。在此種情形中，可見古書用字並不嚴格，音同而義異者，用之無所怯。猜想禹貢原本，亦必如是。此第一期也。

二、漢書異文中，以用古文及正字者爲多。如野之作壄，攸之作逌，潛之作灊，源之作原，溢之作軼，汭之作内（溝洫志），納之作内，來之作徠，皆是也。變假借之風，書本義之字，此第二期也。

三、字之偏旁，無異今之標號；而史、漢皆不嚴格分別，一覽之下無以遽定其義，此亦讀書者所感到之煩悶也。說文書弱水爲"溺水"，即本於此種要求而改造者。自後用此例以變字者寖多：昆侖作崑崙，增山旁者也。沂作岍，改水旁爲山旁者也。雝作灘，維作濰，甾作淄，章作漳，增水旁者也。醴作澧，改西旁爲水旁者也。鄶作澮，改邑旁爲水旁者也。直至宋代，尚改降爲洚，而川名幾無不從水矣。其他若厲底之改爲礪砥以示其爲石屬，亦一例也。增益符號以明著其義，此第三期也。

四、經若干次之變改，其書本義之字及以偏旁表顯物性者固於讀者爲有益，然誤改之文亦遂不少。如枼之誤作刊，楛之誤作栝，沛之誤作濟，沈之誤作宄，濕之誤作潔，菏之誤作河，雒之誤作洛，播之誤作波，皆經清代學者一一抉出，且博稽舊文以證之矣。此原文面目從推考中可認識者一也。

五、古書累經傳寫，不能保無脫文錯簡。特經師鄭重，不敢致疑，而又曲意解釋，使之可通，乃若未有耳。校勘此篇，涉獵所得，若蘇軾指"織皮崑崙"以下十二字應在"球琳琅玕"之下，陳奐指"六府"之下應有"三事"二字，其言皆有確實之可能性。我輩更從事焉，或猶有所得也。此原文面目從推考中可認識者二也。

夫我輩生數千年之後，耳目之所接觸，但有傳鈔傳刻之間接材料，或間接之中之又間接者（如馬、鄭、王諸本之文皆由其注釋之語中鈎稽而得，而此注釋之語又皆出於水經注、釋文、正義、史記集解及索隱等書所引者），欲藉以獲得確實之智識，其事大難。賴校勘考訂諸學之發達，得略涉其涯涘。然不可知者猶甚多，如"雲土夢作乂"，"三邦厎貢厥名"，"西傾因桓是來"等語皆爲不易索解之謎，其文其義或將亘千古而永閟矣。故茲所標點，謂之假定者則可，若認爲已折衷至當，直自欺以欺人耳。昔申公說詩，疑者則闕弗傳，蓋讀古籍而求其無所不解則必有附會者存也。我輩治學，宜取斯義。

書古文訓中之禹貢
（尚書研究講義甲種之三，二）案語[*]

　　頡剛案：今古文問題爲經學上一大公案，而尚書一經之癥結爲尤甚。史記儒林列傳於他經均不及古文字，獨於尚書云："孔氏有古文尚書，而安國以今文讀之，因以起其家，逸書得十餘篇，蓋尚書滋多於是矣。"洵如其言，是諸古文經之出以尚書爲最早也。班固作漢書，備記古文經矣，然他經僅約略涉及，而獨於尚書詳道其異，云："古文尚書者，出孔子壁中。武帝末，魯共王壞孔子宅，欲以廣其宮，而得古文尚書……。共王往入其宅，聞鼓琴瑟鐘磬之音，於是懼，乃止不壞。孔安國者，孔子後也，悉得其書，以考二十九篇，得多十六篇。安國獻之，遭巫蠱事，未列於學官。劉向以中古文校歐陽、大小夏侯三家經文，酒誥脫簡一，召誥脫簡二，率簡二十五字者脫亦二十五字，簡二十二字者脫亦二十二字，文字異者七百有餘，脫字數十。"洵如其言，是今古文之異同亦以尚書爲最甚也。（關於此問題之材料及考辨至複雜，今姑存而不論。）

　　西漢之末，以劉歆之提倡，王莽之崇信，古文經大行於世，爲古文尚書之學者王璜、涂惲等皆得貴顯（見漢書儒林傳）。至於東漢，扶風杜林得漆書古文尚書一卷，常寶愛之，雖遭艱困，握持不離身。林同郡賈逵爲之作訓，馬融作傳，鄭玄注解，由是古

---

　　[*] 1932 年 10—11 月作。原載 1933 年燕京大學石印尚書研究講義第四冊。1996 年上海古籍出版社出版的尚書文字合編用作代序時，題作尚書隸古定本考辨。

文尚書有第二度之顯現（見後漢書杜林傳及儒林傳）。

不幸魏晉擾攘，古文竟亡。今所可見者，殘存之魏正始三體石經，說文所引古文，與經典釋文所引馬、鄭本耳。案說文序云："其偁易孟氏、書孔氏、詩毛氏、禮周官、春秋左氏、論語、孝經，皆古文也"，則其書中所列尚書古文皆出孔氏之本可知。其狀頭尾纖細而中腹肥滿，略似水蟲之科斗，故稱曰科斗書。其筆畫組織，或與篆隸大異。正始石經與之同，明是一本。

東晉元帝時，豫章內史枚賾（枚亦作梅，賾亦作頤）奏上孔傳古文尚書（見經典釋文敘錄）。是爲僞古文，託於孔安國所傳。其序曰："魯共王好治宮室，壞孔子舊宅以廣其居，於壁中得先人所藏古文虞夏商周之書，及傳、論語、孝經，皆科斗文字。王……悉以書還孔氏。科斗書廢已久，時人無能知者。以所聞伏生之書考論文義，定其可知者爲'隸古定'。"是謂孔子所定之書本皆科斗文字，安國以伏生書考之，且以隸體寫定之。然則此古文與漢古文有異，漢古文爲未改之科斗書，此古文乃科斗書與隸體之混合物。（史記儒林傳僅云"以今文讀之"，未云"以今文寫之"也。）值永嘉喪亂，衆家之書竝亡，此古文孔傳適興，遂得立於博士，與鄭氏注竝行；訖唐初而鄭注亦廢，孔穎達作正義循用之，乃安然居於正統地位，不慮人之攘奪之矣。

人情畏艱難而樂簡易，隸寫古文固視未改寫之古文爲易識，然較當世通行文字終隔一塵障，故遂漸變爲楷體。經典釋文條例云："尚書之字本爲隸古，既是隸寫古文則不全爲古字。今宋、齊舊本及徐、李等音，所有古字蓋亦無幾"，則當時之本僅略存古字耳。又云："穿鑿之徒務欲立異，依傍字部，改變經文，疑惑後生，不可承用"，是當時尚有一派人嫌其古字太少，而欲全以古體書之；求之不得，乃依傍字部而杜撰之。陸氏既以前者爲是，故釋文中採用古字不多。

至唐玄宗天寶三載，下詔曰："……先王令範，莫越於唐、虞；工古遺書，實稱於訓誥。雖百篇奧義，前代或亡；而六體奇文，舊規猶在。但以古先所制，有異於當今；傳寫浸訛，有疑於後學。永言刊革，必在從宜。尚書應是古體文字，并依今字繕寫施行；其舊本仍藏於書府。"(見冊府元龜)此即新唐書藝文志所云"今文尚書十三卷，天寶三載詔集賢學士衛包改古文從今文"者也。自有此詔，隸古定本遂廢。文宗開成中刊石經，承而用之，五代以下刊版又悉沿之，唐今文本之統一諸本者蓋千有餘年於茲矣。

經文雖改，經典釋文在天寶前，猶存舊面目也。至宋太祖開寶中，以陸氏所釋乃古文尚書，與唐明皇所定今文駁異，令太子中舍陳鄂刪定其文，改從隸書(即楷體)，以今文自曉者多，故音切彌省(見崇文總目)。至是而隸古定之文字且不復見於釋文。

然天寶以前之本猶有孑遺，郭忠恕仕於周宋，曾經兩校(見玉海及姓苑)。其所作汗簡序云："臣頃以小學涖官，校勘正經石字，繇是諮詢鴻碩，假借字書，時或採掇，俄成卷軸，乃以尚書爲始，石經說文次之，後人綴緝者殿末焉"，是其採取最多者實爲古文尚書。惟隸古定本原是隸體，而汗簡所錄悉爲科斗書，疑郭氏集隸古之文，模倣說文中古文體制爲之，故溢出於說文所錄古文之數也。又呂大臨考古圖序云："古文傳於今者有古尚書"，晁公武郡齋讀書志云："皇朝呂大防得本於宋次道、王仲至家，以較陸氏釋文，雖小有異同，而大體相類；觀其作字奇古，非字書傅會穿鑿者所能到"，是知宋代固有其書，但希見耳。

南宋之初，薛季宣作書古文訓，所據之本亦爲隸古字，惟不言所自來。其序云："隸古定書最古，……唐明皇帝更以正隸改定。而俗儒承詔，文多踳駁"，似亦自承爲天寶以前之本。自宋歷清五百年，幸未亡失；納蘭成德刊通志堂經解，收錄之。此本既出，不爲世人所重。乾隆中編輯四庫全書，宋人著作，已佚者尚輯次之，顧獨屏此完帙於存目。其提要云："是編所載，皆以古文奇字書之。案孔壁蝌蚪古文，漢時已佚，無人見其書蹟。……經典釋文叙録稱'……穿鑿之徒務欲立異，依傍字部，改變經文，疑惑後生，不可承用。'是……陸德明已先辨之，何宋人又紛紛崇尚乎！季宣此本又以古文筆畫改爲今體，奇形怪態，不可辨識，較篆書之本尤爲駭俗。……故雖宋人舊帙，今亦無取焉。"

　　乾隆末，段玉裁作古文尚書撰異，其序云："自唐至今，有集古篆繕寫之尚書，號壁中本，二十五篇皆在焉。是作僞於僞古文既出之後也。"其自注中又引經典釋文"穿鑿之徒務欲立異"之言而申之曰："按此則自唐以前久有此僞書，蓋集説文、字林、魏石經及一切離奇之字爲之。傳至郭忠恕，作古文尚書釋文，此非陸德明釋文也。徐楚金、賈昌朝、夏竦、丁度、宋次道、王仲至、晁公武、宋公序、朱元晦、蔡仲默、王伯厚皆見之；公武刻石於蜀。薛季宣取爲書古文訓。此書僞中之僞，不足深辨，故偶一辨之而已。今或以爲此即僞孔序所謂隸古者，亦非也。"是皆對於薛氏書根本不信任者。

　　然終得一知己焉，曰李遇孫。嘉慶中，李氏取書古文訓之文字一一考之，以其合於説文、玉篇、汗簡、集韻等書中古文者什八九，慨然謂"深奧古質，確乎可信，唐宋以來存古文於一綫者僅賴有此！"於是作尚書隸古定釋文八卷疏通證明之。而推尊過當，直欲視爲漢代古文。孫星衍序之曰："賾既託名古文，必爲古字。天寶詔所稱'六體奇文……'，即梅賾本也。……季宣此書，既與汗簡、集韻諸書所引古文多符合，亦頗採説文玉篇所謂古文者，蓋梅賾於晉代猶見古書，不盡嚮壁虛造；且爲唐天寶已前未改之本，亦可取也。惟其書有大禹謨五子之歌諸篇，證明非孔壁原文；……而孔強、郭忠恕、丁度等亦僅據梅賾隸古書入字部，遂稱古文尚書，非見孔壁真古文也。以李君之才之學，所至固不止此。此亦足以存晉代舊文，唐宋相傳字體。"孫氏態度，既不如李氏之視爲漢古文，亦不如段氏之視爲僞中之僞，而直以爲梅賾所上隸古定本，在當時可謂持平之論。其後鄭珍及子知同作汗簡箋正，於郭忠恕所録古尚書之字之僞託者一一抉而闢之，薛氏本之非漢古文乃益明。

清末，敦煌千佛洞藏書顯現，其中頗有天寶前寫本尚書。羅叔藴先生（振玉）冠以隸古定之名，爲刊於佚籍叢殘中，凡三種；又經典釋文尚書殘卷一種。日本舊寫本之猶存隸古遺意者，亦由羅氏搜得二種印之。取此殘篇斷簡以校薛氏本，則此所載隸古文遠比薛氏本爲寡。故羅氏於顧命殘本補考中論之云：“以薛書與此殘本相較，其隸古文同者僅七字，其不同者則三十有七字，疑薛書乃採集諸家字書所引而益以説文解字中之古文以成之，非衛氏改定以前之舊本，故不言所自出。……金壇段氏謂薛書不可信，其信然矣。”是薛氏之本是否爲梅賾真傳，抑或人取説文、玉篇、汗簡、集韻諸書之古文彙合而成，又以此若干新材料之發現而成問題矣。

今以薛本禹貢一篇與史記夏本紀校，其同者有：

　　嶽（冀州岳陽，犬旁作犮蓋誤刻），雍（兗州灘），鈆，畬（作盒蓋誤刻），皋，都（豬，此從古文作䝪），涔，旄（荊州羽毛；史記於揚州仍作毛），汶（梁州岷），藪，驪，璆（雍州球），昆侖，盟（導水孟津），濬，迆，洮，栞，原（滁源）

諸文。與漢書地理志校，其同者有：

　　栞，嶽，章（漳），鐺，沛，雍（兗州灘），屮，枲，惟甾，瀕（此作顙，略異），鈆，藪，壄，狄，皋，瓘，旄（荊州羽毛），榦，盟（孟豬孟津），頃，倈（當作倈），昆，倍，嶓（導山，導水），傅（敷淺原；見豫章郡歷陵下），迆，原（滁源），内（納），戛諸文。與説文中之古文校，其同者有：

　　　㸚，㩦，㘵（此作㘺，略異），重，奥（此作奥，略異），
　　卓，上，丁，㔾，麤（此一作麤，刻誤），舣（此一作舢，略
　　異），屚，后（從屝推出），沿（兗州），窒（此作靈，略異），
　　氈，弍，㼺，墅，乎，𦥑，正，釡，革，劝（此从刃，略異），
　　瀊，云（雲），杻，甌（此作甌，刻誤），𪓐，辜（此作㽸，刻
　　誤），炊，䫜（此作䫞，略異），宂，灸（此作㸱，刻誤），珅，
　　外，弅，䖝，丑（此作𡚶，略異），尉，澁，墷，睿，劓，
　　戚，百，厌，𡠜，珪，玉（此作玙，略異）

諸文。與説文中之篆文校，其同者有：

　　　夒，專，栞，冘（此作冘，略異），覿（此作觌，刻誤），
　　壺，續（此作續或績，刻誤），亏（此作亐，略異），牟，刕，
　　辵，道，臭（此作㚇，略異），是，夅，巫，蘇，文，甾，
　　顥，庶，坶，遷，蕲，苞，又，朼，槀，㴱，筱，簹（此作
　　篤，略異），瓗，翰，癙，楛，砅，枯（箁），琴，味，䍐，
　　憺，勿（物），璆，𣅀，尾，㞢，芉（此作芋，微異），餞，匋，
　　悳，朕，槀（此作槀，刻誤），焱

諸文。與漢碑校，其同者有：

　　　攸（修），績，㢆（此作𡕣，微異），汶，孙，斦，丑

諸文。與玉篇中之古文校，其同者有：

　　　侖，臣，㞼，𥞆，亓，橐，埓（此作埒，微異），乂，

臬，咮，徠，凸，龏，韍（此作韘，刻誤），沜，䰱，茻，

澬，匋，兕，彭，娞

諸文。與汗簡校，其同者有：

侖，専，⺊，旡，㛮，裵，奐，乓，尼，筊，畾，屵，

玨，弍，彭，穢（此作䉈，微異），枲，窠，垍（此作堳，微

異），龠（此作盦，刻誤），魌，邎，乎，臮，鐵，岸，筱，

篹，簥，屋，茒（此作艻，微異），減，杻，筥，匦（此作匰，

刻誤），㐱，咮，甲（此作甼，微異），猣（此作狹，微異），

爰（此作䀅，微異），开，召，珅，斤，沜，茻，澬，匋，

垮，昝，劓，戚，⺊（此作⺊，微異），槀，彭，娞，嬰，

伀，腁

諸文。與集韻中之古文校，其同者有：

乿，罬（此作羆，刻誤），后，畾，广，彭，穀（此作䉈，

略異），文，窠，魌，正，凷（此作凷，刻誤），孤，楛，虎

（璣旁），内（汭），狹，䚻，玲，黾（此作黿，微異），啚，

䭫，厤（此作厤，微異），瓶，腁

諸文。至其與石鼓文合者有䚻；與楚辭合者有筥，䰱；與孟子合

者有内（納）；與爾雅合者有離（雝州）；與漢書藝文志合者有侖。

又經典釋文所引各本與此合者，馬本有瓓，内（汭），徐本有毗，

云，或本有惟（灘），薪苞，批，篹，㟝，内（納），珪。相較之

下，同於汗簡者最多，次説文篆文，次説文古文，次漢書，次史

記，次集韻古文，次玉篇古文，次釋文異文。此與郭氏汗簡序所

謂“乃以尚書爲始，石經説文次之”之言正相應，蓋汗簡所本之尚

書即當時僅存之隸古定本，而石經與說文中之古文即漢代之古文經也。其與諸書符合若此，可謂有來歷者。

雖然，若以此而信爲真古文經，則吾殊不敢。蓋西漢如真有此一本，司馬遷真從孔安國問故，史記所載尚書又真爲古文，何以採用其文僅二十，他悉置之？若云有意使之通俗，則此殊異於今文本之二十字亦何必採錄？若東漢時真有此一本，則班固作漢書時引用舊文，變易至少，又何以同者止得三十字？許慎之作說文解字，分析古文篆文，已將當時之古文經施以句櫛字比之功，縱不能謂一無遺漏，然其所遺者數必甚少也。何以本篇文字，不見於說文所錄之古文，甚且不見於其篆文者，乃多至四五十也？唐初陸德明著經典釋文，所集之本多矣，且其時尚在天寶改字之前，何以所錄異文與此合者僅寥寥十餘，且散見於馬融徐邈之本及若干或本中乎？（欲爲辨解，惟有諉之於宋初改寫釋文，然決不能改字如此其甚，使我輩無以見唐初有此隸古定本之存在。且未改本之釋文亦已發見於敦煌，雖僅堯典數十行，而所載隸古之文亦遠不及此本之多。）陸氏曾云"穿鑿之徒務欲立異，依傍字部，改變經文；疑惑後生，不可承用"，得無即指此類本，故屏而弗採乎？

以此之故，段氏謂爲"僞中之僞"似甚當。蓋以古文尚書言，梅賾本對漢古文而爲僞；以僞古文尚書言，則薛氏本又對隸古定本而爲僞也。凡作僞者必有所本，以證其不誣而取信於人。僞古文尚書，經梅鷟、閻若璩、惠棟之辨，於其所採用之材料，已次第明記其由來而無有遁形。李氏隸古定釋文，其目的雖與梅閻諸家異，而結果乃與梅閻諸家同，蓋此滿幅古文之隸古定本亦已被一一抉出其取材所自矣。

又，讀此禹貢一篇，同文者體多互異。如漆，兗之"漆絲"，導水之"漆沮"作"彫"；豫之"漆枲"，雍之"漆沮"又作"劉"。如岷，梁之"岷嶓"作"汶"，導山之"岷山"又作"嶓"。如原，徐之

“東原”，雍之“原隰”作“邍”，冀之“太原”又作“原”。如岱，青徐
之“海岱”作“岱”，青之“岱畎”又作“代”。如畎，青之“岱畎”作
“畖”，徐之“羽畎”又作“畎”。如夏，題首“夏書”作“夓”，徐之
“夏狄”又作“夓”。如兗（沇），兗州作“沿”，導水又作“沇”。如壺
口，冀作“壼”，導山作“壺”。如大陸，冀作“𪊙”，導水作“𪊙”。
如碣石，冀作“𥑟”，導山作“石”。如汶，青作“汶”，導水作
“汶”。如岳，冀作“嶽”，導山作“嵒”。如海，他均作“𣴲”，惟青
作“海”。如都，徐作“㮣”，揚與雍均作“𣏙”。如禹，篇首作
“㝢”，篇末作“禹”。

　　又如績，冀作“績”，梁與雍皆作“續”。如道（導），導山皆作
“衜”，導水皆作“道”，似別而二之，然荆與梁之“沱潛既道”乃作
“衜”；導水之“嶓冢導漾”又獨作“衟”。如壤，冀作“𡑵”，豫與雍
作“𡒁”，“咸則三壤”又作“𡒁”。如織，兗作“𢇳”，揚作“𢇲”，梁
與雍又作“𢇳”。如南，荆之“南河”作“𡧛”，導水之“南至于華陰”
作“𡧛”。如中，他皆作“𠁩”，惟梁作“㠯”。如下，他皆作“丁”，
惟梁作“下”。如上，他皆作“𠄞”，惟雍作“𠄞上”。如浮，他皆作
“浮”，惟豫作“淬”。如孔，“九江孔殷”作“𡥉”，“六府孔修”作
“孔”。如錯，其金旁於冀、青、揚、豫作“金”，於豫又作“金”，
於梁又作“盦”。如物，雍之“惇物”作“勿”，青之“海物”作“物”。
如服，冀之“皮服”作“𦨶”，揚之“卉服”作“𦨶”。其他如“卤”（乃）
與“逌”（攸）之無別，“定”與“正”之無別；華山之正字應作“嶀”而
作“嶬”，太行、太原、太華之正字應作“大”而作“太”，以及“葛”
與“𥳚”（均揚州），“戚”（成賦）與“戚”（成功），“冒”與“百”（五服）
之雜出，皆足以證其用字不嚴。

　　更有進者：導山之岍，史漢并作“汧”，蓋以山爲汧水所出即
名之爲汧也。後人感於山水無別，乃以山旁易水旁，故汧爲本字
而岍爲後出字。此本亦作“岍”，則遲於史漢本矣。古代雒與洛
別，雒爲豫州川入河，洛爲雍州川入渭，職方、淮南、史記、説

文無不明析。自魏文帝以五行家言，謬謂漢以火德，去水加隹，而兩水乃同名。其後顏師古以之改漢書，衛包以之改尚書，而古籍亦被亂。然漢書中猶有不改者存，正可因牴牾而見其竄變之跡焉。此本亦作"灤"，則從衛包之風矣。導水之漯水，自漢至宋皆作"降"，惟漢志作"絳"。其作"漯"，則蔡傳以來事耳。此本亦作"漯"，其不能甚早於蔡傳又可知也。

以上所舉，亦有傳鈔傳刻之訛，其責不在於薛氏所據之本之本身者；然其用字之亂如此，後出氣味之重又如此，決不能盡諉之於傳鈔傳刻之訛，其理甚明。是則此本出於宋，雖不必曰宋人所造，要之含有唐宋人之成分殆爲無疑之事。其託體彌古，其價值乃未必在唐石經上矣。

至其文句與唐石經不同者，惟荆之"至于南河"無"于"字，導水之"東迆北會于匯"作"爲匯"，他悉符合。此亦足證兩本之時代固如驂之靳，相隨屬者也。

周禮夏官職方氏
（尚書研究講義乙種三之一）案語*

頡剛案：職方之作，不知其時。周禮一書立學於王莽柄政之世（見漢書藝文志），是時劉歆正鼓吹其古文學。賈公彥序周禮廢興云："周官，孝武之時始出，秘而不傳。……至孝成皇帝，達才能人劉向歆校理秘書，始得列序，著於錄略。……時衆儒並出

---

* 1932 年 12 月作。原載 1933 年燕京大學石印尚書研究講義第四册，又刊於禹貢半月刊第七卷第六、七合期，1937 年 6 月，題作讀周官職方。

共排，以爲非是。惟歆獨識，……乃知其周公致太平之跡，跡具在斯。"即曰"秘而不傳"，又曰"惟歆獨識"，其出現之有問題可知矣。是以東漢之世，臨碩以爲"末世瀆亂不驗之書"，何休亦以爲"六國陰謀之書"。賴鄭玄等之表章，爲之作注，乃得列於三禮而不廢。

然其書雖僞，而材料則未必悉由一二人憑肊所構。即如此篇，又見於逸周書第六十二。按漢書藝文志有周書七十一篇，以其不立學官，對尚書中之周書言而曰"逸"，則固漢世固有之書，爲周禮之作者所撦取者耳。（案，今文尚書二十八篇，加晚得泰誓一篇，爲二十九篇；再增逸周書七十一篇，恰成百篇：則逸周書之編輯當在泰誓既得，"百篇尚書"説已起之後，恐亦在西漢晚年。至編輯時所用之材料，自可較早。）

此篇體制，最與禹貢相似。彼有九州，此亦有九州。彼有五服，此乃伸之爲九服。九州之名，與禹貢較，缺徐與梁而增幽與并。然即其名之相同者，其實亦多違異。荊州云"其浸潁、湛"，則侵於豫；豫州云"其浸波、溠"，又侵於荊；而華山爲豫之鎮，是豫州復侵雍州之疆。青州之山曰沂山，澤曰望諸，川曰淮、泗，浸曰沂、沭，則即禹貢之徐州，兼有豫之東隅，非海、岱間之青矣。兗州之山爲岱，澤爲大野，則亦兼有徐之北部，青之南部，非以濟爲南界之兗矣。兗州曰"其川河、沛"，幽州亦曰"其川河、沛"，則濟、河之間爲兗、幽二州所共有矣。幽州之山爲遼西之醫無閭，其澤爲琅邪之貕養，而又以河、沛爲其川，則此州成一弧形，自遼東半島而至山東半島，包有冀之東北隅與兗之東部，以及故青州大半之地矣。并州以恒爲鎮山，以虖池爲川，以淶、易爲浸，則冀之東部北部悉爲所有矣。所較少變遷者，揚與雍耳。然揚不言淮，不知北界尚能及淮否；雍不言弱水，又不知得西被於流沙否也。至於梁州，不但無其名，亦無其地，故岷嶓蔡蒙諸名皆不見焉，不如徐州之名亡而實存也。

九州廣狹，縮於西南而舒於東北，以較禹貢之幅員，尚不至有大差池。若九服則駭人矣！禹貢五服，與九州叠合，北方猶僅有甸服，無以掩其虧缺，何以職方同此面積，竟得更展拓四服耶？何以九服之内尚容有方千里之王畿耶？至此九服之名，侯服、甸服，與禹貢同；而侯服在甸服之内，與禹貢異。若男服、采服，即禹貢侯服中之"百里采；二百里男邦"也，乃亦倒之，使采在男外。若衛服，當即取自禹貢綏服之"奮武衛"。至蠻服之取自荒服"三百里蠻"，夷服之取自要服"三百里夷"，更爲明顯；而又倒之，使夷後於蠻。藉此可知職方之作者實已讀得禹貢，特故意離合其文以示異，遂創此九服之新制；不知封建之世，王官之邑曰采（卿大夫之邑亦曰采），必在王畿附近，不容遠於侯服尚千餘里也。且甸服云者，即王畿耳；兹別而二之，又置之於侯服之外，則此甸服者將爲天子之田乎？抑爲諸侯之田乎？其最後之二服曰鎮曰藩，夫封建諸侯本以屏藩王室，鎮撫社稷，蠻夷之服固已在中國外矣，又設此二服於蠻夷之外何爲乎？禹貢作者以甸、侯、綏三服爲中國，要、荒二服爲四夷，故於綏服中而"奮武衛"焉，所以爲邊防也；此既有衛服矣，何爲而又立鎮服乎？故知禹貢五服雖非事實，而條理井然，義無牴牾，此則但有誇大，無一義之可通也。後世之學者不敢懷疑，以其在周禮與周書中也，則定之爲周制；以其云九服也，則又謂周域廣於夏。噫，人果若是其易欺耶！

職方勦襲禹貢而改變其面目，固不足道，然亦有進步者存焉。蓋古人之智識無以剖別神話與事實，故易作怪誕之言。如山海經，以後世之智識評論之，竟是搜神、述異之流，然在當日固一部地理書也。禹貢之作者知徵實矣，舉凡神秘性之地理傳説皆棄去之，然猶不免有弱水黑水等好高鶩遠之記載；其果如所載與否，則亦聽之而已。至於職方，乃並此而無之；其所道之山川藪澤，皆彼時中國以内者也。夫淮南王集賓客爲墜形訓時，猶以山海經之觀念爲其觀念，而職方之作者乃能如此，是亦足以豪矣！

禹貢記九州山川，其文常參差而不整，其所舉之名亦多寡迥異。此篇不然，先之以山鎮，次之以澤藪，又次之以川與浸，鰲然秩然，不相亂也。山鎮與澤藪爲一名，川與浸爲二名（惟揚州以遷就三江五湖之名而特異），數亦有定也。其次舉州之生產，謂之利，有類於禹貢所道之貢物。又其次舉人民男女之比例與六畜之所宜，爲禹貢所未有。最後爲穀宜，與禹貢之舉土與田者略相類。至於賦之等次及其達於京師之道路，則未有言焉。蓋彼以貢爲主，此則自道職方氏所掌之地圖，及所辦之人民、財用、九穀、六畜之數要，故其言有異。夫彼所陳諸端之信實與否乃別一問題，而思致清晰，貽人以實際調查統計之暗示，固甚可取也。

禹貢以名山大川爲州界，書二名爲通例。此改以方向爲主：故青曰“正東”，荆曰“正南”，雍曰“正西”，并曰“正北”，揚曰“東南”，幽曰“東北”，八方之中得其六。又佐之以河：冀曰“河内”，豫曰“河南”，兗曰“河東”，兗州、冀州既爲幽、并所蔽，不得達於海瀕與塞外，則此三州皆位於中央者也。禹貢次序，自北（冀）而東（兗、青、徐）而南（揚、荆）而中（豫）而西（梁、雍）。此則不然，始於東南之揚，而正南之荆，而中之豫，而正東之青，而中之兗，而正西之雍，而東北之幽，又中之冀，至正北之并而止。以形相較，彼若不中規之圓，此則作螺旋形，三繞中央焉。然禹貢作者豈不欲其中規，徒以欲達於中央之豫，故不得於荆州之後逕次以梁州耳。

職方一篇，其最爲後出之證據者曰“閩”。此名不見於故籍。史記越世家云：“楚威王……盡取故吳地至浙江，北破齊於徐州，而越以此散。諸族子爭立，或爲王，或爲君，濱於江南海上，服朝於楚。”又東越列傳云：“閩越王無諸及越東海王搖者，其先皆越王勾踐之後也。”是知閩越之建國在楚威王滅越而越人散處於海上之後。威王立於周顯王三十年（公元前三三九年），卒於顯王四十年(前三二九)，是閩之名國爲公元前四世紀事明甚。職方之記，更在其後。鄭玄作注，必欲列其書於西周，則曰，"閩，蠻之別也；國語曰，'閩芊，蠻矣'"，以示其有徵。然按之國語原文，乃爲"蠻芊，蠻矣"，彼蓋杜撰典故僞改書文以掩飾之也！

堯典言"肇十有二州，封十有二山"，每州立一山以爲之主，此不能索之於禹貢而可以索之於職方者。意者堯典之作更在職方後乎？抑作職方者乃襲堯典也？無論其先後如何，此二者必當有關涉，又必皆在禹貢之後，此可以斷言者。至於開方計里以封國，又與王制絶肖。王制爲漢文帝時所作，其時封建侯國爲一大問題，故所以籌畫之者甚細。此篇既與類同，斯亦不能甚早矣。

予嘗疑幽、并二州之得建立於分州之學説中，由於燕、趙二國之拓地。史記匈奴列傳云："燕有賢將秦開爲質於胡，胡甚信之。歸而襲破東胡，東胡卻千餘里。燕亦築長城，自造陽至襄平，置上谷、漁陽、右北平、遼西、遼東郡，以拒胡。"此事爲燕世家及六國表所未載；據本傳中序之於趙武靈王破林胡、樓煩之後，李牧守邊之前，當在燕昭王或惠王時(公元前三一一—二七二)。此幽州所由來也。史記趙世家云："武靈王二十六年(前三〇〇)，復攻中山，攘地北至燕、代，西至雲中、九原。"又云："惠文王三年(前二九六)，滅中山。"匈奴列傳云："趙武靈王亦變俗，胡服習騎射，北破林胡、樓煩，築長城，自代竝陰山下至高闕爲塞，而置雲中、雁門、代郡。"此并州所由來也。燕、趙二國於禹貢皆屬冀，及其拓地寖廣，則一州不足以容之，故別於東北置幽，正北置并。此豈周公之制哉，乃以戰國之武功爲其背景者耳。

今案，有始覽言"北方爲幽州，燕也"，釋地言"燕曰幽州"，而職方幽州之山鎮爲遼西之醫無閭，是此州爲燕國及其新拓之五郡，實可無疑。所不解者，何以職方之幽州乃包有山東半島？或當時視渤海灣爲一區域耶？抑樂毅伐齊，下其七十餘城，作者遂

謂燕、齊當爲一區耶？至於并州，其山鎮之恒山在中山，其川之
虖池、嘔夷皆出於代，此與趙世家所言拓地亦相合。惟雁門、雲
中、九原、陰山、高闕皆未一言：意者作者不之知耶？抑以爲王
者不勤遠略，得中山與代爲已足耶？又有不可解者，淶與易皆燕
國之水，而并州有之，將以武靈王攘地至燕故云然耶？抑作職方
者自有其分州之見解，以爲燕之本國當歸於并，而幽州則但得秦
開新闢之地耶？此則我儕皆未敢遽作斷語者也。

　　燕、趙闢地在公元前三世紀，則職方之作不容更早於此。加
以上述之七閩，山鎮，封國諸端，綜而論之，其出於西漢之初
乎？觀漢武帝立十三州，自以爲兼夏、周之制而有幽、并，則此
篇在武帝時已爲人所共見。又此之并州在冀州之北與東，而武帝
之并州在冀州之西，即此可知此篇非出武帝後人贗造，故不以當
代之制度屬之。然司馬遷作夏本紀全載禹貢，而不録職方於周本
紀，將偶有不照耶？抑不信爲周制耶？其故亦未易求也。

冀州境界問題 [*]
（尚書研究講義丙種三之一）

　　頡剛案：冀州疆域，禹貢不著其界；職方曰，“河內曰冀
州”；呂氏春秋有始覽曰，“兩河之間爲冀州”；爾雅釋地亦曰“兩
河間曰冀州”。今略採各家考釋之詞以説明之。

一　馬融、鄭玄尚書傳

　　兩河間曰冀州。不書其界者，時帝都之，使若廣大然。（尚

---

[*]　此篇及以下七篇係 1932 年 10—12 月作。

書疏卷六引）

　　案：此説孔疏非之曰：“文既局以州名，復何以見其廣大?”説甚是。

二　僞孔安國尚書傳

此州帝都，不説境界，以餘州所至則可知。

　　案：此意孔疏解之曰：“兗州云‘濟河’，自東河以東也。豫州云‘荆河’，自南河以南也。雍州云‘西河’，自西河以西也。明東河之西，西河之東，南河之北，是冀州之境也”，説亦是。惟河之下流，遷徙無常，今之東河非即作禹貢時之東河。按導水章記河道云：“導河積石，至于龍門；南至于華陰，東至于底柱；又東至于孟津；東過洛汭，至于大伾；北過降水，至于大陸；又北播爲九河，同爲逆河，入于海。”書以今地，則積石即青海南境之大雪山，與冀域無關，可以不論；龍門在山西河津，陝西韓城之間；華陰在陝西華陰縣；底柱在河南陝縣東北；孟津在河南孟縣南；洛汭在河南汜水縣西北；大伾在河南濬縣東南；降水在河北曲周肥鄉之間；大陸在河北任縣東北；九河多不可考，且在兗州者八，止徒駭一枝與冀州分水，而徒河在河北交河縣東；逆河已淪於海，今河北灤縣南渤海是。（以上諸地有問題者尚多，兹惟依習用之説，俟將來再詳論之。）由上述之言觀之，則冀州疆域奄有今山西省南部及中部，河南省西北一角，河北省中部及北部。

三　胡渭禹貢錐指

或問：冀州欲言其境界當云何？曰：若從爾雅曰“兩河間”，

則漏卻南河，未善也。古者河北之地皆謂之"河內"。自戰國魏始有河內河東之別，而秦、漢因之以置郡。周禮所謂"河內"，不止河內郡地也。今即兼幽、并言之，亦無不可。必欲書境界，曰"河內惟冀州"，庶幾得之。……

　　舜肇十有二州，以冀州之北廣大，分置并州、幽州。至夏而復合於冀，與堯時同。爾雅之九州有冀、幽而無并，郭璞以爲殷制，"兩河間曰冀州"注云，"自東河至西河"；"燕曰幽州"注云，"自易水至北狄"。蓋殷分夏冀州之東北以爲幽，而正北并州之地仍屬冀，視虞之冀則大矣。周禮，"東北曰幽州，正北曰并州"，與虞制同。賈公彥疏云："周之冀州小於禹貢，以其北有幽、并。"然不唯小於禹貢，亦小於爾雅也。……

　　案，虞制是否析并、幽於冀，夏制是否更以并、幽合於冀，殷制是否又析幽於冀，周制是否又析并於冀，此問題繁複，當另行討論之。

　　冀西距河，河自今塞外東受降城南而東，至山西大同府廢東勝州界，折而南，經平鹵衛及太原府之河曲、保德、興縣，汾州府之臨縣、永寧、寧鄉、石樓，平陽府之永和、大寧、吉州、鄉寧、河津、榮河、臨晉、蒲州，是爲西河，與雍分界。……

　　案，胡氏定此爲禹貢冀州之西界。東受降城及廢東勝州均在今綏遠歸化西南。按冀、雍二州之界能否達西河之北端，亦一問題。苟竟能之，則導山不當不及陰山，導河積石而下亦當云至于九原、雲中矣。

　　冀東亦以河與兗分界。自周定王五年河徙之後，禹河故道堙廢，而冀、兗之界難分。今按漢志魏郡鄴縣下云："故大河在東，北入海。"故大河者，即王横所云"禹之行河水本隨西山下東北去"者也。河自汲縣南東北流，至黎陽縣西南出大伾、上陽、三山之間（大伾……在濬縣東南二里；……善化山在縣西北二十五里，俗名上陽；三山即賈讓所謂西山也），蘇代謂之"宿胥之口"，酈道元謂之"宿胥故瀆"，李垂謂之"西河故瀆"，濬縣舊志云"在縣西十里"，蓋禹跡也。（河徙由縣東，故稱此爲西河。）自此而北，歷蕩陰、安縣、鄴縣、斥丘（東接内黄、魏縣），至列人、斥章之境，左會衡漳，經所謂"北過降水"也。（應劭曰："斥章縣，漳水出治北入河。"杜佑曰："漳水横流至肥鄉縣界入河。"斥章，今曲周縣地。肥鄉，漢列人縣地。蓋漳水由二縣境注于河也。）河自此東北入海。及定王時南徙，則衡漳東出，循河故道而下，至東光縣西與大河合。王莽時河益徙而南，漳水遂專達于海。故斥章以下，水經通謂之漳水。東北歷平恩、曲周、鉅鹿、經縣、南宫、堂陽、扶柳、信都、昌成、西梁、桃縣、鄡縣、下博、樂鄉、武強、武隧、武邑、東昌、弓高、阜城、樂成、建成、成平、浮陽，至章武、平舒入海。蓋皆禹河之故道也。而説經者皆以王莽河爲禹河，謬矣。（大河故瀆一名北瀆，王莽時空，俗遂稱王莽河。）以今輿地言之，濬縣（屬直隸大名府），湯陰、安陽、臨漳（並屬河南彰德府），成安、肥鄉、曲周（並屬直隸廣平府），平鄉、廣宗、鉅鹿（並屬順德府），南宫、新河、冀州（並屬真定府），束鹿（屬保定州），深州、衡水、武邑、武強（並屬真定府），阜城、獻縣、交河、滄州、青縣、静海、天津（並屬河間府），皆禹時冀東瀕河之地，中流與兗分界，王制謂之東河。北播爲九河，其經流，爾雅謂之徒駭。又同爲逆河，東至碣石入海，後世謂之渤海者也。……

　　案，此爲胡氏考定之冀、兗兩州分界。

冀東北與青分界處，於古傳記無可考。今按碣石以西之渤海，即禹時逆河也。自天津衞直沽口與兗分界；又北歷寶坻縣東南，折而東，歷豐潤、灤州、樂亭、盧龍、昌黎縣南（昌黎，漢絫縣，碣石在其地），渤海之北岸，皆冀域也。自此以東則爲大海，東歷撫寧縣東南，又東歷山海關南，又東歷遼東寧遠、廣寧等衞南，是爲漢遼西郡地。又折而南，歷海州衞西南（衞在故遼東都司城南一百二十里），曰梁房口關，大遼水於此入海。（關在蓋州衞西北九十里，海運舟由此入遼河。）水經注云，大遼水出塞外衞白平山（亦言出砥石山），東南入塞，直遼東之望平縣西，屈而西南流，逕襄平縣故城西（襄平，漢遼東郡治，明爲遼東都司郭下定遼中衞地）。又南，逕遼隊縣故城西。又南，小遼水注之（水出玄菟高句麗縣之遼山）。又東南，逕房縣西，左會白狼水（水出右北平白狼縣）。又東，逕安市縣西南，入于海。（漢志“望平縣，遼水出塞外，南至安市入海，行千二百五十里”。明一統志：“遼河自三萬衞西北入塞，南流經鐵嶺瀋陽都司之西境，廣寧之東境，又南至海州衞西南入海。”）望平、襄平、遼隊、房縣、安市皆漢遼東郡之屬縣，而遼水逕其西，是知遼西爲冀域，遼東爲青域，而碣石以東，梁房以西之海，則二州共之矣。

案，此爲胡氏所定之冀、青兩州分界，其關鍵在於青州之跨海而有遼東與朝鮮。此問題甚複雜，當於嵎夷問題及青州境界問題中論之。又，禹貢之冀州是否確有幽州之地，亦待商榷。

冀之北界亦無可考。約略言之，當得陰山。侯應曰，“北邊塞至遼東，外有陰山，東西千餘里”是也。昔戰國時，趙北破林胡、樓煩，築長城，自代竝陰山下至高闕爲塞（師古曰，“高闕，山名，在朔方之北”），而置雲中、鴈門、代郡。燕亦築長城，自造陽至襄平（師古曰，“造陽，地名，在上谷界”），置上谷、漁陽、右北平、遼西、遼東郡以距胡。燕趙所築長城，自雲中以迄遼西，延袤可三千里，疑即堯時冀州之北界。但今之長城未必皆古跡，其詳不可得聞耳。北之西頭當起東受降城（唐景龍二年張仁愿築，置振武軍。元和志云，“在朔州北三百五十里。……”）即舜所分并州之西界。東頭當抵醫巫閭山，即舜所分幽州之東界。山在故遼東都司廣寧衞西五里，職方氏“幽州山鎮曰醫無閭”是也。明一統志云：“舜分冀州東北爲幽州，即今廣寧以西之地；分青東北爲營州，即今廣寧以東之地。秦以幽州爲遼西郡，營州爲遼東郡，蓋仍燕之舊，以大遼水爲限也。”

　　柳城縣，漢屬遼西郡；隋置營州治焉；唐因之。地理志：“營州柳城縣，河北接奚，北接契丹。”通典云：“東至遼河四百八十里，南至海二百六十里，西至北平郡七百里，北至契丹界五十里，其地遠在今之塞外。”永平府舊志云，“柳城在昌黎縣西南六十里”，此蓋唐永泰元年所置柳城軍，非古之柳城。昌黎本金廣寧縣，大定末更名，亦非古之昌黎也。水經注云：“魏田疇引軍出盧龍塞，塹山堙谷五百餘里，逕白檀，歷平岡，登白狼，望柳城。”（見濡水。）又曰：“燕慕容皝以柳城之北，龍山之南，福地也，使陽裕築龍城，改柳城爲龍城縣。”（見大遼水。）此真古之柳城，禹貢冀州東頭之北界當訖于此。今乃謂在昌黎縣西南，則冀之東北隅蹙地七八百里矣，豈不謬哉！

　　　案，此冀州之北界，胡氏未敢斷言，惟以戰國時燕、趙之國界疑爲堯時之州界。然則苟使燕、趙之武功更盛，拓地逾遠，堯州之疆域不將隨之以更廣乎？

　　　又案，胡氏説禹貢，古今獨絶，然於冀州之域止能鑿鑿言其西南境而於東北兩方則惟作疑似之詞，此無他，彼以限於禹貢所言則太狹，弗能如戰國以下之規模，無以見禹功之神，禹域之廣；若軼出禹貢所言，又苦無據，乃從馬、鄭舊說，周旋於職方、釋地之間，以并、幽兩州合於冀州而言之，遂若此不引耳。我輩苟直捷從禹貢上求材料，則冀州之東境至碣石止矣，弗能及遼東；其北境至恒山止矣，弗能及陰山。觀王制記四境，東東海，西流沙，南衡山而北恒山，雖云“不盡”，然此外已存而不論矣。推之禹貢作者之心，當亦如是。彼固不知將有燕、趙之拓地立郡，亦不知將有職方與釋地之地域規畫突出於彼之範圍，更不料後世之人將取此二書以與彼書相糾纏也。

四　蔣廷錫尚書地理今釋

冀州：今山西之太原、平陽、汾州、潞安、大同五府；澤、遼、沁三州；直隸之順天、永平、保定、廣平、順德、宣化六府；及正定、河間二府西北境，大名府濬縣西境；盛京之錦州府；河南之懷慶、衛輝、彰德三府。其北直抵塞外陰山下，西起東受降城（今蒙古名薩爾兀村）之北，東迄於大遼水也。

案：此據胡氏之説而以今地書之；惟胡氏猶作疑詞，而此乃一一實定之耳。後人見此實定之文，更無思索餘地，不知其基礎實建築在沙灘上爾。

五　王鳴盛尚書後案

……要之唐虞三代，冀州互有更改者，總在東北、正北二境，其居東西兩河之間則無不同。

案：以禹貢無并、幽而遂謂禹貢冀州包有并、幽，然則高山如陰山，大川如遼水，其爲重要何待言，何以索之於禹貢，轉不及壺口之小山，恒衛之小川之猶得一席地也？故王氏謂"唐虞三代，冀州互有更改"者，非冀州之有更改，乃各時代人之地理知識之有更改耳。

兗州境界問題
（尚書研究講義丙種三之二）

頡剛案，禹貢言"濟河惟兗州"，釋地言"濟河間曰兗州"，有始覽言"河濟之間爲兗州"，俱已明定其疆域，似可無問題。然職方云，"河東曰兗州，其山鎮曰岱山，其澤藪曰大野"，以較禹貢，則岱山在青徐二州之間，大野澤則在徐。若兗州之界南止于濟，則岱與大野並在濟之南，兗州何得越境而有之耶？以此之故，兗州境界仍有問題。

一　僞孔安國尚書傳

東南據濟，西北距河。

案，此與王肅尚書注同；王説見詩正義七之三卷引。

二　孔穎達尚書正義

據，謂跨之。距，至也。濟河之間相去路近，兗州之境跨濟而過，東南越濟水，西北至東河也。

按，此謂兗州之境西北止于河，東南則不止於濟，蓋濟河之間相去路近，不足當一州，故於東南恢廓之也。然河濟之間足當一州與否是一問題，禹貢作者是否以河濟之間當一州又是一問題。若禹貢作者謂兗州跨濟而過，則何不以他山他水爲其南界，乃曰"濟河惟兗州"乎？且經文既無跨與至之分，即僞傳所謂之據亦無跨字之義。故胡渭駁之曰："今按據字義，說文云'杖持也'，玉篇云'依也，持也'，廣韻云'依也，引也，案也'；跨字義，說文云'据也'，玉篇、廣韻並云'越也'；二字之義絕不相謀，而疏乃以跨釋據，何耶？賈生過秦論云，'秦孝公據殽函之固'，班孟堅西都賦云，'左據函谷二殽之阻'，此但言秦地東有殽函，非謂殽函之東亦秦地也。……據踞音同義異：踞有跨義而據無跨義。自俗書二字混用（如據鞍或作踞，虎踞或作據之類），而疏遂以跨釋據。昔人嫌宋儒訓詁多出己意，不謂唐初已有此弊也。……兗之南界及濟水而止，何用割地以附兗！"此所駁甚是。蓋孔氏作正義時，或牽于職方之文，以爲禹貢兗州亦當如此，故曲解僞傳之據字以成其說也。

三　蔡沈書集傳

蘇氏曰："河濟之間相去不遠，兗州之境東南跨濟，非止于濟也。"愚謂河昔北流，兗州之境北盡碣石河右之地。後碣石之地淪入于海，河益徙而南，濟河之間始相去不遠，蘇氏之說未必然也。

案，蘇軾之說與孔穎達同，皆憐其境域之陋而思有以廣之。蔡沈則謂河昔北流，至于碣石入海，兗州之北境不陋。然即如蔡氏之說，兗於九州中仍爲最小。蓋當時分配九州，完全視文化之疏密而定，故兗青徐至密（今山東一省即兼跨此三州）而揚荊雍梁至疏。即漢之分郡，亦復如是，兗青徐三州之郡彈丸地耳，而揚荊梁益諸州之郡有過於今之一省者（如會稽郡，包有今江蘇省之南部及浙江福建兩省）。吾儕大可視其分州之疏密以定其文化背景，更以定其出現時代也。

四　胡渭禹貢錐指

爾雅“濟河間曰兗州”，注云，“自河東至濟”。周禮“河東曰兗州”，而賈疏以爲侵禹貢青徐之地者，蓋以“其山鎮曰岱山，其澤藪曰大野”知之。殷之兗州自河東至濟，與禹貢同；其徐州自濟東至海，亦與禹貢同。而周則言河不言濟，蓋其境越濟而東得岱矣。岱南爲徐，北爲青，徐州曰“大野既豬”，是知侵禹貢青徐之地也。兗界跨濟，唯周制有然；以言乎禹貢之兗州則悖矣！……

東南據濟，與豫分界，當自兗州府之曹州始。何以知之？按導水“濟入河，溢爲滎，東出于陶丘北，又東至于菏”。菏澤在今定陶縣境，經繫諸豫；雷夏在今曹州境，經繫諸兗：故知二澤之間爲兗豫之界也。濟水至曹州西分爲二，一水東南流爲菏水，一水東北流入鉅野澤爲濟瀆。春秋僖公三十一年，“取濟西田”，左傳云，“分曹地，自洮以南，東傅于濟”。酈道元云，“濟水自此東北流，出巨澤”，即此地也。濟水又北過東昌府之濮州范縣，東與徐分界；又北爲陽穀、荏平，東與青分界；轉東爲濟南府之齊河、濟陽、齊東、青城，又東爲青州府之高苑、博興、樂安（樂安縣東北一百十里有琅槐故城，漢屬千乘郡，古濟水入海處也），南與青分界。今歷城以東有小清河，即濟水入海之故道，其北爲兗，南爲青也。

西北距河，與冀分界。河自今河南衛輝府胙城縣北，東至直隸大名府濬縣大伾山西，折而北，經河南彰德府界中；又東北，經直隸廣平、順德、真定、河間四府界中，東入于海。此禹河之故道，曲周以下即漢時漳水之所行也。……

九河，濟、潔入海，竝在兗東。徒駭最北，八枝次之。潔在鬲津之南，濟又在潔之南，其所入皆勃海也。自天津衛直沽口與冀分界，南歷靜海縣東，又南歷滄州東，又南歷霑化、利津、蒲臺縣東，折而東，歷樂安縣北，以小清河入海處與青分界。

　　案，如其言，是由河南榮澤東，而山東定陶北，又北而范縣，而陽穀，而茌平，轉東而齊河、濟陽、青城、高苑、博興、廣饒（即樂安），此爲濟水故道，西北爲兗，東南爲青、徐、豫之界；河則自河南延津北（胙城縣），東北至濬縣東，又北折而之湯陰、臨漳，又東北經河北之廣平、曲周、廣宗、南宮、衡水、阜城、交河、滄縣東入于海，是爲冀與兗之分界。

五　蔣廷錫尚書地理今釋

兗州：今山東之東昌府，及兗州〔與〕曹州〔之〕陽穀、壽張、鄆城三縣，濟南、青州二府西北境，直隸之大名府，及正定、河間二府東南境，河南之衛輝府考城縣也。

六　王鳴盛尚書後案

鄭云“言沇州之界在此兩水之間”者，沇自滎至菏，此沇州之西南與豫分界處。自菏至會汶，則南與徐分界處。自會汶後東北行，則東與青分界處。河自大伾北過降水，至於大陸，又北播爲九河，同爲逆河，入于海，此沇州之西北與冀分界處。……

　　王云“據沇”，傳同。疏云，“跨之。沇河之間相去路近，沇州之境跨沇而過”。考古河自大伾以下向東北去，其後南徙，沇河之間始相去不遠；疏乃以後世改流上擬禹跡，非也。然疏説蓋本漢志。沇陰郡治定陶縣，山陽郡所領縣有成武、單父、東緡方輿，皆在沇水之南，二郡，志竝屬沇州，故以爲沇州之境跨沇而過。不知漢武置十三州，自立疆界，不盡與古合，安得以漢之沇州爲禹之沇州乎！

案，此即用胡渭說，論孔說本漢志一段亦録自禹貢錐指。

青州境界問題
（尚書研究講義丙種三之三）

頡剛案：青州境界，禹貢曰“海岱惟青州”，其地東至海，西至岱，包有山東半島之全部，至明也。又以“濟河惟兗州”一語校之，知濟北爲兗，濟南爲青，亦至明也。有始覽曰，“東方爲青州，齊也。泗上爲徐州，魯也”，是青徐二州之界即齊魯二國之界，齊與魯間築有長城，遺址猶可見，斯青徐二州之界亦可定也。青之地東至海，西至岱，北至濟，南至長城，明白顯著如此，似可無問題發生矣。然問題不但不能無，且掀起至大之糾紛者，則以有堯典、職方及釋地之文爲之梗阻耳。釋地不著青州而云“齊曰營州”；以有始覽校之，營青既同爲齊地，營自爲青之異名，蓋以五行說立州名則東方宜曰青，以齊都營丘定州名則簡稱之曰營，無二地也。然釋經者好事貫通，堯典有“肇十有二州”之文，此十二州爲何？以禹貢之九州，加職方之幽并，僅得十一州，尚有一州爲何？於是此異名之營遂被採用而得與青並峙矣。既與青並峙，則必有與青不同之境域在，此境域爲何地乎？於是說之者曰，遼東半島爲營，山東半島爲青。試問之曰，十二州制既如此分，九州制時將如何？彼將曰，遼東半島亦歸青而已矣。如此，青州之地遂不盡于海而越于海。然則與“海岱惟青州”之語不衝突乎？此糾紛者一也。職方有青州而無徐州，於青州云，“其山鎮曰沂山，其澤藪曰望諸，其川淮泗，其浸沂沭”，合之禹貢，則望諸（即孟豬）在豫，其他皆在徐，是職方但以徐之全部及豫之一部爲青州也。然則禹貢青州之地於職方何屬乎？職方云：
"東北曰幽州，其山鎮曰醫無閭，其澤藪曰貕養，其川河泲，其
浸菑時。"此數名中，惟醫無閭在今遼寧，確當於幽州；餘則河在
兗，泲與時在兗青之交，貕養與菑則在青，是職方之幽州，兼有
禹貢兗青之地也。職方之幽州既兼有兗青，然則禹貢無幽州，幽
州之地不將併入青州乎？既併入青州，則青州豈得不跨海而有遼
東半島乎？此糾紛者二也。舍此而外，則"嵎夷"一名亦爲癥結所
在。禹貢於青州兩言夷：曰萊夷，今知其處；曰嵎夷，今不知其
處。然堯典曰，"分命羲仲，宅嵎夷，曰暘谷，寅賓出日"，淮南
子天文訓曰，"日出于暘谷，浴于咸池，拂于扶桑，是謂晨明"，
是暘谷在日出之所，與扶桑同其遼遠；而堯典以嵎夷合於暘谷，
則嵎夷爲東方絶遠之地，不在海内可知也。以此故，范曄後漢書
次夫餘、高句驪、三韓及倭奴國之事爲東夷列傳，其序云，"夷
有九種，曰畎夷、于夷、方夷、黃夷、白夷、赤夷、玄夷、風
夷、陽夷，故孔子欲居九夷也。昔堯命羲仲宅嵎夷，曰暘谷，蓋
日之所出也"，遂視嵎夷在朝鮮、日本之間。信如此説，是青州
之境不但越山東半島，亦不但跨渤海而有遼東半島，且橫絶黄海
而據有朝鮮與日本矣。是耶，非耶？此糾紛者三也。以一極可無
問題之州界，而乃有此鉅大問題發生，則以牽合於釋地、職方、
堯典之文之故，非禹貢作者之罪也。我儕今日，將僅就禹貢之本
身立論乎，抑需要他種比較材料乎？比較之後，將分析其異同
乎，抑將融通之而泯其異同之跡乎？是在善讀書者擇而取之！

一　許慎説文解字

　嵎：嵎山在遼西，从山，禺聲。一曰，嵎鐵（銕），嵎谷也。
（山部）

　堳：堳夷在冀州陽谷，立春日日值之而出，从土，禹聲。尚
書曰，"宅嵎夷"。（土部）

案：此但引堯典“宅嵎夷，曰暘谷”；其所以不舉禹貢“嵎夷既略”之故不可知。至一云遼西，一云冀州者，禹貢不著幽州，遼西之地當屬冀州也。後人得此暗示，欲以之傅合於禹貢嵎夷，則青州之境自擴大而至于遼東半島矣。

二　馬融尚書傳

（堯典，“宅嵎夷，曰暘谷”）嵎，海隅也。夷，萊夷也。暘谷，海嵎夷之地名。（釋文引）

案：讀此語，似馬融並未將青州地域擴大，蓋如彼之解釋，則嵎夷即海隅之萊夷耳。（應否如此解釋，是另一問題。）

三　又

（堯典“肇十有二州”）禹平水土，置九州。舜以冀州之北廣大，分置并州；燕齊遼遠，分燕置幽州，分齊爲營州：於是爲十二州，在九州之後也。（史記五帝本紀集解等引）

案：如其說，是營州之設置在既作禹貢之後。彼雖未言營州爲何地，要已承認禹貢之青州中包有十二州制之營青二州矣。

四　鄭玄尚書傳

（堯典“肇十有二州”）舜以青州越海而分齊爲營州；冀州南北太遠，分衛爲并州，燕以北爲幽州；新置三州，并舊爲十二州，更爲之定界。（爾雅釋文等引）

案：此與馬融說似同而實異，蓋馬氏但謂分齊爲營，此則更云青州越海也。越海之説，以今所得材料言，似自此始。

五　又

（禹貢“海岱惟青州”）今青州界東自海，西至岱。（史記夏本紀集解等引）

案：鄭玄既以營并幽三州爲新置，是當禹定九州時，營尚在青中，何以於堯典云“青州越海”而於禹貢則改言“青州界東自海”乎？一人之説，一書之傳，而矛盾乃如此，經師欺人，於此可信。

六　僞孔安國尚書傳

東北據海，西南距岱。

案：山東半島，東北固據海矣，東南亦何嘗不據海乎？

七　孔穎達尚書正義

海非可越，而言據者，東萊東境之縣，浮海入海曲之間，青州之境非至海畔而已，故言據也。漢末有公孫度者，竊據遼東，自號青州刺史，越海收東萊諸郡；堯時青州當越海而有遼東也。舜爲十二州，分青州爲營州，營州即遼東也。

案：孔疏釋據爲跨，胡渭已駁之，見兗州章。此謂“青州之境非至海畔而已”，蓋用鄭玄越海之説，未必僞孔意也。所謂公孫度云云，考之三國志本傳，謂“度爲遼東太守，……分遼東郡爲遼西中遼郡，置太守；越海收東萊諸縣，置營州刺史；自立爲遼東侯，平州牧”，是度以遼東爲平州而以東萊爲營州，營州仍在山東半島，不足證跨海之説，亦無青州刺史兼轄遼東及東萊諸郡之事也。且即令有之，亦何能以漢末之政治變態而斷定堯時之青州原當越海而有遼東乎？

八　蔡沈書集傳

青州之域，東北至海，西南距岱。

案：此不主越海之説，與鄭玄第二説同。

九　鄒季友書傳音釋

按孔傳云，“東北據海”，孔疏云，“據，謂跨之也”，故以海北遼東西之地爲青州之域。今蔡傳云“東北至海”，則疆域至海而止。又冀州傳中引程氏云，“冀之北境則遼東西，右北平、漁陽、上谷之地”，蓋與孔説異矣。而舜典傳中尚仍孔傳“分青州爲營州”之語，自相背戾，當正之也。青州貢道，自汶達濟，別無遼東西貢道；而冀州夾右碣石入河，則正是遼東西貢道，乃青州北境所至之海也。

案：此以貢道證遼東西屬冀而不屬青，即以證青境不跨海，説甚是。

一〇　胡渭禹貢錐指

安國傳出魏晉間，其釋舜典云“分青爲營”，襲馬鄭也。此云青州“東北據海”，蓋直案當時輿地，遼東屬幽州，以爲青之北境至勃海而止，故曰東北據海，若忘乎其營之出於青者。而潁達善爲傅會，訓據曰跨，以求合於前説。夫青之跨海固也，而以傳之據爲跨則非也。………

先儒謂分青爲營，據爾雅“齊曰營州”以立義。康成云，“舜以青州越海，分置營州”，是堯時遼東本屬青也。而王明逸非之曰：“中國疆界固有非至海畔止者，如珠崖在大海中，自爲一隅，而屬於嶺南。然雖越海，而土俗相接，又他無可附。遼東固中國東境，豈有不屬接壤之冀而遥屬隔海之青乎！周時遼東即營州而并於幽州，則堯時決非屬青矣。”斯言亦近理。然孫炎以爾雅爲殷制，殷必有所受；遼東苟非青域，殷何由改青曰營？馬鄭諸儒相沿已久，當從之。古今疆域或因或革，未可據周之屬幽以證堯時不屬青也。

　　案：宋人已撇去青州跨海之説，而胡渭重張漢幟以反之，然終苦無據，乃藉馬鄭之説“相沿已久”及孫炎“以爾雅爲殷制”之遁詞而欲確立之。王明遠“遼東固中國東境，豈有不屬接壤之冀而遥屬隔海之青”一駁，明知其言“近理”，顧仍以“相沿已久”之傳統見解否認之。如此態度，謂非成見得乎！且爾雅爲殷制，爾雅未嘗自言之，古籍中亦未有道及之者；孫炎爲三國時人，何由知之？其據安在？漢書地理志云：“殷因於夏，無所改變。”何班固時殷制有青無營而孫炎時之殷制乃有營無青也？況即使爾雅九州確爲殷制，又何以知唐虞時亦有營州，更何以知唐虞時之營州乃越海而治遼東也？古今疆域或因或革，誠未可據職方遼東之屬幽以證堯時不屬青，然據爾雅“齊曰營州”之文以證堯時遼東之屬青，其理由又安在耶？故由個人之想像謂青州當越海，可也；若欲以漢魏經師之説，謂青州確有越海之證，營州確治越海之地，則直自欺以欺人耳。

一一　又

青之東北界無可考。疏云，“越海而有遼東之地”，恐未盡。通典云，“青州之界東跨海，從岱山東歷密州，東北經海曲萊州，越海分遼東，樂浪三韓之地，西抵遼水"，此説近是。然三韓地太遠，而玄菟不可遺，竊謂漢武所開二郡皆古嵎夷之地在青州之域者，而三韓不與焉。蓋嵎夷，羲和之所宅，朝鮮，箕子之所封，不應在化外；先儒但云有遼東，非也。……史記秦始皇本紀云："地東至海暨朝鮮，北據河爲塞，並陰山至遼東。"朝鮮列傳云："自始全燕時略屬真番朝鮮，爲置吏，築鄣塞。秦滅燕，屬遼東外徼。"燕秦之所經略，蓋禹貢嵎夷之地。唐一行所謂"北戒山河，抵恒山之右，乃東循塞垣，至濊貊朝鮮，以限戎狄"者是也。………

太康地志云："樂浪遂城縣有碣石，長城所起。"通典云："在今高麗舊界。"蓋即蒙恬所築，起臨洮至遼東者也。東漢以來，故阯湮没。都司（明遼東都指揮使司）城北至三萬衛，三百三十里，古肅慎氏地。衛西有開元城，金置會寧府，號爲上京。禹貢青州之北界，當極於此。……

青之東境，登萊二府之地，斗入大海中，東西長八九百里，形如吐舌。史記齊世家云："齊自泰山屬之琅邪，北被於海，膏壤二千里"，蓋并登萊計之也。海水自日照縣東與徐分界，北歷諸城縣東，折而東北，歷膠州、即墨、萊陽、棲霞、文登諸縣南，又東北出而西折，歷寧海州及福山、蓬萊二縣北，又西歷招遠、掖縣、昌邑、濰縣北，與兗分界。……

岱南與徐分界處，嘗考齊長城故阯而約略得之。管子曰："長城之陽，魯也；長城之陰，齊也"，是春秋時已有長城矣。竹書紀年曰："梁惠成王二十年，齊築防以爲長城，城緣河徑泰山千餘里，東至琅邪臺入海。"齊記曰："齊室王乘山嶺之上，築長城，東至海，西至濟州，千餘里。"水經注云："濟水自臨邑縣東，又北逕平陰城西。京相璠曰：'平陰，齊地，在濟北盧縣故城西南十里'。南有長城，東至海，西至濟，河道所由，名防門，去平陰三里，齊侯塹防門即此也。其水引濟，故瀆尚存。"（見濟水。)又云："朱虛縣泰山上有長城(泰山，東泰山也，亦名小泰山，在臨朐縣南百里。朱虛故城在縣東)，西接岱山，東連琅邪巨海，千有餘里，蓋田氏之所造。"(見東汶水。)括地志云："長城西北起濟州平陰縣，緣河歷泰山北岡上，經齊州，淄州，東至密州琅邪臺入海。"……通典云："盧縣有長城，東至海。蘇代說燕王曰，'齊有長城鉅防'，鉅防即防門也。"……今按齊長城橫絕泰山，緜地千餘里，自平陰而東，歷肥城(在縣北)，長清(在縣南)，泰安(在州西北六十里)，萊燕(在縣北)，淄川(在縣南)，沂水(在縣北九十五里)，臨朐(在縣南，又有穆陵關在大峴山上，西接沂水縣界)，莒州(在州北)，以訖於諸城(在縣南七十里)，皆有故阯。此雖後人所築，然皆因岡阜自然之勢爲之。禹時青徐分界亦必以此也。

　　青西及北以濟爲界。鄭漁仲云："不言濟者，以兗州見之也。"按濟水注，濟水自臨邑過平陰、盧縣、歷城、臺縣、梁鄒、臨濟、安平、樂安、利縣，至琅槐入海。以今輿地言之，平陰、長清、齊河、歷城界中之大清河，及章丘、鄒平、常山、新城、高苑、博興、樂安界中之小清河，即漢時濟水會汶入海之故道，古青兗分界處也。

　　案：胡氏定青州四至，雖於東北界云"無可考"，而終屬之遼東朝鮮；北界謂至金之上京，即今吉林阿城縣：此恐不可信。又謂東南以日照縣與徐分界；南以齊長城與徐分界；西及北以濟水與兗分界：此則甚可信。胡氏於青州圖注云："朝鮮東南踰海有三韓，其地直青之徼外，冀州所謂'島夷皮服'者也"，蓋誤以日本爲三韓，故此云"三韓地太遠"。又常山係長山之誤。

一二　蔣廷錫尚書地理今釋

青州：今山東之登州萊州二府；青州府益都、臨淄、昌樂、安邱、壽光、臨朐六縣；及諸城、高苑、博興、樂安四縣南境；濟南府肥城、長清、歷城、章邱、鄒平、長山、新城、淄川八縣；及泰安府萊蕪縣北境；兗州府東阿、平陰二縣北境。其東北跨海爲盛京之奉天府，訖于朝鮮國也。

按孔傳云，“東北據海”，實據有遼東之地，孔氏之言是也。蔡氏謂“東北至海”者非。

案：既讀上文，即知此結論之由來，不必更加評騭。

徐州境界問題
（尚書研究講義丙種三之四）

頡剛案：此一問題殊簡單。禹貢云，“海岱及淮惟徐州”，已將其東北南三面之境界規定矣。爾雅云，“濟東曰徐州”，雖與禹貢殊文，而實補充禹貢所未道之西界。有始覽曰，“泗上爲徐州”，泗水本居徐州之中央，且未嘗出徐州之境，亦無何種問題可發生也。惟職方一篇獨缺徐州，而於青州云“其山鎮曰沂山，其川淮泗，其浸沂沭”，於兗州云“其山鎮曰岱山，其澤藪曰大野”，則以徐之西北部割與兗，而以東部南部歸諸青。此與他說絕異；然以其本無徐州之故，亦不至發生何等糾纏。今對此篇，但說明其界綫而已。

一　僞孔安國尚書傳

東至海，北至岱，南至淮。

案：此順經文作解。以其最易明了，故孔疏遂不更加釋。

二　林之奇尚書全解

"海岱及淮惟徐州"者，……其北境之接於青則以岱，南境之接於揚則以淮也。……夫一州之境必有四面之所至。今其所載但及其山川之二境，則是其所不載者亦互見於鄰州之間；……在夫讀之者以九州之境界而參考之，然後可以參知其四面之所至。故兗、青、揚、荆、豫、梁、雍，皆爲載其二面之疆界，而此實不費辭也。至於徐州，則載三面之所至，與諸州異者，此又其辭不得不然。若言"海岱"，則嫌於青州。若言"淮海"，則嫌於揚州。故必曰"海岱及淮"，然後可以別其爲徐州之界。然徐州雖言三面所至，而其四境猶互見他州。案爾雅曰"濟東曰徐州"，是徐州之西境而水之所經也。雖不言"濟"而濟在徐州東，蓋可得而考。非其長於記述，豈能若是乎！……

案：此釋"海岱及淮"一語甚是，故釋經者多沿用之。惟以其文簡而稱爲善於記述則不然，蓋無數問題之發生，正因記述太簡，無從捉得其真意義之故。即如"淮海惟揚州"，但載東北二面之疆界，其西南二面豈遂能參考而得之乎？

三　鄭樵(?)六經奧論(禹貢職方九州同異辨)

……徐州之西以濟爲界，故爾雅云，"濟東曰徐州"。而經之不言濟者，爾雅無青州，青兼於徐故也。青兼於徐，則凡濟之東皆徐州也。禹貢兼有青徐，則岱山之陽，濟東爲徐，岱山以北，濟東爲青，則言濟不足以辨，故略之也。

吕氏春秋曰“泗上曰徐州”者，泗水出陪尾山，至下邳入於淮；地理志謂其原有四，因以爲名焉。泗之源委皆在徐州，非若淮之與揚共，濟之與兗共也。故不韋亦得以爲説焉。

案：此謂濟水流經岱山之南北，而岱山南爲徐，北爲青，故言“濟東”不是以定徐境，説固是。然謂爾雅無青，青兼於徐，故可以言濟東，則不然。爾雅雖無青州，猶有營州，且言“齊曰營州”，則營必齊地，而海岱之間正是齊境，是爾雅亦何嘗無青哉！且禹貢所稱山川，其於州界亦豈能盡“足以辨”。如“海”，青徐揚三州皆言之；其實即使不言，豈不知其東境之盡於海乎？如必當言之，則兗州亦東瀕海者，何獨缺之乎？又如“荆及衡陽惟荆州”，衡山之陽至何地而止乎？此蓋由於古人作文之不精密與其知識之不確實，不當以其爲經而遂曲護之也。

又案：蔡沈書集傳關於本題，即取林鄭二家之説，惟於林氏舉其人，鄭則未言。六經奥論一書本有晚出之嫌，不知是襲蔡氏説否。

四　胡渭禹貢錐指

海自江南山陽縣東折而西北，爲淮水入海之口；其北岸則安東縣也，是爲徐域。海自縣東而北歷海州東，中有鬱林山（亦名鬱洲，……亦謂之田横島），又北歷贛榆縣東，又東北歷山東日照縣東，又東北歷諸城縣東，至琅邪臺。過此則爲青域矣。

徐北至岱。岱之西南爲東平；其南爲泰安，所謂“汶陽之田”者也；東南爲萊蕪、新泰、沂州、莒州、諸城：皆以長城故阯與青分界。詳見青州。

淮水今自鳳陽府壽州界（州在淮南），東流經懷遠、五河、泗州南；又東北經淮安府清河縣，南與黃河合；又東經安東縣南，而東北入于海。中流與揚分界，故曰“南及淮”也。

岱濟之間，與兗分界，蓋在東平、汶上、鉅野之西。濟淮之間，與豫分界，蓋在金鄉、碭山、宿州、懷遠之西。

……以今輿地言之，江南徐州；及鳳陽府之懷遠、五河、虹縣、泗州、宿州、靈璧；淮安府之桃源、清河、安東、邳州、宿遷、睢寧、海州、贛榆；山東兗州府則滋陽、曲阜、寧陽、鄒縣、泗水、滕縣、嶧縣、金鄉、魚臺、濟寧、嘉祥、鉅野、東平、沂州、郯城、費縣，及平陰之南境；濟南府則新泰，及泰安、萊蕪之南境；青州府則蒙陰、沂永、莒州、日照，及諸城之南境：皆古徐州域也。

案：觀上述，可知徐州境在今山東省之南部及江蘇安徽兩省之北部。自爾雅云“江南曰揚州”，始將徐州之境擴大至江蘇安徽兩省之中部。

揚州境界問題
（尚書研究講義丙種三之五）

頡剛案：禹貢曰：“淮海惟揚州。”以青州之“海岱”，徐州之“海岱及淮”例之，是此海為東海（即今黃海），蓋謂其東界東海，北界淮水耳。其西與南所至，經不記。惟本章云“彭蠡既豬”，彭蠡相傳為今江西之鄱陽湖，在北緯二十八迄三十度間。揚之南界雖未必即止於是，然自此而南即無文以及之矣。職方曰：“東南曰揚州：其山鎮曰會稽。其澤藪曰具區。其川三江。其浸五湖。”

雖未明標其界限，而所舉山川藪澤不出今江蘇浙江兩省之間，其南界猶不難推而得之也。釋地曰"江南曰揚州"，以江爲揚之北界，較禹貢之以淮爲北界者，縮地且四百里。有始覽曰："東南爲揚州，越也。"越之地何在乎？史記越世家云："越王勾踐，其先禹之苗裔而夏后帝少康之庶子也，封於會稽以奉守禹之祀，文身斷髮，披草萊而邑焉。"是謂其本國在會稽也。又云："勾踐已平吳，乃以兵北渡淮，與齊晉諸侯會於徐州。……以淮上地與楚，歸吳所侵宋地於宋，與魯泗東方百里。當是時，越兵橫行於江淮，東諸侯畢賀，號稱霸王。"是謂其滅吳之後，拓地至淮北而與楚宋魯三國接壤。依有始覽之言，徐州爲魯，荊州爲楚；又宋在豫州東部（以孟諸爲宋澤知之），是其北境已入禹貢之徐州而與豫荊毗連矣。漢書地理志琅邪郡邪縣下云："越王勾踐嘗治此，起館臺。"水經濰水注亦云："琅邪，山名也，越王勾踐之故國也。勾踐并吳，欲霸中國，徙都琅邪。"是句踐曾都禹貢徐州東北隅之琅邪，與魯都曲阜東西正相對。故孟子離婁云："曾子居武城，爲越寇。"武城在今費縣西南，魯之東境而琅邪之西也。左傳哀公二十七年"公欲以越伐魯而去三桓，……因孫于邾，乃遂如越"。邾爲今鄒縣，在曲阜南，蓋越境與魯相距不遠，故公自邾以往也。由是而言，禹貢徐州之域，魯僅得西北一角，其大部皆越地矣。勾踐後六傳而至無彊，爲楚所殺，越世家云："楚威王……盡取故吳地至浙江，北破齊於徐州，而越以此散。諸族子爭立，或爲王，或爲君，濵於江南海上，服朝於楚。"按史記六國表，楚威王立於周顯王三十年（西元前三三九年），卒於顯王四十年（前三二九），其圍齊於徐州在七年（前三三三）；滅越事表中失記。是當西元前四世紀之後期，自琅邪以南至浙江以北之地盡爲楚國所奪，越人遂散處於海上。然繼是而有新國家起焉。戰國策趙策二記武靈王之言曰："被髮文身，錯臂左衽，甌越之民也。"甌在今浙江省之南部，爲舊溫州府地，是彼時有越人居於此而建立甌

越國之事。史記東越列傳云："閩越王無諸及越東海王搖者，其
先皆越王句踐之後也，……秦已并天下，皆廢爲君長，以其地爲
閩中郡。及諸侯畔秦，無諸、搖……從諸侯滅秦。漢五年，復立
無諸爲閩越王，王閩中故地，都東冶。孝惠三年，舉高帝時越
功，曰'閩君搖功多，其民便附'。乃立搖爲東海王，都東甌。"東
海王之國，即趙策所云之甌越。閩越國之建立在秦立閩中郡以
先，其地在今福建省，居甌越之南，則散殖愈遠。自閩越而南，
彼時亦稱爲越，曰南越。史記秦始皇本紀，"三十四年，適治獄
吏不直者築長城及南越地"是也。又稱陸梁，始皇本紀，"三十三
年，發諸嘗逋亡人、贅壻、賈人，略取陸梁地，爲桂林、象郡、南
海，以適遣戌"是也。又稱揚越，戰國策秦策三記蔡澤語"吳起……
南攻揚越"，史記南越列傳"秦時已并天下，略定揚越，置桂林、
南海、象郡，以謫徙民"是也。陸梁且不論，此南越或揚越云者，
未知亦是勾踐遺裔所建國之名否，史籍散失，苦無可證。如其然
也，則當時越人自浙江沿海而南，又沿海而西，至廣東（南海），
至廣西（桂林），直至安南（象郡）而止，所占地域可謂至廣。又淮
南子人間訓云："秦皇……利越之犀角、象齒、翡翠、珠璣，乃
使尉屠睢發卒五十萬，爲五軍：一軍塞鐔城之領，一軍守九疑之
塞，一軍處番禺之都，一軍守南野之界，一軍結餘干之水：三年
不解甲弛弩。使監禄無以轉餉，又以卒鑿渠而通糧道。以與越人
戰，殺西嘔君譯吁宋。而越人皆入叢薄中，與禽獸處，莫肯爲秦
虜；相置桀駿以爲將，而夜攻秦人，大破之，殺尉屠睢，伏尸流
血數十萬。乃發適戌以備之。"讀此，可知越民族曾建國曰西嘔，
其爲秦人所殺之君曰譯吁宋。其國在何地，戰於何所，今不可
知。觀其述五軍之守，一曰鐔城，高誘注，"在武陵西南，接鬱
林"（今湖南至廣西）；二曰九疑，高注"在零陵"（今湖南南部）；
三曰番禺，高注"南海"（今廣東）；四曰南野，高注"在豫章"（今
江西）；五曰餘干，高注"在豫章"。是其國當在湖南江西之間，

非復散處海上者矣。以越人占地之廣及其立國之多，故總稱之曰百越。史記吳起傳云，“南平百越”；李斯列傳載其獄中上書云，“北逐胡貉，南定百越，以見秦之強”；賈誼過秦論云，“南取百越之地，以爲桂林，象郡；百越之君俛首係頸，委命下吏”，是也。越境之廣袤既已知，斯可進而討論揚之界。有始覽以揚州爲越，誠是。蓋揚與越爲雙聲，故詩稱“對揚”（大雅江漢），亦稱“對越”（周頌清廟）。以越地名揚州，猶以燕地名幽州也。惟越地無定而揚州則不能不定。將謂揚州如勾踐以前，居於會稽之本國乎？則其北界固不能及淮。將謂如勾踐之世，徙都琅邪乎？則固已渡淮而北，駸駸以徐州之北境爲其北界矣。將謂如無彊以後，散處海上乎？則其北界又止於浙江，而南界且盡閩中之地，固非禹貢所及也。將謂凡以越名者皆得隸於揚州乎？則揚州之境且至安南，九州中能容其獨特廣遠，包有今江蘇、安徽、浙江、江西、湖南、廣東、廣西諸及安南一國，自北緯三十五度直下至十度耶？此實一至難解決之問題，歷代紛爭，迄今而未能會歸于一者也。以予私意，禹貢作者對於南方地理，所知蓋寡，其不知越等於不知胡，揚州之地猶之冀雍以北，直當在存而不論之列；惟以勾踐稱霸中國，已漸漬華夏文化，較之胡之終保其蠻夷之風者尚有異，故不得不列爲一州，然其南界何所厎止乃所不知，故荊州猶作模棱之語曰“衡陽”，而揚州則但識其東北而不道其南界，非不欲道，不知所以道也。其所舉之地名凡三，曰彭蠡，曰三江，曰震澤，悉在北緯二十八度至三十二度間，其弗能及福建、廣東諸省甚明。後人以其無南界也，又以越地之廣遠也，則以秦皇之陸梁三郡悉與之。又以漢武之置揚州刺史部與交趾刺史部也，王莽之改交趾爲交州也，則更謂交州自揚州中析出。寖假而謂揚州之島夷當以琉球、呂宋諸國當之（楊守敬語，見禹貢九州圖），而揚州之境遂跨海而有南洋群島矣。若九原而可作也，招禹貢作者而詢之，彼固將瞠目而不敢應耳！

一　鄭玄尚書注

揚州界自淮而南，至海以東也。（公羊傳莊公十年疏）

　　案：此但言東北界而不言西南所至，與經同。王鳴盛尚書後案釋之云："海岸雖自東北迆而南，而篇末云'東漸于海'，則青、徐、揚之海皆主東言，故鄭云'至海以東'也。"惟海在揚東，揚不可云"海以東"，實有語病。

二　裴駰史記集解（南越尉佗列傳）

（秦時已并天下，略定揚越）張晏曰："揚州之南越也。"

　　案：此輕輕一句，遂將"淮海"之海由東移南，而揚州之域爲之大擴展。其後顏師古作漢書注，因仍其說，曰"本揚州之分，故曰揚越"。張守節作史記正義，又仍其說，曰："夏禹九州本屬揚州，故云揚越。"胡渭禹貢錐指駁之曰："揚越，猶於越、閩越、駱越之類，字義無可考，安見爲揚州之南越邪？……今按兩廣輿圖，惟南雄、韶州、廣州、惠州四府地在古揚州之徼外；而自肇慶以西至潯州，緜地千餘里，皆在古荆州之徼外；南寧以西至安南，則又在古梁州之徼外矣。禹分九州，揚地不當斗入西南數千里。據從漢獻帝紀'建安十八年，復禹貢九州'注云，'省交州以并荆州、益州'，則南越縱在九州之域，亦當分繫荆、梁。張晏，魏人，乃不諳故事，而以南越專屬揚州，又誤中之誤。（據揚雄交州箴曰，"爰自開闢，不羈不絆。周公攝祚，白雉是獻"，則自周以前，南越未嘗通中國，況有其地乎！）……"其論甚是。

三　僞孔安國尚書傳

北據淮，南距海。

　　案：此以東北界説爲南北界，與張晏説同。既云"南距海"，則此海必爲南海而非東海可知。既爲南海，則其地必至南越又可知。苟其信也，則禹貢之末應云"東南漸于海"方合，何必云"朔南曁"，不直斷南與北之所至哉？是以杜佑通典駁之云："自晉以後，歷代史皆云五嶺之南至于海，並是揚州之地。按禹貢物産貢賦，職方山藪川浸，皆不及五嶺之外。且荆州南境至衡山之陽，若五嶺之南在九州封域，則以鄰接宜屬荆州；豈有捨荆而屬揚！此近史之誤也。則嶺南之地非九州之境。"（卷一百七十二，州郡序目下）王鳴盛亦駁之曰："考桂林、南海、象郡，今廣東、廣西、交趾地。漢武帝平爲交州。三國吳分置廣州。晉滅吳，因之。魏晉間人以此爲禹貢揚州。僞傳出魏晉人，故云然。……交廣但爲聲教所曁，必在九州之外，故于揚州界但言'海以東'，不言南也。七閩，周禮已有，于禹貢揚州則不可知也。"（尚書後案卷三）

四　晉太康三年地記

交州本屬揚州，取交阯以爲名，虞之南極也。周有天下，越裳氏慕聖人之德，重九譯，貢白雉。秦滅六國，南開百越，置桂林、象郡。（藝文類聚地部引）

五　晉書地理志

交州：按禹貢揚州之域，是爲南越之土。

六　隋書地理志

江都郡、鍾離郡、淮南郡、弋陽郡、蘄春郡、盧江郡、同安郡、歷陽郡、丹陽郡、宣城郡、毗陵郡、吳郡、會稽郡、餘杭郡、新安郡、東陽郡、永嘉郡、建安郡、遂安郡、鄱陽郡、臨川郡、盧陵郡、南康郡、宜春郡、豫章郡、南海郡、龍川郡、義安郡、高涼郡、信安郡、永熙郡、蒼梧郡、始安郡、永平郡、鬱林郡、合浦郡、珠崖郡、寧越郡、交趾郡、九真郡、日南郡、比景郡、海陰郡、林邑郡：揚州於禹貢爲淮海之地。

案：以上三條，爲地理書之確定交州爲揚州地者。隋書地理志所錄揚州四十四郡，以今地析之，江都、丹陽、毗陵、吳，屬江蘇；鍾離、淮南、盧江、同安、歷陽、宣城、新安，屬安徽；弋陽，屬河南；蘄春，屬湖北；鄱陽、臨川、盧陵、南康、宜春、豫章，屬江西；會稽、餘杭、東陽、永嘉、遂安，屬浙江；建安，屬福建；南海、龍川、義安、高涼、信安、永熙、合浦、珠崖、寧越，屬廣東；蒼梧、始安、永平、鬱林，屬廣西；交趾、九真、日南、比景、海陰、林邑，屬安南。壯哉揚州，於隋代天下已逾三之一矣，尚何跼促於九州中爲哉！

七　蔡沈書集傳

揚州之域，北至淮，東南至于海。

案：此與通典言"揚州北據淮，東南距海"者同。通典謂"嶺南之地非九州之境"，則其東南境至今閩粵兩省之交而止。蔡氏於此未斷言，不識其心目中所謂南將止於何處也。

八　胡渭禹貢錐指

殷割淮南江北之地以益徐，故爾雅云，"江南曰揚州"，蓋視夏之揚爲小。然其西又得禹貢荊州之地。何以知之？按導水文，漢至大別入江，而爾雅云，"漢南曰荊州"，蓋漢水之名至大別山而止，其曰"漢南"者，謂大別以西，漢水之南也；曰"江南"者，謂大別以東，江水之南也。荊、揚之界，當於此分。然則殷揚州之境，縮於北乃贏於西，與夏之揚廣狹適相當矣。周禮"東南曰揚州"，其藪澤川浸不殊於禹貢，特未知與殷制異同如何耳。

案：爾雅爲殷制，本无據之猜測。其書之出，在王莽時，故其中含有漢代之成分。漢以廣陵國屬徐州，揚州自會稽郡始，故曰"江南曰揚州"。大別在江夏郡，屬荊州；其東爲六安國與豫章郡，屬揚州：故曰"漢南曰荊州"。不必信孫炎，郭璞之肊説，視釋地九州爲真殷制，而求之過深也。

九　又

淮水自今河南汝寧府息縣南，東流經光山縣北，是爲揚域。又東經光州北；又東經固始縣北；又東北經江南鳳陽府潁州北；又東經霍丘縣北，潁上縣南；又東經壽州北：與豫分界。

又東北經五河縣東南；又東經泗州南盱眙縣北；

又東北經淮安府清河縣南；又東經山陽縣北；

又東經安東縣南而東北注于海：與徐分界。

海自山陽縣東北，析而東南，歷鹽城、興化、如皋縣東，又南至通州東，爲江水入海之口；其南岸則太倉也。自州東，又東南歷上海縣、金山衛東；又南歷浙江鎮海、象山縣；折而西，歷寧海縣東；又西南歷黃巖、太平、樂清、瑞安、平陽縣東；又南歷福建福寧州東；又西南歷羅源、連江、長樂、福清縣東；又西南歷莆田、惠安、同安縣南；又西南歷海澄、漳浦、詔安縣東南；又西歷廣東澄海縣南；又西至潮陽縣南：揚州之海於斯極矣。…左傳僖四年，“楚子使屈完言於齊侯曰，‘君處北海，寡人處南海’”，注云：“楚界猶未至南海，因齊處北海，遂稱所近，蓋夸大之辭。”其襄十四年，子囊述共王之德曰，“撫有蠻夷，奄征南海”，征與處不同。蓋楚至悼王時，吳起爲楚南收揚越，楚地始踰嶺而瀕南海；共王則征之而已。此卻非夸大之辭。

揚之南界，經無可見。據通典，以湖陽隸古揚州，蓋自江西大庾嶺東南，群山縣亙，以達於廣東潮州府之揭陽，即揚之南界也。大庾嶺在南安府大庾縣南八十里（縣本漢豫章郡南壄縣地），南接廣東南雄府保昌縣界（縣亦南壄縣地），水經注以爲五嶺之最東，亦名東嶠，漢書謂之塞上，南越相呂嘉破漢將軍韓千秋于石門，送漢節至于塞上，即此地也。後漢志名臺領山，唐以後又稱梅嶺。其西爲聶都山，贛水所出，與湖廣郴州宜章縣接界。裴淵廣州記曰：“五嶺：大庾、始安、臨賀、桂陽、揭陽也。”此與水經注小異：桂陽，即騎田；而無都龐，有揭陽。顏師古云，“嶺者，西自衡山之南，東窮於海，一山之限耳，而別標名則有五”，蓋依裴氏。五嶺訖揭陽，揭陽山一名揭嶺，在今揭陽縣西北百五十里，南北二支直抵惠州府興寧、海豐二縣界。山南揭陽故城，漢縣也。今西自越城、騎田、萌渚，陂陁相屬，直趨大庾嶺；又循脊而下，東包揭陽屬之海堧，與江西福建分險。唐一行所謂“南戒山河至衡陽東，循嶺徼達東甌、閩中，以限蠻夷”者是也。星傳謂南戒爲越門。

揚之西界，經亦無可見。今據通典所隸郡縣約略言之。蓋自河南光山縣與豫分界，其南爲湖廣之羅田、蘄州、廣濟（舊謂九江在黃州黃梅界，故光山以下並屬荊；今以洞庭爲九江，當屬揚也）；踰江而南，則爲江西之瑞昌；又西南爲武寧、寧州、萬載、萍鄉、永新、永寧；又東南爲龍泉、崇義、大庾：皆與荊分界處也。

案：揚之北界東界，向無差説；南界西界則蓋以禹貢作者本不知其所至，殊未易言；爲之刻畫，亦勞而無功者也。胡氏此説，悉依通典，亦無法中之一法。又揚州西界實牽涉九江，當于九江問題中論之。

一〇　蔣廷錫尚書地理今釋

揚州：今江南之江寧、揚州、廬州、安慶、池州、太平、寧國、徽州、鎮江、常州、蘇州、松江十二府，滁、和、廣德三州，鳳陽府鳳陽、臨淮、定遠、霍邱、盱眙、天長六縣，壽州，淮安府山陽、鹽城二縣；河南之汝寧府光山、固始二縣，光州；湖廣之黃州府羅田、蘄水、廣濟、黃梅四縣，蘄州；廣東之潮州府；及浙江、江西、福建，皆是也。

案：此與隋志所言差同，惟不至嶺南耳，此則杜佑與胡渭之力也。

荆州境界問題
（尚書研究講義丙種三之六）

頡剛案：荆與揚雖同在南方，而荆之問題遠不如揚之複雜，則以荆州徼外地久已由説經者贈之於揚，更無從發展故也。按禹貢云“荆及衡陽惟荆州”謂其界北自今湖北南漳縣之荆山，南至今湖南衡山縣之衡山。然不言衡山而曰衡陽，則固以衡山爲未盡其境，其南界猶在山之南也。夫禹貢爲地理之書，記載務求其正確，何乃言不盡意，留此遐想於人間乎？若謂衡山以南無大山可記，則五嶺之儔，如萌渚、都龐者多矣。即不取山而取水，則大川如湘江者實足當一州之界而無愧，何亦不及之也？是知禹貢作者對于南方地理至不諳悉，而九疑蒼梧之傳說固嘗聞之，知其不盡于衡山，不知其何所底止，則姑作疑似之詞曰衡陽以掩飾之爾。職方曰“正南曰荆州”，有始覽曰“南方爲荆州”，其詞正同。惟職方云“其浸潁湛”，潁水源出河南登封縣少室山，至安徽境入淮；湛水源出河南寶豐縣魚齒山，至襄城縣入汝：皆遠在荆山之北而入於豫州腹地，故許慎鄭玄並以爲誤文。釋地云“漢南曰荆州”，漢水自郇陽東南下，荆山即爲所包，與禹貢之文無大異也。

一　鄭玄尚書傳

荆州界：自荆山南至衡山之南。（公羊傳莊十年疏引）

案：此循經文作解。漢書地理志，南郡臨沮縣下云：“禹貢南條荆山在東北。”又長沙國湘南縣下云：“禹貢衡山在東南。”臨沮，今南漳縣地；湘南，今衡山縣地也。

二　僞孔安國尚書傳

北據荆山，南及衡山之陽。

案：此亦循文作解，與鄭玄同。

三　孔穎達尚書正義

此州北界至荆山之北，故言據也。南及衡山之陽，其境過衡山也。以衡是大山，其南無復有名山大川可以爲記，故言陽，見其南至山南也。

案：此言"北界至荆山之北"，不知將何以處以荆爲南界之豫州？推此語之由來，蓋僞孔釋州界好言"據"，而孔穎達信青州越海而有遼東之説，已將僞孔之"據海"釋爲"越海"，斯於兗州之"據濟"不得不釋爲"跨濟而過"，荆州之"據荆"亦不得不釋爲"至荆山之北"矣。明知其不可通而不顧，此經師之大病也。至於"衡是大山，其南無復有名山大川可以爲記"之説，直是誣罔之甚。衡山之南，山嶺重叠，可以爲記者何限。穎達爲唐人而猶不知之，亦可羞矣。

四　胡渭禹貢錐指

殷有荆而無梁。爾雅"漢南曰荆州"，注云："自漢南至衡山之陽。"漢水出嶓冢，梁州山也。自嶓冢以東至大別，凡在漢水之南者皆爲荆州。然則禹貢梁州之地，荆亦兼之，不盡歸於雍。自大別以東，江南之地爲揚所侵；而大別以西，漢東之地亦皆入於豫。荆州之境，縮於東北而贏於西南。殷因於夏，所損益可知也。

周禮"正南曰荆州"，衡山、雲夢、江、漢，皆禹貢荆州之山水；惟"其浸潁、湛"則有可疑。……湛與潁實皆在河南淮北之地；若割以屬荆則斗入豫域七八百里，略似後世郡國犬牙相制之形，非帝王分疆建牧之意。"潁湛"二字或古文傳寫譌謬，如兗州"盧維"之類，未可知也。周承殷制，亦有荆而無梁。

李巡注爾雅，言雍兼梁地；賈公彥疏周禮，言雍豫並兼梁地：而皆不及荆，殆未察"漢南曰荆"之義耳。蓋殷周之荆豫皆以漢水爲界：梁州漢北之地豫兼之；漢南之地荆兼之；其嶓冢以西則雍兼之：故二代無梁也。

案：胡氏"自嶓冢以東至大別，凡在漢水之南者皆爲荆州"，亦膠柱鼓瑟之談。釋地云"漢南曰荆州"，猶其言"江南曰揚州"也。揚州在江之南，非盡江以南地悉爲揚州（若江南地悉爲揚，則荆已失其存在）；斯知荆州在漢之南，非盡漢以南地悉爲荆州也。且禹貢導水曰"嶓冢導漾，東流爲漢"，是初出時名漾不名漢也。梁州曰"逾于沔"，僞孔傳曰，"泉始出山爲漾水，東南流爲沔水，至漢中東行爲漢水"，是其名爲漢水之時固已近荆州之界矣。爾雅以漢爲荆界，與禹貢之以荆山爲界正無大異。至於梁州一州，職方與釋地均未舉其名；不但未舉其名，且未舉其山川：安知其屬雍，屬豫，抑屬荆乎？

五　又

荆之北界，判自南漳縣之荆山；山在縣西北八十里，漳水所出。其西爲遠安、興山；北與梁接界。荆山之西百餘里爲景山，水經"沮水出漢中房陵縣"，注云"出沮陽縣西北景山，即荆山首也。故淮南子云，‘沮出荆山’"……南漳以東，爲荆門、鍾祥、京山，及隨州之南境廢光化縣地。又東爲應山縣，縣北有義陽三關，一曰平靖關，一曰黃峴關，一曰武陽關，即古之大隧、直轅、冥阨也。（左傳定四年，吳伐楚，自淮涉漢，楚左司馬戌請還塞大隧、直轅、冥阨，自後擊之。大隧即武陽，直轅即黃峴，冥阨即平靖也。……）又東爲黃安縣，有大活關、白沙關。又東爲麻城縣，有穆陵關、陰山關。諸關依山爲阻，與荆山東西準望相直，皆荆豫接界處。

荆之南界，越衡山之陽，大抵及嶺而止。史記曰："秦有五嶺之戍。"晉地理志曰："自北徂南，入越之道，必由嶺嶠。時有五處，故曰五嶺。"據水經注，五嶺，大庾最東，爲第一嶺，在揚域；餘皆屬荆。第二騎田嶺，在郴州南。第三都龐嶺，在衡州府藍山縣南。第四萌渚嶺，在永州府江華縣南。第五越城嶺，在桂林府興安縣北，五嶺之最西嶺也。嶺北一百三十里，接寶慶府城步縣界。經曰"衡陽"，未知所極。然酈氏有言："古人云，'五嶺者，天地以隔內外'。"（見水經溫水注。）韓退之曰："衡之南八九百里，地益高，山益峻，水清而益駛。其最高而橫絕南北者，嶺。中州清淑之氣於是焉窮。"藉此表界，差爲近理耳。

荊之東界，準揚約略言之。蓋自麻城、黃岡踰江而南，爲武昌縣；又西南，爲通山、咸寧、崇陽、通城；又南，爲瀏陽、醴陵、攸縣、茶陵；又東南，爲興寧、桂東、桂陽；又西南，爲宜章：皆與揚分界處也。

荊之西界，經無可見。今據戰國時巴楚分地，約略言之。蓋自巴東踰江而南，爲建始、施州、麻陽、沅州；又東南，爲黔陽、靖州、通道，以訖於興安，與貴州、廣西接界。

……以今輿地言之：湖廣武昌、漢陽、安陸、荊州、岳州、長沙、衡州、常德、辰州、寶慶、永平十一府，郴，靖二州，施州衛；其襄陽府則唯南漳縣；德安府則安陸、雲夢、孝感、應城、應山，及隨州之南境廢光化縣地；黃州府則黃岡、麻城、黃陂、黃安；四川則夔州府之建始；廣西則桂林府之全州，及興安縣嶺北之地：皆古荊州域也。

　　案：如其言，是荊州之地爲今湖南省之全部，湖北省之大部（只北部爲豫境，餘皆屬荊），及廣西省之東北一角。（建始縣今已改屬湖北。）雖其南境是否止于五嶺尚是問題，然其相差固不遠耳。

豫州境界問題
（尚書研究講義丙種三之七）

　　頡剛案：禹貢曰"荆及衡陽惟荆州"，而繼之以"荆河惟豫州"，是荆山爲兩州之界，山之北爲豫，其南爲荆也。職方曰，"河南曰豫州"，言其北界而不言南界，不知其所止。有始覽曰，"河漢之間爲豫州"，北界與禹貢職方無異，南界則取漢而不取荆山。然漢水自上流言在荆山之北，自入江處言又在荆山之南，其疆域之孰廣孰狹殊難言。釋地曰，"河南曰豫州"，與職方同；又曰，"漢南曰荆州"，是亦認豫州之南界爲漢也。究竟豫之南界，荆之北界，當從禹貢言荆山乎？抑當從有始釋地言漢水乎？此本州境界之惟一問題也。

一　鄭玄尚書傳

　　豫州界自荆山而北，至于河。（毛詩王風譜疏等引）

二　僞孔安國尚書傳

　　西南至荆山，北距河水。

三　蔡沈書集傳

　　豫州之域，西南至南條荆山，北距大河。

　　案：以上三條，皆循文作解。僞孔云"西南至荆山"，蔡氏從之。胡渭謂"荆山主南言，傳不當言西"。按禹貢所記豫州諸地名，菏澤孟豬在西經一度，滎播（即滎澤）在西經三度，伊雒瀍澗諸水在西經三度至六度間；又迤西爲華山，已入雍梁二州界。荆山在湖北南漳縣，當西經五度，雖不居於豫之西端，亦偏西矣。僞孔之言，猶可存也。

四　胡渭禹貢錐指

爾雅"河南曰豫州。漢南曰荆州"。蓋荆豫二州，禹貢以荆山爲界，爾雅則以漢水爲界。故郭注豫州云："自南河至漢也。"

禮記王制曰："自南河至于江，千里而近"，鄭注云："豫州域。""自江至于衡山，千里而遥"，鄭注云："荆州域。"則二州又似以江爲界矣。以爲殷制，則與爾雅不合。以爲周制，則與職方不合。

周禮"河南曰豫州：其山鎮曰華山。其澤藪曰圃田。其川滎、雒。其浸波、溠"。華山、圃田、滎、雒，皆在禹貢豫州之域；惟波、溠可疑。鄭注云："波，讀爲播。禹貢曰：'滎播既都。'春秋傳曰：'楚子除道梁溠，營軍臨隨'，則溠宜屬荆州，在此非也。"今按，滎即滎澤，至周而已導爲川，故曰"其川"；波則別是一水，非滎播也。水經潕水注云："波水出霍陽西川大嶺東谷，俗謂之歇馬嶺（霍陽故縣在今汝州東南二十里霍山下），即應劭所謂孤山，波水所出也。馬融廣成頌曰：'浸以波溠。'其水南逕蠻城下，又南分三川於白亭東而俱南入潕水。潕水自下兼波水之通稱也。"蓋洛別百答之外，又有此波水。道元以爲豫州之浸，浸可以爲陂灌溉者也。章懷注馬融傳云："波水出歇馬嶺，在汝州魯山縣西北。"汝州今屬河南，州西四十里廣成澤，一名黄陂，周百里，有灌溉之利。後漢於其地置廣成苑，爲游獵之所。澤水出狼皋山，東南流合温泉水。波水自西來注之，又東南合潕水入汝，此即"波溠"之波也。馬融精於周官，其頌廣成明言"浸以波溠"。鄭違其義，非是。禹貢之"滎波"，自當作"播"。職方之"波溠"，當讀如字，不可牽合。溠水，杜預云："在義陽厥縣西，東南入郿水。”水經注：“溠水出隨縣西北黃山南，逕瀙西縣西；又東南逕隨縣故城西。春秋莊公四年，‘楚武王伐隨，除道梁溠’，謂此水也。又南流注于溳。”溠水流短。溳水出蔡陽縣大洪山，一名清發水，東南逕隨縣，至安陸入于沔。溠既合溳，自下可以通稱，經所謂溠蓋即溳也。豫州南界至漢，殷時已然；周人因之。吕氏春秋云：“河漢之間曰豫州。”溠水在漢北，其爲豫浸又何疑焉。

　　周無梁州。賈疏云：“周之雍豫於禹貢兼梁州之地。”豫所兼者當在華山之陽，漢水之北，嶓冢之東：以華爲豫鎮，漢爲荆界知之。其王制所言，不過言南河至江，江至衡山之道里耳。鄭以爲豫荆二州之域，恐非記者本意。邢氏爾雅疏云：“豫州自南河至漢，職方與此同。”可以證殷周之荆豫皆以漢爲界而不以江爲界矣。

　　　　案：此承經師舊説，斷定以荆山爲豫南界者爲夏制，而以漢水爲豫南界者爲殷與周制。又以職方及釋地無梁州，則謂殷周時之豫兼有梁。至波溠二水，禹貢所無而職方所有，亦考定波在河南汝州，溠在湖北德安。溠水雖與荆山同在北緯三十二度，而猶在漢水入江之北，無背於釋地之文，故不取鄭玄説也。

五　又

　　豫之南界，亦判自南漳縣之荆山，西起保康，歷宜城、棗陽，及隨州之北境故隨縣地（州之南境廢光化縣地入荆域），又東爲信陽、羅山，皆與荆接界處也。詳見荆州。

　　豫北濱冀之南河，其西與華陰接。華陰，雍域也。按職方豫州山鎮曰華山。通典云：“即今華陰郡，山連延東出，故屬豫州。”九域志云：“華山，四州之際，東北冀，東南豫，西南梁，西北雍十字分之，四隅爲四川也。”豫之北界由華山而東，爲閿鄉、靈寶、陝州、澠池、新安、洛陽、孟津、鞏縣、氾水、河陰、滎陽、滎澤；又東北，爲陽武、延津：皆在南河之南。（陽武，自元時河從原武決而東南流，始爲河北地。）又東北，抵濬縣大伾山：冀、兗、豫三州之交也。

豫東接兗、徐、揚三州之界。自封丘而東，爲長垣、東明；又東，爲考城、定陶、曹縣、城武、單縣：與兗接界。又南，爲夏邑、永城、亳州、潁州；又東，爲潁上、蒙城：皆在淮北與徐接界。自潁州以西，爲商城、息縣、真陽；踰淮而南，爲信陽：與揚接界。

豫西自閿鄉以南，爲盧氏、鄖縣，及鄖西之東境故鄖縣地：與雍、梁接界。

豫居中央，爲輻輳之地，接界者七州。唯青爲兗徐所隔，與豫不相接云。

……以今輿地言之：河南則河南、開封、歸德、南陽、汝寧五府，及汝州；直隸則大名府之東明、長垣；山東兗州府之定陶、曹縣、城武、單縣；江南則鳳陽府之潁州、潁上、太和、亳州、蒙城；湖廣則襄陽府之襄陽、光化、宜城、棗陽、穀城、均州，鄖陽府之鄖縣、保康，及鄖西之東境，德安府隨州之北境：皆古豫州域也。

案：如其説，是豫州之地爲今河南省之大部（惟北部屬冀州，東南端屬揚州），湖北省之北部，安徽省之西北一角，又錯出於河北省之南端，山東省之西南端。

黑水及三危問題
（尚書研究講義丙種三之八）

（上原佚）

快也！”其所駁大體甚是。

二　胡渭禹貢錐指

薛氏曰："……黑水，今瀘水也。"酈道元説黑水亦曰瀘水、若水、馬湖江，出姚州徼外吐蕃界中，東北至叙州宜賓縣入江也。渭按：……黑水，諸家遵孔傳，謂出雍歷梁入南海，爲二州之西界，故其説穿鑿支離，不可得通。惟韓汝節疑"梁州自有黑水爲界，與導川之黑水不相涉"，而不謂薛士龍已先得之。蓋古之若水即禹貢梁州之黑水；漢時名瀘水，唐以後名金沙江，而黑水之名遂隱。然古記間有存者：地理志，滇池縣有黑水祠，一也。山海經，黑水之間有若水，二也。水經注，自朱提至僰道有黑水，三也。輿地志，黑水至僰道入江，四也。今瀘水西連若水，南界滇池，東經朱提、僰道，其爲梁州之黑水無疑矣。故斷從薛氏，以南北易孔傳之東西，亦其明確也。……

今按府縣圖志，若水在建昌衛，俗名打冲河；自冕山營西徼外東南流至衛西鹽井營，東南與雲南金沙江合。金沙江源出吐蕃界；……東南流，經麗江府北；又東，經姚安府北，合打冲河；又東，合瀘水；又東，經會川營南；又東，至東川府西；折而東北，經烏蒙府西北；又東北，經馬湖府南；又東，經叙州府南，而北入大江。……鹽井營東南蓋即漢大莋縣界，繩若合流處。"若"爲建昌衛西之打冲河，"繩"則姚安府北之金沙江也。此水禹無所致力，不用循行，故所導惟雍州之黑水。

"瀘"，本作"盧"；如盧弓、盧矢、盧橘之類，皆訓黑。劉熙釋名，"土黑曰盧"。沈括筆談云："夷人謂黑爲盧。漢中山盧奴縣有盧水，酈道元云，"水黑曰盧，不流曰奴"，尤盧水爲黑水之切證也。……

黑水即金沙江，東經會無縣南，南直滇池縣。縣故滇王國，於其北立祠祭之，宜矣。自周衰以迄漢初，聲教阻絕，故尚書家莫能言梁州黑水之所在。千載而下，尚賴有此祠，可以推測而得之。語云，"天子失官，學在四夷"，又云，"禮失而求之野"，此亦其一端也。

杜佑以漾濞水經會川縣者爲黑水；樊綽以麗水合瀾滄江者爲黑水；程大昌以西洱河貫葉榆澤者爲黑水；元人則以瀾滄江至交趾入海者爲黑水；而明李元陽引張立道之事以爲證：此皆轉相附會以求合於"入南海"之文，非實有所驗也。以是爲雍界之黑水，吾不敢知；如謂梁界之黑水亦即斯川，則梁州奄有雲南，極於交趾，以一州而兼數州之地，何至若是之廣遠？此可以理斷之，而信其必不然者也。……

梁州之黑水，自繩、若而外，又有五黑水焉：漢志，符黑水出犍爲南廣縣汾關山，北至僰道入江，一也（一名南廣水）。水經注，"黑水出漢中南鄭縣北山，南流入漢"，諸葛亮牋云，"朝發南鄭，暮宿黑水"，二也。又"黑水出羌中西南，入白水"，通典"扶州尚安縣有黑水"，元和志云"出縣西北素嶺山"，三也（在今陝西文縣）。近志叠溪營城西北有黑水，即古翼水，源出黑水生番東南，經茂州，至安縣入於羅江，四也。又崇慶州西北有黑水入江，元大一統志云，"源出常樂山，溪石皆黑"，五也。此皆水之小小者，非禹貢之黑水也。……

案：胡以瀘水爲梁之黑水，其所引以爲證者，瀘本作盧，盧訓黑，及地志所云滇池縣之黑水祠。按祠宇之設，未必定近黑水；如東嶽廟，在處有之，豈其地皆即東嶽乎！胡駁他說多有是處，其自說之附會亦不能免也。詳見"梁州境界問題"。

……渭按，黑水、三危並見雍州；梁之黑水別是一川，非界雍之西者。黑水，自三危以北，杜氏謂今已堙洇；自三危以南，則水行徼外，不可得詳，亦莫知其從何處入南海也。南海，自揭陽以西至象林皆是。經所謂"海"，盡東海也。惟黑水所入爲南海，故言"南"以別之。……

按滇池所祠之黑水即金沙江，與雍州無涉。……太平御覽引張掖記曰："黑水出縣界雞山，亦名玄圃。昔有娀氏女簡狄浴於玄止之水，即黑水也。"據此則雞山當在甘州張掖縣界。……今陝西甘州衛西有張掖河，即古羌谷水，出羌中，北流至衛西爲張掖河，合弱水東北入居延海，俗謂之黑河。此水並不經三危入南海，安得以此爲禹貢之黑水邪？……

夏、殷之衰，雍州西北境皆爲戎翟所據。……故屈原天問曰："黑水、玄趾、三危安在？"蓋自戰國時此地之山川已與崑崙、弱水同其渺茫，僅得之傳聞而無從目驗矣。……漢興，治尚書者不能言黑水、三危之所在。武帝通西域，玉門、陽關之外，使者往來數十輩，不聞涉大川而西，有可以當古之黑水者。故班志張掖、酒泉、燉煌郡下並無其文。司馬彪亦無可言。至酈道元始云，"黑水出張掖雞山"；而其所謂"南流至燉煌，過三危，入南海"，亦不過順經爲義，與他水歷叙所過之郡縣者詳略相去遠矣。故杜佑云："道元注水經，銳意尋討，亦不能知黑水所經之處。"唐初魏王泰撰括地志，又云"黑水出伊吾縣北"；此與張掖雞山未知孰是。然其所謂"南流絕三危"者，竟亦不可復尋。按伊吾縣，唐伊州治也，本伊吾盧地；貞觀初內附，乃置郡縣。自甘州以至伊州，凡一千五百餘里，郵傳不絕。宦游之士，商旅之徒，與夫出使西域者往來如織，而不聞言燉煌之西有黑水焉。此杜佑所以復有"年代久遠，或至堙涸"之説也。難者曰：黑水行及萬里，黃河之亞也，何至於堙涸？余曰堙涸之故，嘗觀於黃河而知之矣。夫下流壅塞則上流必決而徙道，水之常也。齊桓公時，九河填闕，下逮周定王五年不過四五十歲而全河南徙；鄴東之故大河，黎陽之宿胥故瀆，漢世已不可得詳矣。黑水當亦如此。蓋三危以南，禹功不及，易致壅塞；下流既然，則上流決而徙道，從塞外行，不復經燉煌界中，此三危之西，鹽澤之東，所以終不見有黑水也。難者又曰：水即不至，其枯瀆寧無遺蹟乎？曰：凡黃河既徙之後，其枯瀆風沙填塞，未幾而化爲平陸。況黑水經流沙之域，風吹沙擁，抑又甚焉，遺蹟無存，固其所矣。周定王時河徙，史遷亦不能言，……彼黑水者不由中國入海，又雍西久没於戎翟，新流故道，夫孰爲紀之而孰爲傳之耶？禹治黑水不若治河之詳，河歷千六百餘年而亦不免於徙，則黑水之改流較速，疑當在定王之前。自屈原已不能知，而況伏生輩乎！自古文尚書家已不能知，而況班固、司馬彪、酈道元、魏王泰諸人乎！至若樊綽、程大昌、金履祥、李元陽等，紛紛辨論，如繫風捕影，了無所得，徒獻笑於後人而已！……

黑水繞出吐蕃河源之外，所向或正南，或東南，西南，皆未可知，而説者多以瀾滄爲黑水。……其實黑水下流之爲瀾滄，與東南至交趾入海，既非出於古記，又非得之目驗，憑虛測度終難取信，何如闕疑之爲善乎？合黎之北，禹未嘗親歷其地，則略而不言；而黑水獨言"入於南海"者，蓋西戎即叙之後，其人必有能言黑水之所歸者，故因而志之。……

雍州自禹貢黑水而外，有十黑水焉：一在今榆林衛西北廢夏州界，水經注云，"黑水出奢延縣之黑澗，東流合奢延水入河……"，是也。一在今鞏昌府伏羌縣，縣西有落門聚，水經注云，"渭水自落門聚至黑水峽，水出南山，北流入渭”，是也。一在今秦安縣，水經注云，“黑水出黑城北，西南逕黑城西至懸鏡峽，又西南合瓦亭川入渭”，是也。一在今延安府洛川縣，水經注云，“黑水出定陽縣西山，東南流逕其縣北，又東南合定水入河”，是也。一在今西安府盩厔縣，水經注云，“就水出槐里縣南山，歷竹圃北，與黑水合，北流入於渭”，是也。一在今平涼府固原州北，志云“大黑水北流合小黑水，至寧夏衛入河”，是也。一在今慶陽府安化縣，志云，“源出太白山，西南流逕環縣，寧州，會九龍川，至西安府長武縣入涇”，是也。一在今延安府安定縣，合白水東流，至延川縣入河，志云“舊置黑水堡，因水以名……”，是也。一在今行都司高臺、鎮夷二所境，即弱水合張掖河出塞入居延海者，俗謂之黑河，亦稱黑水，是也。一在今肅州衛西北，自沙漠南流，合白水、紅水，至西寧衛入西海，……是也。此皆水之小小者，不經三危入南海。韓汝節以在鎮夷者爲禹貢之黑水，焦弱侯以在肅州者爲禹貢之黑水，並誤。

　　案：夏州在今陝西橫山縣西。奢延縣故城在今綏遠右翼前旗西南。鞏昌今甘肅隴西縣。伏羌今甘肅甘谷縣。秦安、瓦亭川，皆在甘肅。黑城未詳。延安府即今膚施縣，定陽在今宜川西北，與洛川縣皆在陝西。西安府舊治即今長安縣，槐里故城在今興平縣東南十里，與盩厔皆在陝西；竹圃未詳。平涼府即今平涼縣，固原州即今固原縣，在甘肅。寧夏衛，即今寧夏縣治。慶陽府、安化縣，皆今甘肅慶陽縣。寧州即寧縣，與環縣皆屬甘肅。長武在陝西。延安即今膚施，安定、延川，皆在陝西。肅州衛今甘肅酒泉縣。西寧衛今青海西寧縣。

　　……三危山，自當以在沙州者爲是。後魏書太平真君六年討

吐谷渾，杜豐追被囊，度三危，至雪山，即沙州之三危也。肅州
舊志云：“白龍堆沙東倚三危，北望蒲昌，是爲西極要路。”推其
地望，可以得三危之形勢矣。

　　案：胡氏既以瀘水爲梁界之黑水，又云“黑水、三危並
見雍州，梁之黑水別是一川”，且其於導水及雍界之黑水並
無分別之説，是已明認雍及導水共一黑水而梁則又一黑水
也。但其於雍及導水之黑水，既以樊綽、程大昌等之麗江、
西洱河、瀾滄江爲黑水之説爲非，又未指實以某水當之。惟
其反覆申述杜佑以黑水年遠堙涸之説，又以三危在沙州爲
是，其意又以雍及導水之黑水必入南海者方合；是其雖未指
某水以之，而其認爲在周定王以前曾有經沙州之三危入南海
之一黑水以當雍及導水之黑水也明矣。且胡氏定雍州之西界
（見“雍州境界問題”中）曾云：“黑水今不可得詳，據括地志
言出伊吾，南流經三危山，則當自燉煌北大磧外流入郡界，
南經白龍堆東，三危山西，又南經吐谷渾界中，又南經吐蕃
界中，繞出黃河源之外，而入於南海。”此雖非確定之詞，而
其以黑水出伊吾之説較勝他説，其意亦可知矣。

丙　以梁、雍及導水之黑水爲三水者

一　蔣廷錫尚書地理今釋

三危，在今陝西嘉峪關外廢沙州衛界。括地志云：“山有三
峰，故曰‘三危’，俗亦名卑羽山，在沙州敦煌縣東南三十里。”
（按蔡傳云“三危，西裔之地，即禹貢所謂‘三危即宅’”者是矣。
若導川黑水所經之三危，自在大河之南，與此爲二。詳禹貢三
危下。）

案：此爲蔣釋堯典"竄三苗于三危"之三危。

按黑水之辯，諸家紛如。謹考地圖，禹貢之黑水有三，正不必强合。水經注所謂黑水出張掖雞山（今甘州），至於燉煌（今廢沙州），此雍州之黑水也。漢書地理志犍爲郡南廣縣注云："汾關山，符黑水所出，北至僰道入江"（今叙州府），唐樊綽亦以麗江爲古黑水，云："羅些城北有三危山（羅些城在今麗江府北境），其水從山南行，上流出吐蕃界。"薛季宣謂瀘水爲黑水（今打冲河），引酈道元説"黑水亦曰瀘水，即若水；出姚州徼外吐蕃界中。山海經黑水之間有若水，是也"，以麗江之説爲非。不知打冲河至大姚縣即合金沙江，會流入岷江，薛氏之説原與漢志相合，此梁州之黑水也。宋程大昌以瀾滄江爲黑水。李元陽黑水辨亦云："隴蜀無入南海之水，唯滇之瀾滄足以當之。"而元史載勸農官張立道使交趾，並黑水以至其國。吳任臣山海經注亦以瀾滄爲古黑水。此導川之黑水也。蓋雍州之黑水其源在黃河之北，梁州及導川之黑水其源在黃河之南，有截然不相紊者。第以張掖燉煌尚在内地，可以尋源而求，而推其委而不得，遂託爲越河伏流之説。夫崑崙爲地軸，其山根連延起頓，包河内，接秦隴，直達長安，爲南山；黑水自燉煌而南縱可越大河之伏流，其不能越河以南之南山也明矣。若狃於雍州"三危既宅"之説，謂三危黑水並在雍州域内，不知導川之三危在大河之南，非即竄三苗之三危，而雍州之黑水必非導川之黑水也又明矣。然主瀘水、麗江、瀾滄之説者亦皆以意度，未能確指水之分合。不知瀘水、麗江源異而流同，麗江、瀾滄源同而流異；分合言之，梁州之黑水有兩支，而與導川之黑水實出一源也。而古未有及之者，蓋二水僻在番界，隔蔽南山阻奥，從古未通中國，即魏之法顯，唐之玄奘，元世祖之南征，邱處機之西游，皆繞出崑崙以外歷西域諸國至於滇南，總未嘗經其地。但從入中國之支流以古今分域配之，料約爲某水某水而已。……謹將黑水同異分注於左：

雍州黑水　　出陝西、甘肅塞外，南流至沙州入積石河，今俗名大通河是也。（按括地志云："黑水出伊州伊吾縣北，東南流至鄯州，又東南至河州入黃河。"今黑水上源爲流沙塞壅，已無遺跡可考；其下流爲大通河，在瓜州之南，歷西寧衛，東南至河州入河。西寧即唐之鄯州，則括地志之説與今圖合。又案河至積石，北則大通河入之，南則大夏河注之；二水入河之口南北相值，後人或遂指大夏爲黑水黃河而南之跡。不知大夏雖在黃河之南，實仍在南山之北，且其源自南而北，與山南入海之水絕不相通。）

梁州黑水　　即今雲南之金沙江，其源發於西番諾莫渾五巴什山分支之東，曰阿克達母必拉，南流至塔城關，入雲南麗江府境，亦曰麗水（按麗水即金沙江，入岷江不入南海。唐樊綽云麗水入南海，非）；東南流至姚安府大姚縣之左卻鄉（即苴卻營）北，打冲河自鹽井衛來會之（打冲河出自西番界，在崑崙東南百里。……）；又東入四川境，逕會川營南；又東至東川府西，折而東北流，逕烏蒙府西北，馬湖府南；又東，逕叙州府南入岷。

導川黑水　　即今雲南之瀾滄江，其源發於西番諾莫渾五巴什山分支之西，曰阿克必拉，南流至儞那山入雲南界，東岐一支爲漾備江（即程大昌所謂葉榆河），東南流分注大理府之西洱海，經流入順寧府境其正支南行絕雲龍江而東南，至雲州（屬順寧府）北之分水嶺，乃與漾備江合，又南流至阿瓦國入南海。又案，金沙、瀾滄，一爲梁州之黑水，一爲導川之黑水，然皆非四大水之黑水也。昔人謂番名山川皆以形色，西南夷地水色多黑，故悉蒙黑名，如打冲、金沙、瀾滄俱得稱黑水也。而真黑水之源去瀾滄之西三百餘里，番名哈拉烏蘇色禽，經蒙番、怒彝、猓猓界，由緬甸入南海，即佛書所謂黑水出阿耨達山（即大崑崙山，在今達賴喇嘛界。）東是也，禹跡之所不至。蓋中國在阿耨達之東，故名震旦，所入大水唯黃河一支可見，黑水出阿耨達之東，實在中國之西南，未嘗流入內地，故從古無人知其源委也。

案：蔣以三危在燉煌縣東南者爲"竄三苗于三危"及"三危既宅"之"三危"，而以導川之"三危"在麗江府(雲南麗江縣)北。蔣所謂梁州黑水之金沙江，即胡渭所謂之瀘水。蔣以瀾滄江爲導川之黑水，以大通河爲雍州之黑水。蔣前既以水經所説出雞山之黑水爲雍州黑水，後復以括地志所言出伊吾縣之黑水與大通河相合，且其定雍州之疆界(見尚書地理今釋)則云："……南至西傾、積石，西踰三危，北抵沙漠，皆是也。"按積石東距大通河約四五百里，何既以黑水爲雍界，而其疆域反越界外如是之遠耶？其前後牴牾之處當於"雍州疆界問題"中言之。又其所引括地志"黑水出伊州伊吾縣北，東南流至鄯州，又東南至河州入黃河"之鄯州河州二句本爲張守節之言，蔣並入括地志，引以爲證，亦誤。又麗江源(即長江上游)出青海巴顏喀喇山之陽，瀾滄江源出青海格爾吉山，而蔣云"麗江、瀾滄源同而流異"，或亦誤。所謂諾莫渾、五巴什山、阿克達母必拉(即金沙江)、阿克必拉(即瀾滄)、儞那山、哈拉烏蘇色禽(指怒江)等名，未能詳考。塔城關在今雲南麗江縣西北二百八十五里。阿瓦，緬甸國舊都，濱伊洛瓦底江。怒夷，種族名，在雲南邊境，居怒江兩岸，猓玀，爨蠻種族名，在雲、貴、四川等處；所謂"怒彝、猓猓界"當是此。震旦，印度古時稱中國爲"震旦"，"震"即"秦"，乃一聲之轉；"旦"若所謂"斯坦"，於義爲地，蓋言秦地耳。

又案：上所列甲乙丙三説，不過略舉其大者，其未及備載者尚不知幾倍於此也。由上以觀，黑水、三危之説，最早者見於屈原天問。但"黑水玄趾三危安在"？其詞義似根本不信黑水、三危之有者。後此有鄭玄止引地志黑水祠，而云其不記水之所在，又引地記三危之説，而謂中國無也；是其闕疑不强説之意也。至僞孔則云黑水自北而南過梁州入南海，實開後説紛紛之源也。至酈道元始實指黑水出張掖雞山。至孔穎達以黑水越河而南之説不可通，故有黃河伏流之説。及杜佑則又疑之，復有黑水年遠堙涸之説。至蔡沈則又引樊綽、程大昌之説，終以西洱河爲禹貢之三黑水及以三危在宕昌者爲是。但前此黑水、三危之説尚無分於爲一爲二或三……也，及韓汝節則以一水貫三黑水之説難通，故復有"梁州自有黑水，與導川黑水不相涉之説"；胡渭謂此説薛士龍已得之，復謂以瀾滄爲禹貢三黑水之説者，梁界在禹時不能若是其廣遠，故有以瀘水爲梁黑水之説；而於雍及導川之黑水，雖信在禹貢時定有此從北而南過三危入南海之一條黑水，而終以其説難通，用似疑似信之詞了之。至蔣廷錫則打破胡渭之難關，謂禹貢三黑水之説各是一水，而三危則有二處；此既合"入于南海"，又符"過三危"也，而雍之黑水又在河北，亦無須越河又不必伏流矣。由是觀之，則黑水、三危之説，由疑而信，由一而二而三……；是年代愈後而其説愈趨圓滿矣。但無者終難爲有，虛則終難成實，牽强爲説者終有漏洞也；即以最圓滿之蔣説言之，其以禹貢有三黑水自謂得之矣，可免一切難關矣，不謂既云瀾滄爲導川之黑水，何梁域則僅至雲南東北之邊，而不盡有雲南乎？若謂導水禹跡未至，但何以知其入南海邪？是牽强爲説也。

附王煦華按

一九三二年九月，顧頡剛師在燕京和北京兩校同時開"尚書研究"課，講授禹貢，當時所編尚書研究講義第四册，由燕京大學刊印，目錄中有關於九州境界問題八篇，但後來並未印出，以致有目無書。但其中一至七篇，北京大學曾排印過，第八篇則以學期結束也未能印出。手稿存第一至七篇，第八篇則僅存一鈔件，遺憾的是佚失了一至十四頁約四千餘字，無從覓補了。

尚書研究課第三學期試題 *

一　你是哪一省人？這一省在禹貢和職方裏屬於何州？你從北平回家去，要經過禹貢和職方的哪幾州？

二　由你的估量，禹貢在地理沿革史上占有何等地位？從前人信禹貢爲虞夏時書，又信爲禹的治水作貢的親筆記載，它的地位自然很高。現在我們如果考定了它的著作時代在春秋後時，它的地位是不是會驟然低落了？如果是的，將低落到怎樣程度？

三　禹貢一篇，給予後世的影響有哪幾種是最大的？

四　由你想，研究禹貢應當用什麼方法？可以用作比較材料的有哪幾件？

五　我們如果想徹底解決禹貢的問題，我們所需要于自然科學和社會科學的知識是哪幾種？我們如無這種知識時，應當提出哪些問題，向各種專門家去請教？

六　照你猜想，禹貢裏的九州，哪幾州是作者所目驗的？哪幾州是作者所傳聞的？依你的判斷，這作者大約是哪裏人？

七　禹貢九州中，哪州最大？哪州最小？其所以大，所以小的原因在哪裏？

八　試把禹貢裏的川澤名，分成下列數類：

（一）現在所有，與禹貢所載無出入的；

* 1933 年 1 月 2 日作。原載 1933 年燕京大學石印尚書研究講義第四冊。

（二）現在雖有而與禹貢所載有出入的；

（三）禹貢雖有而現在已沒有了的；

（四）禹貢雖有，但或得於傳聞，未必爲古代真有的。

九　在禹貢和職方的九州疆域中，有没有必應舉出的山川而爲它們所忘記叙述的？如有，試舉出五六個來。

一〇　試列一表，表明禹貢和職方中所道之川浸的等級，看哪些是三四等水而被重視的？

一一　試把禹貢和職方中所記各州的鑛物、植物、動物、工藝品分列一表，並説明每州産物的特點。

一二　孟子説，"今四海之内方千里者九"，這面積比了禹貢和職方的九州大小若何？比了禹貢的五服，職方的九服，其大小又若何？

一三　如果請你把現在中國的疆土照禹貢式去分畫，你擬分成幾州？其表州界的高山大川是哪幾個？

一四　堯典"肇十有二州"，馬融注云："禹平水土，置九州。舜以冀州之北廣大，分置并州；燕齊遼遠，分燕爲幽州，分齊爲營州：於是爲十二州。"他這個解釋是怎樣構成的？

一五　歷來説禹貢的都以冀州當王畿，但本書卻未説明，究竟在哪幾點上可以看出王畿必在冀州？

一六　禹貢作者説"東漸于海，西被于流沙"，是其東西之界甚明白；但云"朔南曁"，則南北所至就含糊了。究竟他爲什麼要含糊？如果你代他説清時，應當怎麼説？

一七　禹貢裏對于中國與異族的觀念怎樣？以蠻夷戎狄分配四方，大約始於何時？後來怎樣講成了刻版文章？

一八　五嶽的觀念，在禹貢和職方裏有没有？如果没有，試舉其反證。

一九　今通行本尚書中的禹貢，其中有哪些字是一定錯誤，應當改寫的？有哪些字是還可將就用着的？

二〇　尚書的本子受了哪許多牽纏？如果我們要整理它，應當用什麼方法纔可把各時代所改變的還給于各時代，而洗出原本的真面目？

二一　你選修尚書研究一課的宗旨是什麼？你想得到些什麼知識？我這樣講法，和你的原意合不合？

二二　你研究禹貢時，心中有什麼問題？試列舉之，並略寫你的假設。

以上諸題，任你選作幾個，但請你至少盡了考試的時間的四分之三。

文體用文言或白話隨便。

凡考試時沒有做的題目，請你回去後都想一想。

尚書研究講義丁種三案語[*]

本編丁種原爲禹貢之史料價值之評論；惟茲事體大，倉卒成之，慮多誤漏，故期之於二年之後。在此二年中，先集古今人對于禹貢之作者與作期之評論（評職方、釋地等者亦附入，以便比較）爲丁種三之一；集燕大及北大兩校同人之筆記爲丁種三之二；集兩校同人之論文爲丁種三之三。此三種皆有得即錄，不復整以次第。既得此提示，復有此試探，然後繼以深研，造爲系統之評論，爲丁種三之四。雖在此嚴重之時局之下，未必容我輩作從容之討論，然但使學校不停課，同人不分散，則此言固自可視爲息壤也。

---

* 1933 年作。原載 1933 年燕京大學鉛印尚書研究講義第三册。下一篇同。

兩校同人札記選鈔
（尚書研究講義丁種三之二）案語

（呂宗賓）禹貢非出於一人一時

　　頡剛案，禹貢導山中所以不列泰山與勞山者，因太行山脈至河北省而盡，桐柏山脈至安徽省而盡，不能與之相接也。近世地理書謂長白山脈自遼東半島越海而來，東爲勞山，西爲沂山、泰山。禹貢作者之地理知識不及碣石以北，宜乎不得其脈絡也。然以勞山之大而不見於青州，則作者所知之山東地理不多可知；意者當時半島東部爲萊夷所據，無從跋涉其地乎？抑以作者非齊人，故不之知乎？至於兗州川澤當黄河下流，二千餘年來變易至多，其不與今同自是實事，非作者之咎也。

　　又案，五服與九州爲兩個系統之地理界劃，觸處牴牾，不知何故溷在一篇。說爲非出於一人一時，甚是。若九州中田與賦之等級，其所以如此規定之故亦不可知。雍州田上上，何以賦中下？揚州田下下，何以賦下上？兗州之“厥賦貞”雖不可知，然以九州之賦排列之，獨缺下下，則貞即下下也。按兗州“厥土黑墳，厥草惟繇，厥木惟條”，地之肥美可知，何以僅納下下之賦乎？此不得說爲非出於一人一時者也，意者其真有愛憎之意存乎其間耶？

（李晉華）營州

　　頡剛案，呂氏春秋曰“東方爲青州，齊也”，而爾雅曰“齊曰營州”，齊無有二國，斯青與營爲同實異名。況劉向說苑辨物篇記九州，其次序，其名稱，其界綫，無不與爾雅同，獨云“齊曰青州”，則營者果即青之變文也。原其所以變文之故，實由於齊太公之都營丘而來，蓋以營稱齊之一州，猶雍爲秦都而稱河西曰雍州也，猶冀爲晉邑而稱兩河間曰冀州也。禹貢以青名之，不如營善，蓋青爲東方之色，齊可名青州，徐州亦可名青州，觀於職方之青即爲禹貢之徐可知；若改而稱營則無以易之矣。爾雅一書出於王莽之世，疑釋地九州即本説苑之文，特改其一字耳。迄於東漢，迷其本來，馬融鄭玄皆以欲説堯典“十有二州”之文而不得其名，乃以營與青相對立；然而山東半島不足以容，則遂越海據遼東而以營名之。鼓吹幾三百年，以鄭學之昌盛，至北魏而成事實。此亦可見經師學説與現實政治之關係矣。

又案，漢書地理志“齊郡臨淄”下應劭注云，“齊獻公自營丘徙此”，此以臨淄與營丘爲二地者也。臣瓚則曰，“臨淄，即營丘也。故晏子曰，‘始爽鳩氏居之，逢伯陵居之，太公居之’，又曰，‘先君太公築營之丘’。今齊之城中有丘，即營丘也”，此以臨淄與營丘爲一地者也。又“北海郡營陵”，班固自注云“或曰營丘”；應劭以或説爲然，曰，“師尚父封于營丘，陵亦丘也”，此謂營丘即營陵者也。臣瓚以或説爲非，曰，“營丘，即臨淄也。營陵，春秋謂之緣陵”，此謂營丘非營陵者也。顏師古曰，“臨淄，營陵，皆舊營丘地”，則調和二説者也。要之，無論營丘爲臨淄或爲營陵，皆在濰淄二水之間，無有以之説海外者。何勞北魏之遵海而北，又何勞中唐之跨海而南哉！

（张維華）“厥土白墳”

頡剛案：禹貢言土色，惟冀與青爲白。予於今年春假旅行，在平漢路車中，望田野間時呈白色，若蒙霜雪。及至正定，室中雖鋪磚，而白質亦復透露。是知鹼質之重，冀與青同之，以皆濱海故也。所不解者，兗州亦濱海，且爲冀之外界，乃云“黑墳”，其色迥異，何哉？

（王樹民）對於孫氏職方正義的獻疑

　　頡剛案：孫氏所以把青州的疆域説爲“西南至桐柏”，只因淮爲青州之川而是發源於桐柏山的。其實，如果這樣拘泥了，則河爲兗與幽之川，難道兗與幽的西界都會到積石嗎？豫州的東南方，北面既被青州的桐柏山截斷，南面又爲荆州的溠水擋住了，擠得像一條狹長的帶子；猜想當初分州的人的主張是決不至於這樣纖巧的。説到兗州的東北界，我頗疑其不至海。職方定九州疆界，六州以方位言，三州以河言。揚曰“東南”，青曰“正東”，幽曰“東北”，恐怕沿海一帶已全給這三州了。“河内”爲冀，“河南”爲豫，“河東”爲兗，恐怕這是算作腹地的。否則兗州之界如果到了海，那麼幽州就不會再有河和泲了。現在，兗州曰“其川河，泲”，幽州亦曰“其川河，泲”，這是足以證明兗州之界不至海，所以近海的河和泲都歸給幽了，幽州的境界是由遼東半島起，西南經灤東，天津，滄州，德州，而至山東半島，成一半圓形的。

尚書注疏禹貢
（尚書研究講義甲種三之三）案語 [*]

　　頡剛案：禹貢一篇，漢以前人讀之者至少，故不見引於諸子傳記，吾人無以得其最早之記録。西漢之世入尚書矣，而大小夏

　　[*] 1933 年 12 月作。原載 1934 年燕京大學排印尚書研究講義散葉，又刊於禹貢半月刊第七卷第一至三合期，1937 年 4 月，題作讀尚書禹貢篇之僞孔傳與孔氏正義。

侯之解故，歐陽之説義俱不存，亦不審其解釋何若。就殘存之大傳（傳説稱伏生作；皮錫瑞有尚書大傳疏證，輯考最備）觀之，則析類若爾雅，記事若王制，其地名物産多軼出原書，蓋自爲一文，不與本篇櫛比者也。東漢之初，班氏作漢書，於地理志中分記禹貢地名，是爲今日所存具體解釋之始；然僅具地名，未釋全文也。自後有賈逵之訓，馬融之傳，鄭玄之注，並隨文以敷義，篇無遺章，章無遺句，求全文之誼者乃得有所依據，而惜其亦不存在於今日矣。秦漢之際，天下大亂，文籍多亡失；越四五十年，文帝求治尚書者，舉國無有，獨聞濟南伏生能治之，乃命掌故晁錯往受，得其二十八篇。是時孔氏有古文尚書，孔子之十二世孫安國以當時文字讀之，較伏生所傳多十餘篇。安國爲武帝博士，史稱其早卒，不謂其有尚書傳也。王莽之世，古學盛行，漢書藝文志一本劉歆七略，率右古而左今；東漢之世，今文雖在學官，而學士大夫多好古文：皆不聞安國尚書傳也。至王肅作孔子家語後序，始云"孔安國爲尚書傳五十八篇"。及東晉元帝踐阼，距安國之卒四百餘年矣，豫章内史梅賾（"梅"亦作"枚"，"賾"亦作"頤"）奏上古文尚書孔安國傳。適會永嘉喪亂，諸家之書並滅，竟得興置博士。唐初撰五經正義，又以孔傳爲正注而作之疏，其書遂永居於正統之地位。追矚西漢之夏歐，東漢之賈馬，俱淪胥以亡，而此巋然獨存，豈非大幸事乎！

　　雖然，自宋人獻疑，繼以明清諸儒之研究，所謂孔傳實與古文尚書同出於魏晉間人之僞作，斷非安國之物，證據確鑿，已至於無可掩護之地步。（即如本篇雍州之"浮于積石"，傳云"在金城西南"，而金城郡始置於漢昭帝，非安國所及見。豫州之"伊、洛、瀍、澗"，傳云"瀍出河南北山"，而兩漢志均記瀍水於穀城縣，至晉代省穀城入河南縣，瀍始出於河南。均見閻若璩尚書古文疏證。）丁晏尚書餘論推測其所自起，以爲王肅難鄭，假託聖證，此特其託證之一，欲藉安國以壓倒鄭玄者耳。近吳檢齋先生

（承仕）作尚書傳王孔異同考（北平中國大學國學叢編），以丁説爲非，謂孔傳蓋創始於魏晉之際，雜採舊説爲之，而取資於王注者爲獨多，事不足怪。其書臚舉王孔異者一百二十五事，以爲之證。

今讀此篇，如冀州“既載”之載，鄭訓爲作徒役之事，王訓爲功役載於書籍，孔與王同。徐州“淮夷蠙珠暨魚”之淮夷，鄭訓爲淮水之上夷民，王訓爲二水名，孔亦與王同。揚州“錫貢”之錫，鄭以爲柔金之錫，王以爲王者錫命，孔亦與王同。荆州“包匭菁茅”之包，鄭以爲包裹菁茅，王以爲即揚州之“厥包橘柚”，與菁茅非一事，孔又與王同。導水一章，鄭分四列，王爲三條，孔亦爲三條。五服之制，鄭以爲方萬里，王以爲方五千里，孔亦以爲方五千里。凡此數端，自可證成丁氏之説。然亦有孔與鄭同而與王異者。冀州之“衡漳”，鄭以爲漳水橫流，王別衡與漳爲二水名，孔亦謂漳水橫流。五服之“三百里蠻”，鄭謂“聽從其俗，羈縻其人”，王謂“禮儀簡慢”，孔謂以“文德蠻來之，不制以法”，宛然鄭氏之言。孔又有既不同鄭，亦不同王者。如冀州“島夷”，鄭王俱作“鳥夷”，孔則易“鳥”爲“島”。豫州“滎波”，鄭王俱作“滎播”，孔則易“播”爲“波”。又如冀州“夾右碣石入于河”，其所以入河之理由，鄭謂“治水既畢，更復行之，觀地肥瘠定貢賦高下”，王謂“禹功主於治水，故詳記所治之州往還所乘涉之水名”，孔又別出一義，謂“還都白所治”。然則孔傳與王肅信無關係乎？曰：吾之信念固不若丁氏之單純，然而可決以一言曰：是必在王肅同時或稍後，至少爲受王氏學説之影響者。試觀冀州“厥田惟中中”條，鄭注云：“田著高下之等，當爲水害備也”，是九等以高下序；王注云：“言其土地各有肥瘠”，是九等以肥瘠序。孔傳云：“田之高下肥瘠，九州之中爲第五”，則分明勾合鄭王異義以爲一説，其出世之遲可知矣。然則此傳雖不詳其作者，要必最早不得超王肅，最遲不得過元帝。是時也，西元三世紀之下半與四世紀之初葉也。彼之作此，必集合賈、馬、鄭、王諸注，擇其善者而從之，且以己意折衷之。所惜者，彼所據之諸注悉佚，吾儕無以作詳密之校勘而判定其所含之成分耳。

　　孔傳作者對於地理原無深研，故但順經文爲説。於"九河"云"河水分爲九道"，於"九江"云"江於此州界分爲九道"，其若何而分爲九，其九道又何名，彼不負解釋之責任也。見經文云"導黑水，至于三危，入于南海"，知三危在雍州，遂云"黑水自北而南，經三危，過梁州，入南海"，不問其有無此水也。見經文云"三江既入，震澤厎定"，又云"東匯澤爲彭蠡，東爲北江，入于海"，遂合言之曰："自彭蠡江分爲三，入震澤，遂爲北江而入海"，至三江之是否由彭蠡而三分，又是否共入震澤以入海，彼亦不問也。彼對於實際之地理智識至寡淺，所見之地理書不知有幾部。所可推知者，彼曾讀漢書地理志。故漢志謂梁山在左馮翊，岐山在右扶風，而彼亦云"梁、岐在雍州"。漢志於豫章歷陵下云"縣南有博陽山，古文以爲敷淺原"，而彼亦云"敷淺原一名博陽山，在揚州豫章界"。然彼於漢志亦不甚下功夫，故大部分之地名但釋之曰"山名""水名"，而不著其地在何處。惟於"伊、洛、瀍、澗"則既釋其發源之地於豫州，又釋其交會之地於導洛，諒作者手頭具有弘農河南地圖，故能言之鑿鑿，殊異於他名也（然其中亦有問題，説見尚書古文疏證第八十八）。又菏澤在定陶而云"在胡陵"，陪尾北去淮二百餘里而云"淮經陪尾"，江水南去衡山五六百里，而云"衡山，江所經"，孟澤本在河北，東漢安帝時始移河南，而云"在洛北"，此皆或謬於事實，或戾於時代者也（菏澤下皆胡渭閻若璩説）。其他解釋之不當，如"萊夷作牧"本爲貢物之一，而云"萊夷，地名，可以放牧"，則於貢篚之間插入一放牧之事，文義爲之隔絶（揚州"島夷卉服"與此同）。篚之所儲皆絲料與織品也，鄭玄以詩之"貝錦"釋揚州之"織貝"，謂貝爲錦文，其言甚是，孔傳乃曰："織，細紵；貝，水物"，然則珠玉之貴豈不有逾於貝，何以徐州之"蠙珠"，雍州之"球琳琅玕"，乃在貢而不在篚耶？（荆州之"璣組"亦當爲璣文之組，不當別爲二。）又如"玄纖縞"，雖不詳其究竟意義，但形容詞（玄或玄纖）必在上，名詞（縞或纖縞）必在下無疑；傳乃云："玄，黑繒；縞，白繒；纖在中，明二物皆當細"，則以"玄"與"縞"爲名詞，"纖"居中而雙關之。試思古籍中有此例乎？語言中又有此例乎？

　　義疏之作，始於鄭玄之毛詩箋，蓋篤好一家之學，更爲闡說，俾無遺蘊者。至六朝，此體頗盛行，即以尚書言，有蔡大寶、巢猗、費甝、顧彪、劉焯、劉炫六家，而以二劉最爲詳雅。唐貞觀十四年，太宗以經學多門，章句繁雜，詔孔穎達等撰五經義訓，後改爲正義，通稱爲疏。此尚書之疏蓋多本於二劉，亦間及於費顧諸家（本篇冀州"厥賦"條及"夾右"條即引顧氏說）。其書博徵群經及諸家訓釋，校其同異，集其大成，故流行最廣。禹貢之疏，其用力範圍固仍屬紙上材料，然以之與僞孔傳較則疏密自有別。凡漢書地理志所釋本篇地名收錄幾盡。爾雅李郭二注，水經酈注，左傳杜注，亦輯引不少。若鄭玄王肅二注，則更時時比較而討論之。此佚文墜簡猶得爲我儕所見，且得以察其同異之程度者，亦疏之功也。

　　論其缺點，大略有二：

　　其一，明知傳說之違背事實，而不惜曲爲廻護，使真理爲之掩沒。例如兗州"厥篚織文"條，既信鄭玄之言，以爲"篚之所盛皆供衣服之用，入於女功"，而復依違傳說，謂"貝非服飾所須，蓋恐其損缺，故篚以篚盛之"。又如荆與梁皆有"沱潛既道"之語，鄭玄分之，以爲兩州各有沱潛；孔傳合之，以爲二水發源於梁而入荆；疏既不能以事實證明傳說，又不能徑從鄭說，乃曰："雖於梁州合流，還從荆州分出，猶如濟水入河，還從河出。"然此二州之間有此合而復分之二水乎？雍州"渭汭"，傳云"水北曰汭"，本無根之談，疏乃曲附之曰："人南面望水則北爲内。"然則北面望水不又將以南爲汭乎？至如黑水，疏知傳實不知之，云"傳之此言，順經文耳"，又知西徼果有黑水則必逾河而南，而不聞有逾河之水，然又爲之釋曰："所以黑水得越河入南海者，河自積石以西皆多伏流，故黑水得越而南也。"於是傳所言者得賴"伏流"之説而成立矣。又如三江，疏既知"大江不入震澤，震澤之東別有松江等三江"，然終不敢破傳説，而云"山水古今變易，既知今亦當知古"，於是傳所言者又得賴"古今山川不同"之理由而存在矣。又如菏澤與孟豬，傳云："菏澤在胡陵，孟豬在菏東北，水流溢覆被之"，疏既依據漢志之"菏澤在濟陰定陶縣東，孟豬在梁國睢陽縣東北"，作爲"胡陵在睢陽之東，定陶在睢陽之北，其水皆不流溢東北被孟豬"之定論矣，然又爲之解曰："郡縣之名隨代變易，古之胡陵當在睢陽之西北，故得東出被孟豬"，於是傳所言者又得賴"郡縣隨代變易"之理由而存在矣。試問此皆事實乎？

　　其二，喜作拘牽文字之曲解。九州疆界定於山川，此至明白之事也。例如"濟河惟兗州"，則兗州之界自濟至河可知。傳云"東南據濟，西北距河"，此習於當時駢偶之風，以"據"與"距"爲互文耳。而疏云："據，謂跨之；距，至也"，於是兗州之界遂不止於濟而跨之而南矣。既定此例，遂使"北據荆山"之荆州其北界乃過荆山，而豫州則仍以荆山爲南界也。"北據淮"之揚州其北界亦越淮水，而徐州則仍爲"南及淮"也。尤有甚者，傳於青州稱"東北據海，西南距岱"，疏遂謂其"當越海而有遼東"，引公孫度自號青州刺史之故事以證實之。然按之三國志本傳，則"度爲遼東太守，……越海收東萊諸縣，置營州刺史；自立爲遼東侯，平州牧"，固絕無有青州之名也，亦無有青州越海而有遼東之事也。咬文嚼字之結果，至於造作僞史，則其蔽可知矣。又傳於"玄纖縞"以爲一形容詞居於兩名詞之間，此一誤耳；而疏乃充分應用此例，使之再誤三誤不止。故於"壺口治梁及岐"云："蓋欲見上下皆治也"；於"雲土夢作乂"云："經之土字在上下之間，蓋史文兼上下也"；於"納秸服"云："於此言服，明上下服皆並有所納之役也。"

　　然亦有持論甚通達者。經叙導九川，其文發端有言"導"者，有言"自"者。鄭玄云："凡言導者，發源於上，未成流。凡言自者，亦發源於上，未成流。"疏駁之曰："必其俱未成流，何須別導與自？河出崑崙，發源甚遠，豈至積石猶未成流而云'導河'也？"以此之故，疏之釋義遂不盡拘牽。於"冀州"釋曰："此經大體，每州之始，先言山川，後言平地。青州梁州先山後川；徐州雍州先川後山；兗揚荆豫有川無山；揚豫不言平地；冀州田賦之下始言'恒衛既從'；史以大略爲文，不爲例也。"又於"大陸"下釋曰："青州'濰淄其道'與此'恒衛既從'同是從故道也；荆州'雲土夢作乂'與此'大陸既作'同是水治可耕作也：其文不同，史異辭耳，無義例也。"又於導水釋曰："漾、江先山後水，渭、洛先水後山，皆是史文詳略，無義例也。"既已廣集其異同，而猶肯不强敷以義例，此洵非學究之見解矣。至於對馬鄭所説"冀州不書其界，時帝都之，使若廣大然"而斥之曰："文既局以州名，復何以見其廣大"，對李巡之釋九州名而揭破之曰："所言未必得其本"，是皆理智之下之評論，正與今日吾輩態度相似。若云"'嵎夷'、'萊夷'、'和夷'爲地名，'淮夷'爲水名，'島夷'爲狄名：皆觀文爲説也"，僅有觀文，別無徵信，其絃外之音亦足以表示其對於孔傳之不滿矣。

　　漢人經説，今可見者已至少，藉正義之援據，方得窺其一斑，故録此一篇以爲漢學之代表。陳末唐初之間，陸德明作經典釋文，保存舊音與異文甚多，又引用馬融韋昭等釋義，使得遺留於今日，其功亦不可没，故並依舊時注疏本彙録焉。至於標點舊籍，困難彌多，雖竭力審諦而謬誤終不可免，幸讀是書者共正之。

五藏山經
（尚書研究講義乙種三之二）案語[*]

　　頡剛案：古人對於禹之觀念不出二途：平水土，主山川，一也，商頌與呂刑屬之；驅龍蛇，象百物，二也，九鼎屬之。禹貢、禹本紀、山海經、爾雅釋地以下四篇之作，皆從此兩種觀念出發，而舉作者之地理智識，物産智識，與其所想像之整個宇宙以盡歸於禹。禹本紀亡矣，世之人徒以感覺禹貢與爾雅平實，山海經譎詭，遂奉前者爲聖經而屏後者於小説；不知自傳説之地位觀之，固不當有軒輊之情。且每一傳説之發生，必藉神奇以激起人之注意，及其久也，戟刺之力已衰，乃漸就事實之規範而歸於平凡化。由此歷程觀之，則終始本末固必當兼綜，然後可以見其全體也。

　　山海經之書不知其所自來，而其説於戰國秦漢間流播至盛，若楚辭、呂氏春秋、淮南子，稱引之數不可殫述。即莊子、荀子、韓非子、竹書紀年、逸周書等，言及地理，亦多援用。然但引其文，未舉出其書名也。其書名明見於徵引者始於司馬遷史記之大宛列傳贊。文云：“禹本紀言‘河出崑崙，崑崙其高二千五百餘里，日月所相避隱爲光明也；其上有醴泉、瑤池。’今自張騫使大夏之後也，窮河源，惡睹本紀所謂崑崙者乎！故言九州山川，尚書近之矣，至禹本紀、山海經所有怪物，余不敢言之也。”有此一贊，而山海經爲語怪之書，其性質遂確定。稍後，又見於漢書

---

　　*　1934 年 1 月作。原載 1934 年燕京大學排印尚書研究講義散葉，又刊於史學論叢第一册，1934 年 6 月，題作五藏山經試探。

藝文志數術略之形法家，僅有"山海經十三篇"六字，盡録自七略者。夫古代語怪之書，若莊子所道之齊諧，已非漢代人所及見。禹本紀雖傳於漢，大抵中葉以後亦旋亡佚，故不爲漢志所著録。山海經真大幸，經歷儒家統一思想之二千年，不以蔑棄而失墜，俾吾人今日猶得讀其全書，此幾可謂之奇蹟矣。

山海經首有劉秀（即劉歆，以哀帝名欣，嫌同音而改名）所上表，是時彼領校秘書，故於校定是書之後，綜述其要義以進。表言："山海經者，出於唐虞之際。昔洪水洋溢，漫衍中國。民人失據，崎嶇於邱陵，巢於樹木。鯀既無功，而帝堯使禹繼之。禹乘四載，隨山刊木，定高山大川。益與伯夷主驅禽獸，命山川，類草木，別水土。四岳佐之以周四方，逮人跡之希至，及舟輿之所罕到。内別五方之山，外分八方之海，紀其珍寶奇物異方之所生，水土草木禽獸昆蟲麟鳳之所止，禎祥之所隱；及四海之外，絶域之國，殊類之人。禹別九州，任土作貢；而益等類物善惡，著山海經：皆聖賢之遺事，古文之著明者也。"是爲確定其書著作年代之始。自是而後，王充論衡、趙曄吳越春秋並稱禹益所作。列子湯問篇又云："大禹行而見之，伯益知而名之，夷聖聞而志之。"則作者又易其人爲夷堅。洵如彼等之言，是山海經與禹貢二書出於同時及同團體，當洪水初平，此從事工作之領袖即分任二書之著作：定九州之貢賦而作禹貢者，禹也；臚陳其所聞見而作山海經者，益與夷堅等也。然則二書關係之深切爲何如乎！

昔之學者對於古籍，非廻護即排擯，鮮有予以批評而定其地位者。此書既閎誕迂誇，與經典違異，故漢以下人讀之者絶少。至晉郭璞始爲之注，魏酈道元始取其材以注水經，乃給以在地理學上價值之估定。自後遂不聞有繼響者。直至明代，楊慎作山海經補注，僅拾郭注之遺耳。清初，吳任臣作山海經廣注，始博搜群籍成一新注。其後汪紱作山海經存，畢沅作山海經新校正，郝懿行作山海經箋疏，有此疏剔之功，而後此書乃可讀。近世吳承

志作山海經地理今釋，更恢擴之。然諸書有一蔽焉：蓋向之疑者
視爲悉妄固未當，而清代學者束縛於好古之成見，又視之爲悉
真，亦非也。此問題之解決不容如是簡單，是中必有神話，亦必
有真事實；非經一番分析功夫，必不能使之各得其所而不相混。
吾人今日之責任，正在爲之分析爾。

　　山海經者，一集合之名詞。其内容爲南山經三篇，西山經四
篇，北山經三篇，東山經四篇，中山經十二篇：是爲五藏山經，
凡二十六篇。又海外南、西、北、東經各一篇，海内南、西、
北、東經各一篇：是爲海經，凡八篇。又大荒東、南、西、北經
各一篇，海内經一篇：其叙述多與海經同，蓋即海經之別本，凡
五篇。大凡三十九篇。而漢書藝文志稱爲十三篇者，蓋山經合爲
五篇，海經合爲八篇，而未有此別本海經耳。山經與海經固非一
世之書，其書亦各成一體系。而山經兼詳川流，意者即吕刑所謂
“主名山川”者。近陸侃如先生以山經爲戰國時人作，海内外經爲
西漢人作，而大荒經及海内經爲西漢後作。其理由係(1)大荒經
及海内經篇末無劉秀校字樣，按海内東經下有建平元年之校官署
名，而郭注云“進在外”，漢志亦僅十三篇，足證出劉、班之後。
(2)海外經襲淮南地形訓而加詳，至述崑崙西王母又較山經增多
枝葉，顯由山經與淮南演繹而出；海内四經又多漢代地名。(3)
史記大宛傳贊稱“山海經”，然漢書張騫傳贊全襲其文而作“山
經”，論衡談天篇引史記原文亦作“山經”，足證最初惟有山經也。
文見新月雜誌一卷五號。按此説甚是：山經之出必最早，海經次
之，大荒經又次之。

　　兹先就山經論之。吾儕對此材料，當提出下列數問題：此究
爲語怪之書乎？作是書者誰乎？其作書之目的何在乎？其書作於
何時代乎？何地域乎？吾儕所見之本子寫定於何時代乎？其書與
禹貢之關係何如乎？

　　怪與不怪，原無一定之標準，且視社會之進化而改變，吾人

倘人初民社會，必將觸處感覺其悖繆；而自初民之本身觀之，則固皆庸德庸行也。山經所舉，某山水有某神，某山水有某奇特之動物，當然爲吾人之理性所不信；然吾人所驚爲怪誕者，何能判其必非作者心目中之真事實乎？何況聲聞過情，事所恒有，如經說鴟鳥人面，此僅略似人面之形耳，若以爲與人面無稍異則傎矣。推此而言，必有若干事爲彷彿而非必然者。書中述山水之方向及其相距之里數，歷歷可按，此固有出於想像之可能，然按之事實，合者儘多（詳下），亦何能斷其完全出於想像。故由前言之，於我非真而於彼爲真；由後言之，則於我亦有若干之真可藉而求焉。夫真者吾以屬之地理史料，非真者吾以屬之思想史料，尚何有廢材哉！

　　古代祭山之禮，曰旅、曰望、曰封、曰禪；其實際之儀式今已不可知。而山經中言祠山之毛、糈、燭、酒、玉、席等乃甚詳，是必與當時祭山之禮有甚深之關係。國語楚語記觀射父之言曰：“民之精爽不携貳者，……則明神降之，在男曰覡，在女曰巫，是使制神之處位次主而爲之牲器時服。而後使……能知山川之號……而恭敬明神者，以爲之祝。使能知……犧牲之物，玉帛之類，而心率舊典者，爲之宗。”然則此書者其巫、覡、祝、宗之倫之所爲乎？世本作篇及呂氏春秋勿躬篇並云“巫彭作醫”，論語又云：“南人有言曰：‘人而無恒，不可以作巫醫’”，是醫由巫出，巫與醫爲同類，故醫亦作“毉”（見揚雄太玄）。此經言某山水出某獸，某山水出某草，其效可以治某疾，此亦巫者所作之確證也。海內西經云：“巫彭巫抵……夾之窫窳之尸，皆操不死之藥以距之”，大荒西經云：“巫咸巫即……從此升降，百藥爰在”，皆其證。

　　即知由巫者所作，則知此書之在當時必爲彼輩施行其祭禮與法術之寶典。夫巫者於今世雖已屏斥於智識界之外，而在當時實爲具有無上權威之宗師。以彼時交通之不便，風氣之隔絕，民衆之地理智識或且不逾百里，而彼輩獨能縱橫四極，神游於天地之表，凡人間山川物產之智識莫不搜羅而驅遣之，其有不足者則恃其智力創造之，上與造物者爲友，而下藐拘墟之士，豈不足自豪耶！

此書時代，劉歆定爲唐虞之際，蓋據篇末"禹曰：'天下名山經五千三百七十山，六萬四千五十六里'"而言。信之者無異辭。疑之者則曰其中有"郡縣"字（南次二經），郡縣之制非唐虞所有也。說青要之山云："南望墠渚，禹父之所化"（中次三經），此非禹益所宜言也。說槐江之山云："西望大澤，后稷所潛"（西次三經），當禹益之時后稷尚未成神也。自吾人今日之歷史觀念言之，此問題殆不足辨。唐虞之世，安有文字，而能著書！又安能用鐵，而云"出鐵之山三千六百九十"！又其時中原區域不逾黃河下流，何能西逾甘肅，北越河套！故此書時代之後不成問題，所應討論者乃應移後至若何程度耳。

此問題至複雜，必非一次之討論所可決定。惟取禹貢作比較，不失爲一有效之方法，茲且試爲之。案禹貢與山經有甚似者。凡此同異，臚陳下方：

試舉水道言之。禹貢雍州云："弱水既西。"而此於西次四經云："勞山，……弱水出焉，而西流注於洛。"所注者雖與禹貢異，而西流則同也（按禹貢叙雍州山川，首舉弱水而次及涇渭漆沮，則此水當不能甚遠。畢沅釋勞山爲陝西保安縣之九吾山，弱水爲吃莫川，疑可取以釋禹貢）。禹貢雍梁二州俱有黑水，導水云："導黑水，至于三危，入于南海。"而此於西次三經云："昆侖之丘，……黑水出焉，而西流於大杅。"又於南次三經云："雞山，……黑水出焉，而南流注於海。"然則是水於山經本爲二水，而禹貢乃合之者也。禹貢云"導河積石"，此於西次三經亦云："積石之山，其下有石門，河水冒以西流。"禹貢云："嶓冢導漾，東流爲漢。"此於西山經亦云："嶓冢之山，漢水出焉，而東南流注於沔。"禹貢云：

"岷山導江，東……入于海。"而此於中次九經亦云："岷山，江水出焉，東北流注於海。"禹貢云："導渭自鳥鼠同穴，東……入于河。"而此於西次四經亦云："鳥鼠同穴之山，……渭水出焉，而東流注於河。"其地位方向與其經行之道相似至於如此，是必非偶然者。

　　然以禹貢九州所陳與山經相配，則東方南方幾無有相似之處。山經雖舉五方，而今所可徵實者惟西、北、中三方耳。試以禹貢爲主而校之。冀州有太岳，而中山經有霍山。有衡漳，而北次三經有漳水，又有清漳、濁漳。有恒衛，説者云：恒衛皆小水，恒入於滱水，衛入於滹沱水，舉小以賅大，即滱與滹沱也，而北次三經有滱水，又六舉虖沱。有大陸，而北次三經有泰陸之澤。有碣石，而北次三經有碣石之山。由是言之，禹貢冀州之大部於山經爲北山，其偏南一小部分爲中山也。雍州有弱水，而西次四經有之。有涇水，而西次二經及四經並有之。有渭水，而西山經七舉之，西次二經兩舉之，西次四經又三舉之。有漆水，而西山經見之。有終南，而西山經有南山。有鳥鼠，而西次四經見之。有三危，而西次三經見之。有昆侖，而西次三經兩見之，北山經又一見之。是知禹貢雍州於山經全屬西山，徵錯北山耳。梁州有華山，而兩見於西山經。有岷山，而一見於中次九經。有蒙山，而畢沅以爲即中次九經之崌山。是知禹貢梁州之大部爲山經之中山，錯入西山也。豫州有伊水，而五見於中次二經，一見於中次四經，又一見於中次六經，又三見於中次七經。有洛水，而六見於中次四經，又十一見於中次六經，又二見於中次七經。有澗水，而一見於中次六經。是禹貢豫州者於山經全在中山也。荆州有荆山，而兩見於中次八經。有漢水，而兩見於西山經，一見於西次四經，又兩見於中次十一經。有九江，而一見於中次十二經。漢水導源於雍、梁之間而入荆，則由西山而入中山，禹貢荆州之悉爲山經中山可無疑也。上述五州，冀居北而及中，雍居西而錯北，梁居中而跨西，豫與荆爲中，則所餘之四州，兗、青、徐宜在東山，揚宜在南山可知。然兗之濟、漯、灉、沮、九河、雷夏，青之濰、淄、汶，徐之淮、沂、泗、蒙、羽、大野、東原，揚之彭蠡、三江，俱不可見，非大異事耶？夫江、河、淮、濟爲四瀆，禹貢取以分疆界，宜莫有重於此者，何以專記山川之山經竟缺淮與濟耶？北次三經云：“王屋之山，……聯水出焉，而西北流注於泰澤”，畢沅謂沇出王屋，“聯”即“沇”字假音，似即濟矣：然沇水東南流而入河，非西北流而入泰澤者也。至於淮水，並可以影附者而亦無之。淮出桐柏，山經乃並無桐柏之名。中次十一經“衡山”，畢沅謂即漢書地理志南陽郡雉縣之衡山，又引荆州記云：“方城縣衡山，即桐柏之連岡也。”然則何以僅有衡山而無桐柏耶？彼惟不知有淮，故於東山經曰：“泰山……環水出焉，東流注於江。……又南三百里，曰竹山，錞於江”，以爲泰山之南即是江矣。濟淮且不知，更何有於灉沮等小川。此四州中，所可確知者，惟東山經之泰山爲即禹貢之岱，南次二經之具區與會稽爲即職方揚州之澤與山耳。以沿海諸州區域之廣，何山經記載乃如此其脱略？余因以推知山經作者必生於河漢之間，其聞見經歷未涉東方，故定以漢水之南北爲中山；而於今山西、陝西、甘肅諸省之地皆所素詳，故叙北山西山特多徵實；至於東之齊魯，東南之吳越，則已出於其智識範圍之外，但得以想像敷衍成篇耳。余又因以推知禹貢之著作必在山經之後，故山經之徵實者彼得撷取之，山經之蹈虚者彼得改正之。換言之，即山經作者之地理智識偏於西部，而禹貢作者則兼綜東西者也。夫吳越通於中原，其事本遲，山經對揚州之模糊，自在意中；然齊魯爲人文淵藪，濟漯爲交通要道，而亦缺之，則甚不可曉。然即以此故，可證此書未嘗受齊魯學者之潤色，故得保存其内地之地理觀念，以屹立於儒家經典之外，其可貴蓋有甚於職方諸篇者。

　　謂禹貢襲用山經，及其出於山經之後，又有數證。

　　其一，山經作者確認四方皆有海，凡其所道之五方胥居一大洲之上。故南次三經曰"浪水……南流注於海"，又曰"丹水……南流注於渤海"，又曰"汎水……南流注於渤海"，又曰"黑水……南流注於海"，東次三經曰"南望幼海"，此南海也。南山經曰"招搖之山臨於西海之上"，又曰"麗𪋆之水……西流注於海"，西山經曰"騩山，是錞於西海"，又曰"淒水……西流注於海"，西次二經曰"文鰩魚……常行西海，游於東海"，西次四經曰"苕水……西流注於海"，此西海也。北山經曰"囂水……西北流注於海"，此西北海也。北次二經曰"敦題之山……是錞於北海"，東次四經曰"北號之山臨於北海"，此北海也。東山經曰"食水……東北流注於海"，東次四經曰"泚水……東北流注於海"，此東北海也。南山經曰"箕尾之山，其尾踆於東海"，南次二經曰"滂水……東流注於海"，北次二經曰"湖灌之水……東流注於海"，北次三經曰"女娃游於東海"，此東海也。南次三經曰"佐水……東南流注於海"，此東南海也。凡四方四隅無在而不有海，古之人屢稱"四海"者以此，知實爲甚古之地理觀念。禹貢作者則已知惟東方有海，故青、徐、揚各以海表州界：其結尾全曰"東漸於海"，舍南、西、北而不言(所以不言南至海者，在秦始皇平百越，立南海郡以前，彼不能知南之有海也)。此真地理學識之大進步，突破古代之幻想者也。

　　其二，山經"流沙"之名原不專屬於某方。故西次三經曰"觀水西流注於流沙"，又曰"西水行四百里曰流沙"，此西方之流沙也。北次二經曰"又北水行五百里，流沙三百里，至於洹山"，此北方之流沙也。東次二經曰"又南水行五百里，流沙三百里，至於葛山之尾"，又曰"又南水行三百里，流沙百里，曰北姑射之山"，東次三經曰"又南水行五百里曰流沙"，又曰"又南水行五百里，流沙三百里，至於無皋之山"，此東方之流沙也。此種觀念即承四方有海而來，蓋海濱皆有沙洲，所謂流沙者即沙洲之異名耳。禹貢作者既已打破此舊觀念，遂以流沙之名專歸於沙漠而屬之西方，故曰"弱水既西，……餘波入於流沙"，其結尾亦曰"西被於流沙"。海與流沙在山經本爲四方公有之名，至禹貢而一歸諸東，一歸諸西，各爲專名，勿復相溷；此修正之名詞遂至於今不變。試思禹貢作者之學識之進步爲何如乎！

其三，西次三經云："昆侖之丘……河水出焉，而南流東注於無達；赤水出焉，而東南流注於氾天之水；洋水出焉，而西南流注於醜塗之水；黑水出焉，而西流於大杅"，是作者視此四大水同出於昆侖，黑水與赤水爲類也。其他若南次二經云"英水……西南流注於赤水"，西次二經云"鳥危之水……西流注於赤水"，又云"皇水……西流注於赤水"，具見其確認此水爲西南方之大水，其地位與黑水埒。禹貢作者乃取黑水而捨赤水，黑水凡三言而赤水不一舉，是其心目中以黑水爲事實而視赤水爲神話。雖未達一間，亦有以見其判別真僞之心矣。

其四，禹貢荆州之南界爲衡陽，其取以表州界之四山爲岱、荆、衡、華：衡山地位之重要如此。山經作者對東方雖極模糊而猶知有泰山。又西山經以華山爲首，中次八經以荆山爲首，與禹貢之以華分雍梁，荆別豫荆者，其觀念甚相似。獨衡山則既不見於南山經，又不見於中次十二經，何也？（十二經自洞庭九江而東南，正好至湘南之衡山。若中次十一經之衡山乃係雉縣者，與此不同。）予因以推知禹貢之南至衡山蓋楚拓南境之結果，當作山經時河漢間人猶未嘗聞其名也。

此四者，均可視爲禹貢後於山經之證。至若山經體裁，自某山至某山，方向道里，井然不紊，禹貢導山一章之山脈觀念或即啟發於此。總而論之，禹貢若出於戰國之季，則山經之作其在戰國之初或春秋之末乎？抑古人著書恒不出於一手，成於一時，山經定形之期或未必遠早於禹貢，至其胚胎之期則斷斷高出數百年也。

山經一書，方向道里敘述俱至明，不難爲之開方計里以作一完密之地圖。其所載地名雖不可悉知，亦不詳其信有與否，然自其可知者觀之，則西南至蜀中，東南至會稽，西北至積石三危，北至幽都，東至泰山，雖導山脉絡不與禹貢同，而境域廣狹頗相似。今試隨卷帙，粗加比較。

南山經三篇皆由西而東，發於西海，至於東海。以禹貢之名詞言之，蓋自梁荆之南而至於揚者。然因其已越出作者之智識範圍，故惟憑想像成文，舍具區、苕水、會稽三數名外殆無何徵實者。南次二經雖有羽山，似即禹貢徐州之羽，然在具區之西，則地位不相應也。以南方之惟憑想像，故山數里數於五方俱爲最少，自西海至東海僅有十山，二千九百五十里耳。

西山經四篇所述，依畢沅所考，皆在今陝西甘肅二省境內。一經自華山而西，歷陝西華陰、華、渭南、臨潼、長安、鄠、盩厔、郿諸縣，至於甘肅東端之嶓冢山，皆在渭水之南者。二經由陝西北部膚施縣起，西南歷中部、隴縣，亦至於甘肅。三經更北，自陝西榆林縣始，西至於甘肅之岷、西寧、張掖、敦煌諸縣。按漢志金城郡臨羌下云“西北至塞外，有西王母石室。……西有昆侖山祠”。臨羌在今青海東端，而昆侖西王母並見於三經，則西入青海矣。四經始於陝西之甘泉縣，西北歷安塞、懷遠、保安、靖邊，以至甘肅之慶陽、渭源、天水、武都諸縣。雖所釋未必盡合，要皆禹貢雍州之域也。

北山經三篇，一經之山都不詳其所在，惟極北有鮮水，括地志謂即合黎水異名。鮮水西北流注於涂吾之水，漢書武帝紀於元狩二年云“馬生余吾水中”，應劭曰“在朔方北”，朔方郡在河套，是北至河套外也。二經起河東管涔之山，山在今山西靜樂縣，由是南行，至太原、交城、孝義諸縣，又北至於繁峙縣北之雁門水（即灅水）。三經始於河南輝縣之太行山，西至山西之垣曲、聞喜、解、吉諸縣，又東至長子、襄垣、昔陽諸縣，又北至孟、繁峙、代、靈丘諸縣。當其盤曲迴繞之際，又涉及河南之武安縣，河北之邯鄲、臨城、贊皇諸縣，至於碣石山及幽都山而止。是北山之地惟一經當在雍州，餘皆禹貢之冀，職方之冀、幽、并也。西山經皆自東而西，北山經皆自南而北，雖實不盡符而文則悉然；蓋作者之觀念以爲西行北行俱自中山出發者。

東山經四篇皆自北而南，所以表示其由北山以往。一經云泰山，是禹貢青徐之地也。又云濼水，是出今山東歷城縣之水也。三經云"榑木"，即扶桑之異稱，與南次二經之"日次"俱即禹貢之"東漸于海"也。其他則不可知矣。

中山經十二篇最爲複雜：一經自薄山即首陽山東北行，十經自首陽山西行，禹貢之冀也。五經亦起薄山，文向東行而實向西行，故最後至於玄扈之水（四經云："讙舉之山，洛水出焉，而東北流注於玄扈之水"，則玄扈密邇洛源，今陝西雒南縣也，在華山之南），是由冀而雍梁也。二經全爲伊水流域；三經之水皆北流注於河，當爲漢之河南弘農兩郡地；六經起今河南洛陽縣之平逢山，即北邙山，西行歷澗水、穀水而至於今陝西潼關縣之陽華山；七經起今河南靈寶縣休與之山，東經少室泰室，最後至於今河南新鄭縣之大騩之山，於漢爲弘農、河南、潁川三郡地；十一經起今河南內鄉縣之荆山，由是而東南，至於泌陽縣之奧山：此五篇皆禹貢豫州之域也。四經起今河南宜陽縣之鹿蹄山，西至於熊耳山，又西至於陝西雒南縣之讙舉山，是由豫而梁也。八經起今湖北南漳縣之荆山，歷河南宜陽縣之女几山而更東，是由荆而豫也。十二經中述洞庭山及澧、沅、瀟湘，而東南行，是禹貢荆州之域也。九經以岷山始，南（文爲東北）至今四川滎經縣之邛來山，又東行至賈超之山，雖不可詳其地，要在四川東部，是禹貢梁州之域也。由是言之，中山所及，北至山西，南至湖南，東至河南，西至四川，蓋以禹貢豫州爲主而兼及於冀、雍、荆、梁者。其地爲作者之所素稔，故析篇也彌小：如三經僅五山，四百四十里；十經僅九山，二百六十七里而已。按之當時畛域，則奄有周、鄭、晉、秦、楚、蜀諸國，而於周秦間爲最詳最合，作者之國籍當不外乎此矣。

西次三經中記神話獨多，其文亦多有韻。崇吾之山，西望帝之搏獸之丘。槐江之山，實惟帝之平圃。昆侖之丘，實惟帝之下都。峚山之玉膏，黃帝是食是饗者也。湯谷神鳥，渾敦無面目，實惟帝江也。瑤崖，帝戮鍾山之子鼓及欽𧕦之所，而欽𧕦化爲大鶚，鼓亦化爲鵕鳥者也。神陸吾，司天之九部及帝之圃時者也。鶉鳥，司帝之百服者也。西王母，司天之厲及五殘者也。凡此所謂帝，皆上帝也。外此有不周之山，共工之洪水所由發焉。有軒轅之丘，黃帝之號所由取焉。有大澤，后稷之神所潛焉。有諸毗，槐鬼離侖所居焉。此經之山，始自陝西，延於甘肅，及乎青海；是此一區域，彼時直看作一上帝之國家。若中次七經則又有帝臺者，休與之山五色文石，帝臺之棋也。鼓鐘之山，帝臺之所以觴百神也。姑媱之山，帝女死而化爲䔄草之所在也。少室山，有名帝休之木焉。講山，有名帝屋之木焉。是嵩山區域亦一上帝之國也（中次一十一山經高前之山又有帝臺之漿，是帝臺之國及乎嵩山之南）。其他若青要之山爲帝之密都（中次三經），發鳩之山爲炎帝之少女女娃溺而化爲精衛之所（北次三經），洞庭之山爲帝之二女所居（中次十二經），以及帝都之山（北次三經），帝囷之山，帝囷之水，帝苑之水，倚希之山，帝女之桑（並中次十一經），陽帝之山（十二經），其中當有無數神話，而惜已不可詳矣。

其地位次於帝者有神。山經中每山有一神主之，惟不著其名者多。言其狀貌，則鳥身而龍首者，南山經及中次十二經之神也。龍身而鳥首者，南次二經之神也。龍身而人面者，南次三經及中次十經之神也。人身而龍首者，東山經之神也。龍身而龍首者，中次九經之神也。馬身而人面者，西次二經十神及北次三經之二十神也。人面而牛身者，西次二經之七神也。人面而獸身者，東次二經及中次四經之神也。彘身而人首者，中次十一經之神也。彘身而戴玉者，北次三經之十四神也。彘身而八足蛇尾者，北次三經之十神也。豕身而人面者，中次七經之十六神也。人面而三首者，中次七經之三神也。羊身而人面者，西次三經之神也。人身而羊角者，東次三經之神也。人面而鳥身者，中次二經及八經之神也。人面而蛇身者，北山經與北次二經之神也。如牛而八足，二首，馬尾者，西次三經之天神也。人面獸身，一足一手者，西次四經之神槐也。是則神之爲狀與經中所道之一切奇禽怪獸實無等差別。至於神名爲此經所道者，於西次三經有英招、陸吾、長乘、魂氏（稱爲員神）、江疑、耆童、紅光；於中次三經有薰池、武羅、泰逢（稱爲吉神）；於中次六經有驕蟲；於中次七經有天愚；於中次八經有蠱圍、計蒙、涉蠱；於中次十一經有耕父；於中次十二經有于兒：或則出入有光，或則出入有暴風雨，或則見乃有兵，或則服事上帝，或則僅爲一螫蟲，知古人對於神之觀念原不如後世之高貴，與保國佑民無涉也。

　　每山既皆有神，故山之地位有尊卑，有名冢者，有名帝者，有名神者，有名嶽者，有名席者。名冢者十五：西山經之華山，中山經之歷兒，中次五經之升山，中次七經之苦山、少室、太室，中次八經之驕山，中次九經之文山、勾欄、風雨、騩山，中次十經之堵山，中次十一經之堵山、玉山（此二山不見於本篇而見於篇末，不審爲何字之誤），中次十二經之夫夫、即公、堯山、陽帝是也。言帝者二：中次十經之騩山，中次十一經之禾山（篇內無禾山，郝懿行謂是帝困山之脱文或求山之誤文）是也。言神者四：西山經之羭山，中次五經之首山，中次十二經之洞庭、榮余是也。言席者一，中次九經之熊山是也（席字不可解，郭璞注云：“神之所馮止也”，然其他亦何莫非神之所馮止而乃不名爲席乎！疑即“帝”字之譌文）。言嶽者頗參差：中次六經之結尾曰：“嶽在其中，如諸嶽之祠法。”此嶽似即篇中之陽華之山，陽華當即華山(吕氏春秋有始覽云："九藪，秦之陽華。"高誘注："或曰在華陰西。")，則華山爲嶽。徵諸他篇，西次三經有嶽崇之山，北山經有北嶽之山，東山經又有嶽山。嶽崇爲登不周之山所望見者，當在極西。北嶽，注家謂即恒山，然其地在雁門水之北，涂吾水之南，則當在河套附近，非恒山也。東山經之嶽山，似爲泰山矣；然按其文在泰山之北九百里，則不可即謂之泰山。中次六經既云"如諸嶽之祠法"，是嶽固甚多，而惜其未殫述也。總之，以後世之山之觀念言，惟五嶽爲尊，而在山經中則嶽非獨尊之名，亦不見五方各有一嶽之兆。其所謂冢、帝、神者，其信仰久已失墜，幸此經中猶稍存其跡象耳。

至於川之神性較山爲寡，故每篇之末於其祭禮無所記；惟中次五經云："尸水，合天也。肥牲祠之，……"爲特異(何謂合天，不可知。郭注謂"天神之所憑"，亦只隨文敷誼而已)。然后稷潛於大澤(西次三經)，禹父化於堤渚(中次三經)，神槐多居剛水(西次四經)，蟲圍恒游於睢漳之淵而出入有光，計蒙恒游於漳淵而出入有飄風暴雨(皆中次八經)，耕父常游於清泠之淵而見則國敗(中次十一經)，于兒常游於江淵而出入有光，帝之二女亦常游於江淵而出入必飄風暴雨(皆中次十二經)，則川澤固亦具有其神異也。

凡此瑣瑣之陳舉，非僅欲探討其神話，蓋以見古人之地理觀念正乃如此。左傳記王孫滿之言曰："昔夏之方有德也，遠方圖物，貢金九牧，鑄鼎象物，百物而爲之備，使民知神姦，故民入川澤山林，不逢不若，螭魅罔兩，莫能逢之。"(宣三年)蓋古人之世界實爲螭魅罔兩之世界，即孟子所云"草木暢茂，……禽獸偪人，獸蹄鳥跡之道交於中國"者。由此實際之迫害而生心理上之恐怖，於是某山某水皆成神姦之窟宅。夫古人何嘗有經濟地理如禹貢者，自然地理如水經者，政治地理如漢書地理志者哉！乃一人類與神姦鬥爭以求生存之地理而已。知此，則知山經所述雖極

其譎怪，固足以代表古人之真問題與真思想者也。且禹貢發端言
"奠高山大川"，偽孔謂"定其差秩祀禮所視"；又於梁州言"蔡蒙
旅平"，於雍州言"荆岐既旅"，其結尾云"九山刊旅"，正義曰：
"言九州之内所有山川澤，無大無小，皆刊槎決除已訖，其皆旅
祭。……山非水體，故以旅見治，其實水亦旅矣。發首云'奠高
山大川'，但是定位皆已旅祭也。"夫禹貢作者受甚重之鄒魯文化
之薰染，其書已絶無神話色彩，而尚不能釋然於祭山。苟不讀山
經，又安得以窺其背景耶？

　　胡渭於禹貢錐指釋例云："山海經……所有怪物固不足道；
即所紀之山川，方鄉里志雖存，卻不知在何郡縣，遠近虛實無從
測驗，何可據以釋經。惟'澧、沅、瀟湘在九江之間'一語大有造
於禹貢。"按秦之九江郡包有彭蠡，司馬遷於河渠書曰"余南登廬
山，觀禹疏九江"，是其川流必在廬山之下，去彭蠡不遠。然彭
蠡，禹貢以屬揚州，而九江則在荆州：説經者每苦無以解其牴
牾。至宋，胡旦、晁説之、朱熹皆以洞庭爲九江，蓋即據中次十
二經之説。如此，則禹貢之九江當在秦之長沙郡而不在九江郡明
甚。胡氏以此一問題之解決歸功山經，是也；而謂惟有此一語可
據則非。禹貢之地理觀念及其記載事實，隨在需用同時及先後材
料作比較，縱使山經多誕妄，亦無可以捨棄之理，前已明之。今
更舉二事。其一，禹貢自大陸以上，河水播爲九河，又同爲逆河
入於海。後人尋此九道之水而不得，遂激起甚多之糾紛問題。今
按中次三經云："和山，……實惟河之九都。是山也五曲，九水
出焉，合而北流注於河。"九水合爲一流，其狀與九河同。畢沅謂
和山當在今河南孟津縣界，是孟津亦有九河也。以此例彼，蓋同
以表示其受渠之衆多而已，其九道固不必爲大川，而可一一求索
之者。如於東河之九河必欲求其解答，則於南河之九水又將何説
焉？其二，禹貢之三江亦一至糾紛之問題，究竟自彭蠡以分乎，
抑自震澤以分乎，抑合江、漢，與彭蠡而爲三乎？殆無法作定論

者。今按中次九經曰："岷山，江水出焉，東北流注於海。……來山，江水出焉，東流注於大江。崍山，江水出焉，東流注於大江。"其海內東經所附錄之水經又曰："岷，三江首：大江出汶山，北江出曼山，南江出高山。"是則梁州亦有兩個三江問題，不第揚州也；江之本幹可合所受之水而爲三，不必出於一源也。此雖不能逕持以解釋禹貢，然可使研究彼書者得一暗示，知禹貢所未言者不必盡無問題，則其所已言者其問題自不即如已往經師所想像之嚴重，而必給以一確定之解答矣。夫物有所不足，智有所不明，禹貢作者對於當時境域能否悉知，已屬疑問；即彼所自寫之記載，其明瞭至於何種程度，千載悠悠，亦復何從質詢。若謂此篇既登聖經，即無一字之非實，而必一一闡述之，使之與實際地理完全吻合，其有不合者又曲爲廻護，使之成立，此直爲古人作奴隸耳，豈研究歷史者應有事耶！明乎此，則知在比較研究上，山經所大有造於禹貢者，數固不在少也。

　　禹貢一篇，以河爲主。山經亦然。西山經四篇所道之水，其入於河者皆東流注之，謂入雍境之西河也。北山經入河之水則皆西流注之，謂入冀境之西河也。北次三經自高山以下皆南流或東南流以注於河，謂入冀境之南河也；自漳水以下皆東流或東北流以注於河，謂入冀境之東河也。中次三經與六經，其入河之水皆北流或東北流以注之，謂入豫境之南河也。惟兗境之東河則未有言，蓋以作者不詳於東方地理之故。就此以觀，其所道者秩然不紊如是，可證當時必已有比較可信之地圖存在，故得據以作此。彼必謂其滿紙荒唐者，乃閉目之言耳。

　　惟有數事當懷疑者：

　　其一，南次三經記鳳皇，謂其"首文曰德，翼文曰義，背文曰禮，膺文曰仁，腹文曰信"，全屬儒家思想，廁於諸神怪說中太不類。此說當出於五常五教說發生之後，其亂入山經必在漢代，以漢人最喜言此也。

　　其二，古人雖與黃河相依爲命，而實不知河源所在。禹本紀云：“河出崑崙，崑崙其高二千五百餘里，日月所相避隱爲光明”，蓋想像一至高之山以爲此至大之川之發源地。西次三經云：“昆侖之丘，……河水出焉而南流東注於無達，赤水出焉而東南流注於氾天之水，洋水出焉而西南流注於醜塗之水，黑水出焉而西流於大杅。”蓋即以此想像中之至高之山以爲四大川之發源地。禹貢作者識破其爲神話，故云“導河積石”，祇著其所可知之積石而捨其所不可知之昆侖。及漢武帝遣張騫使月氏而歸，史記大宛列傳記騫爲天子具言諸國狀，云：“于寘之西，則水皆西流注西海；其東，水東流注鹽澤。鹽澤潛行地下，其南則河源出焉，多玉石；河注中國。”于寘即今和闐，和闐以西水皆流注於鹹海、裏海、黑海，總謂之西海；和闐以東水流注於羅布泊，謂之鹽澤，亦謂之蒲昌海。鹽澤之水雖不外洩，而潛行地下，自南入於中國，爲黃河。是故，有葱嶺河，自葱嶺至鹽澤，中合于闐河者也；有中國河，自鹽澤潛出至積石之西而復現，東至於碣石入海者也（此説是否確實，乃另一問題）。其後“漢使窮河源，河源出于寘；其山多玉石，采來，天子案古圖書，名河所出山曰崑崙云”（大宛列傳），於是此想像中之昆侖乃得有實際之存在，彼所謂古圖書者即禹本紀及山海經之類也。由此而言，河源本出於不可知之昆侖，後乃出於鹽澤及新定名之昆侖，其與大澤發生關係自張騫始。然今北山經云：“敦薨之水……西流注於泑澤，出於昆侖之東北隅，實惟河原。”西次三經又云：“不周之山……東望泑澤，河水所潛也，其原渾渾泡泡。”已明定河源潛發於澤中，而此澤則在昆侖之東北隅者；較之張騫所言，武帝所定，何其密合乃爾？以此之故，自郭璞以來皆云泑澤即鹽澤。然則河出鹽澤既著山經，又何勞張騫之發見耶？對此問題欲作解釋，惟有二道。一則謂張騫先於山經讀得“泑澤，河水所潛”之句，故有意求得一鹽澤以實之。苟其不然，則只可謂張騫有此新發見，而後漢人爲之竄入於山經也。

其三，五行之説極盛於漢，任何事物無不塗染此色彩。山經雖分五方爲五經，而未嘗以之與五行相配，故可確定爲漢以前之作。是故，黄帝者，漢人之中央之帝也，而此在西次三經；炎帝者，漢人之南方之帝也，而此在北次三經。蓋黄炎二帝自有其發生神話之背景，本不由五行説來，故不必有固定之方位。但有一特異之事焉，則西次三經曰“長留之山，其神白帝，少昊居之”，又曰“泑山，神蓐收居之”。夫漢人分配五行，以少昊爲西方之帝，蓐收爲西方之神，而今乃見於西方之經，然則山經固亦就五行之規範矣乎？此又牽涉經學上之今古文問題，非一言可盡者。崔觶甫先生適史記探源之序證曰：“劉歆欲明新之代漢迫於皇天威命，非人力所能辭讓。……列太皥、炎帝於黄帝之前，增少皥於黄帝之後，以爲五帝，……分配五德。……由顓頊水德而下，嚳木、堯火、舜土、夏金、殷水、周木，漢復爲火，新復爲土，則新之當受漢禪如舜之當受堯禪也。”蓋以五行次帝系，始於鄒衍。土色爲黄，故黄帝爲土德。木勝土，故夏以木代黄帝；金勝木，故商以金德代夏；火勝金，故周以火德代商。此第一次之五德終始説也。司馬遷作五帝本紀，始黄帝而次顓頊、帝嚳、帝堯，終於虞舜，乃繼之以夏本紀，蓋視五帝爲一代，猶承鄒衍之説。其後劉歆改相勝之終始爲相生，伸五帝爲五代；猶嫌不足，則以太皥、炎帝、少皥增入之。於是此三次循環中，火德之帝爲炎帝、唐、漢，土德之帝爲黄帝、虞、新，且同德者其血統亦相承。王莽受禪後，自稱“予以不德，託於皇初祖考黄帝之後，皇始祖考虞帝之苗裔”，其封國時又稱“劉氏，堯之後也”者，即以此。此第二次之五德終始説也。夫炎帝爲火德，黄帝爲土德，已明著於名號，無可改移，然苟不加入一君，則此相生説之土、金、水、木、火五德與黄帝、顓頊、帝嚳、堯、舜帝系相配，堯必不能爲火，舜亦必不能爲土，是即無以爲漢新禪讓之根據。劉歆者，爲莽典文章者也，故創一新五帝説，置少昊於黃帝之下，而厠入左傳及吕氏春秋以爲之證，又造五神以佐之。月令之文，於秋曰"其帝少皞，其神蓐收"。秋於方屬西，而西次三經並有此少昊與蓐收，將毋以少昊在史料中之佐證爲太不足而埋伏一證於此乎？不然，則長留之山已有員神魂氏主之矣，渤山亦有神紅光主之矣，何爲復贅入此一帝一神乎？山經於神皆寫其容貌或職司及動作，此一帝一神何以僅挂一名而無所爲乎？就此論之，則吾儕所見之山經蓋經漢新間人竄改者也。

尚書研究課第五學期試題[*]

（一）現在哪一省被禹貢劃分了幾州？哪幾省被禹貢併成了一州？爲什麼會得這樣地忽大忽小？

（二）依照禹貢的路綫，一個湖南人到山西應怎樣走？四川人呢？江蘇人呢？

（三）浙江、福建、廣東、廣西、貴州、雲南諸省，在禹貢裏有份嗎？在職方裏有份嗎？還有在山經、堯典、牧誓裏怎樣？

（四）禹貢疆域最南到哪些地方？最北到哪些地方？試以今地説明之。在從前人的觀念中，禹貢的疆域該是怎樣大的？和我們的説法有何不同？

（五）在禹貢的疆域裏，有哪些水道是應該記而没有記的？這些没有記的水，職方裏替它補上了什麼？漢書地理志裏又替它補上了什麼？

（六）從甸服到荒服，每服有若干方里？荒服大於甸服多

---

　　* 1934 年 1 月 14 日作。燕京大學排印。

少倍？

（七）九州的背景是什麼？五服的背景是什麼？這兩種制度同列在一篇書內，會發生怎樣的衝突？

（八）在我們所知道的夏商時代的歷史範圍裏，所謂中原民族佔有禹貢裏的哪幾個州？禹貢如真由夏人寫，或由商人寫，這篇文字該怎樣？

（九）如用了唯物史觀來看禹貢，它的地位如何？它應當出現在哪種經濟制度之下？這種經濟制度是應該發生在哪個時代的？

（十）試由你設想，把禹貢中的問題，視其性質的輕重，列爲一，二，三，四等；但至少須舉出二十個。

（十一）禹貢裏有哪些問題是應當宣布討論終止的？在終止討論之前，我們應把這些材料怎麼辦？試舉一例以說明之。

（十二）如果世上只有一部尚書注疏是講禹貢的，你感覺滿意嗎？如不滿意，你想用什麼法子另做一部，纔可比注疏說的更正確，更合式？

（十三）試從注疏裏尋出古人造謊和圓謊的公式。在這種心理之下，地理學有沒有受到什麼壞影響？

（十四）我們讀了注疏，有什麼益處？如果我們不讀它，對于研究禹貢有沒有妨礙？

（十五）講禹貢的書，你曾翻過多少部？你翻了之後，有沒有感到它們的共同的缺陷？如其有的，你想用什麼方法去改變它？換句話說，就是應當用什麼方法纔可把禹貢的研究建設在科學的基礎上？你對于作這種澈底的工作，試自省一下：工具和能力够不够？如果不够，你想作怎樣的修養？

（十六）禹貢的圖，你看見的是哪幾種？這些圖有什麼缺點？你如想自己畫一部禹貢新圖時，該怎樣畫纔可避免這些缺點？試擬一計畫。

（十七）你知道的中國古代地理書有多少種？試列舉出來，分爲下列四類，並略加説明：（1）想像多於事實的，（2）想像與事實相等的，（3）事實多於想像的，（4）全爲事實的。

（十八）山經分南、西、北、東、中五篇，這各篇相當於現在哪幾省和禹貢哪幾州？它的地域的廣狹比了禹貢怎樣？它的作者所認識的實際地理比了禹貢作者怎樣？

（十九）禹貢和山經的著作時代，哪一個在前，哪一個在後？後者如何受前者的影響，又如何改變前者的態度？

（二十）我們如要畫一幅五藏山經圖，該如何畫法，始可使這篇和那篇相銜接？試擬一計畫。

（二十一）古代南北交通和東西交通哪一個發達？其發達的原因在哪裏？

（二十二）古人眼光中的中國有多少大？説得最大的有多少方里？最小的有多少方里？相差有多少？主其説者是哪幾人？

（二十三）假使你生在漢以前，你能到的是哪些地方？假使你是一個探險家，你想到哪裏探去？

（二十四）孔子周游列國，到過禹貢裏的幾州，山經裏的幾經之地？

（二十五）夏商二代，一共有幾個都城？其中沿黃河的有幾個（在今河北省的幾個，河南省的幾個）？沿濟水的有幾個？他們的王畿大概有多少大？

（二十六）周王室在豐鎬，周公子伯禽封於魯。如果他就封時完全走水道，應當經過哪幾條水？魯國伐淮夷時，水路又該怎樣走？

（二十七）古人説河源，是怎樣的放長？説江源，是怎樣的縮短？直到什麼時候纔改過來？

（二十八）我們對於漢代的地理所應有的智識，漢書地理志是否能完全供給？如其不能，我們應當用什麼方法編成一部最完全的漢地理志？

(二十九)漢代的分州如何受古人的影響？又如何使古人受它的影響？

(三十)你在這門功課裏感到痛苦嗎？你想用什麼方法去克服這痛苦？你在這門功課裏感到興趣嗎？你想用什麼方法去培養這興趣？

以上諸題，任你選作幾個，但請你至少盡了考試時間的四分之三。你如感有餘意未説盡時，請於試後三天内寫給我。

文體用文言或白話都聽便。

凡考試時没有做的題目，請你回去後務必想一想。

這份題目，請你和講義一同裝釘。

爾雅釋地以下四篇
(尚書研究講義乙種三之八)案語[*]

頡剛案：爾雅一書，著作者與其時代皆紛紜無定説。推之最早者謂是周公所作。張揖進廣雅表云："昔在周公，纘述唐虞，宗翼文武，克定四海；勤相成王，六年制禮，以導天下；著爾雅一篇以釋其義"，是也。此説非張揖所創，西漢故已有之，亦已有難之者。劉歆(?)西京雜記云："郭偉，字文偉，茂陵人也，好讀書，以爲爾雅，周公所制，而爾雅有'張仲孝友'，張仲，宣王時人，非周公之制明矣。"大抵張揖之慮及此，故云"周公……箸

---

[*] 1934 年 6 月作。原載 1934 年燕京大學石印尚書研究講義散葉，又刊於史學年報第二卷第一期，1934 年 9 月，題作讀爾雅釋地以下四篇。

爾雅一篇”，又云“今俗所傳三篇”，見其出於周公之筆者僅三之一耳。陳隋之間，陸德明作經典釋文，其叙錄云，“釋詁一篇蓋周公所作”，即承張揖之説，而爲周公確定其一篇，縮至十九而得一。若是，則“張仲孝友”在釋訓篇中，郭氏之駁議無得而施矣。

　　移之稍後者，則謂是孔子與其弟子所作。西京雜記記郭氏説後，續申之云：“余嘗以問楊子雲，子雲曰，‘孔子門徒游夏之儔所記，以解釋六藝者也。’”鄭玄駁五經異義云：“玄之聞也，爾雅者，孔子門人所作，以解六藝之旨，蓋不誤也。”（詩黍離正義引）又鄭志答張逸云：“爾雅之文雜，非一家之著，則孔子門人所作，亦非一人。”（詩鳬鷖正義引）張揖表云：“今俗所傳三篇，或言仲尼所增，或言子夏所益。”經典釋文云：“釋言以下，或言仲尼所增，子夏所足。”是皆爲此説張目者也。然證據安在乎？晚周之書記孔子言行者多矣，何以爾雅之作未有言者，必待揚雄而始發其覆乎？

　　更有移後者，乃謂出於西漢人之手。張揖表云：“或言叔孫通所補，或言沛郡梁文所考。”（“考”字意義不明。王念孫廣雅疏證云：“‘考’，爾雅疏引作‘箸’，疑本作‘箸’，訛作‘者’，又訛作‘考’也。”）叔孫通於兩史俱有傳，而不聞有此作。梁文不詳其人，既無赫赫之名而忽有推戴之舉，疑惟此爲得其實矣。案爾雅之爲書名，始見於漢書平帝紀元始五年；文云：“徵天下通知逸經、古記、天文、曆算、鍾律、小學、史篇、方術、本草及以五經、論語、孝經、爾雅教授者，在所爲駕一封軺傳，遣詣京師。”是當西漢之末，其書乃顯於世。王莽傳文與之略同，而所舉書名爲逸禮、古書、毛詩、周官、爾雅、月令、史篇。前數書皆劉歆所竭力表章者，故康有爲新學僞經考論之曰：“爾雅不見於西漢前，突出於歆校書時，……蓋亦歆所僞撰也。………歆既僞毛詩、周官，思以證成其説，故僞此書。”又曰：“爾雅與逸禮、古書、毛詩、周官并徵，其俱爲歆僞撰無疑。……考爾雅訓詁，以釋毛詩、周官爲主。"(漢書藝文志辨僞第三下)此雖過於求新學僞經説之齊一，欲悉蔽罪於劉歆，而此書實有足以啟人之疑者。梁文未知爲西漢何時人，若在成平之世則亦未知其人與劉歆之關係何如，而其含有濃厚之古文學色彩，與毛詩周官二書尤相接近，是固甚明顯之事實也。故歐陽修詩本義曰："爾雅非聖人之書，不能無失。考其文理，乃是秦漢之間學詩者纂集詩博士解詁。"葉夢得石林集曰："爾雅……多是詩類中語，而取毛氏説爲正；予意此但漢人所作耳。"曹粹中放齋詩説曰："今考其書，知毛公以前其文猶略，至康成時則加詳矣。何以言之？如'學有緝熙于光明'，毛公云，'光，廣也'，康成則以爲'欲學於有光明之光明者'，而爾雅曰：'緝熙，光明也。'又'薄言觀者'，毛公無訓，'振古如兹'，毛公云，'振，自也'，康成則以'觀'爲'多'，以'振'爲'古'，其説皆本於爾雅。使爾雅成書在毛公之前，顧得爲異哉！按平帝元始四年，王莽始令天下通爾雅者詣公車，固出自毛公之後矣。"此皆宋人就毛詩與爾雅二書比較而得之結論也。至其爲説與周官同，則清孫星衍爾雅釋地四篇後叙亦詳陳之。其論云："爾雅所紀則皆周官之事。釋詁、釋言、釋訓，則誦訓'掌道方志以詔觀事'及訓方氏'掌誦四方之傳道'也。釋親，則小宗伯'掌三族之別以辨親疏'；釋宮，亦小宗伯'掌辨宮室之禁'也。釋器，其'綾罟謂之九罭'云云則獸人'掌罟田獸，辨其名物'；'肉曰脱之'云云則職金'掌凡金玉錫石之戒令，辨其物之媺惡'；'金鏃翦羽謂之鍭'云云則司弓矢'掌六弓四弩八矢之灋，辨其名物'也；'珪大尺二寸謂之玠'云云則典瑞'掌玉瑞玉器之藏，辨其名物'；'一染謂之縓'云云則典絲'掌絲人而辨其物'也。釋樂，則典同'掌六律六同之和，以辨天地四方陰陽之聲'也。釋天，則眂祲'掌十煇之灋以觀妖祥，辨吉凶'，又保章氏'掌天星以志星辰日月之變動，以辨其吉凶'，又甸祝，詛祝之所掌也；其旌旗，

則司常'掌九旗之物名'，巾車'掌公車之政令，辨其旗物而等叙
之'也。釋地、釋丘、釋山、釋水，則大司徒'以天下土地之圖，
周知九州之地域廣輪之數，辨其山林、川澤、丘陵、墳衍、原隰
之名物'，職方氏'掌天下之圖以掌天下之地，辨其邦國、都鄙、
四夷、八蠻、七閩、九貉、五戎、六狄之人民與其財用'，又山
師、川師、遵師之所掌也。釋草以下六篇，亦大司徒'以土宜之
灋，辨十有二土之名物'，山師、川師'辨其物與其利害而頒之於
邦國，使致其珍異之物'，又土訓'道地慝以辨地物，而原其生，
以詔地求'也；又倉人'掌辨九穀之物'，龜人'掌六龜之屬，各有
名物'也。釋畜，則庖人'掌共六畜、六獸、六禽，辨其名物'，
其馬屬則校人'掌王馬之政，辨六馬之屬'，雞屬則雞人'掌共雞
牲，辨其物'也。"二書之密合，有如此者。

　　謂爾雅之作者爲西漢人，予亦得有數證。其一，釋地列九
州，而云"江南曰揚州"。然禹貢曰"淮海惟揚州"，揚之北界爲淮
而非江。奪江北之地以與徐，自爾雅始。按西漢以臨淮郡與廣陵
國屬徐州，會稽與丹陽二郡屬揚州，二州隔江相望，是正與爾雅
之言契合也。（惟此專就今江蘇界言，若安徽境內之九江、廬江
二郡及六安國則屬揚州而在江北。）其二，禹貢表荆州之界曰"荆、
河"，荆山在南郡臨沮，若漢代之荆州則北超南郡而兼有南陽，
荆山不復爲其北界，故爾雅易之曰"漢南曰荆州"，漢水西來，固
過南陽郡者也。其三，漢書郊祀志記武帝元封五年，"巡南郡，
至江陵而東，登禮灊之天柱山，號曰南嶽"。至宣帝神爵中，定
嶽瀆常禮，"東嶽泰山於博，中嶽泰室於嵩高，南嶽灊山於灊，
西嶽華山於華陰，北嶽常山於上曲陽"。今釋山亦曰"泰山爲東
嶽，華山爲西嶽，霍山爲南嶽，恒山爲北嶽，嵩山爲中嶽"，宛
然符同。（恒即常，避漢文帝諱改。霍即灊，故郭璞云："［霍山］
在廬江灊縣西，即天柱山，灊水所出也。"廣雅亦云："天柱謂之
霍山。"）苟不出於武宣以後，何得有斯制度！其四，武帝太初元

年始正曆。漢書律曆志記其事曰："乃以前曆上元泰初四千六百一十七歲，至於元封七年，復得閼逢攝提格之歲。"今釋天於"歲陽"之首曰"太歲在甲曰閼逢"，於"歲名"之首曰"太歲在寅曰攝提格"，自甲寅始，歲名以寅起而子丑在末，非正曆以後所紀，又安能若斯？其五，禮記大學引衛風而釋之曰："詩云：'瞻彼淇奧，菉竹猗猗。有斐君子，如切如磋，如琢如磨。瑟兮僩兮，赫兮喧兮。有斐君子，終不可諠兮。''如切如磋'者，道學也。'如琢如磨'者，自脩也。'瑟兮僩兮'者，恂慄也。'赫兮喧兮'者，威儀也。'有斐君子，終不可諠兮'者，道盛德至善，民之不能忘也。"此承首章之"在明明德，在止於至善"言之，且以起下"克明德"與"作新民"之義也。今釋訓忽於解釋細碎事物之中插入"'如切如磋'，道學也"直至"民之不能忘也"一段，突然而來，戛然而止，是必爾雅襲大學，非大學襲爾雅。按大學一書之著作時代已甚後。吾友傅斯年先生嘗論之曰："列國分立時之平天下，……總都是些國與國間的關係。然而大學之談'平天下'但談理財。理財本是一個治國的要務，到了理財成了平天下之要務，必在天下已一之後。……且大學末後大罵一陣'聚斂之臣'。漢初兵革擾攘，不成政治，無所謂聚斂之臣。文帝最不會用聚斂之臣，景帝也未用過。只到了武帝，才大用而特用，而大學也就大罵而特罵。……如果大學是對時立論，意者其作於孔桑登用之後，輪臺下詔之前乎？"此論甚是。大學且在武帝時，況採用大學之爾雅乎！總斯數證，爾雅之作者不但可知爲西漢人，且可知爲武帝後人。至於採及説苑，其事更遲，其人且至哀平間矣。

鄭樵有言："謂華爲'荂'，謂艸木初生爲'芛'，謂蘆笋爲'虇'，謂藕紹緒爲'茭'，皆江南人語，又知作爾雅者江南人。"（爾雅鄭注後序）予讀釋水諸篇，亦疑作者籍南方，故於淮水爲較詳。釋丘舉丘之專名僅有三，而"淮南有州黎丘"爲其一，一也。釋水舉大川之支流而云"淮爲滸"，二也。又云"過爲洵，潁爲沙，汝爲濆”，此三水皆入淮者，三也。按張揖之表列舉本書作者，而沛郡梁文居殿，沛固當淮水之北，過，潁，汝之下流。若然，鄭氏之説亦微近之矣。

此書搜集事物詞語，實費相當之功力。清四庫提要評之云：“其書，歐陽修詩本義以爲學詩者纂集，高承事物紀原亦以爲大抵解詁詩人之旨；然釋詩者不及十之一，非專爲詩作。揚雄方言以爲孔子門徒解釋六藝，王充論衡亦以爲五經之訓故；然釋五經者不及十之三四，更非專爲五經作。今觀其文，大抵採諸書訓詁名物之同異以廣見聞，實自爲一書，不附經義。如釋天云‘暴雨謂之涷’，釋艸云‘拔心不死’，此取楚辭之文也。釋天云‘扶搖謂之猋’，釋蟲云‘蒺藜，蝍蛆’，此取莊子之文也。釋詁云‘嫁，往也’，釋水云‘濆，大出尾下’，此取列子之文也。釋地云‘西至西王母’，釋畜云‘小領，盜驪’，此取穆天子傳之文也。釋地云‘東方有比目魚焉，不比不行，其名謂之鰈。南方有比翼鳥焉，不比不飛，其名謂之鶼鶼’，此取管子之文也。又云‘邛邛岠虚負而走，其名謂之蟨’，此取吕氏春秋之文也。又云‘北方有比肩民焉，迭食而迭望’，釋水云‘河出崑崙虚’，此取山海經之文也。釋詁云‘皇，帝，王，后，辟，公，侯’，又云‘洪，廓，弘，溥，介，純，夏，幠’，釋天云‘春爲青陽’至‘謂之醴泉’，此取尸子之文也。釋鳥曰‘爰居，雜縣’，此取國語之文也。如是之類，不可殫數，蓋亦方言、急就之流。”此説雖未必盡是（例如列子乃東晉人所作，故可以用爾雅。觀莊子應帝王篇記壺子語，僅云“鯢桓之審爲淵，止水之審爲淵，流水之審爲淵：淵有九名，此處三焉”，僞作列子者見其云“九淵”而但舉其三，則於黃帝篇爲補足之云“濫水之潘爲淵，沃水之潘爲淵，氿水之潘爲淵，雍水之潘爲淵，汧水之潘爲淵，肥水之潘爲淵，是爲九淵焉”，是即取於釋水之“濫泉、沃泉、氿泉、瀱、汧、肥”也，並其次序亦未移動。推此而言，湯問篇之“喬陟”、“齊州”、“神瀵”及“四海、四

荒、四極”，其襲用爾雅無疑。穆天子傳與尸子，諒亦如是），而
足見其集材之廣，非如漢人其他著作之空虛汗漫，僅依想像成書
也。後之人倘能一一尋其所自出，作爾雅探源以説明之，此亦學
術界應有之事哉！

　　爾雅篇次，自第九至十二爲釋地、釋丘、釋山、釋水；雖分
之爲四，而合可爲一。故釋地以九州始，釋水以九河終，而釋水
篇之末曰“從釋地以下至九河，皆禹所名也”，以見此四篇皆得之
於禹之遺文，視其他十五篇獨爲高古，亦獨爲聯貫。蓋大地之
上，其高峻者丘與山，其卑下者水，上一篇綜言之，下三篇又分
言之也。禹與山川之關係至密且舊矣，自雅、頌、吕刑、周語、
天問、山海經無弗言者。爾雅作者以此四篇之物名屬之於禹所
題，是固“託古”之恒情。獨惜其地理智識過於薄弱，故集録之書
雖廣，曾未能建立一精密之系統。觀其以“泰遠、邠國、濮鈆、
祝栗”爲“四極”，“觚竹、北户、西王母、日下”爲“四荒”，“九
夷、八狄、七戎、六蠻”爲“四海”，不知其究以四極爲最遠乎？
抑以四海爲最遠乎？如以四極爲最遠，則濮在今四川南部，近於
安南之北户矣；邠在西周，更近於甘肅西部之西王母矣。如以四
海爲最遠，則蠻夷戎狄固皆錯處中原者，又何得爲遠乎！且北極
之祝栗，如依邵晉涵説，爲今察哈爾之涿鹿縣，則北荒之觚竹，
在今遼東灣之西岸，爲河北盧龍縣、熱河朝陽縣一帶地，固同在
北緯四十一度者，何以一别之爲極，一别之爲荒乎？又東極曰泰
遠，注家皆以大戴禮記千乘篇“東辟之民曰夷，精以僥，至於大
遠，有不火食者矣”解之，然彼下文尚云“南辟之民曰蠻，信以
朴，至于大遠，有不火食者矣。西辟之民曰戎，勁以剛，至於大
遠，有不火食者矣。北辟之民曰狄，肥以戾，至於大遠，有不火
食者矣”，將無爾雅之作者但讀其首句，誤認“大遠”爲東辟之國
名而因以入録乎？若然，其鹵莽亦甚矣！其他若五方異氣，足見
其幼稚之地理思想，曾未能脱山海經之範圍。至大雅大明有“文

王初載，天作之合，……大邦有子，……文定厥祥，親迎于渭，造舟爲梁”之句，而遂云“天子造舟”，以與“諸侯維舟，大夫方舟”等成一舟之階級制度，不思所以“造舟”者“爲梁”也，爲梁者所以渡渭也，今不云“梁”而云“造舟”，視動詞爲名詞，固已謬矣；又以文王稱王，即定爲天子之舟制，將令天子之舟僅供渡用，皆連繫而不能動行者乎！何其“望文生訓”一至是也！即此以觀，其學識實不足以事記述，其所作自無可觀。特以其久附六經，研鑽者多，爲各種材料之所湊附，又以其取得法典之地位，影響於後人者甚鉅且衆，沿流溯源，已爲基本書籍，故生於今日之我輩雖明知其本身之無價值，猶不可不修習之耳。

此四篇之取材，以釋地爲最廣，請就所知者陳之，且略爲之評。

“九州”蓋取自劉向説苑。按辨物篇所記州名及界，他皆與爾雅同，惟“齊曰青州”爲異；此則説苑依禹貢立名，而爾雅以齊都“營丘”，輒緣秦都於雍而名河西曰雍州之例，改之爲營。此一改也，遂爲古史造成二典。其一，馬融等見堯典有“肇十有二州”之文，苦於不得其證，適會禹貢有九名，職方異於禹貢者有二名（幽、并），爾雅所獨具者又有此一名，便取以作解，而唐虞之世乃有營州，與青州并立。其二，營與青既已同時存在，然而皆爲齊地，將何以畫分？於是孔穎達等作疏，謂堯時青州當越海而有遼東；舜更制十二州，分青爲營，營即遼東。以作者一字之換，解者曲爲之猜，而虞代地理區畫於焉確定，此當非爾雅作者所及料者矣。猶有進者，夏制列於禹貢，周制存於職方，而釋地所載，非夏非周，然則爲何代之制乎？此問題不必費甚大之考慮，蓋三代之制，禮家無不爲之別異，殷一大朝而九州之文不具，此固經師所深感之缺憾；既見此書，正合需要，李巡、孫炎、郭璞輩繼繼繩繩，皆曰“此蓋殷制”。然東漢初年，班固作漢書地理志，猶曰“殷因於夏，亡所變改”也！至於今日，遂有爾雅殷制圖

（楊守敬歷代輿地沿革險要圖之第二幅）矣。

　　大抵九州之説，禹貢、吕覽、説苑、爾雅四書以次承接。吕覽所異於禹貢者，惟有幽而無梁。説苑亦然，州名悉依吕覽而稍異其疆界之説（如徐州，吕覽謂"泗上"，説苑謂"濟東"，實無大殊）。爾雅又承説苑，惟變其一名。職方之作，當在吕覽以後，其單獨提出之并州未爲説苑與爾雅所採，惟漢武帝之十三州制因而用之。作史者覩此異同，一一納之於上古，而唐、虞、夏、商、周五代之州制皆有可言，不知其皆出於戰國以下也。

　　"十藪"之記，明由吕覽與淮南來。按吕氏有始覽六："何謂九藪？吴之具區，楚之雲夢，秦之陽華，晉之大陸，梁之圃田，宋之孟諸，齊之海隅，趙之鉅鹿，燕之大昭。"此將藪澤所在，就春秋戰國間之國家作一排列。然"晉之大陸"與"趙之鉅鹿"實嫌複沓，且三家晉國代興，亦不當以晉與趙并峙也。淮南地形襲吕氏之文，而改"吴"爲"越"，改"梁"爲"鄭"，改"陽華"爲"陽紆"，改"大昭"爲"昭余"。吴越之異自以戰國易春秋，而用鄭變梁又以春秋易戰國，疑其本無標準，特隨手點竄一二字耳。釋地之文，又與不同。云"鄭有圃田"，此直承地形者也。云"秦有楊陓"，"燕有昭余祁"，承地形而小變之者也。存"晉有大陸"而去"趙有鉅鹿"，此正兩書之誤也。云"吴越之間有具區"，此調和兩書之異也。云"魯有大野"，"周有焦穫"，此補兩書所未備也。夫去梁趙而留晉鄭，鄭又不在關中而在河南，具區又居吴越之間，是此書所録皆依東周地理，而焦穫之周之爲東都而非西都從可知矣。郝懿行爾雅義疏云："疑殷有九州，亦當九藪，焦穫一藪或後人所加。"此説似亦可通。然以"濟東曰徐州"論之，則大野與孟諸皆當爲徐藪。如以孟諸屬豫，則豫有孟諸，圃田二藪。兗州之藪，終不可得。焦穫有瓠口與滹澤二説，如爲瓠口，則與楊陓同爲雍藪；如爲滹澤，則與大陸同爲冀藪。欲以分配九州，恰與齊同，雖有增損，終之未能也。

　　猶有可怪詫者，釋水篇末既稱“皆禹所名”，作訓釋者又定爲殷制，是此書所載必夏商間之地理也。奈何九州十藪之中有燕、齊、魯、晉、秦、宋、楚、吳、越、鄭、周諸國名乎？更奈何而此鄭不爲西周之鄭乃爲東周之新鄭乎？其時代色彩章明若此，然瞽説盲從至今不變，何經學界之無人也！

　　“八陵”之名，不知其所自來。阢、息慎、威夷、朱滕諸名，雖後世學者畢力考核，終不能定其地望所在。西隃，知爲史記趙世家之先俞。雁門，亦趙之北境也。加陵，淮南人間有嘉陵，或即春秋成十七年之柯陵。溴梁，見春秋襄十六年。河墳即河隄，錢坫釋地以下四篇注據水經注之長阜，謂即漢之汾陰脽，今山西榮河縣地也。

　　“九府”一章，全出淮南地形。惟淮南末句爲“中央之美者，有岱嶽，以生五穀，桑麻、魚鹽出焉”，文較冗長耳。按淮南以霍太山爲西方，以華山爲西南方，是其作者必爲冀州東部人。又以遼東之醫無閭爲東方，而以斥山爲東北方，果如解者之説，斥山在今山東榮成縣，是其方向乃適反。豈別有斥山更在遼東之東北耶？抑傳聞之誤也？

　　“五方”之比目魚與比翼鳥，見於史記封禪書及管子封禪篇；比翼鳥又見於海外南經。蠪與卬卬岠虛見於吕氏春秋不廣篇，及逸周書王會，司馬相如子虛賦。比肩民見於韓詩外傳，海外西經一臂國髣髴似之。枳首蛇未詳所出，楚辭天問有“雄虺九首”之句，王逸注以爲即岐首蛇也。按五方異物多矣，兹僅舉其駢體者，何也？

　　“野”之一章，輯集土地之通名，以出於詩者爲最多。小雅出車云：“我出我車，于彼牧矣”，又云：“我出我車，于彼郊矣”，鄭風叔于田云：“叔適野”，魯頌駉云：“駉駉牡馬，在坰之野”，毛傳云：“邑外曰郊，郊外曰野，野外曰林，林外曰坰”，此“郊、牧、野、林、坰”五界所由來也。惟毛傳云“郊外曰野”而此云“郊外謂之牧，牧外謂之野”，更拓一境，意者此五界模仿禹貢之“五服”，故增名以足數耶？按尚書牧誓曰“至于商郊牧野”，三名俱備；如依爾雅之説，其謂之何？王畿千里，界各百里，周師伐商將至於三百里之野乎，抑至於百里之郊乎？“隰”取於小雅信南山之“畇畇原隰”。“原”取於大雅公劉之“于胥斯原”。“阜”與“陵”取於小雅天保之“如山如阜，如岡如陵”。“阿”取於小雅菁菁者莪之“在彼中阿”。“阪”取於小雅正月之“瞻彼阪田”及秦風車鄰之“阪有漆”。“菑”與“新田”取於小雅采芑之“于彼新田，于此菑畝”。“畬”取於周頌臣工之“如何新畬”。其解釋亦多襲用毛傳。

　　“四極”所云，荒渺不下於五方。四極、四荒、四海，雖有三界，而曾未能辨其孰遠孰近，已如上述。按説苑辨物篇云：“八荒之内有四海，四海之内有九州”，是荒遠於海矣。淮南氾論有“丹穴、大蒙、反踵、空同、大夏、北户、奇肱、修股之民，是非各異，習俗相反”之語，八名之中，此見三焉，故曰“南戴日爲丹穴，北戴斗極爲空桐，……西至日所入爲大蒙”。淮南未有諸國之方向，而此以丹穴屬南者，丹，南方之色也。以大蒙屬西者，天問云，“出自湯谷，次於蒙氾”，蒙氾，日所入之地，因以大蒙當之也。若空桐者，乃西方之山，故史記五帝本紀云，黃帝“西至於空桐”，其地在今甘肅東部，安得屬之於北！此則隨情分配，與事實舛戾者矣。又彼時觀天與地大小相等，故南則戴日，北則戴斗，東則日出，西則日入；此固共通之觀念，而以四處分配四國，且以“仁、智、信、武”四德判別之者，則創於爾雅。然上既有四極之國矣，此四國又有四極之實，二者將何以分別之乎？何其凌亂牴牾一至是也！

　　釋丘一篇，亦以録詩語爲多。“敦丘”出於衛風氓之“至于頓丘”（“敦”與“頓”通，見毛詩正義及釋名。水經注卷九引爾雅云，“山一成，謂之頓丘”，字亦作頓）。“旄丘”出於邶風旄丘之“旄丘之葛兮”。“阿丘”出於鄘風載馳之“陟彼阿丘”。“宛丘”出於陳風宛丘之“宛丘之上兮”。“畝丘”出於小雅巷伯之“猗于畝丘”。“京”出於大雅皇矣之“依其在京”及公劉之“乃覯于京”。“岸”出於衛風氓之“淇則有岸”。“洒”出於邶風新臺之“新臺有洒”。“湄”出於王風葛藟之“在河之湄”及魏風伐檀之“寘之河之湄兮”。“隩”出於衛風淇奧之“瞻彼淇奧”（陸機引此，“奧”作“隩”，見正義）。“鞫”出於大雅公劉之“芮鞫之即”。“堂”出於秦風終南之“有紀有堂”。“滸”出於王風葛藟之“在河之滸”及大雅緜之“率西水滸”。“墳”出於大雅常武之“鋪敦淮濆”（釋丘云“墳，大防”，而詩鄭箋釋“淮濆”爲“淮水大防”，是二字通）。“涘”出於王風葛藟之“在河之涘”。詩以外，取於禹貢者有“陶丘”，取於春秋者有“乘丘”（莊十年）及“咸丘”（桓七年），取於禮記者有“營丘”（檀弓），取於史記者有“沙丘”（殷本紀）、“泰丘”（六國表及封禪書）及“泥丘”（孔子世家作“尼”，廣韻引爾雅作“䣧”，爲“尼丘”之合文），取於説苑者有“梧丘”（辨物）。至於未能徵其出處者亦多，如“陼丘”、“埒丘”、“畫丘”之類，不審其是否根據當時之方言，抑僅出於一己之想像耳。

　　丘之所取，專名爲多。既爲作者解作通名，後世遂以通名轉釋爾雅所據之書。例如此云“再成爲陶丘”，本取於禹貢之導沇，至沇水所經之陶丘是否確爲再成，良不可知；及僞孔安國作尚書傳，遂於“東出于陶丘北”下依爾雅而釋之曰，“陶丘，丘再成。”然丘之再成者多矣，何以取爲專名者僅此濟陰之一丘也？水經注（卷四）云：“橫溪水……出三累山，其山層密三成，故俗以三累名山。案爾雅山三成爲崑崙丘，斯山豈亦崑崙丘乎？”名實齊一如此，又何以不名崑崙而名三累也？又如營丘，彼云“水出其前左（‘前’字據水經注增），營丘”，蓋特見齊都之營丘，淄水過其南及東耳。然川流之過都邑南東者何限，晉初封之唐，汾水過其南東者也，其初遷之曲沃，涷水過其南東者也，曹之陶丘，濟水過其南東者也，鄭之新鄭，洧水過其南東者也，何以皆無"營"之名乎？"宛丘"之名，著錄者三，一"宛中"，一"丘上有丘"，一陳地。宛中之誼，毛公謂是"四方高，中央下"，郭璞謂是"中央隆高"，二者相異。然既已中央下矣，何得丘上復有丘乎？既已中央高矣，是丘上有丘之義已見，何勞復贅此一解乎？且"再成爲陶丘"，丘上有丘，非再成乎，何以陶丘之外又立宛丘之名也？既有"左高，咸丘；右高，臨丘；前高，旄丘；後高，陵丘"，又有"丘上有丘爲宛丘"，是五方之偏高已盡舉矣，而猶有"偏高，阿丘"，不知其所謂偏高者在於丘之何方也？此無他，毛傳於載馳"阿丘"有"偏高"之訓，故擷載於書，而不慮毛公之尚未備舉五方也。至於丘之專名，古籍所舉多矣，悉加網羅，可得百名，茲但登宛丘、潛丘、州黎丘三名，何也？末云"天下有名丘五，其三在河南，其二在河北"，五丘之名，躍然欲出，忽爾不言，徒勞後人之想像，又何也？意者彼欲以五丘配五嶽，而卒不得其名，姑妄就河南北分之，以欺讀是書者耶？

釋山首尾，各載一五嶽系統：在篇首者以江河分，其方式與九州類似，有嶽、衡而無嵩、霍；在篇末者以五方分，遂用武宣所定制度，有嵩、霍而無嶽、衡。一篇之中而具此矛盾之說，何也？按周禮職方云："東南曰揚州，其山鎮曰會稽。……正南曰荆州，其山鎮曰衡山。……河南曰豫州，其山鎮曰華山。……正東曰青州，其山鎮曰沂山。……河東曰兗州，其山鎮曰岱山。……正西曰雍州，其山鎮曰嶽山。……東北曰幽州，其山鎮曰醫無閭。……河內曰冀州，其山鎮曰霍山。……正北曰并州，其山鎮曰恒山。"釋山篇首之"華、嶽、岱、恒、衡"五山，即爲職方"豫、雍、兗、并、荆"五州之山鎮。當造職方之時，九州之說盛而五嶽之說微，故作者爲九州各尋一鎮，列名山而爲九。及漢武帝四方巡行，定五嶽之名與其祀典，則五嶽之說盛而九鎮之說微。爾雅作者欲以職方之說傅合五嶽，故取正南、正西、正北三方及中央之山鎮以當之。其所以不取正東之沂山者，非不欲也。蓋堯典之文，秦漢之禮，岱爲東嶽已爲不可改易之事實，故不得不舍正東而取河東也。若會稽、醫無閭等偏隅之山，無爲嶽之資格，捨棄之固無惜。此一系統純粹由職方來，彼一系統則取自漢制，一復古，一遵王也。嫌其牴牾，則分置之於篇首及末，末稱爲嶽而首舉其方位，此正作者兩存之苦心。後儒紛紛之論，必執一以定五嶽，殆悉爲所欺紿矣。（末説與説苑辨物全同，恐與九州制同取自此。）

釋山諸名，亦以取詩者爲多。"崧"取於大雅崧高之"崧高維嶽"。"嶠"取於周頌時邁之"及河喬嶽"（淮南泰族引詩"喬"作"嶠"）。"岡"取於大雅公劉之"迺陟南岡"。"冢"取於小雅十月之"山冢崒崩"。"巒，山墮"取於周頌般之"墮山喬嶽"。"鮮"取於大雅皇矣之"度其鮮原"。"澗"取於衛風考槃之"考槃在澗"。"夕陽"取於大雅公劉之"度其夕陽"。"朝陽"取於大雅卷阿之"于彼朝陽"。其尤章明者，周南卷耳之二章曰"陟彼崔嵬，我馬虺隤"，其四章曰"陟彼砠矣，我馬瘏矣"，而此曰"石戴土謂之崔嵬；土戴石爲砠"。又魏風陟岵之一章曰"陟彼岵兮，瞻望父兮"，其二章曰"彼彼屺兮，瞻望母兮"，而此曰"多草木，岵；無草木，峐"（經典釋文云，"峐，三蒼、字林、聲類並云猶屺字，音起"）。集錄之跡，宛然可見矣。

其釋義有同於毛傳者，"崧"，毛云"高貌"，此云"山大而高"；"冢"，毛云"山頂"，此亦然，是也。（按冢爲大山，讀山經可知；毛已誤釋，兹更承之。）有微異於毛傳者，皇矣傳曰"小山別大山曰鮮"，公劉傳曰"巘，小山別大山也"，是鮮與巘二名同義，此錄鮮而去巘，是也。有與毛傳適相反者，卷耳傳曰"崔嵬，土山之戴石者；石山戴土曰砠"，而此以崔嵬爲石戴土，砠爲土戴石；陟岵傳曰"山無草木曰岵，山有草木曰屺"，而此以岵爲多草木，屺爲無草木，是也。凡兹異解，不審其有意改正毛傳乎？

抑本襲毛傳而寫者誤之乎？觀許慎説文與劉熙釋名於後者從爾雅而前者依毛傳，意者二事乃各具其一乎？

釋山之末句爲"梁山，晉望也"。按，此似緣春秋成五年"梁山崩"言之。左傳於此事記絳重人之言曰："國主山川，故山崩川竭，君爲之不舉，降服，乘縵，徹樂，出次，祝幣；史辭以禮焉"，杜預注："主，謂所主祭。"雅所謂"晉望"云者，當即指此。然諸侯之望祭山川者多矣，魯、齊旅泰山（見論語八佾及禮記禮器），晉主汾川、河、惡池（見左傳昭元年及禮器，惡池即虖沱），楚以江、漢、睢、漳爲望（見左傳哀六年），何以他皆不記而僅記一梁山乎？語云，"挂一而漏百"，誠未能免於此譏哉！

畢沅山海經新校正序曰："禹與伯益主名山川，定其秩祀，量其道里，類別草木鳥獸，今其事見於夏書禹貢、爾雅釋地及此經南山經以下三十四篇。爾雅云，'三成爲昆侖丘。絕高謂之京。山再成，英。銳而高，嶠。小而衆，巋。屬者，嶧。獨者，蜀。上正，章。山脊，岡。如堂者，密。大山宮小山，霍。小山別大山，鮮。山絕，陘。山東曰朝陽'，皆禹所名。按此經有昆侖山、京山、英山、高山、歸山、嶧皋之山、獨山、章山、岡山、密山、霍山、鮮山、少陘山、朝陽谷，是其山也。"按此雖非定論，而當作者草釋山之時，參考及於山經，遂釋山經中專名之義，移於爾雅而爲通名，固亦可能之事也。

釋水掇詩之顯更甚於前數篇。前者但摘録專名或通名耳，茲乃直引其句而釋之。故一則曰："'河水清且瀾漪'，大波爲瀾；小波爲淪；直波爲陘。"此取於魏風伐檀"河水清且漣猗，……河水清且直猗，……河水清且淪猗"也（漣與瀾同紐相通）。二則曰："'濟有深涉，深則厲，淺則揭'，揭者，揭衣也；以衣涉水爲厲。繇膝以下爲揭；繇膝以上爲涉；繇帶以上爲厲。"此取於邶風匏有苦葉之文也。三則曰："'汎汎楊舟，紼纚維之'，紼，繂也；纚，綏也。"此取於小雅采菽之文也。昔郭偉以釋訓引詩"張仲孝友"之語而獻疑，若此數篇者，依詩序所定時代，孰非出於宣王以後者乎！何以周公作爾雅之説猶不踣也？

至其中所録水名、島名，及浮水之動詞，亦以攝採於詩者爲衆。“濫泉”出大雅瞻卬之“觱沸檻泉”（説文引詩“作濫”）。“氿泉”出小雅大東之“有冽氿泉”。“肥”出邶風泉水之“我思肥泉”。“汝爲漬”及“汝有漬”出周南汝墳之“遵彼汝墳”（郭注引詩作“漬”）。“氾”出召南江有氾之“江有氾”。“湄”出小雅巧言之“居河之湄”。“泳”出周南漢廣之“不可泳思”。“亂”出大雅公劉之“涉渭爲亂”。“洲”出周南關雎之“在河之洲”。“渚”出召南江有氾之“江有渚”（釋文云，“渚，字又作渚”）。“沚”出召南采蘩之“于沼于沚”及秦風蒹葭之“宛在水中沚”。“坻”亦出蒹葭之“宛在水中坻”。至於蒹葭云“所謂伊人，在水一方。遡洄從之，道阻且長。遡游從之，宛在水中央”，而此云“逆流而上曰泝洄，順流而下曰泝游”（説文云，“溯（泝），或作遡”），攫取之跡不尤可見乎！

取校毛傳，有文字全同或文字雖小異而意義全同者，“側出曰氿泉”，“所出同所歸異爲肥泉”，“緋，綷也；纚，綵也”，“決復入爲氾”，“渚，小洲也”，“小渚曰沚”，是也。有小不同者，傳曰“逆流而上曰遡洄，順流而涉曰遡游”，雅易“涉”爲“下”，俾字法整齊；又傳曰“由膝以上爲涉；以衣涉水爲厲，謂由帶以上也”，雅增“繇膝以下爲揭”一語，俾句無漏義，是也。有甚不同者，傳於江有氾云“渚，小洲也”，又於蒹葭云“小渚曰沚；坻，小渚也”，是謂小於洲者爲渚；小於渚者爲沚與坻，島名凡三級；雅於渚沚之義未變，而增一義曰“小沚曰坻”，坻更在沚下，是分島名爲四級也。

釋水篇中，當討論者有二問題。其一爲大川溢出之小水，云“水自河出爲灉，濟爲濋，汶爲灛，洛爲波，漢爲潛，淮爲滸，江爲沱，過爲洵，潁爲沙，汝爲漬”，凡十名。此蓋受啟發於禹貢。貢之文曰，“岷山導江，東別爲沱”，是沱由江出也；於荆梁之州皆云“沱潛既道”，又於荊州之末云“浮于江、沱、潛、漢”，而江漢之外實未聞有二水自梁以入荊者，既沱出於江，斯潛出於漢，因疑二川溢出之小水，凡自江出者皆名爲沱，漢出者皆名爲潛，特著通名之誼。江漢既爾，他川亦當然，因更以推之河濟諸水。其所言然否未可知，第檢索古籍，絕難證實。豈僅通名無可求，即專名亦未易得也。郭氏之注，僅就書之灘與沱潛，詩之汝漬釋之。然禹貢云“雷夏既澤，灘沮會同”，是灘乃會同於雷夏，非出於河也。周南云“遵彼汝墳，伐其條枚”，條枚，木之枝幹，伐之以爲薪，是必水涯而非水中，故毛詩云，“墳，大防也”，謂汝水之隄，不可謂爲汝水之支流也。故倘非爾雅作者錯讀詩書，則可以證成之者仍只沱與潛二名。其爲專名而可知者，有瀾。春秋經哀八年，“齊人取讙及闡”，杜注：“闡，在東平剛縣北。”按其地望，即在汶水之南，“汶爲瀾”一言宜若可信。然闡乃地名，非汶水支流也。至酈道元作水經注，既信爾雅所記爲絕對之是，遂各求水道以實定之。云，“河水北與枝津會，水受大河，東北逕富平城，所在分裂以溉田圃，北流入河。河之有灘，猶漢之有潛也”（卷三河水），是以富平枝津爲“灘”也。經云，“瓠子河出東郡濮陽縣北河”，注云，“縣北十里，即瓠河口也，爾雅曰‘水自河出爲灘’”（卷二十四瓠子水），是又以瓠子河爲“灘”也。云，“汜水西分濟瀆，東北逕濟陰郡南，爾雅曰‘濟別爲濋’”（卷七濟水），是以汜水爲“濋”也。云，“洙水又南，洸水注之，呂忱曰‘洸水出東平陽，上承汶水於剛縣西闡亭東’，爾雅曰‘汶別爲闡’”（卷二十五洙水），是以洸水爲“闡”也。云，“洛水又東，門水出焉，爾雅所謂‘洛別爲波’也”（卷十五洛水），是以門水爲“波”也。云，“淮水於縣（淮浦）枝分，北爲游水，爾雅曰‘淮別爲滸’”（卷三十淮水），是以游水爲“滸”也。云，“渦水受沙水於扶溝縣，爾雅曰‘渦爲洵’”，又云，“渦水東南逕城父縣北，沙水枝分注之，水上承沙水於思善縣，世謂之章水”（均卷二十三陰溝水），是以章水爲"洈"也。云，"臨潁縣，潁水自縣西流注，小㶖水出焉，爾雅曰'潁別爲沙'"（卷二十二潁水），是以小㶖水爲"沙"也。云，"汝水東南經奇雒城西北，潩水出焉，亦謂之大㶖水，爾雅曰'河有灉，汝有潩'"（卷二十一汝水），是以大㶖水爲"潩"也。經此編排而後爾雅所説悉有着落，不可謂非學術界中一快事。然實際地理非蜃氣樓臺，歷漢迄梁五百年，無一人能知之者，酈氏果何從而知之？且爾雅所謂，皆通名也，而酈氏於"河爲灉"之外，盡以專名釋之；苟僅一水占有此名，又何必謂"水自某出爲某"也？是故酈氏之説不可信，爾雅之説尤可疑，疑彼徒見沱潛二名而推廣之於八川耳。

　　其二，爲九河問題。九河之名見於禹貢者二，兗州之章曰"九河既道"，導河之章曰"又北播爲九河，同爲逆河，入于海"，然實與九江同爲不易證實之地理名詞。意者"九"所以示多數，"九河"所以示其下流支汊之多，或不及九，或過於九，皆未可知。此問題在西漢時之活躍，實以河災與治河爲其背景。漢書溝洫志云："鴻嘉四年（公元前一七），……勃海、清河、信都河水溢溢，灌縣邑三十一，敗官亭民舍四萬餘所，河隄都尉許商與丞相史孫禁共行視，圖方略。禁以爲'今河溢之害數倍於前決平原時。今可決平原金隄間，開通大河，全入故篤馬河，至海五百餘里，水道浚利，又乾三郡水地，得美田且二十餘萬頃，足以償所開傷民田廬處，又省吏卒治隄救水歲三萬人以上'。許商以爲'古説九河之名，有徒駭、胡蘇、鬲津；今見在成平、東光、鬲界中。自鬲以北至徒駭間，相去二百餘里。今河雖數移徙，不離此域。孫禁所欲開者，在九河南篤馬河，失水之跡，處勢平夷，旱則淤絶，水則爲敗，不可許'。公卿皆從商言。"是爲九河個別之名之始見。孫禁主開新道而引河東流，許商主維經義而導河北去，此爲二人宗旨之異。河雖有九，而許商僅舉徒駭、胡蘇、鬲津三名，殆舉此三者以概括之耶，抑彼所知者僅此三名耶？鬲在今山東德縣，成平在今河北交河縣東北，即今津浦鐵路滄州至德州間一段。彼舉九河而云"古說"，可知其在漢世已感冥茫。故溝洫志於許商勝利之後，即記李尋解光之言曰："議者常欲求索九河故跡而穿之。今因其自決，可且勿塞，以觀水勢。河欲居之，當稍自成川，跳出沙土，然後順天心而圖之，必有成功，而用財力寡。"是許商雖有復古之主張，亦已博得公卿之同情，而曾無實際辦法，九河所在亦杳不可知；李尋等遂欲聽其自然，以順天心，甚可哂也。其後滿昌師丹等數言百姓可哀，成帝但遣使者振贍之。及哀帝初，平當使領河隄，奏言"九河今皆寘滅，……宜博求能浚川疏河者"，蓋深知任水自流以期識九河故道之非，欲擺脫經義之牢籠而從事於現狀之斟酌也。王莽時，御史韓牧言"可略於禹貢九河處穿之，縱不能爲九，但爲四五，宜有益"。而大司空椽王橫言"往者天嘗連雨，東北風，海水溢西南，出寖數百里，九河之地已爲海所漸矣"，直移九河於勃海之中；蓋厭聞"以禹貢治水"者之迂言，寧投之於海以絕附會曲說之根株也。至於東漢，則春秋緯保乾圖云，"移河爲界在齊呂，填闕八流以自廣"，鄭玄據之而爲定其人曰："周時齊桓公塞之，同爲一河；今河間弓高以東，至平原鬲津，往往有其遺處。"（並尚書禹貢疏引）夫桓公葵丘之會，其五命之辭，孟子述之曰"無曲防"，管子作"毋曲隄"，公羊作"毋障谷"，穀梁作"毋壅泉"，其勸誡諸侯注重水道通流者如此，寧有躬自填闕八流乎！且齊之北境止於無棣，河間平原之間爲戎夷之所居，終春秋之世，北燕之所以不得常與中原往來者以此，而謂齊侯可填塞其中之九河乎！故此問題自許商提出之後，徒藉推測以增加其材料，實無一人能作明白清楚之解答者，其名詞與其地望亦皆在若存若亡之中。乃爾雅釋水之末忽有一極具體之名單，曰"徒駭、太史、馬頰、覆釜、胡蘇、簡、絜、鉤盤、鬲津"，以許商所言之三水分配於首、中、尾，而更爲之補足其六名。從此釋禹貢者，說水道者，無不引而用之，九河之名於焉確立。然李巡孫炎輩作解，但釋其義，未指其地也。郭璞，地學名家，其注亦僅於徒駭曰“今在成平縣”，於胡蘇曰“東方縣今有胡蘇亭”，其音義亦僅曰“鬲、般今皆爲縣，屬平原郡”，除舉出般縣一點而外，曾無以異於許商之言。是則爾雅雖備列其名，仍但垂空號而已。及至唐代，杜佑通典謂“徒駭、鬲津、鉤盤、胡蘇四河并在今景城郡界，馬頰、覆釜二河并在今平原郡界”（卷一七二），而後可言者復得二水，然於太史、簡、絜，猶云“未詳處所”也。至張守節史記正義云“簡在貝州歷亭縣東”，歐陽忞輿地廣記云“簡、絜在臨津”，李垂導河書云“太史在德州德安縣東南，經滄州臨津縣西”，而後此三水之地亦定。善夫蔡沈書集傳之評之也，曰：“自漢以來，講求九河者甚詳。漢世近古，止得其三。唐人集累世積傳之語，遂得其六。歐陽忞輿地廣記又得其一。（按李垂爲宋人，如蔡氏言，是唐人即有定太史之地者而李垂承之，惜未詳其人。）或新河而載以舊名，或一地而互爲兩說，要之皆似是而非，無所依據。”按，有禹貢之九河而後有西漢人尋求九河之熱忱；有鴻嘉之河決而後尋求九河故道爲時代之需要；有此尋求之熱忱與時代之需要而後有爾雅之全部名詞；有此全部名詞而後唐宋人爲之一一尋出其地，著之於書。事皆相因而至，積累而成，九河之解釋正足以示傳說轉變之一例耳。

　　朱熹語錄曰：“爾雅是取傳注以作，後人卻以爾雅證傳注”，此言良是。觀諸家之注，凡毛傳與爾雅同者皆云“毛傳用爾雅”，可知已。豈僅以之證傳注，更以之證事物命名之由來。如“山大而高，崧”，郭注云：“今中嶽嵩高山，蓋依此名。”邵晉涵正義亦曰：“‘山三襲，陟’以下俱釋山之形體，不釋山名。……後世所命諸山，依爾雅以爲名，若外方謂之嵩山，天柱謂之霍山，其最著矣。”此類思想，純發於尊敬禹主名山川及周公作爾雅之感情。吾人今日既已突破此種偶像，審知其作於西漢之末，且剽襲諸書甚多有錯亂者，作者之智識實不足以建設地理學説之系統，斯爾雅之真相露，爾雅之權威墜矣。至其所言之是否，胥賴我輩之分析研究，非一言可定。凡其録自群書者，固可比較而得其真；而其取自當時方言者，則書缺有間，未易判別。即如釋水之"漢"，古籍所未見，而郭璞舉洽陽汾陰之漢水以釋之，水經注又證成之，可知爾雅作者之確有依據，猶有補於吾人之治學。夫我輩對於古人何敢存心輕蔑，惟既有此歷史觀念，又有此研究方法，則解決古書之著作時代，俾古人之説有以悉得其確當之歷史地位，此固時代之使命而不容脱卸者也。

　　釋地四篇雖有意解釋通名，而搜羅實未能盡。如"澬"，禹貢有三澬，左傳有遷澬、漳澬。如"汭"，堯典有嬀汭，左傳有雒汭、漢汭。如"津"，禹貢有孟津，左傳有茅津、棘津。此皆顯然應在釋水者，乃會未之及。至於"陰、陽"，古人以別山水之南北，見於故書雅記者何限，何都無所記也？應劭風俗通義，劉熙釋名，張揖廣雅並起而補之，而猶有忽忘者。盡録古書之地理名詞，爲之作適當之排列，從專名中求通名，從名詞中求意義，使之不漏不誤，以答謝此千九百年前之爾雅作者之創造之功，此亦我輩之責也。

　　爾雅既出，學者對於事物得一比較有系統之觀念，以讀古書，解詁自易，故東漢一代注釋之風大興。繼武爾雅之書，重立編次之法，而逐字解説其意義者，許慎説文也。王育伊君比較二書之結果，知説文引用釋地以下四篇，有注明者，如"瀸、漢、渚"諸字下並直引原文而云"爾雅曰"。有文與四篇全同，特未明書引自爾雅者，如"郊、林、阪、陼、瀾、淪、湄、洲、沚、潏"。有文雖略異而義則全同者，如"陸、阜、陵、阿、渚、氿、崇、岑、嶠、岡、密、嶅、岵、屺、梁、谿、澗、岫、瀾、汧、洵、汋、泳、滐、洄、州"。有説文較四篇爲略者，如"鰈"。有説文較四篇爲詳者，如"冂、阜、陶、陼、京、丘、灘、沱、渻、

州、滫"。有二説雖詳略不同而義相近者，如"冀、珣、犀、象、
蠥、顥、岸、隩、涘、冢、厜、巖、陘、濫、屠、溪、涉"。有
二説雖異而或可通者，如"野、邊、崮、畬、坻"。其絕不可通
者，僅"砠"一文而已，然此或爾雅寫本之誤也。夫中國之字書始
於說文（前此倉頡、凡將諸篇皆爲小學讀本），而說文乃導源於爾
雅，然則爾雅在字義上之地位，其重大爲何如哉！故此書之編製
雖於今日已有種種不滿人意之處，而其影響之鉅偉自不容以掩
没也。

　　爾雅之注，莫先於犍爲舍人，陸德明釋文叙錄謂是漢武帝時
人。今既知爾雅本書且出於西漢之末，遑論作注者。且其書誠在
武帝時作，則必見錄於七略，何以漢書藝文志中但有本書，更無
解詁也？其著錄於隋書經籍志者凡四家，樊光、孫炎、郭璞、沈
璇；其梁阮孝緒七錄所登而隋志云亡者又有劉歆、李巡二家。此
七家之書，以郭璞爲最精，故獨得存留。犍爲、李巡、孫炎之文
頗見採於釋文及五經正義，故蒐輯之下，猶裒然成帙。（清馬國
翰玉函山房輯佚書及黄奭逸書考對於以上七家並有輯本，而以此
三家之遺文爲最多。）宋太平興國二年（公元九七六），侍講學士邢
昺受詔與杜鎬等八人據郭注作疏十卷，最行於世。清儒學問淹
博，遠軼宋唐，故有改疏運動，就漢魏之舊注而重爲之疏釋。爾
雅一經，作者二家，邵晉涵之正義與郝懿行之義疏先後出，凡古
籍中可以證雅者盡幾羅焉。予於文字之學，興所不屬，涉獵至
淺；所發之義，諒多誤謬。世有君子，舉而正之！

應劭風俗通義(卷十)
(尚書研究講義乙種三之八，三)案語[*]

頡剛案：應劭，汝南南頓人，家世並以才學顯，劭亦博覽多聞。靈帝中平六年，拜泰山太守。獻帝興平元年，以徐州牧陶謙殺曹操父嵩於其郡界，畏操誅，棄郡奔冀州牧袁紹。事實見後漢書卷四十八本傳。著書甚多，有漢官儀、漢朝駁議、漢書集解、風俗通義等。其人蓋能隨處留心，喜比覈分類者。其所纂集，近事多於古史，蓋非拘守典型之經生家也。

風俗通義，今本凡十卷：皇霸第一，正失第二，愆禮第三，過譽第四，十反第五，聲音第六，窮通第七，祀典第八，怪神第九，山澤第十。其主旨在於辨物類之名號，正流俗之過謬，吾人藉此窺見漢人之風俗思想不少。其山澤篇頗承爾雅舊文，亦有補爾雅所未及者。然今本通義實非完帙，隋書經籍志著錄三十一卷，唐書藝文志亦三十卷。至於宋代，乃止存十卷。依續漢書、御覽、廣韻所引，有論數、氏姓、灾異諸篇，皆不見於今書。即此十篇之文，並有缺脫。清錢大昕輯爲逸文一卷(見潛硏堂叢書)，關於輿地者凡三十餘條，雖多陳地方制度及屋宇建築，未必即爲山澤篇之遺語，然山澤篇中如渠與溝洫亦皆爲人力所成者，則未敢斷其必非是也。且爾雅釋地中記九府、九州以及田野，釋水中記井水、涉水以及舟制，亦非純粹之自然地理，範圍稍寬，宜不爲過。

---

[*] 1934 年 6 月 4 日作。原載 1934 年燕京大學排印尚書研究講義散葉，又刊於文史第三十四輯，1992 年，題作讀風俗通義山澤篇。

大德本之末有嘉定十三年丁黼跋，云："余在餘杭，借本於會稽陳正卿，……訛舛已甚，殆不可讀。……携至中都，得館中本及孔復君寺丞本，互加參校，始可句讀。……好古者或得善本，從而增改，是所望云。"故此書不但脱文至多，即誤字亦不少。如九藪之"焦穫"，中厠一"漢"字，蓋緣下文"漢有九州之藪"而衍。"兗州曰大野，在鉅鹿縣北"，"鉅鹿"爲"鉅野"之誤，"并州曰昭餘祈，在鄢縣北"，"鄢"爲"鄔"之誤。"幽州曰奚養，在虎縣東"，按漢無虎縣，而琅邪郡有皋虞縣，在奚養之西南，膠東國有鄒盧縣，在奚養之西：則不知此爲皋虞抑鄒盧之誤，以誤字而兼脱文，殆無從是正矣。又湖之"盧江臨"，蓋"廬江臨湖縣"之脱文。林之"猶七八百載"，當爲"豈七八百載"之誤文。至於四瀆之"江、漢陶陶"，按之小雅四月，應作"滔滔"，此尚可曰同聲通假也。其他若山澤引孝經之"造虛由"，至難索解，亦必有誤。

至其援引書籍，實至隨情。山澤所引孝經不見於孝經，或出讖緯。藪所引爾雅首數語不見於爾雅，當由彼自爲釋，或出於已佚之注。所引之傳廣漢之甚，有知其出於禮記者，而以不知其所據者爲多。著作草率，無裨後學，此則爲時代意識所限，未可責備於漢人者已。

山澤一篇，其五嶽合於釋山之第二説，南嶽同爲霍山，不爲衡山也。其四瀆合於釋水，惟釋水謂"四瀆者，發源注海者也"，而此云"濟，東入沮"爲異。又廣"林"爲"麓"，廣"丘陵"爲"墟"、"阜"、"培"，廣"藪澤"爲"沉"、"沛"、"湖"、"陂"，廣"溝"爲"渠"、"洫"，是皆足以補爾雅所未及者。至於"京"，釋丘云"絕高爲之京，非人爲之丘"，京與丘相對舉，丘非人爲則京爲人爲可知。此乃云"謹按爾雅，丘之絕高大者爲京，謂非人力所能成，乃天地性自然也"，蓋誤讀爾雅，視"非人爲之丘"爲"京"之説明句耳。

逸文之中，解釋名詞有絕可笑者。如云"孫子有'金城湯池'

之説，後人因此開地爲池，以養魚鼈”。按孫子爲春秋末年人，其書之真僞猶未可知，而春秋初年已有共池（左傳桓十年）、曲池（春秋桓十二年）之地，稽之彝器，穆王時亦已有“呼漁於大池”（遹敦）之文，佃漁之事且遠在農業社會之先，豈必待孫子此語而人始思得其理乎？附會曲解本漢人之常態，應劭雖志在箴俗，固猶未能違於俗也。

劉熙釋名（二至七）
（尚書研究講義乙種三之八，四）案語[*]

　　頡剛案：劉熙釋名八卷，始著録於隋書經籍志。其人於史書無傳。惟三國吳志程秉傳言秉“避亂交州，與劉熙考論大義”，又薛綜傳言“綜少從族人避地交州，從劉熙學”，程、薛俱孫權時人，則熙生當漢末，流離至於嶺南，以講學終其身者。又陳振孫直齋書録解題云：“漢征士北海劉熙成國撰”，當出古本題署，知其爲北海人，成國其字也。又按後漢書文苑傳云：“劉珍，……南陽蔡陽人也。……永初中爲謁者僕射，鄧太后詔使與校書劉騊駼、馬融，及五經博士校定東觀五經、諸子、傳記、百家藝術，整齊脱誤，是正文字。……著誄、頌、連珠凡七篇；又選釋名三十篇，以辨萬物之稱號云。”名題既合，氏姓又同，故後人常猜測爲一書。知其必不然者，劉珍，東漢安帝時人，而此書之釋州國有“司州”。按晉書地理志云：“魏氏受禪（二二一），即都漢宮，司隸所部河南、河東、河内、弘農，並冀州之平陽，合五郡，置

　　* 1934年6月11日作。原載1934年燕京大學排印尚書研究講義散葉，又刊於古籍整理與研究第七期，1992年8月，題作讀釋名釋地以下六篇。

司州。"又云："晉武帝太康元年（二八〇）既平孫氏，……省司隸，置司州。"司州爲魏改抑晉改固待考定，其必非東漢時制可知也。然則劉珍安能豫測百年後事而筆之於書乎！又釋州國云："西海郡，海在其西。"按續漢郡國志張掖居延屬國，劉昭注云："獻帝建安末立爲西海郡"，是亦漢末事也。又三國吳志韋曜傳記其鳳皇二年（二七四）獄中所上書，云："又見劉熙所作釋名，信多佳者，然物數衆多，難得詳究，故時有得失。……囚自忘至微，又作……辯釋名一卷。"是則此書當三國時已行於世，作者信爲熙而非珍也。（以上數證，皆發於畢沅疏證。）

　　此書凡二十七篇：釋天以下，釋地、釋山、釋水、釋丘、釋道、釋州國次之。此以下爲形體、親屬、言語、飲食、衣服、宮室之屬。其體例一仿爾雅，惟以聲音假借增長其説明耳。

　　爾雅釋地列九州、十藪、九府、五方、四極諸專名之綜合記載，釋名主釋通名，故其釋地皆屏去不道，而僅録野之原、田、陸、隰，又爲禹貢徐州貢土五色作解。釋山亦然，不登爾雅之五岳，而惟録其冢、岡、嵩、岑諸形狀之辭。釋水頗違斯例，首載四瀆；特無濟爲濋、汶爲灗之文，以及河曲、九河諸條耳。釋丘採爾雅語最多，而獨缺"陳有宛丘"以下，則仍持前義也。釋道採於爾雅之釋宮，附於釋地四篇之下，亦爲善從其類。釋州國一篇爲作者所獨創。九州雖與爾雅大略相同，而雅釋地望，此釋名義，其術迴異。復有十三國名，十七郡名（汝陰是縣非郡），爲雅所未有。篇末井、邑、丘、甸之制取於周官小司徒，比、里、黨、鄉之制取於大司徒，以禮補雅，此則時代使然也。

　　穿鑿附會爲東漢以來經師長技，此書當然含有此濃重之色彩。謂"江，公也，小水流入其中，公共也"，然則淮與河、濟豈無小水流入，何以皆不名爲"江"也？謂"淮，圍也，圍繞揚州北界，東至海也"，然則河豈不圍繞冀之南界，兗、豫、雍之北界，濟豈不圍繞兗之南界，何以皆不名爲"淮"也？謂"河，下也，隨

地下處而通流也”，然則就下爲水性所同，何以江、淮不名爲
“河”也？謂“荆，警也，南蠻數爲寇逆，……常警備之也”，然則
凉有羌，并有狄，幽、徐有夷，何以俱須警備而乃不名爲“荆”
乎？謂“冀州，……帝王所都，亂則冀治，弱則冀强，荒則冀豐
也”，然則冀州以外，皆亂不冀治，弱不冀强，荒不冀豐者乎？
謂“晉，進也，其土在北，有事於中國則進而南也”，然則齊土在
東，有事於中國則進而西；楚土在南，有事於中國則進而北；秦
土在西，有事於中國則進而東；何以此數國常有進心，且有進
舉，而乃不名爲“晉”也？謂“南海，在海南也；宜言海南”，然則
五嶺之北豈爲大海乎？南海一郡將孤懸海中乎？凡此之類，都成
笑柄。特以作者生於千七百年之前，不忍不原恕之耳。

　　至其引爾雅之文而與爾雅異者，釋山中“崧”作“嵩”；“山鋭
而高”之“高”作“長”；“小山別大山，鮮”之“鮮”作“巑”；“無草
木，峐”之“峐”作“屺”。釋水中“氿泉，仄出”之“仄”作“側”；“水
自河出爲灉”之“灉”作“雍沛”；“水決之澤爲汧”之“汧”作“掌”。
釋丘中“丘一成爲敦丘”之“敦”作“頓”；“前高，旄丘”之“旄”作
“髦”；“水出其前，涒丘；水出其後，沮丘；水出其右，正丘”，
“涒”作“阯”，“沮”作“阻”，“正”作“沚”。此皆足備異文之參究。
其尤不同者，則爾雅釋山云：“石戴土謂之崔嵬；土戴石爲砠”，
此乃云“石載土曰岨；土載石曰崔嵬”，名未變而義適反，何也？
按毛詩傳於周南卷耳篇云：“崔嵬，土山之戴石者；石山戴土曰
砠”，與釋名文合。毛傳爲爾雅所自出，釋名又承爾雅，而皆不
與之同，此可證今本爾雅之必爲誤文矣。

　　至其補爾雅者，釋地有地、土、壤、衍、鹵等；釋山有涌、
麓、礫等；釋水有川、海、島；釋丘有圜丘、陽丘、宗丘。其根
據然否未可知，其有意增益爾雅之心則甚可見也。

　　此書既出，惟韋昭（即韋曜，以晉人避司馬昭諱，改“昭”爲
“曜”）有辯一卷。明郞奎金取是書與爾雅、小爾雅、廣雅、埤雅

合刻，名曰五雅；以四書有“雅”名，遂改題逸雅以從其類。至清中葉，畢沅始作釋名疏證八卷、釋名補遺一卷、續釋名一卷，江聲又爲之篆書付刻（皆刻入經訓堂叢書中。按此書實爲江氏代作，故自江藩漢學師承記以來即直書江氏名），自後此書乃有善本可讀。不久，長洲吳志忠又從而校訂之（璜川書屋自刻本），更密於前。同治中，陳澧校刻小學彙函，即以吳本入錄。此外又有成蓉鏡釋名補證一卷，刻入南菁書院叢書中。

張揖廣雅
（尚書研究講義乙種三之八，五）案語[*]

　　頡剛案：張揖，字稚讓，清河人，一云河間人，魏明帝太和中爲博士，著埤蒼、廣雅、古今字詁（見魏江式表及唐顏師古漢書叙例）。今惟廣雅存，書首載進書之表，云：“夫爾雅之爲書也，文約而義固，其陳道也精研而無誤，真七經之檢度，學問之階路，儒林之楷素也。若其包羅天地，綱紀人事，權揆制度，發百家之訓詁，未能悉備也。臣揖……竊以所識，擇撢群藝，文同義異，音轉失讀，八方殊語，庶物易名，不在爾雅者，詳録品覈，以箸於篇。”其著書之宗旨如是，故此書所舉，皆補爾雅之缺者。以廣於爾雅也，名之曰廣雅。其分篇目，一仍爾雅之舊。

　　清王念孫作廣雅疏證，自叙中評之云：“其自易、書、詩、三禮、三傳經師之訓，論語、孟子、鴻烈、法言之注，楚辭、漢賦之解，讖緯之記，倉頡、訓纂、滂喜、方言、説文之説，靡不

---

[*] 1934 年 6 月 13 日作。原載 1934 年燕京大學排印尚書研究講義散葉，又刊於文史第三十四輯，1988 年 1 月，題作讀廣雅釋地以下四篇。

兼載。蓋周、秦、兩漢古義之存者，可據以證其得失；其散佚不傳者，可藉以闚其端緒。則是書之爲功於詁訓也大矣！"是則此書之作，實集舊書雅記詁訓之大成，雖未求證於實物，而書本工作可謂已盡其才，迥非劉熙釋名之隨情湊集，惟以同音之字作曲解者可比矣。

隋曹憲爲是書作音釋，避煬帝諱，題博雅音，故亦有稱是書爲博雅者。清代盧文弨、王念孫、錢大昕並爲之注，其傳世者王氏疏證一書而已（家刻本、皇清經解本、又淮南書局本）。其書精博，超出邵晉涵爾雅正義上。今據以寫印。

張氏此書，惟爲書本工作，故輕事實而重文字。凡故書所有而爾雅所無者，皆不加考慮而採登之，往往入於索隱行怪之途。其時又當讖緯盛行之際，自易受其渲染。如四海内地，神農則取於春秋緯命歷序，帝堯則取於孝經緯援神契，夏禹則取於五藏山經之末篇。此可信乎？至於五方異物，悉取山經。按山經中所記異物不可勝計，今惟於一經取一物，將謂其可以作代表乎？何挂一而漏萬也？其他天下名山之數亦録山經，崑崙之高度與其所出之四水，以及淵水之深度，俱出於淮南子地形訓。其嗜奇愛博之心視爾雅之作者爲尤甚，何禹貢既出數百年，地理常識之不進猶如此也！又釋江、河、淮、濟諸名，因聲生義，與劉熙之術無殊，此則不可抵禦之時代潮流，吾無責焉爾。

又張氏自謂"不在爾雅者，以箸于篇"，則所記自當爲爾雅之所未備者。然爾雅有具區，而此有振澤（即震澤），二者同實，（爾雅"吳、越之間有具區"，郭璞注云："今吳縣南太湖，即震澤是也。"）何以録之？此尚可曰其名異也。至於孟諸，則爾雅既列爲宋之藪矣，何以此篇又有孟豬也？若丘、陵、京、阿諸名，雖與爾雅複重，而與爾雅異義，固可兩存之耳。

尚書研究課第六學期試題 *

　　一　本學期所讀的是爾雅釋地以下四篇、風俗通義山澤篇、釋名釋地以下六篇、廣雅釋地以下四篇。在你的直覺中，那時人的地理觀念是怎樣的？我們從這些文字裏，應當怎樣抽取古代地理沿革史的材料來？

　　二　上述諸篇，你比較之下，覺得它們的思想和態度有怎樣的不同？其中以哪一書的作者爲最弘通，以哪一書的作者爲最陳腐？試將其優點和缺點一一臚陳。

　　三　在上述諸篇中，哪些話是確有事實根據的？哪些事實系統是建設得合理的？哪些則是穿鑿附會的亂説，等於不兑現的鈔票？又有哪些，其本身已爲不可並存的矛盾之説？試各舉一二例。

　　四　在古書裏看得見的地理名詞，有没有未被上述諸篇所搜羅的？還是已早被搜羅完了？

　　五　在上述諸篇中，有哪些地理名詞是不見於古書的？試鈔寫出來，並推測其是否出於作者的幻想，抑或當時確有此種方言而未被收於古書。

　　六　試草擬一個計畫，説明應當用什麽方法去搜羅古書裏的地理專名和通名，又應當用什麽方法把這些名詞作最適當的考證和排列。

　　七　有哪些古代地理的專名，被爾雅的作者講成了通名？後人又如何把爾雅中的通名轉來解釋古代地理的專名？

----

　　* 1934 年 6 月 12 日作。原載 1934 年燕京大學排印尚書研究講義散葉。

八　爾雅釋地以下四篇，本書已說明"皆禹所名"，後人又說是周公做的，又說是孔子做的，又有說是孔子門人做的。你試用自己的見解，判別這些說法對不對。如果以爲不對，你有什麽反證證明不是這班人做的？反證的結果，你看以哪時代出現爲最適當？

九　爾雅釋地以下四篇，取材於哪幾種書？受哪一部書的影響最深？試列表以說明之。

一○　爾雅以後的地理書怎樣受爾雅的影響？怎樣使爾雅的成分滲入了尚書？

一一　我們研究尚書，如果不讀爾雅，會不會反生障礙？如果會的，這障礙在哪裏？試舉出幾點。

一二　爾雅釋地四篇中的世界有多麽大？極南，極北，極東，極西，他們所想像的到了哪裏？他們實際的智識又到了哪裏？這實際智識中的世界，比了禹貢、職方是大是小？

一三　禹貢、職方如何避卻山海經的影響？爾雅、廣雅又如何去接受？這兩方面的地理智識的質和量有怎樣的不同？

一四　爾雅釋地的九州有哪幾點和禹貢的九州不同？有哪幾點和職方的九州不同？

一五　從前人判斷爾雅的九州爲殷制，他們拿哪幾種理由來建立這一說？我們又要拿哪幾種理由來打破這一說？

一六　禹貢、職方、釋地所記的九州既各不同，地域廣狹自應有異，從前人用了什麽方法把它們說作同樣的疆域？

一七　古人爲什麽注意藪澤？被注意的藪澤有哪幾個？其中尤注意的是哪幾個？有哪幾個是找不出確實的地方來的？

一八　古人爲什麽注意丘陵？在哪幾種書裏可以找到丘陵的記載？這些丘陵到現在還存在的有哪幾個？古代的丘陵，爲什麽到後來會不見了？

一九　五嶽之說是怎樣起來的，怎樣變化的？試依時代的次序，將這些説法排列起來。能作一圖以説明之，更好。

二〇 爾雅釋山爲什麽有兩個五嶽系統？後人對于這兩個系統有哪幾種解釋？

二一 古人的眼界不廣，所以僅僅指出江、河、淮、濟爲四瀆。我們現在的地理智識當然比古人豐富多了，正確多了，依你的意見，中國應當説有幾瀆纔對？

二二 爾雅"水自河出爲灉，濟爲濋，……"一章，作者是否確有所據，還是其中一部分係架空立説？他的意思，是把"灉，濋"等看作專名呢，還是通名？後人用了什麽方法，把這些名詞一一確定在實際的水道上？

二三 九河有其實際的存在嗎？自漢以來，怎樣的追尋？爲什麽要追尋？到什麽時候，纔一一有具體的地域可指？其徵實的關鍵在哪幾種書上？

二四 周禮一書，在漢以下的地理學中發生了什麽影響？其足以補爾雅所未及的是哪些部分？

二五 讖緯如何與地理學發生關係？它的地理説又怎樣地經過訓詁家的媒介，流入了經學的範圍？

二六 郭璞是一個地理學家，他的爾雅注屬於地理部分的，比了李巡、孫炎們的舊注有没有顯著的改正和增補？

二七 在你的意想中，中國古代地理沿革史應該怎樣編？你將如何搜集材料，又如何建立系統？你對于這件工作，豫備費幾年功夫？

二八 你看頡剛這樣編講義覺得迂緩嗎？如以爲這態度是對的，請代爲説明其所以迂緩的原因。如以爲這態度不對，請代爲籌畫一個不迂緩的辦法。

以上諸題，任你選作幾個，但請你至少盡了考試時間的四分之三。你如感覺有餘意未説盡，請於試後三天内寫給我。

文體用文言或白話都聽便。

尚書研究講義序目 [*]

（上缺）

丁種

（對于僞古文尚書之評論）

本種講義擬就宋、元、明、清四代之辨斥僞古文者加以聯
貫，爲之結一總帳。惟因本學期尚未講及僞古文，故未編發。

戊種

（參考材料）

　（一）堯典著作之時代問題　（二）堯舜禹禪讓問題　（三）
朔方問題　（四）虞廷九官問題

以上凡四篇。書本中之古史問題之所以難解決者，其本身則
嫌材料太少，令人不可知其真義；其解釋又嫌歧説太多，錯綜紛
亂之中輒令人有無從下手之感。我輩從事於此。如不將一切材料
及其解釋施以蒐集排比之功，比較批評之術，俾知若干問題已不
成爲問題，若干解釋爲必須淘汰者，若干材料具有聯絡性，應提
出新問題，則必目迷心亂，糾纏於前人之所糾纏者，而無以求得
一解決之途徑。本種講義之作，實欲使尚書中之古史問題因材料

---

　[*]　1932 年作。北京大學排印。

之湊合而顯出其真意義，藉以打破向日之糾纏。昔人以經學爲經學，吾輩則以史學爲經學；且不但以史學爲經學，更將摧陷經學之壁壘。此非吾輩之好侮聖經，實以經書本是古史材料，自儒家以此一部分材料目爲聖經之後，巧論曲説，失其本真，遂不得盡其史料之用，故吾輩今日之工作惟有使其仍歸屬於古史，使研究古史者弗失此一堆良好材料，亦使此一堆材料弗失其真主人耳。惟尚書中之古史問題以千百數，而吾儕課業限于時間，勢不能多事輯録。但願諸君自尋問題，自求材料，與頡剛通力合作，庶十年之後尚書問題得告一段落，與古史學者以重大之裨益耳。

己種

（關于尚書研究講義之討論）

（一）漢武帝的十三州問題　（二）九族問題

以上凡二篇。頡剛編輯講義，出於臨時，不能無誤。且古書解釋多歧，即使頡剛認爲無誤，亦不能無討論。又本項課目爲"尚書研究"，顧名思義，諸同學必須自作研究方合；然一個問題經過一次之研究與討論，終必呈露其參差之點：與其苟同，無寧立異。前人治學，但有信仰，對于所師者之説即明知其非是，必曲爲之説以彌縫之，掩護之，此學術之所以無進步。我輩生於今日，凡不有愛好真理之熱誠者實無容身於學術界之資格。信守師説，謚曰盲從；盲從則爲學術界之罪人。故頡剛既自欲以嚴正之態度對待古人，即甚願諸同學能以同樣之態度對待頡剛，俾得抑其成心，去其詭遇，復得以辨論之推演而進於超乎豫期之新境界，此固頡剛之幸而亦學術界之大幸也。

尚書研究講義參考材料
（戊種之一二三四）[*]

説明

本種講義專事提出問題，而集録各時代之學説，使之略備系統；讀者可循是以得其遞變之跡，且以見各時代人之對于斯學斯物之觀念如何。惟此事體大，決非一年之課業所得完具；只求稍定規模，以待將來之長期工作可已。題目之下，加以號數（如甲〇三即屬禹貢，乙〇三即屬大禹謨；其下二數則爲本篇中問題之次），以便整理。

二十，十，十二，顧頡剛記。

一　堯典著作之時代問題（甲〇一〇一）

一　王應麟困學紀聞（卷二）

大傳説堯典，謂之唐傳，則伏生不以是爲虞書。

頡剛案：如其説，是尚書大傳直視堯典爲唐堯時書。然

---

* 1931 年 9—12 月作。原載 1931 年燕京大學石印尚書研究講義第二册。篇首"説明"據北京大學排印尚書研究講義補。

則何以解於本篇叙事之至于舜死也？惜其書久亡，不可知其究竟矣。

又案：閻若璩云："説文引'五品不愻'亦曰'唐書'"，似漢代確以堯典爲唐時作者。程易田駁之云："説文引堯典皋陶謨，只一條作'尚書'，一條作'周書'，轉寫誤也；餘三十條並作'虞書'。然則'五品不愻'一條作'唐書'者孤證，不可援之以爲論説也。"（閻程二家之説見困學紀聞五箋集證）然清代經師則已有因大傳曰"唐傳"，説文曰"唐書"，而標堯典爲唐書者矣。

二　僞孔安國尚書序

伏犧、神農、黄帝之書謂之"三墳"，言大道也。少昊、顓頊、高辛、唐、虞之書謂之"五典"，言常道也。……先君孔子生于周末，覩史籍之煩文，懼覽者之不一，……討論墳典，斷自唐、虞以下。

頡剛案：此謂孔子删書自唐、虞起，似亦以堯典爲唐書者。然僞孔本於篇題"堯典第一"之下標曰"虞書"，則已定其爲虞史之作矣。

三　孔穎達尚書正義（卷二）

堯典雖曰唐事，本以虞史所録。末言舜登庸由堯故，追堯作典，非唐史所録，故謂之虞書也。……案馬融、鄭玄、王肅別録題皆曰"虞夏書"，以虞、夏同科，雖虞事亦連夏。此（指僞孔本）直言"虞書"，本無尚書之題也。案鄭序以爲虞夏書二十篇，商書四十篇，周書四十篇，贊云："三科之條，五家之教"，是虞、夏同科也。其孔（僞孔）於禹貢注云："禹之王以是功，故爲夏書之首"，則虞、夏別題也。

頡剛案：堯典在馬、鄭、王本爲虞夏書而在僞孔本爲虞書，則馬、鄭、王不敢斷其必出於虞史而僞孔則逕斷之也。是堯典之著作時代說至此有三：唐，一也；虞，二也；虞、夏之間，三也。然說雖不同，而唐、虞、夏三代相去才數十年，皆以爲當時人記當時事，無所謂"曰若稽古"也。

四　蔡沈書集傳

堯典雖紀唐堯之事，然本虞史所作，故曰虞書。其舜典以下，夏史所作，當曰夏書。春秋傳亦多引爲夏書。此云虞書，或以爲孔子所定也。

頡剛案：此頗致疑於虞書之標題，而謂"慎徽五典"以下作於夏史，當曰夏書，變直叙之辭氣爲疑問，是較漢、唐人進步處。

五　鄒季友書傳音釋

按書自禹貢以後，每篇各記一事，獨典、謨所載不倫。而五篇（堯典、舜典、大禹謨、皋陶謨、益稷）體制相似，皆以"曰若稽古"發端，蓋出於一人之手，恐難分堯典獨爲虞史所作。堯典篇末言舉舜事，伏生本又以舜典合爲一篇，宜後人稱虞書也。唐、虞、夏雖曰異代，實相去不遠；而典、謨載堯、舜、禹事皆曰"稽古"，其爲夏啓以後史臣所作明矣。然亦必唐、虞之時自有紀載，夏史但修纂成篇耳。

頡剛案："曰若稽古"四字弁於篇首，至易獻疑也；然由漢、魏而至唐、宋，歷千餘年，卒無有敢就此發問者。直至元代，乃有鄒氏創言之，遂以堯典等篇歸于夏啓以後之史官，學術思想之進步若此其難也！然"夏啓以後"爲何代乎？

鄒氏發之而不能自答之也。

六　王充論衡須頌篇

古之帝王建鴻德者，須鴻筆之臣襃頌紀載，鴻德乃彰，萬世乃聞。問説書者“欽明文思”以下誰所言也？曰：篇家也。篇家誰也？孔子也。然則孔子鴻筆之人也，自衛反魯，然後樂正，雅、頌各得其所也。鴻筆之奮，蓋斯時也。

頡剛案：此説逕以堯典歸之孔子，開後世追記説之先路，非勇於自由批評之王充必不敢言。然有何證據乎？推彼之意，蓋謂尚書既爲孔子所刪，則堯、舜之大經大法亦必經過孔子之點竄潤色者耳。苟不僅是，則王氏必已於堯典中感到濃厚之儒家氣味，遂以爲孔子所自作，惜其未道破也。此説已爲經師所不敢聞，故除保留於王氏本書之外，更無人引以説經者。

七　康有爲孔子改制法
堯舜文王考（孔子改制考卷十二）

堯、舜爲民主，爲太平世，爲人道之至，儒者舉以爲極者也。然吾讀書，自虞書外未嘗有言堯、舜者。召誥曰：“我不可不監于有夏，亦不可不監于有殷。”又曰：“我不敢知曰有夏服天命惟有歷年；我不敢知曰有殷受天命惟有歷年。”又曰：“不若有夏歷年，式勿替有殷歷年”。多方曰：“非天庸釋有夏，非天庸釋有殷。”立政曰：“古之人迪惟有夏，亦越成湯，戚不釐上帝之耿命。”皆夏、殷並舉，無及唐、虞者。

蓋古者大朝惟有夏、殷而已，故開口輒引以爲鑒。堯、舜在洪水未治之前，中國未闢，故周書不稱之。惟周官有“唐、虞稽古，建官惟百”之言，然是僞書，不足稱也。吕刑有三后矣，“皇帝清問下民"，古人主無稱皇帝者，蓋上帝也，則亦無稱堯、舜者。

若虞書堯典之盛，爲孔子手作。觀論衡所述"欽明文思"以下爲孔子作，皋陶有"蠻夷猾夏"之辭，堯、舜時安得有夏，其爲孔子所作至明矣。

韓非謂"孔、墨同稱堯、舜而取舍相反。堯、舜不可復生，誰使定孔、墨之真"。由斯以推，堯、舜自讓位盛德，然（疑當作致）太平之盛，蓋孔子之七佛也。孝經緯所謂"託先王以明權"。孔子撥亂，升平，託文王以行君主之仁政；尤注意太平，託堯、舜以行民主之太平。然其惡爭奪而重仁讓，昭有德，發文明，易曰"言不盡意"，其義一也。特施行有序，始於麤糲而後致精華。詩託始文王；書託始堯、舜；春秋始文王，終堯、舜。易曰"言不盡意"，聖人之意其猶可推見乎？後儒一孔之見，限於亂世之識。大鵬翔於寥廓，而羅者猶守其藪澤，悲夫！

　　頡剛案：自有王充之説，歷一千八百餘年，絕未發生影響，至康有爲始證成之。彼據周誥之文，謂當時但上徵夏、殷而不一及唐、虞，故知堯、舜之事特孔子寄其太平世之理想，非實有。其言之勇猛，足使正統派之經師咋舌而走。自吾儕觀之，則孔子時猶不容有此等思想，康氏之觀察尚嫌過早；然其爲孔子以後之儒者寄其太平世之理想而作，固斷斷不謬也。

又

堯典一篇皆孔子作，凡有四證：

王充論衡："尚書自'欽明文思'以下何人所作也？曰：篇家也。篇家者誰也？鴻筆之人也。鴻筆之人何人也？曰：孔子也。"則仲任尚知此説。其證一。

堯典制度與王制全同；巡狩一章文亦全同。王制爲素王之制。其證二。

文辭若"光被四表，格于上下，克明峻德，以親九族"等，調諧詞整，與乾卦彖辭"雲行雨施，品物流行，大明終始，六位時乘"同，並爲孔子文筆。其證三。

"夏"爲禹年號。堯、舜時禹未改號，安有夏。而不云"蠻夷猾唐，猾虞"，而云"猾夏"。蓋夏爲大朝，中國一統實自禹平水土，後乃通西域，故周時人動稱"夷、夏""華夏"，如近代之稱"漢""唐"。故雖以孔子之聖，便文稱之，亦曰猾夏也。證四。

春秋詩皆言君主，惟堯典特發民主義。自"欽若昊天"後，即舍嗣而巽位。或四岳共和，或師錫在下，格文祖而集明堂，闢四門以開議院，六宗以祀變生萬物，象刑以期刑措：若斯之類皆非常異義託焉。故堯典爲孔子之微言，素王之鉅制莫過於此。

頡剛案：此文第二證未免曲説，蓋王制與堯典不同處儘多，如州制則王制爲九州而堯典爲十二州，州長則王制爲八伯而堯典爲十二牧，天子之老則王制爲二伯而堯典爲四岳，四至則王制與禹貢同而堯典與禹貢異，皆不能視爲一人所定之制度。第三證指其文辭調諧詞整，與易傳相類，甚中肯綮。昔人謂"虞書渾渾爾"，自是違心之論。然吾儕已知易傳之非孔子作矣（見李鏡池先生易傳探源，燕京大學史學年報第二期），則堯典之時代自當隨之而更移後。第四指"猾夏"之名不可用於唐、虞時，亦是。然遂以爲孔子所作，則無據。至于非常異義，漢儒最多，安見其皆爲孔子之微言。蓋康氏作孔子改制考，必以戰國、秦、漢間儒家之創義與著作盡歸之孔子，故孔子遂得博綜秦、漢間之思想學術之大成，而出于其間之堯典自亦不能外焉。

八　梁啟超中國歷史研究法

時代錯迕則事必僞，此反證之最有力者也。……例如尚書堯典"帝曰：'皋陶，蠻夷猾夏'"，此語蓋甚可詫。夏爲大禹有天下之號，因禹威德之盛，而中國民族始得"諸夏"之名，帝舜時安從有此語！假令孔子垂教而稱中國人爲漢人，司馬遷著書而稱中國人爲唐人，有是理耶？此雖出聖人手定之經，吾儕終不能不致疑也。

以上所舉……甚簡單而易説明。亦有稍複雜的事項，必須將先決問題研究有緒，始能論斷本問題者。例如堯典有"金作贖刑"一語，吾儕以爲三代以前未有金屬貨幣，此語恐出春秋以後人手筆。又如孟子稱"舜封象於有庳，象不得有爲於其國，天子使吏治其國而納其貢賦"，吾儕以爲封建乃周以後之制度，"使吏治其國"云云又是戰國後半期制度，皆非舜時代所宜有。雖然，此斷案極不易下；必須將"三代前無金屬貨幣"、"封建起自周代"之兩先決問題經種種歸納的研究立爲鐵案，然後彼兩事之僞乃成信讞也。

且此類考證尤有極難措手之處：吾主張三代前無金屬貨幣，人即可引堯典"金作贖刑"一語以爲反證。（近人研究古泉文者，有釋"乘正尚金當爰"之一種即指爲唐、虞贖刑所用，蓋因此而附會及於古物矣。）吾主張封建起自周代，人即可引孟子"象封有庳"一事爲反證。以此二書本有相當之權威也。是則對書信任與對事信任又遞相爲君臣，在學者辛勤審勘之結果何如耳。（以上葉一七四——一七六）

尤有一種消極性質的史料亦甚爲重要：某時代有某種現象，謂之積極的史料；某時代無某種現象，謂之消極的史料。試舉其例：

吾儕讀戰國策，讀孟子，見屢屢有黃金若干鎰等文，知其時確已用金屬爲貨幣。但字書中關於財貨之字皆从貝不从金，可見古代交易媒介物乃用貝而非用金。再進而研究鐘鼎款識，記用貝之事甚多，用金者雖一無有；詩經亦然；殷墟所發見古物中，亦有貝幣無金幣。因此略可推定西周以前，未嘗以金屬爲幣。再進而研究左傳、國語、論語，亦絕無用金屬之痕跡。因此吾儕或竟可以大膽下一斷案曰："春秋以前未有金屬貨幣。"若稍加審慎，最少亦可以下一假説曰："春秋以前金屬貨幣未通用。"（以上葉一一九——一二〇）

　　僞書有經前人考定已成鐵案者，吾儕宜具知之；否則徵引考證，徒費精神。例如今本尚書有胤征一篇，載有夏仲康時日食事；近數十年來，成爲歐洲學界一問題。異説紛爭，殆將十數，致勞漢學專門家天文學專門家合著專書以討論。殊不知胤征篇純屬東晉晚出之僞古文，經清儒閻若璩、惠棟輩考證，久成定讞；仲康其人之有無且未可知，遑論其時之史蹟？歐人不知此椿公案，至今猶刺刺論難；由吾儕觀之，可笑亦可憐也。……

　　一面又可以應用各種方法以證明某書之必真。……如尚書堯典所記中星，"仲春日中星昴，仲夏日中星火"等，據日本天文學者所研究，西紀前二千四五百年時確是如此。因此可證堯典最少應有一部分爲堯、舜時代之真書。（以上葉一五一——一五九）

　　頡剛案：此於"猾夏"一言申康氏之説，於"金作贖刑"一語獨樹異議，謂用金屬作貨幣爲春秋以後事，視康氏説爲孔子作者，其時代愈移後。梁氏既爲此説，似可將堯典根本推翻矣，乃又以四仲中星之故，認其中必有一部分爲堯、舜時代之真書。夫日本天文學者，如新城新藏等固爲堯典辨護，然如飯島忠夫則以此考定其時代爲西紀前三百年附近，正值戰國之世；白鳥庫吉且謂其非由於實地之觀測而本於占星術之思想；可見彼邦意見極不統一，正與歐洲學界考胤征之日食者無異。予雖不解天文，未能平亭其説，然觀此章之分析羲、和爲四人，其所宅之地之至於朔方、南交，是則梁氏所目爲真書之一節恰章顯其甚後出之跡耳。

九　郭沫若甲骨文釋(卷一)

古人常語，"妣"與"祖"爲配，"考"與"母"爲配。易小過之六二"過其祖，遇其妣"，詩小雅斯干"似續妣祖"，又周頌豐年及載芟"烝畀祖妣"，此皆祖妣對文之證。離之"既右烈考，亦右文母"，則考母對文也。金文中其證尤多。

其言"祖，妣；考，母"者：

齊侯鎛鐘："用孝宣于皇祖皇妣，皇母皇考。"

子仲姜鎛："用宣用孝于皇祖聖叔，皇妣聖姜；皇祖又成惠叔，皇妣又成惠姜；皇考遵仲，皇母。"

陳逆簠："以宣以孝于大宗，皇祖皇妣，皇考皇母。"

其單言"考，母"者：

諶鼎："諶肇作其皇考皇母告比君犧鼎。"

頌鼎及敵壺諸器："皇考襲叔，皇母襲姒。"

史伯碩父鼎："朕皇考釐仲，王母泉母。"

仲叡父敵："皇考徲伯，王母徲姬。"

召伯虎毁："我考我母。"

師趛鼎："文考聖叔，文母聖姬。"

準此可知考妣連文爲後起之事。爾雅釋親："父爲考，母爲妣"，當係戰國時人語。舊説，"妣，比也，比之於父亦然也"(釋名釋喪制)，可知非妣之初義。尚書帝典："放勳乃殂落，百姓如喪考妣三載。"不獨百姓字古無有(古金中作"百生")，三年之喪古無有(孟子滕文公上"定爲三年之喪，父兄百官皆不欲，曰吾宗國魯先君莫之行，吾先君亦莫之行也")，即此考妣二字連文，亦可知帝典諸篇爲孔門所僞託矣。

顧頡剛案：此雖僅證明堯典中一個名詞之背謬，實不啻將堯典在戰國以前之地位根本推翻。何也？“如喪考妣”一語見引於孟子，當然爲最可信者，而考妣連文成一名詞，尚不能爲春秋時人所用，又遑論虞、夏乎！夫康氏移其時代於春秋之末，已甚遲矣；郭氏又移之於戰國以下，更遲矣。召旻云：“日蹙國百里”，有同嘅哉！

二　堯舜禹禪讓問題（甲〇一〇五）

一　墨子尚賢上篇

子墨子言曰：古者王公大人爲政於國家者皆欲國家之富，人民之衆，刑政之治。然而不得富而得貧，不得衆而得寡，不得治而得亂；則是本失其所欲，得其所惡。是其故何也？子墨子言曰：是在王公大人爲政於國家者不能以尚賢事能爲政也。是故國有賢良之士衆則國家之治厚，賢良之士寡則國家之治薄。故大人之務將在於衆賢而已。

曰：然則衆賢之術將奈何哉？子墨子言曰：譬若欲衆其國之善射御之士者，必將富之貴之，敬之譽之，然後國之善射御之士將可得而衆也。況又有賢良之士厚乎德行，辯乎言談，博乎道術者乎！此固國家之珍而社稷之佐也，亦必且富之貴之，敬之譽之，然後國之良士亦將可得而衆也。是故古者聖王之爲政，言曰：不義不富，不義不貴，不義不親，不義不近。是以國之富貴人聞之皆退而謀曰：始我所恃者富貴也；今上舉義不辟貧賤，然則我不可不爲義。親者聞之亦退而謀曰：始我所恃者親也；今上舉義不辟親疏，然則我不可不爲義。近者聞之亦退而謀曰：始我所恃者近也；今上舉義不辟近，然則我不可不爲義。遠者聞之亦退而謀曰：我始以遠爲無恃；今上舉義不辟遠，然則我不可不爲義。逮至遠鄙郊外之臣，門庭庶子國中之衆，四鄙之萌人聞之，皆競爲義。是其故何也？曰：上之所以使下者一物也；下之所以事上者一術也。譬之富者有高牆深宮，牆立既謹，上爲鑿一門；有盜人入，闔其自入而求之，盜其無自出。是其故何也？則上得要也。

　　故古者聖王之爲政，列德而尚賢，雖在農與工肆之人，有能則舉之，高予之爵，重予之禄，任之以事，斷予之令。曰：爵位不高則民弗敬，蓄禄不厚則民不信，政令不斷則民不畏。舉三者授之賢者，非爲賢賜也，欲其事之成故。當是時，以德就列，以官服事，以勞殿賞，量功而分禄，故官無常貴而民無終賤。有能則舉之，無能則下之，舉公義，辟私怨，此若言之謂也。故古者堯舉舜於服澤之陽，授之政，天下平。禹舉益於陰方之中，授之政，九州成。湯舉伊尹於庖厨之中，授之政，其謀得。文王舉閎夭、泰顛於置罔之中，授之政，西土服。故當是時，雖在於厚禄尊位之臣，莫不敬懼而施；雖在農與工肆之人，莫不競勸而尚意。故士者所以爲輔相承嗣也。故得士則謀不困，體不勞，名立而功業彰而惡不生，則由得士也。是故子墨子言曰：得意，賢士不可不舉；不得意，賢士不可不舉。尚欲祖述堯、舜、禹、湯之道，將不可以不尚賢。夫尚賢者政之本也！

　　頡剛案：禪讓之説由尚賢來，尚賢之義由墨氏出而流入於儒家，故觀於此篇可以明堯典之本根。蓋尚賢之中心主張，爲打倒世官制度，使平民亦有干政之機會；在此以前，則平民但服屬于貴族而已，無獨立之人格也。左傳桓二年記晉師服之言曰："吾聞國家之立也，本大而末小，是以能固。故天子建國，諸侯立家，卿置側室，大夫有貳宗，士有隸子弟，庶人工商各有分親，皆有等衰，是以民服事其上而下無覬覦。"可知彼時推封建諸侯之義於卿大夫士，適子庶子各有其位，父之職則適子繼之，上下階級釐然而不混，所以絶覬覦也。又昭十年記芊尹無宇之言曰："天有十日，人有十等。……王臣公，公臣大夫，大夫臣士，士臣皂，皂臣輿，輿臣隸，隸臣僚，僚臣僕，僕臣臺。"然則庶民之中復有六等之次，雖今日不可知其詳，而當時人民之受壓迫於階級制度固自可知。至戰國時，封建社會崩壞，登庸者不以親而以才，是以墨子遂有尚賢之主張而云"雖在農與工肆之人，有能則舉之。故官無常貴而民無終賤"。此原爲戰國時勢之所啟牖，非先代已有是法；惟當時風尚，言必託古，故此篇中亦謂"古者聖王之爲政"云然，並舉若干事例以明之，於是堯、舜、禹、益之故事乃日益播弄於游談者之口矣。

又案：尚賢中下二篇與此篇文義類似，以限于篇幅不載。惟其記堯、舜事較詳，云："古者舜耕歷山，陶河瀕，漁雷澤；堯得之服澤之陽，舉以爲天子，與接天下之政，治天下之民。"此即孟子所言"大舜……自耕稼陶漁以至爲帝"也。惟墨家之傳説雖流入儒家，得其承認，而儒家輒給以新解釋，故亦不能盡同耳。

二　論語堯曰篇

堯曰："咨爾舜，天之歷數在爾躬！允執其中！四海困窮！天禄永終！"舜亦以命禹。

頡剛案：此堯禪舜及舜禪禹之命詞，所謂"三聖傳授心法"者，自當爲禪讓史中最重要之材料。今堯典不載，何也？孟子言"楊氏爲我，墨氏兼愛，子莫執中"，則執中之説殆是由于楊、墨二家之各走極端而發生，不能在楊、墨以前。然其説在孟子時已爲儒家所取，故孟子中遂有"湯執中"之言。其後有中庸之篇，暢論斯旨。若堯而有此言，則堯其爲戰國人乎？至"天之歷數在爾躬"一語，則天運常轉，當王者勝，大有五德終始說之意味，不在鄒衍之後者不能爲此言。今本論語爲漢張禹所合，其後五篇疑竇甚多，崔述辨之最明（見洙泗考信錄及論語餘説）；堯曰篇又在最末，自有爲漢人增入之可能。惟其文已見引於春秋繁露郊祭篇，則尚非甚後出者耳。自得此章，而堯、舜、禹禪讓之事在論語中亦樹一確證矣。

三　呂氏春秋不屈篇

魏惠王謂惠子曰："上世之有國必賢者也。今寡人實不若先生，顧得傳國！"惠子辭。

王又固請曰："寡人莫有之國於此者也，而傳之賢者，民之貪爭之心止矣。欲先生之以此聽寡人也！"惠子曰："若王之言，則施不可而聽矣。王固萬乘之主也，以國與人猶尚可。今施布衣也，可以有萬乘之國而辭之，此其止貪爭之心愈甚也！"……

夫受而賢者舜也，是欲惠子之爲舜也。夫辭而賢者許由也，是惠子欲爲許由也。傳而賢者堯也，是惠王欲爲堯也。堯、舜、許由之作非獨傳舜而由辭也，他行稱此。今無其他而欲爲堯、舜、許由，故惠王布冠而拘于鄲，齊威王幾弗受；惠子易衣變冠乘輿而走，幾不出乎魏境。

　　頡剛案：此事僅見呂氏之書，不知其信否。苟其信也，則爲禪讓説流行後所發生之第一次影響。雖未成爲事實，而此種傳説之有力蓋可知矣。

四　戰國策燕策一

燕王噲既立，蘇秦死於齊。蘇秦之在燕也，與其相子之爲婚；而蘇代與子之交。及蘇秦死，而齊宣王復用蘇代。燕噲三年，與楚、三晉攻秦，不勝而還。子之相燕，貴重，主斷。

蘇代爲齊使於燕。燕王問之曰："齊宣王何如？"對曰："必不霸。"燕王曰："何也？"對曰："不信其臣。"蘇代欲以激燕王以厚任子之也。於是燕王大信子之。子之因遺蘇代百金，聽其所使。

鹿毛壽謂燕王曰："不如以國讓子之。人謂堯賢者，以其讓天下於許由，由必不受，有讓天下之名，實不失天下。今王以國讓相子之，子之必不敢受，是王與堯同行也。"燕王因舉國屬子之，子之大重。

或曰："禹授益而以啟爲吏；及老而以啟爲不足任天下，傳之益也。啟與支黨攻益而奪之天下。是禹名傳天下於益，其實令啟自取之。今王言屬國子之而吏無非太子人者，是名屬子之而太子用事。"王因收印，自三百石吏而效之子之。子之南面行王事，而噲老不聽政，顧爲臣；國事皆決子之。

子之三年，燕國大亂，百姓恫怨。將軍市被、太子平謀，將攻子之。儲子謂齊宣王："因而仆之，破燕必矣。"王因令人謂太子平曰："寡人聞太子之義，將廢私而立公，飭君臣之義，正父子之位。寡人之國小，不足先後。雖然，則唯太子所以令之！"太子因數黨聚衆，將軍市被圍公宮，攻子之，不克。將軍市被及百姓乃反攻太子平，將軍市被死已殉國。構難數月，死者數萬衆，燕人恫怨，百姓離意。孟軻謂齊宣王曰："今伐燕，此文、武之時，不可失也。"王因令章子將五都之兵，以因北地之衆以伐燕。士卒不戰，城門不閉，燕王噲死，齊大勝燕，子之亡。二年，燕人立公子平，是爲燕昭王。

頡剛案：此爲實行堯、舜禪讓故事之第一次。觀鹿毛壽能以此言進，燕王噲又能聽之，則當時對於此說必已確認爲史實，墨家倡導之效與民衆響應之情皆可於此徵驗之矣。不幸子之得國太驟，民心未孚，以禪讓始者反以征誅終，遂爲天下僇笑，視後之曹丕、司馬炎之倫有愧色矣。

　　又案：孟子爲“言必稱堯、舜”之人，而對於此複演堯、舜佳話之事卻不欲其存在，大是奇事。意者爲其足以搖動社會秩序耶？抑爲子噲不足爲堯而子之不足爲舜耶？觀其答沈同之問，謂“子噲不得與人燕，子之不得受燕於子噲。有仕於此而子悅之，不告於王而私與之，……則可乎！”（公孫丑下）又曰：“好名之人能讓千乘之國；苟非其人，簞食豆羹見於色。”（盡心下）則知孟子所持者爲後一義。然儒家思想常不敢踰越舊制過甚，又其主張親親與墨家異，實不能爲徹底之尚賢説。故孟子云：“用下敬上，謂之貴貴；用上敬下，謂之尊賢。貴貴，尊賢，其義一也。”（萬章下）又云：“仁者無不愛也，急親賢之爲務；……堯、舜之仁不遍愛人，急親賢也。”（盡心上）彼以貴貴與尊賢視爲一義，愛親與愛賢謂之同急；由此義以觀燕事，則子噲既有太子平便不當讓國於子之矣。然則其反對之理由固尚不能脱傳統之見解也。

　　又案：史記燕世家之文與此略同，不更載。

五　孟子萬章上篇

　　萬章曰：“堯以天下與舜，有諸？”孟子曰：“否，天子不能以天下與人！”

　　“然則舜有天下也孰與之？”曰：“天與之。”

　　“天與之者諄諄然命之乎？”曰：“否，天不言，以行與事示之而已矣！”

　　曰：“以行與事示之者如之何？”曰：“天子能薦人於天，不能使天與之天下。諸侯能薦人於天子，不能使天子與之諸侯。大夫能薦人於諸侯，不能使諸侯與之大夫。昔者堯薦舜於天而天受之，暴之於民而民受之，故曰‘天不言，以行與事示之而已矣’。”

　　曰：“敢問薦之於天而天受之，暴之於民而民受之，如何？”

曰："使之主祭而百神享之，是天受之；使之主事而事治，百姓安之，是民受之也。天與之，人與之，故曰'天子不能以天下與人'。舜相堯，二十有八載，非人之所能爲也，天也。堯崩，三年之喪畢，舜避堯之子於南河之南。天下諸侯朝覲者不之堯之子而之舜，訟獄者不之堯之子而之舜，謳歌者不謳歌堯之子而謳歌舜，故曰天也，夫然後之中國踐天子位焉。而居堯之宮，逼堯之子，是篡也，非天與也！泰誓曰：'天視自我民視；天聽自我民聽'，此之謂也。"

　　萬章問曰："人有言，'至於禹而德衰，不傳於賢而傳於子'，有諸?"孟子曰："否，不然也：天與賢則與賢，天與子則與子。昔者舜薦禹於天，十有七年，舜崩。三年之喪畢，禹避舜之子於陽城。天下之民從之，若堯崩之後不從堯之子而從舜也。禹薦益於天，七年，禹崩。三年之喪畢，益避禹之子於箕山之陰。朝覲訟獄者不之益而之啟，曰：'吾君之子也！'謳歌者不謳歌益而謳歌啟，曰：'吾君之子也！'丹朱之不肖，舜之子亦不肖；舜之相堯，禹之相舜也歷年多，施澤於民久。啟賢，能敬承繼禹之道；益之相禹也，歷年少，施澤於民未久。舜、禹、益相去久遠，其子之賢不肖，皆天也，非人之所能爲也。莫之爲而爲者天也；莫之致而至者命也。匹夫而有天下者，德必若舜、禹，而又有天子薦之者，故仲尼不有天下。繼世以有天下，天之所廢必若桀、紂者也，故益、伊尹、周公不有天下。……孔子曰，'唐、虞禪，夏后、殷、周繼，其義一也'。"

　　頡剛案：孟子此説甚巧妙，既不否認禪讓之無其事，亦不承認禪讓之可以隨時實現。蓋依墨家尚賢尚同之説，則道德最高者即爲帝王，傳賢而已，正無事於傳子與否之辨，故内聖外王之説起焉。孟子則謂(一)繼興者必有舜、禹之德，(二)天子之子必有桀、紂之惡，(三)必爲天子薦之於天與暴

之於人而一致承受者，（四）相天子歷年久，施澤於民厚者，
乃可有是事。在此四種嚴苛之限制之下，其事已千載所不能
逢。當時墨家學說盛行，人心浮動，直將摧殘社會組織之基
礎，孟子乃創造此種曲解以作消極之抵制，固亦有其苦心存
焉。獨惜彼時堯典不旋踵而失傳，不知在斯篇中對于禪讓之
事作何語。若如論語堯曰所載，則天之歷數已在其身，事有
固然，正無事於種種條件之限制矣。

六　荀子正論篇

世俗之爲說者曰：堯、舜擅讓。是不然。天子者，勢位至
尊，無敵於天下，夫有誰與讓矣！道德純備，智慧甚明，南面而
聽天下，生民之屬莫不振動從服以化順之。天下無隱士，無遺
善，同焉者是也，異焉者非也，夫有惡擅天下矣！

曰：死而擅之。是又不然。聖王在上，圖德而定次，量能而
授官，皆民載其事而各得其宜。不能以義制利，不能以僞飾性，
則兼以爲民，聖王以沒，天下無聖，則固莫足以擅天下矣。天下
有聖而在後者，則天下不離，朝不易位，國不更制；天下厭焉，
與鄉無以異也。以堯繼堯，夫又何變之有矣！聖不在後子而在三
公，則天下如歸，猶復而振之也；天下厭然，與鄉無以異也。以
堯易堯，夫又何變之有矣！唯其徙朝改制爲難。故天子生則天下
一隆，致順而治，論德而定次；死則能任天下者必有之矣。夫禮
義之分盡矣，擅讓惡用矣哉！

曰：老衰而擅。是又不然。血氣筋力則有衰，若夫智慮取舍
則無衰。曰：老者不堪其勞而休也。是又畏事者之議也。天子
者，勢至重而形至佚，心至愉而志無所詘，形不爲勞，尊無上
矣。衣被則服五采，雜間色，重文繡，加飾之以珠玉。食飲則重
太牢而備珍怪，期臭味，曼而饋，代睪而食；雍而徹乎五祀，執
薦者百人侍西房。居則設張容負依而坐，諸侯趨走乎堂下。出戶

而巫覡有事，出門而宗祝有事；乘大路越席以養安；側載睪芷以養鼻，前有錯衡以養目；和鸞之聲，步中武、象，騶中韶、濩，以養耳；三公奉轙持納，諸侯持輪挾輿先馬；大侯編後，大夫次之；小侯元士次之；庶士介而坐道；庶人隱竄，莫敢望視。居如大神，動如天帝，持老養衰猶有善於是者與不？老者休也，休猶有安樂恬愉如是乎？故曰，諸侯有老，天子無老；有擅國，無擅天下：古今一也。

夫曰堯、舜擅讓，是虛言也；是淺者之傳，陋者之說也；不知逆順之理，小大至不至之變也；未可與及天下之大理者也！

　　頡剛案：荀子此說反對歷史上曾有堯、舜禪讓之事實，視孟子之曲解直捷痛快多矣。即此足證論語堯曰篇之命詞，荀子未嘗見，即見亦爲其所不信。使其見之信之，則堯、舜禪讓固已是十分確定之事實，以彼之服膺仲尼，必不當斥爲"淺者之傳，陋者之說"也。至今本堯典曰"朕在位七十載，汝能庸命巽朕位"，非"老衰而擅"乎？又曰"格汝舜，乃言底可績，汝陟帝位；正月上日，受終于文祖"，非"擅天下"乎？又曰"二十有八載，帝乃殂落；月正元日，舜格于文祖"，非"死而擅之"乎？若堯典實爲虞、夏之記載，且曾爲荀子所見，荀子敢斥爲"虛言"乎？若不爲荀子所見，何以堯、舜之道如日中天，孔子刪書又斷自唐、虞，而一代大儒如荀子者尚不能見之乎？

　　又案：荀子於正論篇既堅決不信堯、舜禪讓之事，顧成相篇中又言"禹勞心力堯有德，……舉舜甽畝，任之天下身休息"，何也？蓋詩歌非理智之產物，聊因仍當時之傳說耳。正如今日吾儕之理智已不容更信鬼神，而宣洩情感之作時有謁款鬼神之言，甚或招希臘神話中人物而訴告之，豈以爲真實事哉！

三　朔方問題（甲〇一一五）

一　詩小雅采薇

采薇采薇，薇亦作止。曰歸曰歸，歲亦莫止。靡室靡家，玁狁之故。不遑啟居，玁狁之故。

采薇采薇，薇亦柔止。曰歸曰歸，心亦憂止。憂心烈烈，載飢載渴。我戍未定，靡使歸聘。

采薇采薇，薇亦剛止。曰歸曰歸，歲亦陽止。王事靡盬，不遑啟處。憂心孔疚，我行不來。

彼爾惟何，維常之華。彼路斯何，君子之車。戎車既駕，四牡業業。豈敢定居！一月三捷。

駕彼四牡，四牡騤騤。君子所依，小人所腓。四牡翼翼，象弭魚服。豈不日戒！玁狁孔棘。

昔我往矣，楊柳依依。今我來思，雨雪霏霏。行道遲遲，載渴載飢。我心傷悲，莫知我哀！

頡剛案：從此篇中可見玁狁侵周之急，使之靡室靡家。周人伐之，雖有一月三捷之功，而戰事經春迄冬，尚不知了結與否。至其征伐所及之地與其將軍之人，皆未一言及也。

二　詩小雅出車

我出我車，于彼牧矣。自天子所，謂我來矣。召彼僕夫，謂之載矣。王事多難，惟其棘矣。

我出我車，于彼郊矣。設此旐矣，建彼旄矣。彼旟旐斯，胡不旆旆？憂心悄悄，僕夫況瘁。

王命南仲，往城于方。出車彭彭，旂旐央央。天子命我，城彼朔方。赫赫南仲，玁狁于襄。

昔我往矣，黍稷方華。今我來思，雨雪載塗。王事多難，不遑啟居。豈不懷歸！畏此簡書。

喓喓草蟲，趯趯阜螽。未見君子，憂心忡忡。既見君子，我心則降。赫赫南仲，薄伐西戎。

春日遲遲，卉木萋萋。倉庚喈喈，采蘩祁祁。執訊獲醜，薄言還歸。赫赫南仲，玁狁于夷。

　　頡剛案：從此篇中可見周之將帥有南仲者當玁狁侵襲之時受天子之命而往城于方（或朔方），又伐西戎，夷玁狁；自夏日出車，至冬日還歸而獻俘焉。然方（或朔方）在何處乎？伐西戎與夷玁狁是一事抑二事乎？詩中之言固不可詳也。

三　詩小雅六月

六月棲棲，戎車既飭；四牡騤騤，載是常服。玁狁孔熾，我是用急。王于出征，以匡王國。

比物四驪，閑之維則。維此六月，既成我服；我服既成，于三十里。王于出征，以佐天子。

四牡脩廣，其大有顒。薄伐玁狁，以奏膚公。有嚴有翼，共武之服；共武之服，以定王國。

玁狁匪茹，整居焦穫，侵鎬及方，至于涇陽。織文鳥章，白旆央央：元戎十乘，以先啟行。

戎車既安，如輊如軒；四牡既佶，既佶且閑。薄伐玁狁，至于大原。文武吉甫，萬邦爲憲。

吉甫燕喜，既多受祉；來歸自鎬，我行永久。飲御諸友，炰鱉膾鯉。侯誰在矣？張仲孝友。

　　頡剛案：此篇謂“王于出征，以匡王國”，是周王親征者。其謂"六月棲棲，戎車既飭"，與<u>出車</u>篇所云"昔我往矣，黍稷方華"同爲夏日出兵之證。其將帥則爲<u>吉甫</u>：詩人詠歎之，以爲奏膚功而憲萬邦焉。又其記侵伐之地獨詳：<u>玁狁</u>始整居於<u>焦穫</u>，繼侵<u>鎬</u>及<u>方</u>而至於<u>涇陽</u>；<u>吉甫</u>伐之，至於<u>太原</u>，自<u>鎬</u>歸來，飲御諸友焉。<u>玁狁</u>所侵之<u>方</u>即<u>南仲</u>所城者，然其地在何處，又<u>焦穫</u>、<u>鎬</u>、<u>涇陽</u>、<u>太原</u>等地在何處，則皆不可知。

四　詩小雅采芑

薄言采芑，于彼新田，于此菑畝。<u>方叔</u>涖止，其車三千，師干之試。<u>方叔</u>率止，乘其四騏，四騏翼翼。路車有奭，簟茀魚服，鉤膺鞗革。……

蠢爾<u>蠻荆</u>，大邦爲讐。<u>方叔</u>元老，克壯其猶。<u>方叔</u>率止，執訊獲醜。戎車嘽嘽，嘽嘽焞焞，如霆如雷。顯允<u>方叔</u>，征伐<u>玁狁</u>，<u>蠻荆</u>來威。

　　<u>頡剛</u>案：此固征<u>荆</u>之詩，然其稱<u>方叔</u>曰"征伐<u>玁狁</u>"，則可知伐<u>玁狁</u>時之將帥有<u>方叔</u>其人也。又其名曰<u>方叔</u>，與<u>管叔</u>、<u>康叔</u>諸名同式，得無<u>玁狁</u>所侵之<u>方</u>即<u>方叔</u>所封之國乎？

　　又案：以上四詩，文體大同，所記事亦相類，當是一時之作。

五　史記匈奴列傳

<u>匈奴</u>，其先祖<u>夏后</u>氏之苗裔也，曰<u>淳維</u>。<u>唐</u>、<u>虞</u>以上有<u>山戎</u>、<u>獫狁</u>、<u>葷粥</u>，居於北蠻，隨畜牧而轉移。……<u>武王</u>伐<u>紂</u>而營<u>雒邑</u>，復居於<u>酆</u>、<u>鄗</u>，放逐戎夷<u>涇</u>、<u>洛</u>之北，以時入貢，命曰荒服。其後二百餘年，<u>周</u>道衰，而<u>穆王</u>伐<u>犬戎</u>，得四白狼四白鹿以歸。自是之後，荒服不至。……<u>周幽王</u>用寵姬<u>褒姒</u>之故，與<u>申侯</u>

有邰，申侯怒而與犬戎共攻殺周幽王於驪山之下，遂取焦穫而居於涇、渭之間，侵暴中國。……

周襄王欲伐鄭，故娶戎狄女爲后，與戎狄兵共伐鄭。已而黜狄后，狄后怨；而襄王後母曰惠后，有子子帶，欲立之：於是惠后與狄后、子帶爲内應，開戎狄，戎狄以故得入，破逐周襄王而立子帶爲天子。於是戎狄或居於陸渾，東至於衛，侵盜暴虐中國。中國疾之，故詩人歌之曰，"戎狄是應"，"薄伐獫狁，至于大原"，"出輿彭彭，城彼朔方"。周襄王既居外四年，乃使使告急于晉。晉文公初立，欲修霸業，乃興師伐逐戎翟，誅子帶，迎内周襄王，居于雒邑。……攘戎翟，居于河西圁、洛之間。

　　頡剛案：漢以前人釋上録四詩者不可見矣；此引出車"城彼朔方"與六月"至于大原"之句而歸之於周襄王時，是爲吾儕所見對于此二詩規定時代之第一次。然東周之時果有以獫狁爲名之異族乎？周襄王時曾有南仲、吉甫諸將帥乎？王子帶之亂，狄人曾侵鎬及方而至於涇陽乎？事實既不相應，則史記之言爲司馬遷之臆説可知。然則彼所謂犬戎殺周幽王之後"遂取焦穫而居於涇、渭之間"，雖亦依據詩經，而可信乎哉！

六　劉向理甘延壽陳湯疏（漢書陳湯傳）

郅支單于囚殺使者吏士以百數，事暴揚外國，傷威毀重。……西域都護延壽，副校尉湯承聖指，倚神靈，總百蠻之君，攬城郭之兵，……斬郅支之首，縣旌萬里之外。……群臣之勳莫大焉。

昔周大夫方叔、吉甫爲宣王誅獫狁而百蠻從。其詩曰："嘽嘽焞焞，如霆如雷。顯允方叔，征伐獫狁，蠻荆來威。"……吉甫之歸，周厚賜之。其詩曰："吉甫燕喜，既多受祉，來歸自鎬，我行永久。"千里之鎬猶以爲遠，況萬里之外，其勤至矣！……

　　頡剛案：劉向以方叔、吉甫之伐獫狁比擬甘延壽、陳湯之斬郅支，經此聯想而小雅數詩遂有傾向西北之趨勢。"侵鎬及方"之鎬本與鎬京同名，自劉向説爲千里之外，遂不但非周之都，並非周之畿内地矣。然地在何處，向未言之。顏師古注則云："鎬，地名，非豐、鎬之鎬。此鎬及方皆在周之北。"鎬、方在周都之北千里外，是即漢武帝根據詩語於河套立朔方郡所發生之影響也。

七　嚴尤諫伐匈奴疏（漢書匈奴傳下）

臣聞匈奴爲害，所從來久矣，未聞上世有必征之者也。後世三家周、秦、漢征之，然皆未有得上策者也。……

當周宣王時，獫允内侵，至于涇陽。命將征之，盡境而還。其視戎狄之侵，譬猶蚊虻之螫，毆之而已。故天下稱明，是爲中策。……

　　頡剛案：嚴尤諫王莽之言，謂周宣王命將征匈奴"盡境而還"。按六月稱吉甫"薄伐玁狁，至于大原"，合以此言，則大原在周境之盡端矣。周境之盡端在何處，不可知。要之漢人猜測宣王武功，必向遠處着想，漢武之立郡，劉向、嚴尤之立説，固一例也。

八　毛詩故訓傳

（王命南仲，往城于方）王，殷王也。南仲，文王之屬。方，朔方，近玁狁之國也。

朔方，北方也。（以上出車）

焦穫，周地接於玁狁者。

（薄伐玁狁，至于大原）言逐出之而已。（以上六月）

頡剛案：毛詩順文作解，所説地名亦極模稜之致，本無大是非。惟以"王命南仲"之王爲殷王而以南仲爲文王之屬，則甚出人意外。出車等數詩雖未寫明時代，終以屬之西周爲近是。司馬遷列諸東周中葉，太晚矣；毛傳歸之殷末，則又太早。即此可見西漢人講歷史實極隨便，同樣説詩，而其人其事固不妨相差至五百年也。

九　衛宏毛詩序

采薇，遣戍役也。文王之時，西有昆夷之患，北有玁狁之難；以天子之命命將率，遣戍役以守衛中國，故歌采薇以遣之，出車以勞還，杕杜以勤歸也。

六月，宣王北伐也。……采薇廢則征伐缺矣，出車廢則功力缺矣，……小雅盡廢則四夷交侵，中國微矣。

采芑，宣王南征也。

頡剛案：司馬遷記周襄王時事，出車、六月連引，固以爲同時代也。毛詩以出車爲殷王時事，而六月不著其時，或已有歧二詩於二時之意，但其態度尚不顯明。至詩序則確定采薇、出車爲文王時詩，六月、采芑爲宣王時詩，而後玁狁之難於西周凡兩作，南仲與吉甫、方叔不爲同時人，侵方及城方亦不爲同時事。然宣王去文王三百數十年，而詩辭之作風，戎狄之禍患，征戰之地方，以及出兵之月度乃如此冥符，不亦太巧合耶？

又案：詩序所以如是言者，蓋以采薇、出車在鹿鳴之什，六月、采芑在南有嘉魚之什，彼以篇什之先後定時代之先後，故云然也。然其定六月爲宣王時詩之故，尚不僅此。

蓋大雅崧高及烝民並有"吉甫作誦"之句，崧高記封申伯事，烝民記王命仲山甫事，申伯與仲山甫既爲宣王時人則吉甫亦必爲宣王時人，而六月之吉甫自當爲崧高、烝民之吉甫，故遂定六月爲宣王時詩矣。依彼輩所定三百篇規則，在西周初者風爲正風，雅爲正雅，在西周末及東周者風爲變風，雅爲變雅，故遂定六月爲變小雅之第一篇，而大陳正小雅廢則失道失政之故於其篇首，且視爲四夷交侵之由來焉。然六月尚爲小雅之第十七篇而已當宣王時，則其下之五十七篇當歸之何君乎？依彼輩之規則，雅不得在東周，而西周之王在宣王後者僅一幽王，於是歸之宣王者十四首，歸之幽王者四十四首；於是幽王之刺詩乃占小雅之大半，雖滿篇作吉祥語者亦必説爲"傷今思古"，而小雅之真相乃盡掩晦。夫六月之篇歸諸宣王，本事理之所容許；至於詩之篇第先後原未嘗有嚴格之排列，在小雅之首者何能必定其爲文王時詩：詩序作者徒欲維持其所謂正變之鐵律，乃以文辭與事實極相合者打成兩橛，强屬之於兩個時代，不亦戾乎！

一〇　漢書匈奴傳

周道衰而周穆王伐畎戎。……至穆王之孫懿王時，王室遂衰，戎狄交侵，暴虐中國。中國被其苦，詩人始作，疾而歌之曰："靡室靡家，獫允之故。豈不日戒！獫允孔棘。"

至懿王曾孫宣王，興師命將以征伐之。詩人美大其功曰："薄伐獫狁，至於太原"，"出車彭彭，城彼朔方。"是時四夷賓服，稱爲中興。

頡剛案：此以采薇屬之懿王而以六月、出車屬之宣王，蓋班固時之詩説，較之史記以出車、六月屬襄王，毛詩以出車屬殷末，詩序以采薇、出車屬文王，雖同無確據而立義較優。此可見司馬遷之説爲班固所不取，故匈奴傳雖因襲史記之文而於此點則完全改易；又可見毛詩之説是時尚未甚流行，故班固亦可不採之也，彼既以出車爲宣王時詩，故於古今人表中已列南仲爲宣王時人矣。

一一　鄭玄毛詩箋

文王爲西伯服事殷之時也。昆夷，西戎也。天子，殷王也。西伯以殷王之命命其屬爲將率，將戍役禦西戎及北狄之難，歌采薇以遣之。

（傳：獫狁，北狄也）北狄，今匈奴也。（以上采薇）

（我出我車，于彼牧矣）上我，我殷王也。下我，將率自謂也。西伯以天子之命出我戎車於所牧之地，將使我出征伐。

王使南仲爲將率，往築城于朔方，爲軍壘以禦北狄之難。

"黍稷方華"，朔方之地六月時也。以此時始出壘，征伐獫狁，因伐西戎；至春凍始釋而來反，其間非有休息。

伐西戎以凍釋時反。朔方之壘息戍役，至此時而歸京師，稱美時物以及其事，喜而詳之也。

（傳：夷，平也）平者，平之於王也。此時亦伐西戎，獨言平獫狁者，獫狁大，故以爲始以爲終。（以上出車）

六月言周室微而復興，美宣王之北伐也。

鎬也，方也，皆北方地名。言獫狁之來侵非其所當度爲也，乃自整齊而處周之焦穫，來侵至涇水之北，言其大恣也。

王以吉甫遠從鎬地來，又日月長久，令飲之酒，使其諸友恩舊者侍之。（以上六月）

方叔先與吉甫征伐獫狁，今特往伐蠻荆，皆使來服於宣王之威，美其功之多也。（以上采芑）

　　頡剛案：鄭玄之箋固但擴充傳序之説，但傳于鎬無説而此云“北方地名”，又云“遠從鎬地來”，則必非鎬京之鎬矣。又云“昆夷，西戎也”，“此時亦伐西戎”，則確別西戎於玁狁之外，而謂南仲一時平定玁狁與昆夷兩寇矣。

一二　孔穎達毛詩正義

朔方，地名。……北方大名皆言朔方。堯典云：“宅朔方”，爾雅云：“朔，北方也”，皆其廣號。此直云方，即朔方也。（以上出車）

王肅云：“宣王親伐玁狁，出鎬京而還；使吉甫迫伐追逐，乃至於太原。”如肅意，宣王先歸於京師，吉甫還時，王已處内，故言與孝友之臣處内也。肅以鎬爲鎬京，未必是毛之意。

釋地云：“周有焦穫。”郭璞曰：“今扶風池陽縣瓠中是也。”其澤藪在瓠中，而藪外猶焦穫，所以接于玁狁也。孫炎曰：“周，岐周也。”以焦穫繼岐周言之，則於鎬京爲西北矣。以北狄言，故爲北方耳。

以北狄所侵，故知鎬也，方也，皆北方地名也。……鎬、方雖在焦穫之下，不必先焦穫乃侵鎬、方。據在北方，在焦穫之東北。若在焦穫之内，不得爲長遠也。水北曰陽，故言涇水之北。涇去京師爲近，故言“大恣”。毛不解“鎬、方”之文，而出車傳曰：“朔方，近玁狁之國”，鎬、方文連，則傳意鎬亦北方地也。王肅以爲鎬京，故王基駁曰：“據下章云：‘來歸自鎬，我行永久。’言吉甫自鎬來歸，猶春秋‘公至自晉’‘公至自楚’，亦從晉楚歸來也。故知向曰‘千里之鎬，猶以爲遠’，鎬去京師千里。長安、洛陽代爲帝都，而濟陰有長安鄉，漢有洛陽縣，此皆與京師同名者也。”孫毓亦以箋義爲長。（以上六月）

顧剛案：郭璞爾雅注以“穫”與“瓠”聲音類似，又以史記云“犬戎殺幽王，遂取焦穫而居於涇、渭之間”，故推定焦穫

爲扶風之瓠中，在鎬京之西北。孔穎達采之；惟以劉向言
“千里之鎬”，鄭玄言“鎬、方皆北方地名”，而瓠中去鎬京不
遠，遂謂鎬、方更在焦穫之北，去周都千里。然於涇陽則又
以爲“去京師爲近”。如其説，是玁狁整居於瓠中，已迫京師
矣，而不侵京師，先北去侵千里而外之鎬、方，然後折而南
行，侵鎬京附近之涇陽也。不亦太迂遠乎？自有此説，而後
出車、六月兩詩中之地名群索之於陝西、甘肅之北部矣。

又案：觀此疏，則知王肅以六月之鎬即爲鎬京，與衆説
異。而孔云“未必是毛之意”，豈説詩者必“是毛之意”而後
合耶？

一三　王質詩總聞（采芑）

方叔亦是與吉甫北伐之人，六月不言者，吉甫爲帥，方叔佐
之。此行方叔爲帥，併玁狁、蠻荊之功結之于此詩也。此詩與采
薇、出車同體，西戎、玁狁併結之也。

六月“侵鎬及方”，鄭氏“皆北方地名也”。鎬是周都，無緣與
方皆爲北方地名。假使方地未詳，在北亦未可知。焦穫、涇陽，
皆在密邇，方何由獨遠？恐是方叔封邑，因以爲姓。

頡剛案：三百篇經漢人之解釋，幾完全失其真義；宋代
學者不滿意于漢學，起爲新解，其在南宋初者有鄭樵、王質
二人。樵説不傳。王質謂采芑與采薇等同體，是打破詩序分
屬兩時代之説；又謂鎬是周都，方是方叔封邑，是打破劉向
鎬在千里外，鄭玄鎬方皆北方地名之説。其説皆甚合於吾人
之理性，惜未暢論之耳。

一四　朱熹詩集傳

方，朔方，今靈、夏等州之地。（出車）

玁狁，即獫狁，北狄也。……成、康既没，周室寖衰。八世而厲王胡暴虐，周人逐之，出居于彘。玁狁内侵，逼近京邑。王崩，子宣王靖即位，命尹吉甫帥師伐之，有功而歸，詩人作歌以叙其事如此。

焦，未詳所在。穫，郭璞以爲瓠中，則今在耀州三原縣也。鎬，劉向以爲千里之鎬，則非鎬京之鎬矣，亦未詳其所在也。方，疑即朔方也。涇陽，涇水之北；在豐、鎬之西北，言其深入爲寇也。

太原，地名，亦曰大鹵，在太原府陽曲縣。（以上六月）

　　顧剛案：朱熹記宣王伐玁狁之事于六月而不記于采薇、出車，則猶是遵循詩序兩時代之說。其斷朔方爲靈、夏等州之地，直以漢武帝所立之朔方郡爲南仲所城之朔方，舉漢、唐人所不敢附合者而亦附合之，於是周代之北疆乃至於河套。於鎬取劉向之說，雖未云其所在，而方既遠至河套，鎬亦當在河套附近矣。惟於焦穫以爲兩地，太原以爲即今陽曲，此二問題之提出實爲有益。然玁狁既從北來而侵入河套矣，則吉甫逐之何以不至雲中九原，反東行而至於陽曲耶？

一五　顧炎武日知録“大原”

“薄伐玁狁，至于大原”，毛、鄭皆不詳其地。其以爲今太原陽曲縣者始於朱子（吕氏讀詩記，嚴氏詩緝並云），而愚未敢信也。古之言大原者多矣，若此詩則必先求涇陽所在而後大原可得而明也。漢書地理志，安定郡有涇陽縣，開頭山在西，禹貢涇水所出。後漢書靈帝紀：“段熲破先零羌於涇陽”，注：“涇陽縣屬安定，在原州。”郡縣志：“原州平涼縣本漢涇陽縣地，今縣西四十里涇陽故城是也。”然則大原當即今之平涼，而後魏立爲原州，亦是取古大原之名爾。（唐書：原州平涼郡治平高。廣德元年没吐蕃，節度使馬璘表置行原州於靈臺之百里城。貞元十九年徙治平涼。元和三年，又徙治臨涇。大中三年，收復關、隴，歸治平高。）計周人之禦玁狁必在涇、原之間。若晉陽之太原，在大河之東，距周京千五百里，豈有寇從西來，兵乃東出者乎！故曰"天子命我，城彼朔方"。而國語"宣王料民于大原"，亦以其地近邊而爲禦戎之備，必不料之於晉國也。又按：漢書賈捐之言"秦地南不過閩越，北不過大原，而天下潰畔"，亦是平涼而非晉陽也。（漢武始開朔方郡，故秦但有隴西，北地，上郡而止；若晉陽之太原，則其外有雁門、雲中、九原，不得言"不過"也。）若書禹貢"既修大原，至于岳陽"，春秋"晉荀吳帥師敗狄于太原"，及子産對叔向"宣汾洮，障大澤，以處大原"，則是今之晉陽，而豈可以晉之大原爲周之大原乎！（司馬相如上林賦："布護閎澤，延蔓太原。"阮籍東平賦："長風振厲，蕭條太原。"高平曰原，蓋古人之通稱也。）

　　吾讀竹書紀年而知周之世有戎禍也蓋始於穆王之征犬戎。六師西指，無不率服，於是遷戎於太原（十七年），以顯武之兵而爲徙戎之事。懿孝之世，戎車屢征。至夷王七年，虢公帥師伐太原之戎，至於俞泉，獲馬千匹，則是昔日所内徙者今爲寇而征之也。宣王之世雖號中興，三十三年，王師伐太原之戎，不克；三十八年，伐條戎、奔戎，王師敗逋；三十九年，伐姜戎，戰於千畝，王師敗逋；四十年，料民於太原：其與後漢西羌之叛大略相似。幽王六年，命伯士帥師伐六濟之戎，王師敗逋，（後漢書西羌傳並用此。嚴尤以爲周得中策，蓋不考之言。）於是關中之地，戎得以整居其間，而陝東之申侯至與之結盟而入寇（自遷戎至此一百七十六年。周語，"申、繒、西戎方强，王室方騷"）。蓋宣王之世，其患如漢之安帝也；幽王之世，其患如晉之懷帝也。戎之所由來非一日之故，而三川之震，檿弧之謠，皆適會其時者也。然則宣王之功計亦不過唐之宣宗；而周人之美宣亦猶魯人之頌僖也，事劣而文侈矣。書不盡言，是以論其世也。如毛公者，豈非獨見其情於意言之表者哉！（竹書紀年自共和以後多可信，蓋亦必有所傳，其前則好事者爲之爾。）

頡剛案：以前説詩者徒事敷衍文辭，意義雖有出入而皆非科學的研究。顧炎武對於此問題，搜集周、漢之材料而作爲綜合之説明，其切實遠勝于漢、宋諸儒。所不幸者，渠已先爲毛、劉、鄭、朱等成説所蔽，必求之於遠地，故遂以漢之涇陽縣爲玁狁所侵之涇陽，而更以大原傅之平凉。其錯誤正與朱熹之信朔方爲漢朔方郡者相等。夫顧氏既從郭璞之説，謂“關中之地，戎得以整居其間”矣，而猶爲此説，是則“侵鎬及方，至于涇陽”，乃先北至河套，更西至甘肅，侵伐所及，皆在邊徼，離周京甚遠，且將歸其老巢矣，阻而截之，可以不來，是則周人之心方當寬慰之不暇，何以云“玁狁孔熾，我是用急”，若大難之將臨者乎？司馬法謂冬夏不興師，何以“六月棲棲，戎車既飭”，若迫不及待者乎？是則鎬、方之必非河套，大原之必非平凉，固不待言也。

又案：陳奐詩毛氏傳疏即取顧氏之説。惟以焦穫既從郭璞注，則居近而侵遠，終覺其不合理，故云：“當時玁狁交侵之患，近在焦穫，居心腹之内；遠在鎬、方，居肘腋之間。”此可謂善解釋者，然亦不過解釋而已。

一六　魏源詩古微小雅答問

問曰：六月之詩，“玁狁匪茹，整居焦穫，侵鎬及方，至于涇陽”。又曰：“薄伐玁狁，至于大原”。毛、鄭皆不言其地。顧氏炎武正集傳“山西太原”之説，而據漢志涇陽在安定，即唐之平凉縣，屬原州，爲今固原州，謂周人禦玁狁當在涇、原之間；而不詳鎬與焦穫所在。且玁狁由朔方深入涇陽，而吉甫僅自平凉逐至固原百餘里，去朔方尚甚遠，嚴尤安得謂“盡境而還”；固原距西京僅五六百里，劉向安得謂爲“千里之鎬”乎？毛傳言“焦穫，周地，與玁狁相接”。孔疏則據爾雅“周有焦穫”爲十藪之一。郭璞謂即扶風池陽縣之瓠中。然玁狁已整居内地，安得反侵及千里以外之朔方而後及於涇陽？故或謂焦穫必在朔方、涇陽之外，非爾雅之焦穫。或謂焦即“許君焦瑕”之焦，穫澤在析城山西北，此謂玁狁別部盤踞于晉地者；“侵鎬及方，至于涇陽”，此則玁狁本部由西北内侵京師者。或又謂鎬即鎬京，方即方叔所封畿内采邑：玁狁由焦穫而偪京師及方邑，長驅而西，以至于涇陽，吉甫從後追逐，至太原而反。其云“來歸自鎬”者，則吉甫旋後由京師歸其采邑之事。春秋，“王子朝入于尹”。尹在東都，去鎬京千里，故劉向以千里之鎬爲遠。是數説者，此礙彼通，究竟誰是？

曰……出車詩曰：“王命南仲，往城于方。天子命我，城彼朔方。”史記衞青傳：“元朔元年，築朔方城”，其時詔書即引此詩。既方爲朔方，則侵鎬及方必其相連之地，斷非西京之鎬與畿内之方邑。

考管子對齊桓公曰：“古之封禪者，鄗上之黍，北里之禾以爲盛（按，此二地皆北方遠地），江、淮間三脊茅以爲藉（此南方遠地），東海致比目之魚，西海致比翼之鳥（此東方西方極遠之地）。”而齊世家管仲諫桓公以“遠方珍怪物至，乃得封禪”，則鄗上、北里爲北方極邊之地。所謂“貉，五穀不生，惟黍生之”者，故箋以“黍稷方華”爲朔方六月時。其地蓋在寧夏之北（鎬，通作鄗）。則太原亦必與朔方相連之地。賈山曰：“秦地北不過太原而天下畔”，其爲秦九原郡，漢時爲五原塞者明矣。（太康地志曰：“自北地郡北行九百里，得五原塞。”通典：“漢五原縣城在榆林縣西。”則距鎬京千有四百餘里。劉舉成數，且從其近言之也。）……

且其叙涇陽於“整居焦穫”之下，則是以焦穫在涇水北，即涇陽也。史記匈奴傳：“犬戎弑幽王，遂奪周之焦穫而居于涇、渭之間。"此魯詩最古之詁。涇、渭之間即焦穫所在。……涇水經流千六百里，水北曰陽，豈限于平涼發源之地。……匈奴傳："武王伐紂，居酆、鄗，放逐戎夷涇、洛之北。"則周時西畿焦穫間本有戎藪；特馴于德化，漸染華風，久成内地。至夷、厲之衰，而朔漠之寇復入至涇、洛間，與熟夷合爲一，則爲患孔棘。其曰"整居焦穫"者，舊日熟夷也；其曰"侵鎬及方，至于涇陽"者，新至之夷也。距京師不過二三百里，……盛夏治兵，流連不去；秋高馬壯，必偪國都。故吉甫六月出師，……遂驅諸朔方、太原之塞外，於是采薇遣戍爲將城朔方之地；繼而南仲執訊獲醜，城彼朔方，以永絶侵入涇陽之虞，前後經營，殆非一役，殫中國力而後勝之。説者乃尚疑焦穫太近京師，玁狁不應若是之偪。不知周初武王放逐戎夷，僅在涇、洛以北。刓流彘之禍不減驪山，西地盡没于戎，北地盡没于狄，周室不絶如綫；若焦穫更在朔方之外，則玁狁所踞不過寧夏河套之地，有何患在旦夕而盛夏出師乎？且匈奴傳曷云"奪周焦穫而居於涇、渭之間"乎？周世戎狄往往錯處内地，如驪戎近在臨潼，茅戎實處茅津，陸渾之戎近在伊、洛，赤狄潞氏世處上黨，白狄鮮虞、肥、鼓世踞真定、晉州，宣王所敗姜戎實在千畝耕藉之地，而謂涇、渭之間必無玁狁乎！……

頡剛案：魏源以漢武帝之詔書爲據，確信詩之朔方即漢之朔方郡；遂以鎬爲北方極邊之地，謂在寧夏之北，即秦之九原郡。經此一解，於是鎬與方皆在鎬京正北千數百里之外。惟魏氏又謂涇陽即焦穫，而焦穫在扶風，則鎬方之遠與涇陽、焦穫之近合爲一事，終屬不易解釋，乃以居於焦穫者爲舊日熟夷，其侵鎬、方至涇陽者爲新至之夷。夫詩文明云玁狁整居焦穫而侵鎬及方，何嘗言舊夷整居而新夷來侵乎？且魏氏既謂"武王放逐蠻夷僅在涇、洛以北"，又謂"周世戎

狄往往錯處内地”，則河套内之方與河套外之鎬，周人能有
之乎？能當其侵時而出車以城之乎？且亦如魏氏所自言：
“玁狁所踞不過寧夏河套之地，有何患在旦夕而盛夏出師
乎?”若曰周人所制止者不過整居焦穫之舊夷與至于涇陽之新
夷，則“薄伐玁狁，至于大原”，亦已足矣，何必言“侵鎬及
方”。又何能出車彭彭以“往城于方”？是以于鎬、方言“侵”，
于方言“城”，則必非甚遠之地。魏氏雖駁正顧氏涇陽在安定
之説而仍繼顧氏從遠處着想之誤，蓋依然爲漢武帝所欺耳。

　　又案：魏氏以六月一篇最在前，采薇次之，出車又次
之。蓋必先有吉甫之驅戎人于太原之外，而後可以遣戍，可
以城築。此洵一新見解。

　　以上爲專就古文籍作研究者。從以上所説，可知焦穫一
地大致已公認爲弧中，其他如鎬則有北地及京師兩説，方則
有河套及畿内采邑兩説，涇陽則有平涼及扶風兩説，太原則
有陽曲及平涼兩説，皆未能確定。以下再録以金文作比較
者。但從事此種工作者僅有一王靜安先生，而又不幸早逝，
爲可傷耳。

一七　不毀敦

　　唯九月初吉戊申，白氏曰：“不毀：馭方厥允廣伐西俞。王
令我羞追于西。余來歸獻禽。余命女御追于畧。女以我車宕伐厥
允于高陵。女多折首執❖；戎大同，永追女。女及戎大臺戲；女
休，弗以我車宕于譽。女多禽，折首執❖。”

　　白氏曰：“不毀，女小子，女肇誨于戎工。錫女弓一，矢束，
臣五家，田十田，用永乃事。”

　　不毀拜稽首休。用作朕皇祖公白孟姬尊敦。用匄多福，眉壽
無疆，永屯霝終。子子孫孫其永寶用享！

顧剛案：讀此銘，可知玁狁伐西俞時，周王命白氏進追于西（羞，進也）；當白氏歸獻俘時命不嬰御追於洛（晷爲洛之借），而不嬰伐之於高陵，多折首；戎大合而追之，不嬰與之大戰（辜即詩“鋪敦淮墳”之敦，戢即詩“薄伐玁狁”之薄。大辜戢，大戰也），又多折首。以不嬰有大功，故白氏賜之臣田弓矢以酬其勞。此白氏未知爲誰，西俞、高陵亦未詳其地，惟洛則知爲涇、洛之洛，是在涇陽之北也。又“厰允”之上有“馭方”字，不知即玁狁之國名歟？抑與玁狁同侵周者歟？

又案：此銘既言“馭方厰允”，又言“戎”，可知玁狁爲一種族之專名，戎則爲異族之通名。出車篇中既言“玁狁于襄”而又言“薄伐西戎”，乃錯綜其文辭耳，非南仲一時平二寇也。

一八　兮甲盤

唯五年三月既死霸庚寅，王初各（格）伐厰允于𤰞盧。兮甲從王，折首執❇，休亡敃。王錫兮甲馬四匹，駒車。王命甲政嗣成周四方，責至于南淮夷。淮夷舊我負晦人，毋敢不出。其負其賣，其進人其貯，毋敢不即铼即𤔲。敢不用命，則即井（刑）撲伐。其唯我諸侯百生（姓）厥貯，毋不即𤔲；毋敢或入蠻宄貯，則亦井。

兮伯吉父作般（盤），其眉壽萬年無疆，子子孫孫永寶用！

顧剛案：此云“王初格伐厰允”，是此次戰役，周王親征，與六月篇同。又兮甲亦稱兮伯吉父，與六月之吉甫亦甚相似。倘盤銘所記即小雅所詠耶？如征伐玁狁確當宣王時，則此爲宣王五年所作器，玁狁之難亦爲宣王初年事矣。王命兮甲之言雖不可解，要當爲治理南淮夷之事。按采芑言“顯允方叔，征伐玁狁，蠻荆來威”，此言“格伐厰允，兮甲從王”，更言“王命甲責至于南淮夷”，與虢季子白盤言“薄伐厰允”，更言“用征蠻方”，皆可見當時南北多事，常以一人赴二方之務，又可知大雅中江漢、常武諸篇當與小雅之采薇、六月爲同時代之作矣。

一九　虢季子白盤

唯十有二年正月初吉丁亥，虢季子白作寶盤。

丕顯子白，庸武于戎工，經緟（維）四方。搏（薄）伐厰允，于洛之陽。折首五百，執𢧵五十，是以先行。趠趠子白，獻戒（俘）于王。

王孔嘉子白義。王各周廟，宣榭爰鄉（饗）。王曰：“白父，孔覨有光。”王賜乘馬，是用左（佐）王。賜用弓，彤矢其央；賜用戉，用政（征）蠻方。子子孫孫，萬年無疆！

　　頡剛案：此銘通體有韻，其所用辭語亦與雅詩甚類。按左傳僖五年云：“虢仲虢叔，王季之穆也，爲文王卿士，勳在王室，藏於盟府。”至春秋世，虢公猶爲王之卿士；迄晉滅之而後已。則虢季子白雖不知是否即當時之虢公，要是周室重臣。玁狁之役，子白薄伐之於洛水之陽，折首五百，爲大捷。按不𡢐敦言白氏命其“御追于䍒”，又言“多折首”，又言“來歸獻禽”，並與此銘相同；得無此銘之虢季子白即不𡢐敦之白氏乎？得無不𡢐爲虢季子白之臣，故白氏賞錫不𡢐，而周王即以此功更賞錫子白乎？

二〇　王國維鬼方昆夷玁狁考

……玁狁出入之地見于書器者較多。其見於詩者曰焦穫，曰涇陽，曰鎬，曰方，曰朔方，曰太原。此六者昔儒考證至多，未有定説。更求之於金文中，則見于不𣪘敦者曰西俞，曰𡍂，曰高陵；見于兮甲盤者曰㽔盧；見于虢季子白盤者曰洛之陽。此十一地中，方與朔方，𡍂與洛，當爲一地，故得九地。九地之中，惟涇陽與洛陽（此雍州浸之洛，非豫州之伊、雒）以水得名，今尚可實指其地；而涇水自西北而東南，洛水自北而南，經流各千里，但曰涇陽，曰洛之陽，語意亦頗廣莫也。欲定其地，非綜此九地考之不可。

　　案玁狁之寇周也及涇水之北，而周之伐玁狁也在洛水之陽，則玁狁出入當在涇、洛之間；而涇、洛二水，其上游懸隔千里，至其下流入渭之處乃始相近，則涇陽、洛陽皆當在二水下游。（陳氏啟源毛詩稽古編：“詩數玁狁之惡，故先言焦穫，見其縱兵深入，迫處内地。繼又追本其始自遠而來，故言鎬與方，紀其外侵所經也；言涇陽，紀其内侵所極也。”正義亦云：“鎬、方雖在焦穫之下，不必先焦穫乃侵鎬、方。”其説均是也。）涇陽既在涇水下游，則焦穫亦當在涇水下游之北，郭璞爾雅注以爲“在池陽瓠中”者是也。不𣪘敦之高陵，亦當即漢志左馮翊之高陵縣；其地西接池陽，亦在涇水之委。

　　然先儒多以漢時涇陽縣屬安定郡，在涇水發源之處，疑詩之涇陽亦當在彼。不知秦時亦有涇陽，在涇水下游。案史記秦始皇本紀云：“肅靈公居涇陽。”考秦自德公以降都雍，靈公始居涇陽，靈公子獻公之世又徙櫟陽，則涇陽一地當在雍與櫟陽之間。而櫟陽（漢之萬年縣）西界高陵，距涇水入渭之處不遠，則靈公所居之涇陽自當在涇水下游，決非漢安定郡之涇陽也。又穰侯列傳云：“秦昭王同母弟曰高陵君、涇陽君”，蓋一封高陵，一封涇陽。二君受封之年，史所不紀；然當在昭王既位，宣太后執政之初。時義渠未滅，漢安定郡之涇陽縣介在邊裔，太后決不封其愛子於此。且與高陵君同封，亦當同壤。後昭襄王十六年，封公子市（即涇陽君）宛，公子悝（即高陵君）鄧，爲諸侯。宛、鄧兩地相接，則前所食涇陽、高陵二地亦當相接。然則秦之涇陽當爲今日之涇陽縣（漢之池陽縣），而非漢之涇陽。以秦之涇陽之非漢之涇陽，益知周之涇陽之非漢之涇陽矣。

此三地者，皆在涇北。自此而東北則至洛水。虢季子白盤云：“搏伐厰允，于洛之陽。”兮甲盤云：“王初各伐厰允于䣩盧。”䣩盧亦在洛水東北。䣩字雖不可識，然必爲“从冈，䣎聲”之字。盧則古文魚字。周禮天官“歔人”，釋文“歔，本或作斂”。歔斂同字，知歔魚亦一字矣。古魚吾同音，故往往假盧歔爲吾。齊子仲姜鎛云：“保盧兄弟，保盧子姓”，即“保吾兄弟，保吾子姓”也。……古魚吾同音，衙從吾聲，亦讀如吾。䣩盧與春秋之彭衙爲對音：䣩彭聲相近，盧衙則同母兼同部字也。史記秦本紀：“武公元年，伐彭戲氏。”正義曰：“戲號也，蓋同州彭衙故城是也。”戲蓋盧之譌字矣。彭衙一地，於漢爲左馮翊衙縣，正在洛水東北。方、鎬、太原，當於此間求之。然則宣王之用兵於玁狁也，其初在涇水之北，六月第四章是也；其繼也在洛水之陽，六月五章及兮甲盤、虢季子白盤是也。

而洛水東北以往即是西河，太原一地當在河東。禹貢：“壺口治梁及岐，既修太原，至于岳陽。”鄭注孔傳均以太原爲即漢之太原郡。然禹治冀州水實自西而東，疑壺口、梁、岐而往至霍太山，其地皆謂之太原。左昭元年傳：“宣汾、洮，障大澤，以處太原。”則太原之地奄有汾、洮二水，其地當即漢之河東郡，非漢之太原郡矣。疑太原之名，古代蓋兼漢太原、西河、河東三郡地；而秦人置郡，晉陽諸縣遂專其名。以古書所紀太原地望證之，亦無不合。後漢書西羌傳：“穆王西伐犬戎，取其五王，王遂遷戎于太原。”此事當出眞本竹書紀年（案范書西羌傳序大都取材於國語、史記、紀年三書。……郭璞穆天子傳注引紀年“取其五王以東”，則遷戎太原事必本紀年無疑），穆王所遷者蓋即五王之衆。郭璞引紀年云：“取其五王以東”，則所遷之地亦當在東。

穆天子傳：“天子至于雷首，犬戎胡觴天子于雷水之阿”，此亦犬戎既遷後事。案，雷首山在河東蒲坂縣（今蒲州），紀年與穆傳所紀若果不謬，則太原在河東可知。後人或東傳之於晉陽，西傳之於平涼，皆與史事及地理不合者也。

凡此八地，均在宗周東北；唯西俞一地則在宗周之西。不嬰敦云：“白氏曰：‘不嬰，馭方厰允廣伐西俞，王命余羞追于西。余來歸獻禽。今余命女御追于畧。女以我車宕伐厰允于高陵。’”蓋此時玁狁從東西兩道入寇，故既追于西，歸而復東追于洛。時西寇雖去而東方之寇已深入，故未入至洛而與之戰于涇北之高陵也。是西俞之地實在周西，與爾雅之“北陵西隃”，趙策趙世家之“壺分先俞”皆不相涉。周西之地以“俞，隃，榆”名者頗多，皆一字一音之偶合，訖不能指爲何地。然由“羞追于西”一語，可知玁狁自宗周之東北而包其西，與鬼方昆夷之地全相符合也。……

頡剛案：靜安先生此文雖於鎬、方兩地仍維持舊説，以爲在焦穫之北，爲玁狁外侵所經，而於涇陽則以秦史證其不在涇水上游而即今之涇陽縣，於太原則以禹貢、左傳等文證其不在平涼而在漢之河東郡，對于清代學者群信之顧炎武之説已作根本之推翻。至金文中所見之玁狁戰役中之地名，除西俞一地但知其居鎬京之西而不知其實所在外，於畧及洛陽則證其在洛水之下游，於高陵則證其在涇陽之東，即漢之高陵縣，於畧盧則證其爲春秋之彭衙，即漢之衙縣。如此，則此轟轟烈烈之一場大戰，其所及者僅漢之左馮翊與河東郡兩郡地耳。其能軼出榆林而城於河套之方，若朱熹之所謂耶？又能軼出六盤山而薄伐至寧夏之鎬，若魏源之所謂耶？故靜安先生既倡新説，而復欲因仍孔穎達與陳啟源之説，謂玁狁之侵入先至鎬、方而後及焦穫，勢固有所不可。是以數年之後，又作周荅京考以補正之也。

二一　召伯虎敦

唯六年四月甲子，王在荂。召伯虎告曰，余告慶曰，公厥集貝用獄誅爲伯父庸父，成亦我考幽伯、幽姜，命余告慶。余以邑訊有司，余典勿敢封。今余既訊有司曰，吂命。今余既一名典獻，伯氏則報璧琱生。奉揚朕宗君其休。用作朕剌祖召公寶敦，其萬年子孫寶用，享于宗！

　　頡剛案：阮元積古齋鐘鼎欵識釋"荂"字爲"旁"，云："王在旁者，旁通祊，廟門也。"吳式芬攟古録金文亦作旁，無釋。劉心源奇觚室吉金文述作芳，亦無釋。

二二　小臣靜彝

唯十月三月，王宅荂佘。小臣靜即事。王錫貝五十朋。揚天子休。用作父□寶尊彝。

　　頡剛案：阮氏録此器作小臣繼彝，荂釋芳，佘釋舟，云："芳舟，猶言邦京也。舟，古通周。"是則不以爲廟門而以爲地名矣。然曰"邦周"，猶以爲豐、鎬也。佘，吳氏、劉氏均釋爲京。此一名，吳氏作旁京，劉氏作芳京，皆無釋。

二三　靜彝

唯四月初吉丙寅，王在荂京。王錫靜□。靜拜稽首，敢對揚王休，用作宗彝，其子子孫孫永寶用！

　　頡剛案：阮氏欵識，靜亦作繼。其釋云："京上一字舊釋作楚，非是。此芳之繁文，古邦字異文也。邦京，猶上小臣繼彝之邦周。"與前説略同，均視爲京師之異名而不認爲某一地之專名，則以經典中不見有菶京之記載，不敢驟爲周室增出一京耳。吳、劉二氏之釋，皆與上器同。

二四　史懋壺

唯八月既死霸戊寅，王在菶京溼宮，窺命史懋路筭咸。王呼伊白錫懋貝。懋拜稽首，對王休。用作父丁寶壺。

頡剛案：徐同柏從古堂欵識學，“菶京”釋作“旁亭”，謂旁邑之亭也。吳氏仍作旁京。

二五　井鼎

唯七月，王在菶京。辛卯，王漁于□□；呼井從漁，伐錫漁。對揚王休。用作寶尊鼎。

二六　遹敦

唯六月既生霸，穆穆王在菶京，呼漁于大池。王卿酉遹御，亡遣。穆穆王窺錫遹□。遹拜首稽首，敢對揚穆穆王休。用作文考父乙尊彝，其孫孫子子永寶！

二七　靜敦

唯六月初吉，王在菶京。丁卯，王命靜司射學宮，小子眔服眔小臣眔厥僕學射，雩（粵）八月初吉庚寅，王以吳華呂剛卿（會）嫠，蓋自（師）邦周。射于大池，靜學無斁。王錫靜鞞刻。靜敢拜稽首，對揚天子丕顯休。用作文母外姑尊敦，子子孫孫其萬年用！

頡剛案：以上三器，井鼎、遹敦俱於菶京言漁，遹敦、靜敦又俱言菶京有大池，足爲猜測其地者之一助。

又案：從以上諸銘中可見周王常至蒡京，其地離鎬京必不甚遠。西周有此一京而秦、漢以下之學者竟無所知；至于清代，始以金石學之發達而於器銘中發見之，猶復大費疑猜，釋蒡爲楚，爲祊，爲邦，爲旁，釋京爲舟，爲亭，至近年而始有定論焉。此可見古史智識之獲得之難，雖以西周之近，其不可索解者猶至多，更何論周以前耶！

二八　王國維周蒡京考

宗周彝器言"王在蒡京"者五（井鼎、靜彝、靜敦、史懋壺、遹敦）；言"王在蒡"者一（召伯虎敦）。其字从舜，从旁。旁字雖不可識，然與旁鼎之𤔲，旁尊之𤔲皆極相似，當是"从舜，旁聲"之字。

蒡京，蓋即詩小雅"往城于方"及"侵鎬及方"之方。鎬、方二地自來無説。案小雅云："薄伐玁狁，至于太原。"又云："來歸自鎬，我行永久。"極其所至之地曰太原，著其所由歸之地曰鎬，則鎬與太原殆是一地，或太原其總名而鎬與方皆太原之子邑耳。

太原，先儒或以爲晉陽，或以爲平涼。而據尚書禹貢，春秋左氏傳之説，其地當在河東。

禹貢記禹治冀州水，首壺口、梁、岐，次太原，次岳陽，次覃懷，次衡漳，而終以恒、衛，其次實自西而東。則太原一地當在壺口、梁、岐之東，太岳之西，即漢之河東郡地。

又左氏昭元年傳："宣汾、洮，障大澤，以處太原。"考汾水經流千三百四十里，歷漢太原、河東二郡地，而洮水、大澤則皆在河東。續漢書郡國志："河東郡聞喜邑有涑水，有洮水。"水經涑水注則云："涑水所出，俗謂之華谷。至周陽，與洮水合。"又云："賈達曰：'汾、洮，二水名。'司馬彪曰：'洮水出聞喜縣，故王莽以縣爲洮亭也。'然則涑水殆亦爲洮水之兼稱乎？"云云。是酈氏始以洮爲涑之別源，又疑爲涑之異號。觀傳文汾、洮並舉，殆非涑水不足當之，則後説殆是也。顧無論從何説，洮水皆不出漢河東境內。則有汾、洮二水之太原，正漢河東郡地，與禹貢之太原在壺口、梁、岐、岳陽間者地望正合。大澤當即安邑鹽池，或蒲反張陽池，亦河東地也。

後漢書西羌傳："穆王西伐犬戎，取其五王；王遂遷戎于太原。"（此當出原本竹書紀年。）而穆天子傳："天子至于雷首，犬戎胡觴天子于雷水之阿。"此當是犬戎既遷後事。案，雷首山在河東蒲坂縣，雷水出焉，則犬戎所遷之太原在河東可知。周語："宣王既喪南國之師，乃料民于太原。"料民之事亦以河東爲便，不容東至晉陽，亦無緣西至平涼也。

太原之地既定，乃可求鎬、方之所在。余疑彝器中之荅京即小雅之方也。靜敦上言"王在荅京"，下言"射于大池"，遹敦上言"王在荅京"，下言"呼漁于大池"，則荅京左右必有大池。而河東諸湖澤有董澤，有鹽池，有張陽池（今蒲州五姓湖）。鹽池既不可漁，則所謂"大池"者董澤與張陽池必居其一。而張陽池東西兩陂：東陂東西二十五里，南北八里；西陂東西二十里，南北五里：去蒲坂一十五里。較董澤之東西四里，南北三里者爲大。若以此池當靜敦、遹敦之大池，則所謂荅京者非蒲坂莫屬矣。漢書地理志："河東郡，蒲反：故曰蒲，秦更名。"荅，蒲，聲相近，又荅在陽部，蒲在魚部，爲陰陽對轉之字。又古方、旁同字。則小雅之方當即彝器之荅京，秦、漢之蒲坂矣。

彝器凡言"王在荅京"者多穆王時器；而召伯虎敦作于宣王六年，亦云"王在荅"。與穆王遷戎，宣王料民之事亦可相印證也。

周都豐、鎬而荅亦稱京，與唐都長安而建蒲州爲中都者先後一揆。

余曩作獫狁考，於方、鎬之方未能實指其地，故復著之。

　　頡剛案：此文先定太原之所在而後求方之所在，且以金文之蓋京合之於小雅之方而考定其在河東蒲坂，遂將前人西北之觀念移之於河東，可謂朔方問題之一大轉變。

二九　錢穆周初地理考

詩小雅六月之詩曰：“玁狁匪茹，整居焦穫，侵鎬及方，至于涇陽。”又曰：“薄伐玁狁，至于大原。來歸自鎬，我行永久。”王氏考涇陽在涇水下流，是矣。又爲周蓋京考，以蓋即小雅之方，爲秦、漢之蒲坂，則其説似猶未允。謂蓋即小雅之方可也，而即以爲秦、漢之蒲坂則非。而劉向所謂“千里之鎬”者，王氏卒無説以定其地。既曰“鎬與太原殆是一地”，又曰“或太原其總名而鎬與方皆太原之子邑”，於鎬邑所在終未切指。至於焦穫，仍主舊説，取郭璞爾雅注以爲池陽瓠中，則昔人辨者已多。夫以詩言之，整居焦穫乃玁狁當時根據之地，由是而侵鎬及方，至于涇陽，則焦穫尚在鎬、方之外。若以爲在池陽，則與王氏所考涇陽乃一地，而周人薄伐之師何以至于太原，來歸自鎬哉？此於文理爲不順。且古人所謂太原，尚應在蒲坂之東，自蒲坂至宗周亦無千里之路。蓋王氏之誤，亦在不知玁狁本居東土，而必牽於鬼方犬戎以爲説，遂不得形勢之真也。

今按：方者，即舜陟方乃死之方。虞舜封堯子丹朱於房陵，房即方也。夏縣志：“方山在縣北，橫洛渠源此。”是安邑有方山之證。今曰“侵鎬及方”，則鎬尚在方外，故曰“千里之鎬”矣。水經涑水注：“涑水西南逕監鹽縣故城，城南有鹽池，上承鹽水，水出東南薄山。”董祐誠曰：“此爲安邑之薄山，亦中條山，河水注所云通謂之薄山也。”方房皆與薄聲相近。若擴而言之，安邑之山皆得稱薄山。以王氏聲近之意求之，方即薄也，猶勝于以爲蒲。又山海經：“景山南望鹽販之澤。”晉語：“景霍以爲城。”夏縣志：“垣曲西北十五里有古亳城，寰宇記以爲湯克夏歸至亳在此。”荀子議兵篇亦云：“古者湯以薄。”然則殷之滅夏，於其故都之附近築亳城焉；若以爲即湯之所起則誤也。今周於蒼稱京，又有鎬邑，疑亦於安邑故都附近築此以爲鎮制，遙師商人築薄之意。淮南子："武王克殷，欲築室於五行之山，周公曰不可。"是周人之蒼、鎬，固猶築室五行之志也，所以稱之曰京，迻而名之曰鎬。其後至成王，乃有成周之營焉。靜敦言"王在蒼京"，下言"射于大池"，遹敦言"王在蒼京"，下言"呼漁于大池"，大池蓋董澤也。鎬雖不可指，而其在方之東則可知。方、鎬之地既得，再進而尋焦穫，則尚在方、鎬之東。墨子："舜漁于濩澤。"水經沁水注："濩澤水出濩澤城西，東逕濩澤，得陽泉口水，水歷嶕嶢山東，注濩澤水。"焦穫者，殆即嶕嶢濩澤，故爾雅列之十藪，而稱"周有焦穫"者，蓋成周，非岐周。地近析城、王屋諸山，正當春秋皋落赤翟之東，西接絳翼，北連沁源，東掖黨、潞，南瞰河、洛，其爲玁狁藝居之所最爲近是。

　　頡剛案：此文就周蒼京考作進一步之研究，以方爲蒲坂東之安邑，以鎬爲在安邑之東，以焦穫爲更在鎬之東。安邑有方山，足爲方邑之證。鎬之地雖無釋，而焦穫則有水經注之嶕嶢山及濩澤爲證，其地即漢之河東郡濩澤縣，清之澤州府陽城縣也。此實爲一有力之説，足以摧毀千餘年來焦穫爲池陽瓠中之定見。蓋爾雅既以焦穫爲十藪之一，與楚之雲夢，吳越之具區駢列，可知其爲一大澤；而濩澤見於墨子，又爲漢縣，其與焦穫接近之程度遠勝於瓠中之僅以聲似也。且爾雅十藪，既言"周有焦穫"，又言"秦有楊陓"，秦、周並存則周之爲東周可知。而郭璞之注，於楊陓云"今在扶風汧縣西"，於焦穫云"今扶風池陽縣瓠中是也"，同一扶風之澤，何忽秦忽周，異其所屬之國乎？是則焦穫爲東周之澤，斷斷無可疑者。昔人過信史記"犬戎取周之焦穫而居于涇、渭之間"之言，必於涇、渭之間求之，故於郭璞之説曾不敢有異議，而不知質之爾雅之文與郭璞之注固皆有其矛盾點在也。雖然，若無荼京之考，則此數地名者必索之於鎬京之西北，安敢東向以思乎？是故，王、錢二家之説雖有不同，而其研究之徑路實爲一貫，其結果亦相成者也。

四　虞廷九官問題（甲〇一五〇）

一　詩商頌玄鳥篇

天命玄鳥，降而生商，宅殷土芒芒。古帝命武湯，正域彼四方。

二　詩商頌長發篇

濬哲維商，長發其祥。洪水芒芒，禹敷下土方，外大國是疆。幅隕既長，有娀方將，帝立子生商。

玄王桓撥，受小國是達，受大國是達；率履不越，遂視既發。相土烈烈，海外有截。

　　頡剛案：商頌數篇，依史記宋世家説，爲宋襄公時作，是已當春秋之中葉矣。彼時宋人對于自己祖先之觀念，以爲在洪水芒芒之際，禹敷下土之後，上帝立子生商，玄鳥降之，有娀孕育之者。其最早之王，曰玄王。依荀子成相篇“契玄王”之説，是玄王名契。當契之有商也，已“受小國是達，受大國是達”，儼然爲一強國；至相土而海外有截，至武湯而正域四方，皆秉契之遺烈也。至於契之時代相當於虞夏之某一時期，詩辭簡略不可知，但知其在禹之後耳。

三　詩大雅生民篇

厥初生民，時維姜嫄。生民如何？克禋克祀，以弗無子。履帝武敏歆，攸介攸止；載震載夙，載生載育，時維后稷。

誕彌厥月，先生如達。不坼不副，無菑無害，以赫厥靈。上帝不寧，不康禋祀，居然生子。

誕寘之隘巷，牛羊腓字之。誕寘之平林，會伐平林。誕寘之寒冰，鳥覆翼之，鳥乃去矣，后稷呱矣。實覃實訏，厥聲載路。

誕實匍匐，克岐克嶷，以就口食。蓺之荏菽，荏菽旆旆；禾役穟穟；麻麥幪幪；瓜瓞唪唪。

誕后稷之穡，有相之道。茀厥豐草，種之黃茂。實方實苞，實種實褎，實發實秀，實堅實好，實穎實栗。即有邰家室。……

四　詩魯頌閟宮篇

閟宮有侐，實實枚枚。赫赫姜嫄，其德不回；上帝是依。無災無害，彌月不遲，是生后稷。降之百福，黍稷重穋，稙穉菽麥。奄有下國，俾民稼穡。有稷有黍，有稻有秬。奄有下土，纘禹之緒。

　　顧剛案：大雅生民之篇，依其與他篇之關係論，當作於西周之末。魯頌閟宮云“周公之孫，莊公之子”，又云“新廟奕奕，奚斯所作”，是作於僖公時無疑，與商頌年代亦約略相當。當此之時，周人及魯人皆謂其始祖后稷爲姜嫄所生；姜嫄生之之前乃禱祀於上帝而爲上帝所憑依者，故其生時無災無害，生後更受鳥獸之庇護；其人幼即好事種植，得最大之成績，長而就有邰爲家室，且“奄有下土，纘禹之緒”焉。周魯如此，其他姬姓之國亦當然。此周人對于祖先之觀念，正與商人遙遙相對，其心目中皆以自己爲上帝之胤嗣，而有娀與姜嫄則與上帝交接者也。

又案：商頌先言"洪水芒芒，禹敷下土方"，及"幅隕既長"而後"有娀方將，帝立子生商"，是禹在契之前也。魯頌謂后稷"奄有下土，纘禹之緒"，與下章言"至于文武，纘太王之緒"者語意正同。纘者，繼也。文武爲太王之孫，繼其祖業而有天下。是則后稷亦當在禹後，繼禹之業而有下土；后稷與禹之時代固不相及者也。契與后稷雖不知其同時與否，然皆在禹後則甚顯明矣。

五　書呂刑篇

王曰："若古有訓：蚩尤惟始作亂，延及于平民，罔不寇賊，鴟義姦宄，奪攘矯虔。苗民弗用靈，制以刑，惟作五虐之刑，曰法。殺戮無辜，爰始淫爲劓，刵，椓，黥，越兹麗刑，并制，罔差有辭。民興胥漸，泯泯棼棼，罔中于信，以覆詛盟。虐威庶戮方告無辜于上。上帝監民罔有馨香德，刑發聞惟腥。皇帝哀矜庶戮之不辜，報虐以威，遏絕苗民，無世在下。乃命重黎絕地天通，罔有降格。群后之逮在下，明明棐常，鰥寡無蓋。皇帝清問下民，鰥寡有辭于苗。德威惟畏，德明惟明。乃命三后恤功于民：伯夷降典，折民惟刑；禹平水土，主名山川；稷降播種，農殖嘉穀。三后成功，惟殷于民。……"

頡剛案：呂刑著作時代，前人皆傳之周穆王之季，以其首云"享國百年"也。予友傅孟真先生疑之，以爲是呂國之書，呂亦稱王，傳世銅器有呂王鬲可證也。呂之亡不知在何時，觀其不見於春秋及左傳（成公七年傳有"子重請取于申呂以爲賞田"語，則是滅於楚者），疑當在春秋前。呂刑之篇，爲呂國强盛時所作，自當爲春秋前文字。此篇首述制刑之由來，謂蚩尤作亂，延及平民；苗民沾染其惡德，立爲五刑，恣意殺戮。冤死者訴之上帝，上帝哀矜之，絶滅苗民之種；
又命三后恤功于民，民生始安焉。篇中舉三后之名，爲伯
夷、禹、稷；三后之事，爲伯夷制刑典，禹平水土，稷播百
穀。此三人皆由上帝所降（皇爲形容詞，上帝可稱皇帝，猶
上天可稱皇天），故得有極大之成功。依魯頌説，禹與稷本
不同時；此上帝命三后事雖不知有先後與否，似頗有同時之
可能矣。伯夷者，鄭語云："姜，伯夷之後也"，周語云：
"胙四岳國，命爲侯伯，賜姓曰姜，氏曰有呂"，又云："申
呂雖衰，齊許猶在"，則即呂王之祖也。夫惟爲呂王之祖，
故舉之於禹稷之上，爲三后之首。姜姓始祖之傳説，雖以古
籍散佚，他無可徵，然即此亦可見其爲上帝所降，與稷契等
相類矣。

　　又案：自雅頌觀之，禹、契、稷之故事皆各個獨立發展
者也，此篇乃以伯夷、禹、稷組成一個團體，是爲此種傳説
之突變，自此以後處處有其聯絡性矣。然組織此團體者爲上
帝，而在此團體中者僅得三人，則猶是初變時情狀也。

　　又案：此以伯夷主刑獄，甚可注意。舍此篇外，更無作
是説者。

六　左氏文公五年傳

六人叛楚即東夷。秋，楚成大心、仲歸帥師滅六。冬，楚子
燮滅蓼。

　臧文仲聞六與蓼滅，曰："皋陶、庭堅，不祀忽諸！德之不
建，民之無援，哀哉！"

　　頡剛案：舊説庭堅爲皋陶之字，則六與蓼皆皋陶後。惟
崔述夏考信録據史記夏本紀"皋陶之後封於英六"而不言蓼，
疑六祖皋陶而蓼祖庭堅。杜預注："六國，今廬江六縣。蓼

國，今安豐蓼縣。"是爲今安徽省西部之六安霍丘兩縣地，春秋時羣舒所居者（即閟宮篇"荆舒是懲"之舒）。藉此可知皋陶乃江淮民族之祖先。據世本，皋陶爲偃姓（通志氏族略引），華夏之民未聞有姓此者，信其爲蠻族也

七　詩魯頌泮水篇

明明魯侯，克明其德。既作泮宮，淮夷攸服。矯矯虎臣，在泮獻馘。淑問如皋陶，在泮獻囚。……

翩彼飛鴞，集于泮林，食我桑黮，懷我好音。憬彼淮夷，來獻其琛，元龜象齒，大賂南金。

頡剛案：此爲言皋陶善于訊囚之始，與呂刑之所以稱伯夷者甚相似。魯與淮夷交涉頗繁，費誓、閟宮、春秋並言之。此篇又爲伐淮夷勝利後所作。疑皋陶淑問之故事，自羣舒傳至淮夷，更由淮夷傳至魯國者也。

八　論語

子曰："無爲而治者其舜也與？夫何爲哉，恭己正南面而已矣！"（衛靈公）

"舜有臣五人而天下治。"（泰伯）

子夏曰："……舜有天下，選于衆，舉皋陶，不仁者遠矣。……"（顏淵）

頡剛案：論語記及曾子之卒，其成編當在戰國之初。然齊論與魯論不同而混合之，出於漢代之古論語又有所竄亂，其可信之價值已不甚高。惟欲觀春秋末年思想者，他種材料太少，猶不能不援据之耳。此三條謂舜有臣五人，故得無爲而治。此五人爲誰，不可知；惟由子夏之言而知其一爲皋

陶。是則皋陶之故事傳至魯國之後遂與舜發生關係，不爲舒之君而爲虞之臣矣。

九　國語周語上

昔我先王世后稷以服事虞夏。及夏之衰也，棄稷不務，我先王不窋用失其官而自竄于戎狄之間。

一〇　左氏昭公九年傳

周甘人與晉閻嘉爭閻田，晉梁丙、張趯率陰戎伐潁。王使詹桓伯辭於晉曰：“我自夏以后稷。魏、駘、芮、岐、畢，吾西土也。……后稷封殖天下，今戎制之，不亦難乎！……”

頡剛案：左丘國語爲戰國中葉作品，至漢，劉歆删改之以成左傳，而裒其賸餘爲國語，故其材料之時代，非經一番精密分析不易作斷語。以上二條，前一條謂世以后稷服事虞夏，後一條謂自夏始爲稷官，皆以“后稷”爲官名；與魯頌所云“奄有下國，奄有下土”者迥然不同。然則舜臣五人，后稷殆其一乎？

一一　國語周語下

自后稷之始基靖民，十五王而文始平之，十八王而康克安之。

頡剛案：王子晉此言足證當時人視后稷時代並不過遠。如以三十年爲一世，則十五世僅四百五十年耳。史稱商載祀六百，則后稷之生猶將不及成湯也。

一二　國語魯語上

昔烈山氏之有天下也，其子曰柱，能殖百穀百蔬，——夏之興也，周棄繼之——故祀以爲稷。共工氏之伯九有也，其子曰后土，能平九土，故祀以爲社。

一三　左氏昭公二十九年傳

共工氏有子曰句龍，爲后土；……后土爲社。稷，田正也：有烈山氏之子曰柱，爲稷，自夏以上祀之；周棄亦爲稷，自商以來祀之。

　　頡剛案：以上二條記社稷之祀，謂社爲后土，后土之神爲共工氏之子；稷之神則爲烈山氏之子。其後周棄繼興，亦祀爲稷。惟棄之祀爲稷，前一條似謂在夏興時，後一條則説爲商以來，爲微異。質以王子晉之言，則商以來爲是矣。生民、閟宮、呂刑以后稷（或稷）爲人名，周語與左氏昭九年傳以后稷爲官名，而此則更以爲神名，何其多歧也？

　　又案：以前言后稷，僅言后稷（或稷）而已，此乃加以新名曰棄。蓋稷既爲官名與神名矣，則不當復用作私名，必爲之別立私名而後可；而據生民篇，曾有寘之隘巷，寘之平林寒冰之故事，有類于棄兒，故名之曰棄。按左氏襄二十六年傳："宋芮司徒生女子，赤而毛，棄之堤下，共姬之妾取以入，名之曰棄。"后稷之名得無取於此乎？然后稷者，姜嫄"克禋克祀以弗無子"，上帝"無災無害以赫厥靈"而生者也，如之何其棄之！隘巷寒冰云云，乃顯其靈蹟耳，不可謂之棄也。故后稷之得名爲棄，必在戰國時人不明此段神話意義之後，拘牽生民篇文字而創立者耳。

一四 國語周語下

靈王二十二年，穀洛鬬，將毀王宮。王欲壅之。太子晉諫曰：“不可！晉聞古之長民者不墮山，不崇藪，不防川，不竇澤。……

“昔共工棄此道也，虞于湛樂，淫失其身，欲壅防百川，墮高堙庳以害天下。皇天弗福，庶民弗助，禍亂並興，共工用滅。

“其在有虞，有崇伯鯀播其淫心，稱遂共工之過，堯用殛之于羽山。

“其後伯禹念前之非度，釐改制量，象物天地，比物百則，儀之于民而度之于群生。共之從孫四嶽佐之，高高下下，疏川導滯，鍾水豐物，……帥象禹之功，度之于軌儀，莫非嘉績，克厭帝心。皇天嘉之，祚以天下，賜姓曰姒，氏曰有夏，謂其能以嘉祉殷富生物也；祚四嶽國，命以侯伯，賜姓曰姜，氏曰有呂，謂其能爲禹股肱心膂以養物豐民人也。此一王四伯豈繄多寵，皆亡王之後也；惟能釐舉嘉義以有胤在下，守祀不替其典。有夏雖衰，杞、鄫猶在。申、呂雖衰，齊、許猶在。唯有嘉功以命姓受祀，迄于天下。……”

　　頡剛案：此言治洪水事凡歷三次，第一次之共工，第二次之伯鯀，皆以壅防而失敗；惟第三次之伯禹改用疏導之法，始得成功。其時期則共工在有虞前，伯鯀當有虞世，伯禹在有虞後。當禹治水時，助之者有共工之從孫四嶽；觀其下文“一王四伯”之語，則四嶽爲四人。皇天嘉之，祚禹以天下而祚四嶽以國，賜禹以姒姓而賜四嶽以姜姓，賜禹以有夏氏而賜四嶽以有呂氏。其事之信否爲另一問題，然藉此可見出此言者必確認共工、鯀、禹之非同時人，四嶽爲共工之流裔而姜姓諸國之祖先，與今堯典所記有不同者。當西周時，姜姓之國有申、呂、齊、許：春秋時則申、呂亡而齊、許在。舉凡伯夷之列於三后，四嶽之佐禹治水，皆姜姓民族自尊其先祖之言也。然因伯夷之尊而禹之年代轉而移後：蓋姬姜二族皆肇於商而昌於周，禹既與稷及伯夷、四嶽同舉其功，則不得獨早矣。稷及伯夷、四嶽之年代亦遂移前：蓋彼等幸得仰攀禹而同其功，則不得過晚矣。後此之濟濟蹌蹌於堯典中者，其伏脈即在是也。

一五　國語鄭語

姜，伯夷之後也。嬴，伯翳之後也。伯夷，能禮於神以佐堯者也。伯翳，能議百物以佐舜者也。其後皆不失祀而未有興者也。周衰，其將至矣！

頡剛案：史伯之言如此，則舜之臣又增一伯翳。而伯翳爲嬴姓民族之祖先，據世本，嬴姓之國有江、黃、徐、奄、鍾離、淮夷，則亦淮水流域之民族也。

又案：伯夷之時代向未能定。自有此言，始知其爲堯之臣矣。

一六　史記秦本紀

秦之先，帝顓頊之苗裔孫，曰女脩。女脩織，玄鳥隕卵，女脩吞之，生子大業。

大業取少典之子曰女華。女華生大費，與禹平水土。已成，帝錫玄圭。禹受曰："非予能成。亦大費爲輔。"帝舜曰："咨爾費，贊禹功，其賜爾皂游。爾後嗣將大出！"乃妻之姚姓之玉女。大費拜受，佐舜調馴鳥獸，鳥獸多馴服。——是爲柏翳，舜賜姓嬴氏。

大費生子二人：一曰大廉，實鳥俗氏；二曰若木，實費氏。……

大廉玄孫曰孟戲中衍，鳥身人言。帝太戊聞而卜之使御，吉；遂致使御而妻之。自太戊以下，中衍之後遂世有功，以佐殷國，故嬴姓多顯，遂爲諸侯。

其玄孫曰中潏，在西戎，保西垂，生蜚廉。蜚廉生惡來。惡來有力，蜚廉善走，父子俱以材力事殷紂。……

蜚廉復有子曰季勝。季勝生孟增。孟增幸於周成王，是爲宅皋狼。皋狼生衡父。衡父生造父。造父以善御幸於周繆王，得驥，温驪，驊騮，騄耳之駟，西巡狩，樂而忘歸。徐偃王作亂，造父爲繆王御，長驅歸周救亂。繆王以趙城封造父，造父族由此爲趙氏。……趙衰，其後也。

惡來革者，蜚廉子也。蚤死，有子曰女防。女防生旁皋。旁皋生太几。太几生大駱。大駱生非子。以造父之寵，皆蒙趙城，姓趙氏。

非子居犬丘，好馬及畜，善養息之。犬丘人言之周孝王，孝王召使主馬于汧渭之間，馬大蕃息。……於是孝王曰："昔柏翳爲舜主畜，畜多息，故有土，賜姓嬴。今其後世亦爲朕息馬，朕其分土爲附庸。"邑之秦，使復續嬴氏祀，號曰秦嬴。……

頡剛案：此西北之嬴姓民族（秦、趙）自道其祖先事也。以彼等之生涯爲畜馬，故其祖先亦無不以畜馬服事人者：非子，周孝王之主馬者也；造父，周穆王之御也；中衍，商王太戊之御也；柏翳，佐舜調馴鳥獸者也。淮水流域之嬴姓民族無此背景，其對于柏翳之傳說當不若是。又，此故事似摹仿商民族者，故亦曰"玄鳥隕卵"。司馬遷襲秦漢間人之見解，以華夏民族屬之帝嚳系，以蠻夷民族屬之顓頊系，故於女脩之上加以"帝顓頊之苗裔"語。夫所以曰玄鳥隕卵者，正以爲非人間之種也，又何能爲顓頊之苗裔乎！觀其下敘述大廉爲鳥俗氏，中衍爲鳥身人言，則其想像中之柏翳恐亦未必爲人形耳。

又案：史記記秦、漢以前事，其出於經傳諸子者今多可考。此故事除史記外更不見於他書，不審其取材所由。觀其述事鄙野，尚未經儒家潤色，要非後出者矣。

一七　呂氏春秋勿躬篇

大撓作甲子，黔如作虜首，容成作歷，羲和作占日，尚儀作占月，后益作占歲，胡曹作衣，夷羿作弓，祝融作市，儀狄作酒，高元作室，虞姁作舟，伯益作井，赤冀作臼，乘雅作駕，寒哀作御，王冰作服牛，史皇作圖，巫彭作醫，巫咸作筮：此二十官者，聖人之所以治天下也。

一八　淮南子本經訓

昔者蒼頡作書而天雨粟，鬼夜哭；伯益作井而龍登玄雲，神棲昆侖：能愈多而德愈薄矣。

頡剛案：鄭語作伯翳，秦本紀作柏翳，伯與柏形似也。呂氏春秋與淮南子並云“伯益作井”，疑伯益亦即伯翳，以其音近而譌變也（同屬影紐）。若然，則其人於調馴鳥獸之外又有作井之事，爲灌溉草木之始矣。

又案：呂氏春秋既有“伯益作井”，又有“后益作占歲”。此二人之名甚相似，不知其爲一人之譌變否。然觀海內經云：“共工生后土，后土生噎鳴，噎鳴生歲十有二。”以羲和之生十日而作占日，常儀之生十二月而作占月之例推之，則后益即噎鳴，不與柏翳爲一人也。

一九　孟子滕文公上篇

當堯之時，天下猶未平。洪水橫流，氾濫於天下。草木暢茂，禽獸繁殖。五穀不登，禽獸偪人。獸蹄鳥跡之道交於中國。堯獨憂之，舉舜而敷治焉。

舜使益掌火。益烈山澤而焚之，禽獸逃匿。

禹疏九河，瀹濟、漯而注諸海，決汝、漢，排淮、泗而注之江，然後中國可得而食也。……

后稷教民稼穡。樹藝五穀，五穀熟而民人育。

人之有道也，飽食煖衣逸居而無教則近於禽獸。聖人有憂之，使契爲司徒，教以人倫：父子有親，君臣有義，夫婦有別，長幼有序，朋友有信。

放勳曰："勞之，來之；匡之，直之；輔之，翼之；使自得之；又從而振德之。"……

堯以不得舜爲己憂；舜以不得禹、皋陶爲己憂。……

　　頡剛案：論語言"舜有臣五人而天下治"，五人爲誰，未舉其名，殊費人疑猜。孟子乃歷數之曰益，曰禹，曰后稷，曰契，曰皋陶，而後其目乃定。依孟子之言；益，掌山澤鳥獸者也；禹，治水者也；后稷，教稼穡者也；契，教人倫者也；惟於皋陶無説。按魯頌謂皋陶淑問俘囚，又左傳昭十四年云："夏書曰'昏墨賊殺'，皋陶之刑也"，呂氏春秋君守篇亦曰"皋陶作刑"，則皋陶爲掌刑獄者。上數條所述諸人，惟伯夷不列。意者以吕刑言伯夷掌刑，於皋陶爲複出，故去之耶？抑以伯夷爲堯臣，故不爲舜官耶？抑以姜姓之國，至孟子時，許已滅於楚國，齊亦篡於田氏，故其祖先亦遂不爲人所稱道而忘之耶？

　　又案：伯翳既可爲伯益，則孟子所稱之益當即由伯益來。觀其焚山澤，驅禽獸，與秦本紀所記之職務正相類，可見其爲一人。若然，則舜臣五人，禹爲姒姓民族之祖，契爲子姓民族之祖，后稷爲姬姓民族之祖，益爲嬴姓民族之祖，皋陶爲偃姓民族之祖，歷二千餘年傳國之統，舉夏商周秦四代之始祖而胥爲之臣焉，何其奇巧乃爾？

又案：此所記五人，惟於契則書其官名曰司徒。吳大澂工字説曰："三代設官皆質言之。司土、司馬、司工爲三卿：司土掌土地人民，司馬掌戎馬，司工掌營造工作。周末文字日趨於繁縟：土字加辵爲徒，以司徒掌徒役徒衆，猶可言也；工字加穴爲空，司空所司何事，不可解也。"其文中引散氏盤、戠敦、牧敦、司工彝、司土彝之文，以證東西周彝器款識皆作司土司工而不作司徒司空；惟据六國時官鉨，則是時已有稱司徒者，而司工尚仍舊名，無稱司空者。是知孟子説"契爲司徒"，正是戰國本色；而堯典謂"伯禹作司空"，蓋猶在戰國之後耳。

二〇　左氏昭公二十八年傳

昔有仍氏生女，鬒黑而甚美，光可以鑑，名曰玄妻。樂正后夔取之。生伯封，實有豕心，貪惏無饜，忿纇無期，謂之封豕。有窮后羿滅之，夔是以不祀。

　　頡剛案：夔稱爲后，必是國君；然又稱曰樂正，則兼任王朝之官矣。其人時代未詳；觀其子伯封爲后羿所滅，則當在夏初。

二一　山海經大荒東經

東海中有流波山，入海七千里。其上有獸，狀如牛，蒼身而無角，一足，出入水則必風雨，其光如日月，其聲如雷，其名曰夔。黃帝得之，以其皮爲鼓，橛以雷獸之骨，聲聞五百里，以威天下。

　　顧剛案：此謂東海中有一足獸曰夔，以其皮爲鼓，聲可聞五百里，其名與后夔之名同，其與音樂發生關係亦與后夔之事同。

二二　　呂氏春秋察傳篇

　　魯哀公問於孔子曰："樂正夔一足，信乎？"孔子曰："昔者舜欲以樂傳教於天下，乃令重黎舉夔於草莽之中而進之，舜以爲樂正。夔於是正六律，和五聲，以通八風，而天下大服。重黎又欲益求人。舜曰：'夫樂，天地之精也，得失之節也，故唯聖人爲能和樂之本也。夔能和之以平天下，若夔者一而足矣。'故曰'夔一足'，非一足也。"

　　顧剛案：既有以上二事之相類，遂有併爲一種之傳説。呂氏春秋之作者借孔子之説以辨正之，且曲解"一足"爲"一而足"以泯其神話之跡。此正是儒家潤飾傳説，使之適合於人事之伎倆也。又夔之居官，依此篇爲舜時事，自是舜臣又增一夔矣。

二三　　荀子成相篇

　　禹勞心力堯有德，干戈不用三苗服。舉舜甽畝，任之天下身休息。得后稷，五穀殖。夔爲樂正鳥獸服。契爲司徒，民知孝弟尊有德。禹有功，抑下鴻，辟除民害逐共工；北決九河，通十二渚，疏三江。禹敷土，平天下，躬親爲民行勞苦；得益、皋陶、横革、直成爲輔。

　　顧剛案：此爲孟子後之舜臣又一結集，視孟子溢出三人——夔、横革、直成——論語所謂"舜有臣五人"者，其數目遂不能維持矣。夔爲舜臣，呂氏春秋察傳篇已道之。横革、直成，亦見呂氏春秋求人篇，曰："得陶、化益、真窺、橫革、之交五人佐禹，故功績銘乎金石，著於盤盂。"王應麟曰："此陶即皋陶也；化益即伯益也；真窺即直成也，真與直字相類；橫革名同；唯之交未詳。"盧文弨曰："案窺與成音同，與窺形似。呂氏春秋蓋本作窺，傳寫者誤爲窺耳。直與真亦形似。"荀子與呂氏春秋，其著作時代相近，故其所述之故事亦多相類。是知至戰國末年，舜臣之佐禹者又有橫革、直成、之交三人，徒以故事發生太遲，遂爲漢人所淘汰耳。

二四 呂氏春秋古樂篇

惟天之合，正風乃行，其音若熙熙淒淒鏘鏘。帝顓頊好其音，乃令飛龍作效八風之音，命之曰承雲，以祭上帝。

　　頡剛案：讀此知帝顓頊時有樂官曰飛龍。

二五 山海經海內經

帝俊生晏龍，晏龍是爲琴瑟。帝俊有子八人，是始爲歌舞。

　　頡剛案：帝俊之名不見於正統歷史而惟見於山海經。或釋爲帝舜，則以大荒東經謂其以娥皇爲妻且姚姓也。或釋爲帝嚳，則以大荒西經謂其生后稷，而據帝繫姓則稷之父爲嚳也。其子晏龍，始爲琴瑟；其子八人，始爲歌舞；則其家庭亦與音樂甚有關係者。

二六 國語魯語

季桓子穿井獲如土缶，其中有羊焉。使問之仲尼。……對曰："……丘聞之：木石之怪曰夔蝄蜽，水之怪曰龍罔象，土之怪曰贖羊。"

　　顧剛案：左氏宣三年傳載王孫滿之言曰："昔夏之方有德也，遠方圖物，貢金九牧，鑄鼎象物，百物而爲之備，使民知神姦；故民入川澤山林，不逢不若，螭魅罔兩，莫能逢之。"是知蝄蛢亦作罔兩。賈逵國語注云："罔兩罔象，言有夔龍之形而無實體。"（孔疏引）洵如其説，是山川間之精怪有具夔與龍之形而無其體者。

二七　大戴禮記五帝德篇

宰我曰："請問帝堯。"孔子曰："高辛之子也，曰放勳。……伯夷主禮，龍、夔教舞，舉舜、彭祖而任之。四時先民治之。……"

宰我曰："請問帝舜。"孔子曰："蟜牛之孫，瞽叟之子也，曰重華。……使禹敷土，主名山川，以利於民。使后稷播種，務勤嘉穀，以作飲食。羲和掌歷，敬授民時。使益行火，以辟山萊。伯夷主禮，以節天下。夔作樂以歌籥舞和以鐘鼓。皋陶作士，忠信疏通，知民之情。契作司徒，教民孝友，敬政率經。其言不惑，其德不懝，舉賢而天下平。……"

　　顧剛案：此舉堯臣五人，曰伯夷、龍、夔、舜、彭祖；舜臣八人，曰禹、后稷、羲和、益、伯夷、夔、皋陶、契。鄭語以伯夷屬堯，此兼屬舜。呂氏春秋以夔屬舜，此兼屬堯。此諸臣中，前所未見者三：曰龍、曰彭祖、曰羲和。羲和依大荒南經，爲帝俊之妻，十日之母。若以帝俊爲舜，豈舜自臣其妻乎？彭祖依帝繫姓，爲陸終之第三子，楚王之從祖；鄭語述祝融之後八姓，云："大彭豕韋爲商伯。"韋昭注云："封於大彭，謂之彭祖。"夫彭祖即爲商伯而又爲堯臣，其年壽不太長乎？於是神仙傳有"七百六十七歲而不衰"之說，使之真能上至堯而下至商，遂成一最長壽之人矣。龍之爲堯臣，以前無所見，不知是否從呂氏春秋之飛龍來，抑由海内經之晏龍來，抑或與夔連稱，竟從魯語之"夔罔兩，龍罔象"來？其實雖不可知，而自有此説，龍與夔遂結不解之緣矣！

二八　書顧命篇

越玉五重，陳寶、赤刀、大訓、弘璧、琬琰，在西序。大玉、夷玉、天球、河圖，在東序。胤之舞衣、大貝、鼖鼓，在西房。兌之戈，和之弓，垂之竹矢，在東房。

頡剛案：顧命篇記成王崩事。當康王即位之時，陳寶物於東西序及東西房，蓋所以示前王所守與後王所受者在是也。其器之一爲垂之竹矢，與兌之戈，和之弓並列，垂當是作器者之名。其物爲周初所寶，則其人當在周前。

二九　荀子解蔽篇

倕作弓，浮游作矢，而羿精於射。奚仲作車，乘杜作乘馬，而造父精于御。

頡剛案：倕，與垂同。顧命謂垂之竹矢，此謂垂作弓，皆武具也。若其叙述爲可信，則其人當在羿前。

三〇　禮記明堂位篇

夏后氏之鼓足；殷楹鼓；周縣鼓；垂之和鐘；叔之離磬；女媧之笙簧。

　　頡剛案：此記古代樂器而垂之和鐘占其一，則垂之制作不獨武器矣。

三一　吕氏春秋古樂篇

　　帝嚳命咸黑作爲聲歌，九招、六列、六英，有倕作爲鼙鼓、鐘、磬，吹苓管、壎、箎、鞀、椎鐘。帝嚳乃令人抃，或鼓鼙，擊鐘磬，吹苓，展管箎；因令鳳鳥天翟舞之。帝嚳大喜，乃以康帝德。

　　頡剛案：此稱垂曰有倕，舉其所作諸種樂器，謂其人爲帝嚳之樂官，是爲著其時代之始。至於堯之樂官，古樂篇中爲質與瞽叟，非倕也；舜之樂官，爲延與質，亦非倕也。

三二　吕氏春秋重己篇

　　倕，至巧也。人不愛倕之指而愛己之指，有之利故也。

　　頡剛案：淮南子説山訓亦曰“人不愛倕之手而愛己之指”。

三三　吕氏春秋離謂篇

　　周鼎著倕而齕其指，先王有以見大巧之不可爲也。

　　頡剛案：吕氏春秋貴直論曰：“殷之鼎陳於周之廷。”淮南子説山訓曰：“周鼎不爨而不可賤。”則此所謂周鼎疑即九鼎也。鼎上有倕，作齕其指狀，意者鑄鼎之時殆已有懲儆巧工之意乎？抑此故事乃戰國末年“絶聖棄知”之思想所反映者乎？

　　又案：淮南子本經訓亦曰：“故周鼎著倕，使銜其指，以明大巧之不可爲也。"道應訓亦曰："故周鼎著倕而使齕其指，先王以見大巧之不可也。"

三四　淮南子齊俗訓

昔者馮夷得道以潛大川，鉗且得道以處昆侖，扁鵲以治病，造父以御馬，羿以之射，倕以之斵，所爲者各異而所道者一也。

　　頡剛案：此所謂藝而進乎道者。戰國、秦、漢間人言及工藝，稱道垂者最多，其地位在公輸子上。

三五　莊子胠篋篇

擢亂六律，鑠絶竽瑟，塞瞽曠之耳，而天下始人含其聰矣。滅文章，散五采，膠離朱之目，而天下始人含其明矣。毀絶鈎繩而棄規矩，擺工倕之指，而天下始人有其巧矣。故曰："大巧若拙。"

　　頡剛案：此於倕名之上加一"工"字，其職業乎？抑其官名乎？

三六　山海經海内經

北海之内……有不距之山，巧倕葬其西。
帝俊生三身。三身生義均：義均是始爲巧倕，是始作下民百巧。

　　頡剛案：此説巧倕之名爲義均；義均爲帝俊之孫，三身之子。如説帝俊爲帝嚳，則倕與舜爲同時人。如説爲帝舜，則舜之命垂爲共工殆自臣其孫乎？然大荒南經曰："帝俊妻娥皇生此三身之國，姚姓。"則尚以帝舜爲近也。

又案：舜之九官具見於此矣。傳説之興，禹爲最早。其有民族祖先傳説之背景者六人，曰禹、契、后稷、伯夷、皋陶、益。其有神話之背景者二人，曰夔、龍。其因遺物之流傳而有傳説發揚之者一人，曰垂。惟傳説頗有類同而九官必須分職，故伯夷本刑官也，以皋陶起而轉爲禮官；夔、龍、垂本皆樂官也，以垂擅制作之譽而命爲共工，以皋陶謨有“予欲聞六律、五聲、八音、七始，旦以出納五言”之語而命龍爲納言。經此布置，而後吕刑之三后，論語之五臣，其人數遂擴而爲九矣。亦惟經此布置，而後數千年中之重要人物，不論其時代早晚，皆萃集於一堂，得帝舜之俞咨矣。此古代史事之一大改變，亦即後人對于古史觀念之一大改變也。

三七　國語魯語上

夫聖王之制祀也，法施於民則祀之，以死勤事則祀之，以勞定國則祀之，能禦大災則祀之，能扞大患則祀之。非是族也，不在祀典。

昔烈山氏之有天下也，其子曰柱，能殖百穀百蔬，——夏之興也，周棄繼之，——故祀以爲稷。共工氏之伯九有也，其子曰后土，能平九土，故祀以爲社。

黄帝能成命百物以明民共財，顓頊能修之，帝嚳能序三辰以固民，堯能單均刑法以儀民，舜勤民事而野死，鯀障洪水而殛死，禹能以德修鯀之功，契爲司徒而民輯，冥勤其官而水死，湯以寬治民而除其邪，稷勤百穀而山死，文王以文昭，武王去民之穢，故有虞氏禘黄帝而祖顓頊，郊堯而宗舜；夏后氏禘黄帝而祖顓頊，郊鯀而宗禹；商人禘舜而祖契，郊冥而宗湯；周人禘嚳而郊稷，祖文王而宗武王。

幕，能帥顓頊者也，有虞氏報焉。杼，能帥禹者也，夏后氏報焉。上甲微，能帥契者也，商人報焉。高圉，大王，能帥稷者也，周人報焉。

凡禘、郊、祖、宗、報，此五者國之典祀也。加之以社稷山川之神，皆有功烈於民者也；及前哲令德之人，所以爲明質；及天之三辰，民所以瞻仰也；及地之五行，所以生殖也；及九州名山川澤，所以出財用也；非是不在祀典。

顧頡剛案：此文論祭祀，其所述之理由均以功德爲準，故有虞氏可郊堯，商人亦可禘舜。然所宗者與所報者顯然爲四代之祖先，又似不盡報功而爲追孝者。此古代世系之所以常糾纏於祀典也。

又案：禮記祭法篇襲此文而變置其先後，又曰"殷人禘嚳而郊冥"，與周之所禘者同。不知國語之文之或誤歟？抑作祭法者之有意改易之歟？洵如其説，是商周兩民族有同出於一個祖先之可能矣。

又案：魯語"夏之興也，周棄繼之"，祭法作"夏之衰也，周棄繼之"，雖只差一字，而后稷之時代又多生一問題矣。

三八　楚辭天問

簡狄在臺嚳何宜？玄鳥致貽女何喜？

顧頡剛案：此即商頌"天命玄鳥，降而生商"之故事。呂氏春秋音初篇云："有娀氏有二佚女，爲之九成之臺，飲食必以鼓。帝令燕往視之，鳴若隘隘。二女愛而爭搏之，覆以玉筐。少選，發而視之，遺二卵，北飛，遂不反。"離騷云："余乃下望瑤臺之偃蹇兮，見有娀之佚女。"皆記斯事也。然則簡狄者，有娀之女之名。嚳者，殆其夫乎？然此種神話之意義直謂商民族爲上帝所降，無須乎人間之牉合，則嚳者其殆上帝之名乎？

三九　大戴禮記帝繫篇

黃帝產玄囂。玄囂產蟜極。蟜極產高辛，是謂帝嚳。……
帝嚳卜其四妃之子而皆有天下。上妃，有邰氏之女也，曰姜
嫄氏，產后稷。次妃，有娀氏之女也，曰簡狄氏，產契。次妃曰
陳豐氏，產帝堯。次妃曰娵訾氏，產帝摯。

　　顧剛案：此以帝嚳為黃帝之曾孫而稷、契、堯、摯之
父，不特使異時人為同時人，且使之屬于一個血統，實為古
史上一大轉變之樞紐。尤奇者，稷與契乃為兄弟，且皆為堯
之兄也。堯典中，稷、契於堯時未一露面，直至堯崩之後，
舜詢四岳以宅百揆之人，四岳以禹薦，禹復讓于稷契，於是
稷、契始得預于九官之數。使其為堯兄，堯何不用之以致平
治之績耶！豈不遺於在下之鰥者轉失之於家人兄弟間耶？且
堯在位七十載而思異位，舜受終後又歷二十八載而殂落，計
其年已百數十歲矣；若稷、契復為之兄，則舜即位時縱不死
亦老耆甚矣，尚能播穀敷教，欽亮天功耶？即曰堯典晚出不
必論，然則玄鳥之詩何不道有娀為帝嚳次妃而乃以為玄鳥所
降耶？生民之詩亦何不道姜嫄為帝嚳元妃而乃以為上帝所依
耶？商與周既為兄弟之邦，何兩代述祖之詩悉不言之，周王
勸殷頑民之誥亦悉不言之耶？是知此篇所説但有矯牽，羌無
典實。所以然者，秦、漢之間，寰宇已統一矣，然欲求政治
之統一，必先求民族之統一；欲求民族之統一，故有併合諸
民族史為一民族史之需要，而此等學説遂應時而生焉。

　　又案：商、周之所以俱為帝嚳子，或如祭法所言，兩代
均禘帝嚳，由禘之相同而轉為祖之相同，亦未可知。惜禘祭
材料流傳太少，不克尋索其究竟耳。

四〇　左氏文公十八年傳

昔高陽氏有才子八人：蒼舒、隤敳、檮戭、大臨、尨降、庭堅、仲容、叔達，齊聖廣淵，明允篤誠，天下之民謂之八愷。高辛氏有才子八人：伯奮、仲堪、叔獻、季仲、伯虎、仲熊、叔豹、季貍，忠肅共懿，宣慈惠和，天下之民謂之八元。

此十六族也，世濟其美，不隕其名。以至於堯，堯不能舉。舜臣堯，舉八愷，使主后土，以揆百事，莫不時序，地平天成。舉八元，使布五教于四方，父義、母慈、兄友、弟共、子孝，內平外成。

　　頡剛案：此爲舜臣之別一說。觀其以八愷主后土，八元布五教，則是分析禹契二人之事以屬之於十六人耳。惟庭堅見於左氏文五年傳，仲容見於大荒東經，季貍見於大荒南經（仲作中，貍作釐），故疑其說雖不經，猶是有傳說爲之素地者。

　　又案：帝繫篇云：“高辛是爲帝嚳，高陽是爲帝顓頊。”則此所云十六族之才子，顓頊與帝嚳各占其半。惟下列四凶又有“顓頊氏之子”，然則高陽之是否顓頊亦未可知也。

四一　王國維殷卜辭中所見先公先王考（夋）

卜辭有🔣字，其文曰“貞夋（古燎字）于🔣”（殷虛書契前編卷六第十八葉），又曰“夋于🔣□牢”（同上），又曰“闕🔣六牛”（同上卷七第二十葉），又曰“（上闕）又于🔣”（殷虛書契後編卷下第十四葉）。案🔣，🔣二字象人首手足之形，疑即夋字。説文解字夊部：“夋，行夋夋也。一曰，倨也。从夊允聲。”考古文允字作🔣或🔣，本象人形。🔣字復於人形下加夊，蓋即夋字。夋者，帝嚳之名。史記五帝本紀索隱引皇甫謐曰：“帝嚳名夋。”初學記（九）引帝王世紀曰：

“帝嚳生而神異，自言其名曰夋。”太平御覽（八十）引作“逡”。史記正義引作“岌”。逡則異文，岌則譌字也。

　　山海經又屢稱“帝俊”。大荒東經曰：“帝俊生中容。”又曰：“帝俊生帝鴻。”又曰：“有神人面犬耳獸身，珥兩青蛇，名曰奢比尸，惟帝俊下友。”大荒南經曰：“帝俊妻娥皇生此三身之國，姚姓。”又曰：“帝俊生季釐。”又曰：“羲和者，帝俊之妻，生十日。”大荒西經曰：“帝俊生后稷。”又曰：“帝俊妻常羲生月十有二。”海內經曰：“帝俊生禺號。”又曰：“帝俊賜羿彤弓素矰。”又曰：“帝俊生晏龍，晏龍是爲琴瑟。”又曰：“帝俊有子八人，實始爲歌舞。”凡言帝俊者十有二。

　　帝俊當即帝夋。郭璞注於“帝俊生后稷”下曰“俊，宜爲嚳”，餘皆以爲帝舜之假借。然大荒經自有帝舜，不應用字前後互異。稷爲嚳子，世本及戴記帝繫篇早有此說。又帝俊之子中容季釐，即左氏傳之仲熊季貍，所謂高辛氏之才子也。有子八人，又左氏傳所謂高辛氏有才子八人也。妃曰常羲，又帝王世紀所云“帝嚳次妃娵訾氏女，曰常儀，生帝摯”（案詩大雅生民疏引“大戴禮帝繫篇曰：‘帝嚳下妃娵訾之女曰常儀，生摯。’家語、世本，其文亦然”。然今本大戴禮及藝文類聚十五、太平御覽一百三十五所引世本但云“次妃曰娵訾氏，產帝摯”，無“曰常儀”三字。惟史記正義及類聚十一、御覽八十引帝王世紀乃有“曰常儀”三字，故今據世紀，不據戴記、世本）者也。曰羲和，曰娥皇，皆常羲一語之變。三占從二，知郭注以帝俊爲帝舜，不如皇甫謐以夋爲嚳名之當矣。

　　嚳爲契父，乃商人所自出之帝，故商人祀之。魯語曰：“殷人禘舜（韋注，“舜當爲嚳字之誤也”）而祖契。”祭法亦曰“殷人禘嚳而郊冥”。然卜辭所記乃係特祭，與相土、冥、王亥、王恒諸人同。卜辭，殷禮，不能以周秦以後之說解之，羅參事已詳言之矣。

四二　王國維殷卜辭中所見先公先王續考"高祖夒"

前考以卜辭之𠭯及𡦉爲夒，即帝嚳之名，但就字形定之，無他證也。今見羅氏拓本中有一條曰："癸巳，貞于高祖𠭯（下闕）。"案卜辭中惟王亥稱"高祖王亥"（書契後編卷上第二十二葉）或"高祖亥"（哈氏拓本），大乙稱"高祖乙"（後編卷上第三葉）。今𠭯亦稱高祖，斯爲𠭯、𡦉即夒之確證，亦爲夒即帝嚳之確證矣。

四三　王國維古史新證

"貞夒于𠭯"（殷虛書契前編卷六第十八葉）

"夒于𡦉□牢"（同上）

"夒于𠭯六牛"（同上卷七第二十葉）

"于𡦉夒牛六"（羅氏拓本）

"貞來年于𠭯九牛"（同上）

"癸巳貞于高祖𠭯（下闕）"（同上）

"又于𠭯"（後編卷下第十四葉）

案𠭯、𡦉，二形象人首手足之形。説文夊部："夒，貪獸也，一曰母猴似人。从頁，巳，止，夊其手足。"毛公鼎"我弗作先王羞"之羞作"𡦉"。克鼎"柔遠能邇"之柔作"𡦉"，番生敦作"𡦉"，而博古圖，薛氏款識盠和鐘之"柔燮百邦"，晉姜鼎之"用康柔綏懷遠廷"，柔並作"𡦉"，皆是字也。"夒"、"羞"、"柔"三字古音同部，故互相通假。

此稱"高祖夒"。案卜辭，惟王亥稱"高祖王亥"（後編卷上第二十二葉）或"高祖亥"（戩壽堂所藏殷虛文字第一葉），太乙稱"高祖乙"（後編上，第三葉），則夒必爲殷先祖之最顯赫者。以聲類求之，蓋即帝嚳也。

帝嚳之名已見逸書。書序："自契至于成湯八遷；湯始居亳，

從先王居，作帝告。"史記殷本紀"告"作"誥"。索隱曰："一作
佶。"案史記三代世表、封禪書，管子侈靡篇皆以"佶"爲"嚳"。僞
孔傳亦云："契父帝嚳都亳；湯自商丘遷亳，故曰'從先王居'。"
若書序之説可信，則帝嚳之名已見商初之書矣。諸書作"嚳"或
"佶"者，與"夒"字聲相近。其或作"夋"者，則又"夒"字之譌也。
（頡剛案：下論夋當爲嚳，與先公先王考文略同，不複録。）

頡剛案：如王氏之説，是商人之先祖有夒，以聲近而作
嚳，又以形譌而作夋。凡國語及兩戴記中之帝嚳，山海經中
之帝俊，皆是人也。惟卜辭但言"夒"或"高祖夒"，不言"帝
夒"，何哉！

又案：山海經言"帝俊生后稷"，而帝繫篇言"帝嚳産后
稷"，則帝俊自有即爲帝嚳之可能。觀劉淵以匈奴單于，當
即皇帝位時，布告天下，儼然爲漢高帝之子孫。周人之得爲
帝嚳苗裔，將無類是？然周人固未自言也。

四四　史記秦本紀正義

列女傳云："陶子生五歲而佐禹。"曹大家注云："陶子者，皋
陶之子伯益也。"按此即知大業是皋陶。

頡剛案：此條所引不見於今本列女傳。

四五　王符潛夫論志氏姓

高陽氏之世有才子八人：蒼舒、隤凱、檮戭、大臨、龙降、
庭堅、仲容、叔達，天下之人謂之八凱。後嗣有皋陶事舜。舜
曰："皋陶，蠻夷滑夏，寇賊姦宄，女作士。"其子伯翳能議百姓
以佐舜禹，擾馴鳥獸，舜賜姓嬴。

頡剛案：如上二條所言，是益爲皋陶之子矣，益之佐禹在五歲時矣。虞廷九官，既有稷、契之兄弟，又有陶、益之父子，何其親也！舜既任命百數十歲之稷、契，亦任命五歲之益，又何其譎奇也！總之，自始不生關係之各民族之祖先，年代至不齊者，經一再之鼓盪，遂得生於同時；不足，又使之立於同朝；又不足，更使之出於一家：而後其聯合性愈強，其團體愈膠粘而不可離。噫，倘吾儕有返魂之術，俾其重生於一時，不知彼輩爲民族之生存，將相互搏擊至於何種程度？家門孝友之誼之破裂固不必論，即此濟濟蹌蹌於一廷之上亦庸可得乎？

關於尚書研究講義之討論

一　漢武帝的十三州問題 *

甲　譚其驤與顧頡剛書

頡剛師：

先生尚書研究講義中所列之十三部，非西漢之十三部（不但非武帝時之制，亦且非平帝時之制），茲已證實。

（一）西漢司隸校尉部不在十三部之列。十三部刺史之初置，在元封五年（武帝紀、百官公卿表），而司隸校尉之初置則在其後

---

* 原載 1933 年燕京大學鉛印尚書研究講義第三册附錄，又刊於復旦學報（社會科學版）1980 年第三期。

之十七年——征和四年（百官公卿表）。是知十三部云者，其中並無司隸校尉一部也。

（二）西漢有朔方刺史一部。漢書地理志："武帝攘卻胡、越，開地斥境，南置交趾，北置朔方之州，兼徐、梁、幽、并、夏、周之制，改雍曰涼，改梁曰益，凡十三部，置刺史。"雖未明言十三部之名爲何，但以文意推之，則朔方亦一部也。且朔方爲一部，故可曰"朔方之州"；若朔方但爲一郡，則州、郡爲截然不同之物，斷不能作如是云也。此言證之以他書而益信：

漢書地理志顏師古注引胡廣記："……分雍州，置朔方刺史。"

晉書地理志："（漢武帝）南置交趾，北有朔方，凡爲十三部。（涼、益、荆、揚、青、豫、兗、徐、幽、并、冀十一州，交趾、朔方二刺史，合十三部。）"

晉志并州條："漢武帝置十三州，并州依舊名不改，統上黨、太原、雲中、上郡、雁門、代郡、定襄、五原、西河、朔方十郡，又別置朔方刺史。"

是則朔方郡爲朔方郡，屬并州；朔方刺史部爲朔方刺史部，分自雍州：果兩不相關者也。按朔方郡元朔二年置（武帝紀），而朔方刺史部則自元封五年所置也。

（三）終西漢但曰交趾刺史部，不曰交州刺史部。"交州"字樣，不見漢書地理志本文，惟顏師古注中有之耳。而顏注實誤。觀夫上引漢志"南置交趾，北置朔方之州"，晉志"漢武帝南置交趾，北有朔方"，皆稱交趾而不稱交州。而晉志之注則復明言所謂十三部乃十一州二部之合稱，交趾未嘗稱州也。又，師古注引胡廣記云："漢既定南越之地，置交趾刺史，別於諸州，令持節治蒼梧。"交趾不曰州，其制度果有別於州也。

以司隸爲十三部之一，朔方併入并州，交趾爲交州，是蓋東漢建武、建安二代改制後之制，後漢書、晉書載之甚明。

後漢書百官志：“司隸校尉，孝武帝置，成帝省。建武中復置，并領一州。”

“并領一州”，可知司隸至此始預於十三州之列也。

後漢書光武紀建武十一年：“是歲省朔方牧，并并州。”
晉書地志：“（後漢）省朔方刺史，合之司隸，凡十三部。”

蓋既省朔方，復以司隸爲一部，於是仍合十三部之數也。朔方自武帝元封中置，至此省，計凡百四十年。

晉志交州條：“元封中……置交趾刺史以督之。……順帝永和九年（驥案：永和無九年，祇有六年），交趾太守周敞求立爲州，朝議不許，即拜敞爲交趾刺史。……建安八年，張津爲刺史，士燮爲交趾太守，共表立爲州，乃拜津爲交州牧。”

交趾至建安八年始立爲州。若誤以爲武帝元封中所立，則前後相差三百有餘年矣。

前漢十三部，後漢亦爲十三部，前漢地理志既不明言所謂十三部之名爲何，於是後之人乃多有誤認後漢之制即爲前漢之制者矣。此不特先生爲然，即號稱地學專家之白眉初氏，以及各種坊間發行之地理沿革圖，亦莫不有此誤也。（手頭無楊守敬圖，不知此圖有無此誤。）

　　茲復列表以明東、西漢之異制：

西漢	司隸	十　　三　　部											
		交趾	朔方	十　　一　　州									
				并	冀	豫	涼	兗	徐	青	荆	揚	益	幽
東漢	司隸	交	并	冀	豫	涼	兗	徐	青	荆	揚	益	幽
		十　　二　　州											
		十　　三　　部											

　　十二州既爲東漢之制而非西漢之制，故先生所謂"堯典之十二州係襲諸漢武之制"一義應有所改正也。然此點之打倒，殊無傷於全文之大恉；不但無傷也，且益可證實之。此何以言？曰：

　　　　西漢撫有朔方、交趾之地而不以爲州，堯典中之堯亦撫有朔方、南交之地而亦不以爲州，是之謂全然相合也。至西漢實際祇有十一州，而堯典有十二州者；堯典作者之有意湊成"天之大數"也。

按堯典未明言朔方、南交不在十二州之列，但既與嵎夷、西相並列，嵎夷、西非州名，朔方、南交自亦不以爲州也。

　　　　　　　學生譚其驤　二十、十、二晚

乙　顧頡剛答譚其驤書

其驤學兄：

　　頃接來書，讀之快甚。西漢的十三州，久已成爲一個謎，現在經你這樣一整理，覺得大有弄清楚的可能了。

　　我的講義所以如此説，自然是用漢書地理志的注文。注文於每一郡下皆注明"屬某州"，所以很容易引得讀者把它輯集起來，排成一篇州郡統屬的目録。我的講義固如此，就是王應麟的通鑑地理通釋也是如此。這些"屬某州"的注文是什麽人注的呢？你説是顏師古注的，故云：

> "交州"字樣，不見漢書地理志本文，惟顏師古注中有之耳。

我則以爲不是顏師古而是班固。凡是漢書的注文，不管是顏氏自注或是引别人的注，均書明其姓名，即如"臣瓚"的不知其姓，也必書其名。至於顏氏自注，則稱"師古曰"。其不書人名的，便是班固的原注。例如藝文志：

> 凡書九家，四百一十二篇。（入劉向稽疑一篇。師古曰："此凡言'入'者，謂七略之外班氏新入之也；其云'出'者與此同"。）

這可見"入劉向稽疑一篇"一句是班固自注的。返觀地理志，也是如此。今録其朔方郡與交趾郡兩條如下：

> 朔方郡（武帝元朔二年開；西部都尉治窳渾；莽曰溝搜；屬并州。師古曰："窳音庚，渾音魂"。）
> 交趾郡（武帝元鼎六年開；屬交州。）

則朔方郡條顏氏之注僅有"窳渾"二音，其它悉是原有；交趾郡條則全非顏氏之筆了。

我在講義中所以這樣寫，正因這注是班固原注的緣故。我當時也詫怪注文和叙論中的説話衝突，何以班固一人在一篇之中而有二説？但我想，注文逐郡逐縣記録，當是班固根據官府簿籍爲之，叙論包舉大綱，則是班固自己做的文章，其正確性自比注文差一點，所以就擇取了注文，而把朔方併入并州了。

但講義上雖這樣寫了。我心中總覺得未安。所以那天上課時，在黑板上寫道："此表所列係漢平帝時地理制度，與武帝時已多不同。"爲什麽這樣寫呢？因爲平帝紀上說：

> 四年，……更……十二州名。分界郡國所屬，罷置改易，天下多事。

這件事是發動於王莽的，王莽傳上記他的奏書道：

> 聖王序天文，定地理，因山川、民俗以制州界。漢家地廣二帝三王，凡十三州，州名及界多不應經。堯典十有二州，後定爲九州。漢家廓地遼遠，州牧行部，遠者三萬餘里，不可爲九。謹以經義正十二州界，以應正始。

我很疑地理志注文所說"屬某州"云云就是這一次"以經義正十二州界"後的區畫。

現在接讀你的來信，使我更相信注文所云不是漢武帝時的制度。你說武帝置十三部刺史在元封五年，而其置司隸校尉在征和四年，後了十七年，當然司隸校尉不在十三部之内。十三部中，有了禹貢的九州，又加了職方添出的幽、并二州，再加上了交趾、朔方二部，當然已足十三之數，更插不下司隸校尉。這是極確切的論斷。

可是我對於你所說的還不能表示絕對的贊同。所以然者，因爲十三州不僅是一個數目問題，而尚有事實問題在後面。事實問題是什麽？即何以要并州是也。漢武帝時，四面拓地，爲禹貢九州所不能包，故必於向日九州之名有所更變。其"改雍曰涼"者，非真改雍州之名爲涼州也，乃在雍州之外更新闢一個涼州也（酒泉、武威、張掖、敦煌四郡）。其“改梁曰益”者，亦非真改梁州之名爲益州也，乃在梁州之外更新闢一個益州也（犍爲、牂柯、越雋、沈黎、汶山、武都、益州七郡）。所謂兼周制而有幽州者，實兼有燕將秦開所闢之上谷、漁陽、右北平、遼東、遼西五郡，加以新闢之真番、臨屯、樂浪、玄菟四郡耳。所謂兼周制而有并州者，實兼有趙武靈王所闢之雲中、雁門、代三郡及秦始皇所辟之九原郡耳。朔方之地，只有一郡，倘使爲此一郡而特置一刺史部，豈非與他部的廣狹相差太殊。就是把元朔四年所置的西河郡歸給這個刺史部，也只有兩郡之地，依然不廣。且并州本應屬冀州，只以北境所開太大，故使脱離冀州而獨立；若北境已有朔方刺史部管轄了，并州就没有獨立的資格了。同樣，如果漢武帝時已有并州刺史部了，朔方郡已屬於它了，試問以何種的需要而再置一朔方刺史部呢？

因爲這個緣故，所以我對於你的話贊成一半，反對一半。贊成的，是武帝時朔方不名州；反對的，是朔方刺史部與并州刺史部同時存在。我以爲并州之名亦是後起（所謂周制職方當然靠不住），武帝時只有朔方刺史部，平帝時由王莽“以經義正十二州界”及“更名”的結果纔改爲并州刺史部。至胡廣所謂“分雍州，置朔方刺史”，這和揚雄并州箴所謂“雍别朔方”恐都由禹貢來而不由漢制來，因爲朔方之地如照禹貢講當屬雍州之域（禹貢云：“黑水、西河惟雍州”，則西河以西皆當屬雍，故禹貢雍州有渠搜而漢於朔方郡亦置渠搜縣。朔方既獨立爲一刺史部，故有分自雍州之説），而漢制本無雍州之名也。

我尤其反對的，是你的“朔方郡爲朔方郡，屬并州；朔方刺史部爲朔方刺史部，分自雍州：果兩不相關者也”之説。朔方郡既已屬於并州，何必再設一朔方刺史部呢？朔方刺史部既分自雍州，朔方郡又何以屬於并州呢？現在我們已知道朔方分自雍州之説爲古典主義之下的説法，則知朔方刺史部是從朔方郡陞起來的；而朔方刺史部之復降爲朔方郡及其屬於并州，當然是後起的事了。

你的所以致誤，是由晉書地理志來。晉志説“并州統朔方等十郡”，又説“又別置朔方刺史”，所以你有上面的説話。其實，晉志之所以致誤亦由於漢志的自相矛盾。漢志在注文里説“朔方郡屬并州”，故晉志有“并州統朔方等十郡”之説（并州本九郡，晉志誤入一代郡；但此係晉志叙論之誤，目中則不誤。）漢志在叙論裏説“武帝北置朔方之州，置刺史”，故晉志有“又別置朔方刺史”之説。至漢志之所以致誤，乃由於漢武帝和漢平帝的兩次改制，弄糊塗了。

寫到這裏，你或者要問：并州既爲後出，司隸校尉又爲征和四年所置，則元封五年的“置刺史部十三州”，豈不是少了一州呢？再有一州是什麼名呢？

我對於這個問題，也不能作滿意的答覆。所以然者，武帝時的分州材料我們已看不見了。看的見的，只是東漢初年班固寫的漢書，那是在王莽改制以後的，西漢的事情給他弄亂的已不少了。

但我們即從這些材料裏看，也可尋出些痕跡來。平帝紀元始元年：

大司農丞十三人，人部一州，勸農桑。

那時不是已有司隸校尉了嗎？爲什麼不説十四州而依然是十三州呢？我想，這可以有兩種解釋：

其一，漢武帝元封五年本置十二部刺史，因爲後來增加了司隸校尉，故有十三部，而倒記其事於元封五年。

其二，司隸校尉本不在十三部之內，故置司隸校尉之前（元封五年)稱十三州，置司隸校尉之後(元始元年)亦稱十三州。

第一個解釋似乎不經，但史書裏實有其例。如史記秦始皇本紀於二十六年統一之後，記其地之四至云：

東至海暨朝鮮，西至臨洮、羌中，南至北嚮户，北據河爲塞。

其實"北據河爲塞"乃是始皇三十二年"蒙恬擊胡，略取河南地"及三十三年"西北斥逐匈奴，城河上爲塞"之事；記在二十六年，早了七年了。又如尚書本二十八篇，後來加了泰誓一篇，爲二十九篇；然史記儒林列傳卻云"漢定，伏生求其書，獨得二十九篇"，好像伏生傳下來時就是這樣的，於是二十九篇的問題也弄得經學家聚訟莫決了。作史者既有這種"倒記"的事情，就說不定元封五年的十三部刺史也是在這一個例子之下出現的。

第二個解釋也很可能。司隸校尉所部既有司隸校尉，自然不必再有刺史。既稱十三部刺史，則司隸校尉不在内也可知。所以平帝時雖已有司隸校尉(成帝時省，哀帝復置)而仍稱十三州，足證武帝元封五年雖無司隸校尉而自有十三州。到元始四年，王莽始改十三州爲十二州。但漢武帝時的十三州是什麽呢？這在我們打破漢志之文以後還是待猜的一個謎。

照我想，禹貢的九州，當然是照樣分的。(雍州之所以改爲涼州，因爲新闢的地偏於西北方的太多，而禹貢中所説的雍州諸地已大都包在三輔中了。)幽州，因燕的拓地到遼寧而來，禹貢的不收或者因作書在燕國拓地以前，或者因已滿了九數，不能再添之故，皆不可知。但戰國諸子已説得多，漢武又在朝鮮闢四郡，是不容不設的，於是有了十州。加上"南置交趾，北置朔方之州"，於是有了十二州。再有一州，我猜它是西南夷；所謂"改梁曰益"，我疑它是平帝時的話而不是武帝時的，在武帝時原是梁州與益州並列的。因爲：

（一）如果把武帝時所闢之西南夷合之於禹貢之梁州，則奄有今四川、貴州、雲南三省之地。四川一省已够大；況加以雲、貴兩省，這一個刺史部未免太大了。除非王莽以經義正定，否則不當如此。（試看清代於四川置一總督，雲、貴又置一總督，就可想見當年的刺史行部也不能相差太遠。）

（二）巴、蜀諸郡久已化爲中國，而牂柯、越嶲、益州諸地則尚爲蠻夷，因生活習慣的不同，治理的方法應與諸夏有異，頗有特立一刺史部的需要，這和朔方之不屬雍州，交趾之不屬揚州與荆州，其情形正相類。漢書食貨志云：

> 漢連出兵三歲，誅羌，滅兩粵，番禺以西至蜀南者，置初郡十七；且以其故俗治，無賦稅。南陽、漢中以往，各以地比給初郡，吏卒奉食幣物傳車馬被具。而初郡又時時小反，殺吏，漢發南方吏卒往誅之，間歲萬餘人，……不敢輕言賦法矣。

這十七個初郡是什麼呢？晉灼注云：

> 元鼎六年，定越地以爲南海、蒼梧、鬱林、合浦、交趾、九真、日南、珠厓、儋耳郡；定西南夷以爲武都、牂柯、越嶲、沈黎、汶山郡，及地理志、西南夷傳所置犍爲、零陵、益州郡。

可見這些"初郡"因初爲漢族所征服，常常鬧起來，故當時治理他們的方法，只能（一）以其故俗治，（二）無賦稅。這就是説，漢天子對於這些地方只能有名義上的宗主權而已，實際上反要賠錢去設吏，去發兵。南陽、漢中諸郡爲了地方的接近也都要出錢去供給吏卒們的食物車馬。交趾九郡，已經爲了這個緣故獨置一刺史部了，爲什麽西南夷七郡（連屬荆州之零陵則爲八郡）獨異，要與治法不同的漢中、巴、蜀諸郡合置一刺史部呢？合置一刺史部也罷了，爲什麽不以諸夏文化之漢中、巴、蜀爲主而曰梁州，反以蠻夷文化之牂柯、越嶲爲主而曰益州呢？因爲有了這些疑竇，所以我猜想漢武帝時本以西南夷獨立爲一刺史部，與梁州刺史部是並立的。這一個刺史部所以名曰益州者，因元封二年已立有益州郡，故過了三年立十三部刺史時，即以益州郡陞做益州刺史部；正似以交趾郡陞做交趾刺史部，以朔方郡陞做朔方刺史部一樣。當時並無所謂“改梁曰益”之説。到了王莽時，離武帝立郡立部已有百年了，華化已浸洽於蠻夷了，他纔更定州名，而有“合梁於益”之事。後人不知其因由，乃以此制爲武帝原定，而有“改梁曰益”的解釋。

以上兩個解釋，似都有其可能性，雖則都没有充分的證據，只好存疑。若有人問，這兩個解釋的短長如何，則我以爲第二個解釋頗爲近情，就那時的政治制度看是應當有此區畫的；否則雍也不必别朔方，荆、揚也不必别交趾，大可復禹貢的九州了。

或有人説：益州所轄諸郡，去掉西南夷只剩漢中、廣漢、巴、蜀四郡，四郡之地可以特置一梁州刺史部嗎？我將答説：豫州刺史部只領三郡二國，徐州刺史部只領三郡三國，漢中等四郡之地比着它們還大呢。況西南夷七郡，到宣帝時已裁併了兩個，只剩五郡，也許這四郡之地本來不止立四郡呢。

至於你説交趾改爲交州是漢獻帝建安八年的事，以前無稱交州的，這也未免過於信任晉志。建安八年固然有表立交州的事，但這就足以證明以前没有稱過交州嗎？在没有證明漢書地理志注文不是班固原注以前，我們不能説班固時無“交州”之名。在没有證明揚雄的交州箴（見藝文類聚州部）是僞作以前，我們也不能説揚雄時無“交州”之名。我以爲這一名大概是王莽立的，故即爲揚雄所用；到東漢初還未廢，故又爲班固所用。不知何時廢棄了，故至建安八年而又上表立之。

總上所言，作一結論：我對於你的話，贊成的是：

(一)元封五年之十三部內無司隸校尉一部。

(二)元封五年之十三部內有朔方刺史部，不屬并州。

(三)元封五年之十三部內有交趾刺史部，不稱交州。

對於你的話不贊成的，是：

(一)朔方刺史部與并州刺史部同時存在。

(二)朔方郡屬并州，朔方刺史部分自雍州，兩不相關。

(三)交州之名始於東漢建安八年。

我以爲我們這次討論的結果，有下列的收獲：

(一)漢武帝時的十三州，究竟如何，我們已不可知。

(二)平帝時王莽所定的十二州，大約就是現在漢書地理志注文中所舉的某郡屬某州之文(除了司隸校尉)。其時朔方爲并州，交趾爲交州，合之禹貢九州及幽州正是十二。

(三)東漢建武中置司隸校尉，領一州，合之於王莽時十二州則爲“十三部”。這即是漢書地理志注文中所載的。後人因後漢的制度而載於前漢的史書，遂錯認爲前漢的制度。這個錯誤，班固不能不負其責。

存疑的有下列二事：

(一)并州之名似非武帝時原有的，若是有了就不必再置朔方刺史部了。王莽時，似因整齊州名之故，將此刺史部改爲并州，而以朔方郡屬之。到光武帝即位，再明詔定之。

(二)武帝時所置的西南夷七郡，實有立一刺史部之資格。或武帝時曾以梁州與益州並立，至王莽而合併之；班固不知，遂以爲武帝改梁曰益。(彼時交趾刺史所轄九郡，無異説。朔方刺史所轄當有朔方、五原、西河、上郡、雲中、定襄、雁門七郡。至後屬并州之太原與上黨兩郡，彼時似應屬冀州。又後屬益州之漢中、廣漢、巴、蜀四郡，彼時似應屬梁州。）

有了上面的結論，更照我的見解，寫定這三朝的州制如下：

(甲)漢武帝所立之十三州：

(一)豫州刺史部　　　　(二)冀州刺史部

(三)兗州刺史部　　　　(四)徐州刺史部

(五)青州刺史部　　　　(六)荆州刺史部

(七)揚州刺史部　　　　(八)(梁州刺史部?)

　　以上禹貢所有。

(九)幽州刺史部　　　　(十)涼州刺史部

(十一)朔方刺史部　　　(十二)交趾刺史部

(十三)益州刺史部

　　以上除涼州東半外，皆禹貢所無。（假使益州與梁州分列的，則益州全爲禹貢所無。）

(乙)王莽所更定之十二州：

(一)豫州刺史部　　　　(二)冀州刺史部

(三)兗州刺史部　　　　(四)徐州刺史部

(五)青州刺史部　　　　(六)荆州刺史部

(七)揚州刺史部　　　　(八)涼州刺史部

(九)幽州刺史部

　　以上爲因仍漢武帝之制。

(十)并州刺史部

　　此由朔方刺史部所改。

(十一)交州刺史部

　　此由交趾刺史部所改。

(十二)益州刺史部

　　此似由梁州刺史部與益州刺史部所合。

(丙)光武帝所立之十三州：

(一)豫州刺史部　　　　　(二)冀州刺史部

(三)兗州刺史部　　　　　(四)徐州刺史部

(五)青州刺史部　　　　　(六)荆州刺史部

(七)揚州刺史部　　　　　(八)益州刺史部

(九)涼州刺史部　　　　　(十)并州刺史部

(十一)幽州刺史部　　　　(十二)交州刺史部

以上因仍王莽之制；惟交州刺史部其後改爲交趾刺史部。

(十三)司隸校尉部

此爲新制，即西漢三輔及三河之地。

這一個表，不知尊見以爲如何？敬待商榷。

這些問題，如果班固當年精心考覈一下，正不必勞我輩的討論。不幸他把西漢、新莽和東漢的三朝制度胡攪一陣，把漢書地理志弄成了"四不像"，表面上説武帝，而實際則把新莽的十二州和東漢的司隸校尉安放進去，玩得人莫名其妙。自晉書地理志沿襲了他的誤謬，一直到我們現在。我們現在雖有跳出他的圈套的可能了，可惜漢武帝時的材料已找不到了！

但我們不要怕，只要肯找，總有新材料可以發現！

顧頡剛啟　二十、十、三。

丙　譚其驤再與顧頡剛書

頡剛師：

覆函贊成敝見者三點，反對敝見者亦三點。茲再就所反對之三點討論如下：

一，先生以爲朔方刺史部與并州刺史部不能同時存在，武帝時有朔方而無并州，并州乃王莽"以經義更定十二州界"之結果，即是前之朔方刺史部。此言恐有誤。按漢書，朱博曾爲并州刺史；據本傳，事在哀帝建平二年爲丞相之前。又成帝綏和元年更刺史爲牧（紀），是處稱并州刺史而不曰并州牧，自當又在綏和之前。而王莽之更定十二州名則在其後十餘年之平帝元始年間（紀作四年，傳作五年），是并州之名不自王莽始可知。又翟方進亦在成帝世曾爲朔方刺史（本傳），是則并州部之與朔方部，事實上果嘗同時存在者也。

先生不以并州爲漢武十三部之一部，因以梁州充十三之數，並詳言益、梁分立之可能，於理可通，然於事無證。漢書王尊、孫寶、任安、王吉、王襄皆曾爲益州刺史，而梁州刺史不聞一人焉。蓋西漢果無梁州，改梁爲益之言爲可信。且使武帝時益、梁果同時並有，果至王莽而始合而爲一，則王莽崇古之人，豈有不名之爲梁而名之爲益之理？（梁有經義可據。）

二，先生以爲，“分雍州置朔方”之雍州爲禹貢雍州而非漢制雍州，以爲既有朔方刺史部不能另有朔方郡統於并州，此言甚是。特先生因不承認并州之並朔方而存在，故以朔方、五原、西河、上郡、雲中、定襄、雁門七郡屬朔方；太原、上黨二郡屬冀州。今既已證實并州、朔方確曾同時存在，則朔方所統將爲何幾郡乎？錢大昕廿二史考異卷十四言後漢書郡國志“右并州刺史部郡九”，下注“古今注曰‘建武十一年十月，西河、上郡屬魏’”之“魏”字係誤：

　　按光武紀，建武十一年省朔方牧，併并州。此西河、上郡必朔方刺史所部，至是始屬并州耳。班史，馮野王爲上郡太守，朔方刺史蕭育奏封事薦之，是上郡屬朔方部之證也。注文當有脱漏，又因下引魏志而衍一“魏”字耳。

其證甚健全。且按上郡略當今陝北之榆林道，西河、朔方在今内蒙古河套内外，皆在黃河以西，依地理言此三郡確可與河以東太原、上黨、定襄、雁門諸郡分立而成爲一部，則其説益可信也。又五原與朔方同年所置，境土緊接，關係最切，動輒相與連稱，疑亦屬朔方。如此，則漢書注文中之所謂并州九郡，當有一半屬朔方，另一半屬并州。

三，先生以漢志注文及揚雄交州箴爲西漢末東漢初有交州之稱之證，因以爲交趾於王莽時曾改稱交州，沿及於班固作漢書之時；其後始改稱交趾；至建安八年又改交州。但後漢書岑彭傳：

> （建武四年，彭）引兵還屯津鄉，當荊州要會，喻告諸蠻夷，降者奏封其君長。初，彭與交趾牧鄧讓厚善，與書陳國家威德。……

是時光武勢力未及荊、湘以南，故岑彭屯兵要會而招諭之，則是所謂交趾牧鄧讓者，乃王莽所任命者也。王莽時亦稱交趾矣，豈獨揚雄作交州箴之某年某月稱交州乎？又後漢書南蠻傳：

> 建武十六年，交趾女子徵側及其妹徵貳反，……略六十五城，自立爲王。交趾刺史及諸太守僅得自守。

使莽世果稱交州，則建武十六年已改稱交趾矣，班固漢書之成在其後（章帝建初五年），應無“交州”字樣。豈莽改漢武之稱，光武建武中又改莽之稱，至班固作漢書時又改建武之稱，其後又稱交趾，又改交州乎？如此改復紛更，東漢非十六國五代，竊以爲必無之事也。

總上所論，因對於先生所討論結果之收穫三事，以爲應有所改正：

（一）漢武帝時之十三州，當仍以第一信表中所列者爲是。并

州與朔方同時存在，無梁州。漢志注中并州九郡當分隸
於朔、并二部。

（二）平帝時，王莽所更定之十二州已不可知。據後漢書建武
初年有併朔方入并州之記載，又疊見交趾刺史之稱，則
王莽之制一仍西漢之制也，何改之有？

（三）光武建武十一年省朔方併并州，在未嘗證明此言不確之
前，未有確證可證明王莽時已曾合併之前，東漢司隸而
外之十二州當仍以"就西漢十三部併省改稱而成"之說
爲是。

仍然不明白者爲二事：

（一）交州之稱究竟是否在建安八年以前已有之？

（二）漢書地理志注文非師古所注，亦不似班固所注，究竟係
何時何人所注？

此則必有待於詳查前後兩漢書及新莽時之著作而後始有解決之希
望也。

學生譚其驤。十月九日

丁　顧頡剛再答譚其驤書

其驤學兄：

上旬接讀來函，佩甚。

你既尋出了朱博在成帝綏和元年前曾爲并州刺史，又尋出了
翟方進在成帝世曾爲朔方刺史，那麼，并州自是先於王莽的更定
州名而存在，且確是與朔方刺史部同時存在的。

我在揚雄益州箴中也尋出了益州不與梁州同時存在的證據。
寫在下邊，證明我上次猜測的失敗。箴文云：

巖巖岷山，古曰梁州。華陽西極，黑水南流。……義兵

征暴，遂國於漢。拓開疆宇，恢梁之野。列爲十二，光羨
虞、夏。

按所謂"恢梁之野"者，即漢武帝於禹貢梁州之外更闢西南夷也。
所謂"列爲十二"者，即於巴、蜀、漢中、廣漢原有之四郡以外更
闢犍爲、武都、牂柯、益州、越雟、汶山、沈黎七郡也。（按尚
有一郡不可知，或後來有所併省。）然則益州確是梁州所擴大的而
不是與梁州並峙的可知了。

　并州既與朔方刺史部同時存在，益州又不與梁州同時存在，
則武帝所設的十三部刺史的事實可定，且定證明漢書地理志敍論
中的話是不錯的。這十三部是：

　（一）冀州刺史部　　　　（二）兗州刺史部
　（三）青州刺史部　　　　（四）徐州刺史部
　（五）揚州刺史部　　　　（六）荊州刺史部
　（七）豫州刺史部
　　　　以上七部，大致爲禹貢的舊地，故沿用禹貢的舊名。
　　　　（所不同者，爲冀州移至東面而以河東與并州；揚州移
　　　　至江南而以淮南與徐州。
　（八）涼州刺史部　　　　（九）益州刺史部
　　　　以上二部，爲禹貢所有，不用禹貢的舊名。（涼州的西
　　　　北部新闢於漢武帝，非禹貢的雍州所有。益州的西南部
　　　　亦新闢於漢武帝，非禹貢的梁州所有。）
　（十）幽州刺史部　　　（十一）并州刺史部
　　　　以上二部，非禹貢所有而爲戰國時所已闢。（幽州爲燕
　　　　所闢地，并州爲趙所闢地。惟并州所屬之太原、上黨二
　　　　郡原在禹貢之冀州，又幽州所屬之朝鮮四郡則爲漢武帝
　　　　所闢。）
　（十二）朔方刺史部　　　（十三）交趾刺史部

以上二部，非禹貢所有，亦非戰國時所闢；乃初闢於秦始皇，不久放棄，繼闢於漢武帝者。

但是我終於不解，漢武帝的分部的標準是什麽？説是地域的廣狹罷，則并州與朔方何其狹而梁州又何其廣？説是漢、夷管理的方法不同罷，何以於朔方、交趾特爲分治而於涼、益、并、幽諸州則又合治？又何以涼、益、并等會創立新的州名而朔方、交趾則不名爲州，致使這二部與其他十一部相參差？這些問題實在無法解釋，只得説古人的行事本不與我們的理性相合，以不了了之而已。

至於你説後漢書建武四年有交趾牧鄧讓，是王莽時任命的，可見王莽時亦稱交趾而不稱交州。又建武十六年交趾女子徵側反，交趾刺史僅得自守，可見光武帝時亦稱交趾而不稱交州。加以建武初年有併朔方入并州之記載，可見王莽時朔方與并州兩刺史亦是同時存在的。因此，你説"王莽之制一仍西漢之制也，何改之有？"我以爲單就這方面看，證據固甚充足。但再就別方面看，則漢書平帝紀有"更十二州名"的記載，王莽傳中又有"謹以經義正十二州名分界，以應正始，奏可"的話，以及揚雄的十二州箴，班固的漢書自注，則是明明説王莽改西漢之制，且交趾之名亦確改爲交州的。所以關於這個問題，你和我的主張各有理由，亦各有證據；我固不能掩没你的證據，你也不能抹殺我的證據。只恨古書太多牴牾，古人不可復生，無法作根本解決耳。

不過，我還要説我的主張是對的，因爲揚雄的州箴終是一件王莽時的史料，早於你所根據的。漢書揚雄傳贊云：

　　及莽篡位，談説之士用符命稱功德獲封爵者甚衆，雄復不侯。……其意欲求文章成名於後世。以爲經莫大於易，故作太玄；……箴莫大於虞箴，作州箴。

後漢書胡廣傳云：

> 初，揚雄依虞箴作十二州、二十五官箴。其九箴亡闕。後涿郡崔駰及子瑗，又臨邑侯劉騊駼增補十六篇。廣復繼作四篇，文甚典美，乃悉撰次首目，爲之解釋，名曰百官箴，凡四十八篇。

讀此可知揚雄本作箴三十七篇，後亡其九；崔駰、崔瑗、劉騊駼、胡廣增補二十篇，凡四十八篇。崔駰爲東漢初人，與班固齊名者。瑗爲駰子，亦在東漢初。劉騊駼曾於安帝永初中（公元一〇七——一一三）任校書，當與崔瑗同時。胡廣於順帝漢安元年（一四二）任司空，至靈帝熹平元年（一七二）卒，下距獻帝建安八年（二〇三）張津表立交州尚有三十二年。是揚雄之箴即使所闕佚的九篇盡屬州箴而不屬官箴，其補作之時代亦必在靈帝以前。何況疑不能定的幾篇悉在官箴（見古文苑），而州箴則一致定爲揚雄所作的呢！按十二州箴的名目，依藝文類聚之次，爲：（一）冀州，（二）揚州，（三）荊州，（四）青州，（五）徐州，（六）兗州，（七）豫州，（八）雍州，（九）益州，（十）幽州，（十一）并州，（十二）交州。依古文苑之次則爲：（一）冀，（二）兗，（三）青，（四）徐，（五）揚，（六）荊，（七）豫，（八）益，（九）雍，（十）幽，（十一）并，（十二）交。其交州箴云：

> 交州荒裔，水與天際。越裳是南，荒國之外。爰自開闢，不羈不絆。……大漢受命，中國兼該。
> 南海之宇，聖武是恢。稍稍受羈，遂臻黃支。杭海三萬，來牽其犀。

按漢書平帝紀：

　　　元始元年春正月，越裳氏重譯獻白雉一，黑雉二，詔使
三公以薦宗廟。群臣奏言"大司馬莽功德比周公"，賜號安
漢公。

　　　二年春，黃支國獻犀牛。（應劭注："黃支在日南之南，
去京師三萬里。"

又王莽傳上云：

　　　莽復奏曰："太后秉政數年，恩澤洋溢，和氣四塞，絕
域殊俗靡不慕義：越裳氏重譯獻白雉，黃支自三萬里貢
生犀。"

讀此可知這兩件事是王莽秉政之初的了不得的德化南夷的感應。
交州箴中也這樣説，足見揚雄此箴是作於平帝元始二年（公元二）
之後的。然而箴中又説"大漢受命"，足見是時漢尚未亡，自當在
王莽始建國（公元九）之前。這六年之中應當歸在哪一年呢？這固
然不可知，但元始四年（公元四）王莽即更定十二州了，揚雄受了
這時代的刺戟，即爲新定的十二州作上十二箴，自然是很可能
的。所以我以爲揚雄作箴的十二州即是王莽更定的十二州，王莽
更定的十二州並非不可知。

　　王莽的十二州，比了漢武帝的十三部確是不同了：

　　第一，併朔方部於并州，於是本有的十三部變成十二部。
（揚雄并州箴云："雍別朔方，河水悠悠。北辟玁狁，南界涇流。
畫兹朔土，正直幽方。"漢武帝時的并州在河東，不能以涇水爲
界；朔方在河西，不能與幽州相值。今既合併，故箴文云然。）

　　第二，改交趾之名爲交州，使十二州的名稱畫一。（堯典云
"宅南交"，是"交"字已可獨立，王莽取之，所謂"以經義正"也。）

　　第三，改涼州之名仍曰雍州。（這當然也是"以經義正"的。

揚雄雍州箴曰：“黑水、西河，横截崑崙，邪指閶闔，畫爲雍
垠。”按崑崙爲地樞，閶闔爲天門，是當時將雍州之地擴至無窮遠
矣。又云：“隴山以徂，列爲西荒。……併連屬國，一護攸都。”
是將張掖等郡、匈奴屬國、西域都護皆兼包於雍州之中矣。）

　　這三點，都是就揚雄的十二州箴中鈎稽出來的。假使我們能
見那時的圖志，所得當遠不止這些，因爲平帝紀中說：“分界郡
國所屬，罷置改易，天下多事，吏不能紀。”實在王莽把漢武帝的
地界改得太多了。你說“何改之有”，這決非事實。

　　但何以王莽時有交趾牧呢？又何以光武帝時有交趾刺史呢？
我想，這或許是沿用習慣上的名稱而不是當時的正式名稱。例如
北京這個地名，是明代和南京對立而有的，在那時原是一個正式
名稱。清興之後，沒有南京了，北京只應叫順天，但大家還叫它
北京：這便是習慣的名稱。到民國成立，取消順天之名，雖仍没
有南都，而竟把北京作爲它的法定之名。到十七年國民革命之
後，又改名爲北平，然而民間依然沿用舊名，不能照改。試問我
們可因民國十七年前有順天時報的發行而證明民國沿用順天之名
嗎？又可因今日口頭的稱謂或北京大學的存在而證明北京沒有改
名爲北平嗎？又如内蒙古，現已分爲熱河、綏遠、察哈爾三省，
但你這次來信還說“西河、朔方在今内蒙古河套内外”。試問後世
的人能即此證明内蒙古尚存在於民國二十年嗎？

　　但建安八年既有張津表立交州的事，則可證東漢時確曾把交
州之名改回爲交趾。但這是何年的事，書缺有間，不可知了。
（看班固地理志注文尚稱交州，則此事當在班固之後。）

　　又後漢書有建武初年併朔方入并州的記載，你以此證明兩部
合併爲光武時事而非王莽時事。但我以爲揚雄的并州箴中已說明
了把朔方併入并州，則便不能不說是王莽時的事。我想，這也有
一種可能的解釋。光武即帝位，當然要把王莽的政令悉數推翻，
則朔方自與并州分而設牧。但到建武六年六月，因户口耗少而吏

職繁多，下詔省減吏員，這一年就併省了四百餘縣。到九年又省關都尉，十年又省定襄郡。在這減政的潮流之中，朔方是曾被王莽併省過的，自然舊事重提，又把朔方牧裁去了。

以上的話，不知你以爲如何？願賜討論。

顧頡剛　二十，十，廿四。

戊　附説 *

這幾封通信都是討論漢代的州制的，爲什麼要印了發與諸位同學，佔據尚書研究一課的時間呢？這有兩個原因：一是藉此可以明白古人治學方法的不正確，使得我們從此不要再上他們的當；二是藉此可以對於以前注解堯典"肇十有二州"一語的各家説作一個總評判，使得這些妄意的猜測從此失掉它們存在的地位。

西漢的州制，西漢人自己没有記載。司馬遷始作史記在太初元年，已是武帝置十三部刺史的第三年，史記裏對於這個很重要的行政制度竟未提及，煞是可怪。但這也説不定司馬遷本記其事於今上本紀中，後來亡失了。（漢書司馬遷傳云："十篇缺，有録無書"。顏師古引三國時張晏注云："遷没之後，亡景紀、武紀、禮書、樂書、兵書、漢興以來將相年表、日者列傳、三王世家、龜策列傳、傅靳列傳。"則所亡諸篇，武紀實占其一。）其後經過王莽的改變，又經過光武帝的改變，而當時都没有很清楚的記載流傳下來。

直至明帝時，班固作漢書，始把這些材料傳給我們。他在武帝紀中説：

（元封五年）初置刺史部十三州。

---

* 附説作于 1931 年 11—12 月。

又在地理志序論上説：

> 至武帝攘卻胡、越，開地斥境，南置交趾，北置朔方之
> 州，兼徐、梁、幽、并，夏、周之制，改雍曰涼，改梁曰
> 益，凡十三部，置刺史。

這本是説得很明白的。禹貢的九州爲“冀、兗、青、徐、揚、荆、
豫、梁、雍”，現在“改雍曰涼，改梁曰益”，是武帝的十三州中
有“冀、兗、青、徐、揚、荆、豫、益、涼”九州了。職方的九州
是“揚、荆、豫、青、兗、雍、幽、翼、并”，比較禹貢，缺少了
徐、梁而多出了幽、并；現在兼採周制，是武帝的十三州中又有
“幽、并”二州了。再加上了攘卻胡、越的結果，“南置交趾，北
置朔方之州”，於是有了十三州。這自然可以没有問題。

不幸他在地理志的郡名之下多記其所屬之州，而這些州名卻
與其序論所述的不全同。今以文繁，摘鈔如下：

> 河内郡（高帝元年爲設國，二年更名。莽曰後隊。屬
> 司隸。）
> 上黨郡（秦置。屬并州。）
> 陳留郡（武帝元狩元年置。屬兗州。）
> 汝南郡（高帝置。莽曰汝汾。屬豫州。）
> 南陽郡（秦置。莽曰前隊。屬荆州。）
> 魏郡（高帝置。莽曰魏城。屬冀州。）
> 涿郡（高帝置。莽曰垣翰。屬幽州。）
> 北海郡（景帝中二年置。屬青州。）
> 琅邪郡（秦置。莽曰填夷。屬徐州。）
> 豫章郡（高帝置。莽曰九江。屬揚州。）
> 巴郡（秦置。屬益州。）

南海郡（秦置。秦敗，尉佗王此地。武帝元鼎六年開。屬交州。）

以上除涼州諸郡未言所屬之外，共有“并、兗、豫、荆、冀、幽、青、徐、揚、益、交”十一州，又有“司隸”亦似一州，於是十三州就變成了“司隸、冀、兗、青、徐、揚、荆、豫、益、涼、幽、并、交”，較之序論所言，增出了司隸，缺去了朔方。朔方到哪裏去了？他説：

朔方郡（武帝元朔二年開。……屬并州。）

則朔方只是并州中的一郡而不是“北置朔方之州”了。

班固一人的話，漢書地理志一篇的文字，竟會這樣衝突，究竟哪一説是對呢？

在班固之前的有揚雄，他作有十二州箴。這十二州是“冀、兗、青、徐、揚、荆、豫、益、雍、幽、并、交”，與班固的第二話相當，不過没有“改雍曰涼”，又没有司隸一州。但這箴是作在平帝時的，那時王莽已以經義正十二州，不能説是漢武帝時的制度。

在班固之後的有胡廣。他是東漢中葉人，著有漢官解詁一書。顏師古注引其文云：

漢既定南越之地，置交趾刺史，別於諸州，令持節治蒼梧。分雍州，置朔方刺史。

照這一説看來，是與班固的第一説相當的。

較後於胡廣的有應劭。他是靈帝時人，著有漢官儀一書。太平御覽一五七引其文云：

> 孝武皇帝南平百越，北攘戎狄，置交趾、朔方之州，復徐、梁之地，改雍曰涼，改梁曰益，凡十三州。所以交、朔獨不稱州，明示帝王未必相襲，始開北方，遂交南方，爲子孫基址也。

這一説也與班固的第一説相當。東漢時的記載既有兩説與班固的第一説相同，究竟是不是這一説對而那一説錯了呢？

從前的學者有一個癖性，就是喜歡爲古人"圓謊"。這固然是"隱惡而揚善"的好意，但從此是非不明，且增加葛藤，實爲學術界無窮之累。因此，他們對於這個問題，永不肯説是班固的牴牾，而只肯爲他設法解釋，使牴牾的變成不牴牾。現在試就我們所能找到的材料，順了它們的年代寫下去：

第一是唐初所編的晉書地理志。它在總叙中説：

> 改雍曰涼，改梁曰益，又置徐州，復夏舊號，南置交趾，北有朔方，凡爲十三部。（涼、益、荊、揚、青、豫、兖、徐、幽、并、冀十一州，交趾、朔方二刺史，合十三部。）

這是很顯明的取了班固的第一説。但它於并州條則云：

> 漢武帝置十三州，并州依舊名不改，統上黨、太原、雲中、上郡、雁門、代郡、定襄、五原、西河、朔方十郡。又別置朔方刺史。

那麼又取了班固的第二説，把朔方郡併入并州了。可是晉志的作者也覺得這兩説衝突，於是爲作一調停之語曰"又別置朔方刺史"。夫朔方郡既屬并州矣，還要這個朔方刺史幹什麼？并州刺史和朔方刺史的轄地又如何分配呢？

　　第二是顏師古的漢書注。漢書平當傳云："坐法，左遷朔方刺史。"顏注云：

　　　　武帝初置朔方郡，别令刺史監之，不在十三州之限。

他所以這樣説，一來是爲漢志朔方郡下明明有"屬并州"之文，不能自立爲一州；二來是爲班固的第二説，已有司隷便足了十三州之數，插不下朔方了。顏氏注漢書，人家稱他爲"班固功臣"，而對於這一點也無法辦，足見這個問題的棘手。

　　第三是唐杜佑的通典。他在州郡序目中説：

　　　　漢興，……開越攘胡，土宇彌廣，改雍曰涼，梁曰益，又置徐州，復禹舊號，南置交趾（初爲交趾，後爲交州），北有朔方（初爲朔方，後爲并州），凡爲十三州部刺史（司隷、并、荆、兗、揚、豫、冀、幽、青、徐、益、交、涼），而不常所理。至哀、平之際，凡新置郡國六十三焉。

可見他也據班固第二説，以司隷爲西漢的一州，以朔方部爲哀、平前併入并州的，以交趾部爲哀、平前改名交州的。這樣，似乎對於第一説也不算衝突。但哀、平以前，何年改交趾爲交州？何年併朔方於并州？又何年以司隷校尉領一州？這都是没有根據的。如其説是史書的脱漏，那麽未免脱漏得太多了！（其後鄭樵的通志，馬貴與的文獻通考，都祖述了他的一説，於是這個曲解也就很占勢力了。）

　　第四是宋吕祖謙的大事紀。他説：

　　　　西漢十三部：——司隷校尉部：京兆、扶風、馮翊、弘農、河内、河南、河東，凡七郡。豫州刺史部：潁川、汝南、沛郡，梁、魯國，凡三郡二國。冀州刺史部：魏、鉅鹿、常山、清河郡，趙、平干（宣曰廣平）、真定、中山、信都、河間國，凡四郡六國。兗州刺史部：陳留、山陽、濟陰、泰山、東郡，城陽、淮陽、東平國，凡五郡三國。徐州刺史部：琅邪、東海、臨淮郡，泗水、廣陵、楚國，凡三郡三國。青州刺史部：平原、千乘、濟南、北海、東萊、齊郡，菑川、膠東、高密國，凡六郡三國。荆州刺史部：南陽、江夏、桂陽、武陵、零陵、南郡，長沙國，凡六郡一國。揚州刺史部：廬江、九江、會稽、丹陽、豫章郡，六安國，凡五郡一國。益州刺史部：漢中、廣漢、武都、犍爲、越嶲、益州、牂柯、蜀郡，凡八郡。涼州刺史部：隴西、金城（昭帝置）、天水、武威、張掖、酒泉、敦煌、安定、北地，凡九郡。并州刺史部：太原、上黨、西河、朔方、五原、雲中、定襄、雁門、上郡，凡九郡。幽州刺史部：渤海、上谷、漁陽、右北平、遼西、遼東、玄菟、樂浪、代、涿郡，廣陽國，凡十郡一國。交州刺史部：南海、鬱林、蒼梧、交趾、合浦、九真、日南七郡。凡部郡國百有二。

他確認班固的第二説爲是，所以對於第一説完全棄置，而從漢志中輯出此目（漢志材料有不足時，以晉司馬彪續漢書郡國志補之），定爲武帝分州時的制度。因爲這個緣故，所以廣平國改書平干，下注曰“宣曰廣平”，又於金城郡下注云“昭帝置”，見得凡是没有注的都保存着武帝時的原樣。可是武帝平朝鮮置四郡，爲什麼只寫兩郡呢？平南越置九郡，爲什麼只寫七郡呢？（其後徐天麟作西漢會要，就把漢志郡國各條鈔出，像呂祖謙一般的排列，置於“初置刺史部十三州”之下。王應麟作通鑑地理通釋，於“十三部”條下亦照録大事記之文。顧祖禹讀史方輿紀要歷代州域形勢又因仍之。班固的第二説就戰勝了第一説了。）

　　第五是宋末王應麟的通鑑地理通釋。他既經採用了呂祖謙大事記中的州郡名單，又注道：

　　　　按前漢志，司隸校尉，武帝征和四年初置，察三輔、三河、弘農，則今年初置十三部，尚未有司隸校尉。

似乎他也知道班固的第二說不合。但他又爲轉圜之說曰：

　　　　漢十三部，關中三河，司隸自察之。刺史所以有十三員者，征和以前司隸所統亦有刺史察之也。

是則他以爲征和以前，關中三河也設刺史，這刺史是十三部之一；征和以後，關中三河始設司隸校尉，這司隸仍是十三部之一。即此可見他確以班固的第二說爲是，不過嫌“征和四年，初置司隸校尉”一事與“元封五年，初置刺史部十三州”之語衝突，故在元封至征和間加設一刺史而已。但這是有根據的嗎？
　　司隸所部既前設刺史矣，然則十三之數已滿，何以解於朔方之有刺史呢？他說：

　　　　胡廣記曰：“漢分雍州置朔方刺史。”雍州即漢涼州也。以廣之言考之，則涼州疆界闊遠，分朔方諸郡，別置刺史察之，是涼州有兩刺史也。

他以爲朔方是從雍州裏分出來的，雍州即涼州，朔方既有刺史，則涼州一部中自有兩刺史。是則當漢武帝時，刺史部有十二，刺史員有十四。但，胡廣的話是可以這樣解釋的嗎？
　　至於交趾或交州的名稱問題，他雖然也引胡廣記，說“置交趾刺史別於諸州”，但又說：

　　兼夏、周之制爲十一州，新置交州，并司隸所領爲十三部。

可知他也承認漢武帝時即名交州的。

　　綜合以上所言，則王應麟意想中的元封五年十三部是：（一）關中三河刺史部（後改司隸校尉部），（二）豫州刺史部，（三）冀州刺史部，（四）兗州刺史部，（五）徐州刺史部，（六）青州刺史部，（七）荆州刺史部，（八）揚州刺史部，（九）益州刺史部，（十）涼州刺史部，（別置朔方刺史部），（十一）并州刺史部，（十二）幽州刺史部，（十三）交州刺史部。這固然合於顏師古的“朔方不在十三州之限”，但終不能合於班固的“北置朔方之州”。

　　以上五種解釋都由於班固的話自相牴牾而來。其中除第四種索性依班固的第二説，不理第一説，其本身雖不合事實但不矛盾外，其他四説都甚支離：

　　（一）晉志既承認朔方一爲刺史部，而又以朔方郡屬并州。

　　（二）顏師古既承認朔方有刺史，而以爲不在十三州之數。

　　（三）通典既承認有朔方、交趾二刺史部，而以爲漢武帝以來又將朔方屬并州，交趾改名交州，合司隸爲十三部。

　　（四）王應麟以爲漢武帝初於司隸之地置刺史，後改司隸；涼州一州有涼州、朔方兩刺史。

這種種的解釋實在也費了很大的力氣，但結果依然不合於事實。所以枉費這些力氣之故，只爲不肯明白説一聲“班固的話是自相矛盾的”。大家知道他矛盾，但不肯説他矛盾，還要想盡方法，説得他不矛盾，這多麽可憐呵！

　　許多學問界的問題，尤其是古史上的問題，所以糾纏不清，紊亂難理，都因給從前的學者以“圓謊”的態度弄壞了。我們現在看了漢武帝的十三州問題，應該就用整理這個問題的方法去整理別個問題，使得許多曲解都顯出了它的曲解的根由。我們以後研究某種問題，碰見了幾種不同的材料時，千萬不要故作調人，消除其表面的衝突而增進其内部的衝突！

　　古書中説到"州"的制度的，只有九分制，没有十二分制。但堯典竟有"肇十有二州"，"咨十有二牧"之語，這怎麽解呢？又禹貢明白説是九州，禹治水是在堯、舜時，爲什麽堯典的州數竟與禹貢不同呢？這又够經學家的猜謎了！

　　西漢人的解釋，我們已看不見了。我們所看見的最早的解釋，要算班固的漢書地理志序論。他説：

　　　　昔在黄帝，……方制萬里，畫野分州。……堯遭洪水，懷山襄陵，天下分絶爲十二州；使禹治之。水土既平，更治九州，列五服，任土作貢。

他以爲十二州是在洪水中的自然分絶，黄帝時的州制不是如此，水土既平之後的州制也不是如此。他以爲禹貢是水土既平後的制度，那時的州數凡九個。至於自黄帝分州直至洪水之前的州數有多少，他没有提起。他所以説十二州爲一時的變態之故，由於谷永的話。漢書谷永傳載建始三年冬日食地震，詔舉直言極諫之士，永待詔公車，對曰：

　　　　堯遭洪水之灾，天下分絶爲十二州，制遠之道微而無乖畔之難者，德厚恩深，無怨於下也。

可是我們從堯典裏看，"肇十有二州"一語在舜巡守四岳，日覲岳牧，望秩山川之後，絲毫没有洪水的意味，而且看這"肇"字含有創制之義，并不是被洪水所分絶的。谷永之説既爲曲解，班固演述的話自然也靠不住了。

　　第二種解釋是馬融作的，他恰恰站在班固和谷永的反面。

他説：

> 禹平水土，置九州。舜以冀州之北廣大，分置并州；
> 燕、齊遼遠，分燕置幽州，分齊爲營州：於是爲十二州，在
> 九州之後也。（史記五帝本紀集解引）

班固説禹平水土以前爲十二州，後來併作九州，馬融卻説禹平水
土以後更分九州爲十二州；谷永説天下被洪水分絶爲十二州，馬
融卻説舜嫌冀、燕、齊之地廣大而分置爲十二州：這是何等的衝
突呵！

究竟是先十二而後九呢，還是先九而後十二呢，究竟是天然
的分畫呢，還是人工的分畫呢？雙方都没有真憑實據，這種官司
是永遠打不清的。

可是，給馬融一講，十二州的名目已出來了。這些名目是在
禹貢的"冀、兗、青、徐、揚、荆、豫、梁、雍"之外再加上"并、
幽、營"。要明白這個問題的是非，先須明白"并、幽、營"三州
的來源。

不知在什麼時候出了一篇職方，這篇書被收爲逸周書的第六十
二篇，也收入周官中的夏官，它開頭説"職方氏掌天下之圖，……
辨九州之國"，好像是從職方氏所掌的圖録裏鈔出來的。它裏邊
的州名和州次都和禹貢不同：

（一）東南曰揚州　　　　（二）正南曰荆州
（三）河南曰豫州　　　　（四）正東曰青州
（五）河東曰兗州　　　　（六）正西曰雍州
（七）東北曰幽州　　　　（八）河内曰冀州
（九）正北曰并州

比了禹貢，減少了徐和梁而增加了幽和并。這便是馬融的"舜分冀州置并州，分燕置幽州"説的來源。

爾雅，也不知是什麽時候出來的。它在釋地篇的"九州"裏又另有一種説法：

（一）兩河間曰冀州　　（二）河南曰豫州
（三）河西曰雝州　　　（四）漢南曰荆州
（五）江南曰揚州　　　（六）濟、河間曰兖州
（七）濟東曰徐州　　　（八）燕曰幽州
（九）齊曰營州

這比較禹貢，缺去了青和梁而多出了幽和營；比較職方，缺去了并而多出了營。這便是馬融的"舜分齊爲營州"説的來源。

可是禹貢的青州就是齊國之地，所以吕氏春秋有始覽説"東方爲青州，齊也"，而爾雅云"齊曰營州"，足見營州即是青州。其所以有此異名之故，只因或從五行思想上出發，東方是青色的，齊在東方，故名其地曰青州；或從地理沿革上出發，齊是建都於營丘的，故名其地曰營州而已。然而馬融卻不管實際的情形如何，已把這個異名凑足十二州之數了！

因爲這個緣故，所以馬融的十二州實際上只有十一州，其一州是有名而無實的。起來彌補這個缺陷的，是他的弟子鄭玄。他説：

舜以青州越海而分齊爲營州；冀州南北太遠，分衞爲并州，燕以北爲幽州：新置三州，并舊爲十二州，更爲之定界。（史記五帝本紀集解引）

這樣一解，把營州送到青州隔海的遼東和朝鮮去，似乎兩下並不衝突。可是營州之名由營丘來，營丘（即今山東臨淄縣）没有遷到

青州隔海去呵！爾雅説"齊曰營州"，齊國也不曾立國於遼東和朝鮮間呵！

　　況且冀州之名的由來，實因晉地有名冀者。左傳僖二十五年，晉文公圍原，原伯貫降，遷之於冀。其地又爲郤氏食邑，故僖十年傳稱郤芮爲"冀芮"，僖三十三年傳又稱其子郤缺爲"冀缺"。因爲冀是晉地，故冀州即指晉的全境。吕氏春秋有始覽曰"兩河之間爲冀州，晉也"，確已説明了當時分州的意義。職方雖別冀與并爲二，然曰：

　　　　河内曰冀州，其山鎮曰霍山。……正北曰并州，其山鎮曰恒山。……

可見作者的意思，以今山西省之南部爲冀州，其北部爲并州；他仍以冀州爲晉地，而以并州轄趙襄子所闢的代，與趙武靈王所闢的雁門、雲中、九原諸地。馬融説的"舜以冀州之北廣大，分置并州"，除了這"舜"字外原與職方一致，不能算錯。現在鄭玄説"冀州南北太遠，分衛爲并州，燕以北爲幽州"。"燕以北爲幽州"雖不誤，但"分衛爲并州"則大誤了。禹貢云："濟河惟兗州。"水經云："濟水出河東垣縣王屋山，其下流東北入海。"王屋山在今山西陽城縣與河南濟源縣之間，濟水出於是，其故道本過黄河而南，東流至山東，與黄河並行入海。兗州在河、濟之間，衛國在其西端，故有始覽曰："河、濟之間爲兗州，衛也。"衛地至漢屬河内郡，司隸校尉所轄，既不屬兗州，也不屬冀州。鄭氏乃説"分衛爲并州"，試問衛地如何可以有雁門、雲中，更如何可把恒山作爲它的鎮山呢？這不但和禹貢、吕氏春秋、職方不合，也和他的老師馬融的話不合；不但和馬融的話不合，也和兩漢的制度不合。

　　吕氏春秋和爾雅都説"兩河間曰冀州"，和禹貢相同。漢分州時，把太原、上黨兩郡屬於并州，已使冀州偏在東隅，失其得名之實。現在鄭氏更以衛屬并州，使并州的境界再往東擴張，實在有些不對。但他所以這樣説也是有來歷的，春秋元命苞云：

> 營室流爲并州，分爲衛國。州不以衛水爲號，又在以恒山爲稱，而云并者，蓋以其在兩谷之間也。（晉書地理志引）

原來他相信的是讖緯，他用了讖緯來補師説呵！（漢書地理志講到分野，未嘗不説“衛地，營室、東壁之分野也”，但下面説“今之東郡及魏郡黎陽，河内之野王、朝歌，皆衛分也”，則屬於衛分的只有兗州之東郡，冀州之魏郡，及司隸之河内郡而已，沒有和并州發生關係。可見元命苞之説尚是班固以後所産生的。）其後晉書地理志亦祖述其説，云：

> 舜以冀州南北闊大，分衛以西爲并州，燕以北爲幽州。周人因焉。（冀州條）

經了他們一鼓吹，從此舜的并州遂奄有了禹的冀州的大一半也。

自馬融、鄭玄之説起，把十二州名分配停當，於是後來注堯典的，依聲學舌，代代相仍。如僞孔傳云：

> 禹治水之後，舜分冀州爲幽州、并州，分青州爲營州，始置十二州。

陸德明經典釋文云：

> 十有二州，謂冀、兗、青、徐、荊、揚、豫、梁、雍、并、幽、營也。

蔡沈書集傳云：

> 十二州，冀、兗、青、徐、荊、揚、豫、梁、雍、幽、并、營也。中古之地但爲九州，曰冀、兗、青、徐、荊、揚、豫、梁、雍。禹治水作貢，亦因其舊。及舜即位，以冀、青地廣，始分冀東恒山之地爲并州，其東北醫無閭之地爲幽州，又分青之東北遼東等處爲營州，而冀州止有河內之地，今河東一路是也。

舜的十二州就這樣的被勘定了！他的州制和漢武帝大概相同，只是多了一個營州，短了朔方、交趾兩刺史部。

不幸作尚書疏的孔穎達太滑稽，他把舜的十二州的由來和盤託出。他說：

> 禹貢治水之時猶爲九州，今始爲十二州，知禹治水之後也。……知分冀州爲幽州、并州者，以王者廢置理必相沿，周禮職方氏九州之名有幽、并，無徐、梁，周立州名必因於古，知舜時當有幽、并。職方幽、并山川於禹貢皆冀州之域，知分冀州之域爲之也。爾雅釋地九州之名，於禹貢無梁、青而有幽、營，云"燕曰幽州，齊曰營州"。孫炎以爾雅之文與職方、禹貢並皆不同，疑是殷制，則營州亦有所因；知舜時亦有營州。齊即青州之地，知分青州爲之。

好大一座璀璨的七寶樓臺，經這樣一分析，原來別無根據，只是這一扯，那一拉，如此雜湊而成的。他們從"王者廢置理必相沿"一個前提之下，決定凡古書中所見的州名都從堯、舜之世傳下來，恰好把禹貢、職方、釋地三篇比較一下，其中的州名是十二個，於是不管它們的互相牴牾，或者異名同實，就都算做舜的州制了。夫漢人之視三代，亦猶今日之視唐、宋。就説禹貢九州確是夏制，釋地九州確是殷制，職方九州確是周制，他們可以就夏、殷、周之州制而推出虞之州制，然則我們亦何嘗不可曰，王者廢置理必相沿，唐、宋之州名必因於古，遂據唐之二百九十四州，宋之二百五十州，而推出虞之州制亦當如是呢？所以我們既知道這十二州名的由來不過是些妄意的猜測，就可把馬、鄭以來的傳統解釋根本推翻，絲毫不容疑惑！

我們看了這一個問題，也可知道他們之所以這樣"無中生有"，爲舜立下這個州制，只爲不肯説一聲"堯典十二州無可徵證"和不肯説一聲"禹貢、釋地、職方的九州名目互相衝突"之故。無可徵證的，他們偏要證明它；互相衝突的，他們偏要講得它不衝突：於是把這三篇硬屬於夏、商、周三代，而把它們的不同處集合起來，一切歸之於舜。這樣，表面上似乎已整理清楚，但實際上卻增加了一重很厚的疑雲，舊問題沒有解決，新問題又産生了許多。這種整理方法最是漢人的長技，所以他們傳給我們的糾紛也特別多。不知道我們要到哪一年纔可完全把它弄個明白？

古代的歷史，現在處處受着漢人解釋的糾纏。要待我們把經學和史學問題上漢人的解釋完全弄清時，古代史的真面目纔可吐露在我們之前。

我們現在研究尚書，首當認清楚這個任務，跳出漢人的圈套：知道的就説知道，不知道的就説不知道，不要存着"一物不知，儒者之恥"的心理；有問題的就揭發，有衝突的就列出，不要想隱藏，想調停；充分用經書以外的材料來解決經書中的問題，不要專在經書裏旋圈子。

臨了，敬致感謝於譚其驤先生。要不是他提出質問，我們一定循着傳統的見解，習用班固的第二説。現在經過這樣的辨論之後，不但漢武帝的十三州弄清楚，就是王莽的十二州也弄清楚，連帶把虞舜的十二州也弄清楚了，對於這些時期中的分州制度，二千年來的學者再没有像我們這樣的清楚的了！莊子説："知出乎爭"，這是極確切的一句話。希望諸位同學更能在他處提出問題，讓我們永遠的爭下去，讓我們常常的得到新知，無愧於這一個"研究"的課目！

二　九族問題 *

甲　張福慶與顧頡剛書

頡剛師：

　　左傳桓公六年楚武王侵隨一段有"（季梁）對曰：'……故務其三時，修其五教，親其九族，以致其禋祀……'"等語。此"親其九族"四字顯與堯典中之"以親九族"有血統關係，非堯典因襲左傳，即左傳引用堯典，蓋無可疑。但據各家考證，左傳皆當列爲先秦時代作品。劉歆雖有竄改左傳之嫌，然劉歆意在使左氏傳春秋耳，此處似無竄改必要；而細玩上下文氣，亦無竄改痕跡也。我師既以堯典完成于西漢，則此"親其九族"四字似應爲堯典"以親九族"所援用之底本；孟子離婁上篇數語不若此四字之親切也。一得之愚，未識我師以爲何如？

　　　　　　　　　　生張福慶。十一月十五日于北大。

乙　顧頡剛答張福慶書

福慶學兄：

　　接讀來書，欣悉一切。我編的丙種講義，在"以親九族"下没有引左傳的"親其九族"，在"敬敷五教"下没有引左傳的"修其五

───────────

　　* 原載 1933 年燕京大學排印尚書研究講義第三册附錄。

教”，實在是我的疏忽。承指出，幸甚，感甚！

“九族”一名，除了上述二處外，只有皋陶謨有一句“惇叙九族”。我久疑堯典作於皋陶謨之後，有許多地方是沿襲皋陶謨的；只爲本學期只講了堯典，這個意思留待將來講皋陶謨時再講，所以没有提起。堯典的“九族”，我以爲從皋陶謨來；至於皋陶謨中這一名，或從左傳來亦未可知。左傳成爲今本的形式固甚後，而其材料則頗早。劉師培有周季諸子述左傳考（左盦集卷二），足證戰國諸子是甚多見到此書的。

不過我對于“九族”一名依然很疑惑。左傳桓六年和皋陶謨及堯典中的“九族”，無論從今文家的父母妻三黨説，或是從古文家的高祖到玄孫九代説，都是就個人的關係説的，就是説每個人的親屬都有九個族。這樣把每個人的親屬整整齊齊地分列爲九族，在古代是没有的。

我們從左傳上看，如莊十二年説“蕭叔大心及戴武宣穆莊之族以曹師伐之”。這是因南宮萬弑了宋閔公，所以蕭叔大心聯合了戴公、武公、宣公、穆公、莊公的族衆去伐他。這五個族即是五個公的子孫。一公爲一族，正如後世的家族分爲“某某公支”或更分爲“某某公支的第幾房”一樣。

其他，如莊二十三年“晉桓莊之族偪，獻公患之”，這桓莊之族就是桓叔和莊伯的兩支。襄二十六年“叔向曰：‘鄭七穆，罕氏其後亡者也。’”這七穆是鄭穆公的七個兒子之後：子罕之後爲罕氏，子駟之後爲駟氏，子豐之後爲豐氏，子游之後爲游氏，子印之後爲印氏，子國之後爲國氏，子良之後爲良氏；這就是穆公一支的七房。

又定四年傳云：“分魯公以……殷民六族：條氏、徐氏、蕭氏、索氏、長勺氏、尾勺氏；使帥其宗氏，輯其分族，將其類醜以法則周公。”又云：“分康叔以……殷民七族：陶氏、施氏、繁氏、錡氏、樊氏、饑氏、終葵氏。”這些族不知同祖與否。如其同祖，則與"鄭七穆"一樣。如不同祖，則魯公分得殷民六姓，康叔分得殷民七姓。

　　總之，那時的分姓，分支，分房的制度固然很細密，但一個人只歸一族，決非每個人都有九族。所謂族，只是一個大家庭。所以齊慶封奔吳，吳予之朱方，就"聚其族焉而居之"（襄二十八年），這個"族"正和"先蔑奔秦，荀伯盡送其帑"（文七年)的"帑"相同。慶封既不是聚九族而居，荀伯也不是送先蔑的九族之帑到秦國去。

　　惟史記秦本紀載秦文公二十年"法初有三族之罪"；依十二諸侯年表，秦文公二十年爲周平王二十五年，尚在春秋以前。又武公三年"誅三父等而夷三族"，那時是魯桓公十七年。如此種記載爲可信，則東周初的秦國已有擴大一族爲三族的事實。（我所以不敢確信爲秦文公的制度者，因爲漢書刑法志云："秦用商鞅，連相坐之法，造參夷之誅。"參夷之誅即是夷三族，說爲商鞅定的制度也很像，以其含有連坐的意義也。)其他東方諸國，不但無夷三族之刑，也沒有"三族"這個稱謂。至於三族是什麼，史記未説明白。據後人的注釋。則謂是父、母、妻三黨；這也是近情的猜測。

　　因爲秦國本來有此法律，所以統一六國之後，也就成爲國典。例如二世殺李斯時就夷其三族；其後子嬰殺趙高時又夷其三族（均見李斯列傳)。

　　漢興，接秦之敝。漢書刑法志云：

　　　　漢興之初，雖有約法三章，網漏吞舟之魚，然其大辟尚有夷三族之令。……彭越、韓信之屬皆受此誅。至高后元年，乃除三族罪。

可是高后之後仍未將此刑廢止，刑法志云：

　　　　孝文二年，又詔丞相、太尉、御史："法者治之正，所以禁暴而衛善人也。今犯法者已論，而使無罪之父母妻子同產坐之及收，朕甚弗取。其議！"左右丞相周勃陳平奏言："父母妻子同產相坐及收，所以累其心，使重犯法也。收之之道，所由來久矣。臣之愚計，以爲如其故便！"文帝復曰："朕聞之：法正則民愨，罪當則民從。且夫牧民而道之以善者吏也；既不能道，又以不正之法罪之，是法反害於民爲暴者也。朕未見其便，宜孰計之！"平勃乃曰："陛下幸加大惠於天下，使有罪不收，無罪不相坐，甚盛德，臣等所不及也。臣等謹奉詔盡除收律相坐法。"其後新垣平謀爲逆，復行三族之誅。

由此可知所謂"三族"者，乃是"父、母、妻、子、同產"之謂。同產兄弟及子，是父黨。母與妻，如不連及外家，則依然是本家，不足稱爲母黨和妻黨。

又漢書酷吏傳載王溫舒事，云：

　　　人有變告溫舒……姦利事，罪至族，自殺。其時兩弟及兩婚家亦各自坐它罪而族。光禄勳徐自爲曰："悲夫，夫古有三族，而王溫舒罪至同時而五族乎！"

似乎"兩婚家"是連在三族内的。但既云"各自坐它罪而族"，則恰巧五家同時族誅而已，並非受王溫舒之連坐也。

在這些材料裏看，三族的嚴密的界説，我們還是找不出。如果僅是"父、母、妻、子、同產"而謂之三族，則秦漢時的三族正無異於春秋時宋鄭諸邦的一族。

三族的嚴密的界説雖然找不到，可是無論是秦文公的三族，或商鞅的三族，或漢文帝的三族，始終只有三族，並無九族。我們找遍古史，得不到一件九族的事實。這九族一名是從哪裏出來的呢？

　　我想，這只能用汪中的釋三九的辦法來作解釋。九族，並不是一件真有的東西，不過像九天、九地、九夷、九黎之類，表示其數目之多而已。這一個名詞大概是從三族演化出來的，正和禹貢的五服到了周禮裏就演化爲九服一樣。

　　因此。我以爲九族之名。不論其始見於左傳及皋陶謨，總是一方面受了秦國的“夷三族”的暗示，一方面又受了儒家的“親親之殺”的鼓吹而造成的。他們覺得人與人的關係很複雜，故以九數表示每個人的親屬間的複雜的程度。至于九族的實際分配，他們並未想到。直到堯典的作者引用了，注堯典的人不能不作具體的解釋，於是今文家從“父、母、妻”的關係着想，古文家從“祖、父、子、孫”的關係着想，造出了兩個假的系統，雖然在歷史上羌無故實，總算應付了經典上的説明的需要。後來此説發生事實的影響，於是楊玄感造反時，隋煬帝就誅他的九族（隋書刑法志）；而明成祖靖難時也以“不顧九族”的話威嚇方孝孺了（明史紀事本末）。

　　漢書高帝紀，七年“置宗正官以序九族”，似乎九族之制在漢高祖時已有。但這只是漢書的話而已，史記高祖本紀裏就沒有這件事。當堯典列入漢代的尚書之後，宣帝平帝的詔，平當張純劉嘉的奏書都“九族，九族”地説個不了。班固生於東漢，耳濡目染已深，他既尋得高祖“置宗正官”事，錄入紀中，復以經語補足之曰“以序九族”，這是很順手的事；原非高祖爲了序九族之制而設置宗正官也。

　　且宗正是掌管皇家的宗屬的，洵如班固所言，是謂其序列劉氏每個人在宗室內的九個族，或漢每個皇帝在宗室內的九個族，這樣顯見他是從了古文家的學説，以高祖到玄孫爲九族的。換言之，就是班固承認當時確有自高祖到玄孫的九族的制度。但這個制度是真能有的嗎？這個制度的不該存在，前代學者已給證明了。孔穎達説：

> 鄭玄謂昏必三十而娶，則人年九十始有曾孫，其高祖玄孫無相及之理，則是族終無九，安得九族而親之！（左傳桓六年疏）

俞樾在九族考裏也繼續着説：

> 自己之高祖至己之玄孫，凡九世，則非九族，乃九世也。……姑無論三十而娶之古禮，即以國君十五生子爲率，亦已一百三十五年矣！又況所謂玄孫者甫在孩提，豈便成族！必待玄孫又有孫，以王父字爲氏而後玄孫之族始成，此其遼遠豈可以年月計，殆必如宋明帝之給三百年期而後可以及之，古之聖人何必虛張此九族之名，指不知誰何之人爲族也！且其説有大不可者，自己之子至己之玄孫，此皆出於我者也，則皆我之一族也；乃分而四之，子則爲子之族，孫則爲孫之族，曾孫玄孫則爲曾孫玄孫之族。……族者，湊也，聚也。子孫曾玄皆吾一體所分，乃析爲四族，是散之也，非聚之也，豈古人立族之意哉！

這些理由都很充足，九族決不能自高祖算到玄孫實無疑義。我還想加上兩個理由：

一　照他們説，九族的第五代只有本身一個人，一個人可以稱爲一族嗎？一個人傳到曾孫玄孫，已經支派繁衍，大有分爲幾族（例如鄭七穆）的可能了，又何以只許曾孫爲一族，玄孫爲一族？

二　儀禮喪服篇是宗法組織的最完備的記載。但從己身推上去，父是斬衰三年，祖是齊衰期，曾祖是齊衰三月，到高祖便無文了。又從己身推下去，長子是斬衰三年，衆子和適孫是齊衰期，庶孫是大功九月，曾孫是緦麻三月，到玄孫便無文了。九族既自高祖起，到玄孫止，爲什麼這兩代卻没有服制呢？

古文家説如此不可通，再看今文家説如何。<u>桓</u>六年<u>孔疏</u>引<u>許慎</u><u>五經異義</u>云：

> 今<u>禮</u>戴、<u>尚書歐陽</u>説：九族乃異姓有屬者。父族四：五屬之内爲一族，父女昆弟適人者與其子爲一族，己女昆弟適人者與其子爲一族，己之女子子適人者與其子爲一族。母族三：母之父姓爲一族，母之母姓爲一族，母女昆弟適人者與其子爲一族。妻族二：妻之父姓爲一族，妻之母姓爲一族。

這當然比古文家説爲近情，可是我們把<u>喪服</u>篇比較看來，依然有許多牴牾。喪服，姑、姊妹、女子子適人者均大功，姑之子、甥、壻、外孫均緦麻，五屬以外的三個父族確是符合了。但喪服裏尚有父之姑緦麻，孫適人者小功，今文家的九族中爲什麼没有"祖女昆弟適人者"和"己女孫適人者"兩族呢？喪服，外祖父母小功，舅和舅之子均緦麻，"母之父姓"這一族固是可以有的；但"母之母姓"和"母女昆弟適人者"這兩族便毫無踪影了！喪服，妻之父母緦麻，是"妻之父姓"一族也爲可有；但"妻之母姓"一族又找不到了！

照這樣説，喪服中父族可以有六，母族和妻族都只能有一。如也照今文家説聯貫起來，則只能有八族而不能有九族。今文家爲什麼要把父族節縮而把母族和妻族伸展了呢？如説族制不一定和喪服相合，然則所以成族者正爲其親戚也，所以服喪者亦正爲其親戚也，今乃在族而無服，或有服而非族，親疏之序若此其參差，試問在道理上説得過去嗎？

所以，古文家的九族是看了"九"字造出來的，今文家的九族也是看了"九"字湊成功的，不但在三代以前找不到根據，就是和出於三代之末的喪服也若方枘圓鑿之不能相入。只有糊塗的漢代人纔會受它們的欺騙；只有迷信"漢人近古，其説必有所據"的近代學者纔甘受它們的欺騙。

家族制度是中國社會組織的中心，可是我們真慚愧，古代的家族制度史我們竟不能知道。現在經過這樣一考，可知唐虞的九族完全是無稽之談。至于秦漢的三族，雖史書上屢屢提起，但其組織的成分，仍因史書記載的簡單而無法確定。漢代的事情尚且如此不容易知道，那麼漢以前的事情要給我們知道清楚時，自然不知要經歷多少年，耗費人們的多少精力了！

借你來信的機會，把我對于九族的見解盡情一吐，就寫了這許多。不知道你和諸位同學的意思以爲怎樣？

顧頡剛。二十一年一月一日。

堯典著作時代問題之討論[*]

一　孟森與顧頡剛書

顧剛先生：

　　讀"從地理上證今本堯典爲漢人作"，至佩創作，非心細膽大不能爲膽大之學風。外國人尤敢於如此。中國之士承累代儒學之後，不免拘墟，以故魯鈍者尤不敢爲，并不敢信。弟即最魯鈍之一人，對大作尚有所疑，敢私布之，求更賜答解以開茅塞。

　　一　堯典中星爲考恒星與行星之歲差第一次根據，有史以後天官書、天文志皆可作據。三代以前則以堯典與夏小正、月令三書爲比較，因以定歲差爲五十年或六十、七十年之時限。夫果有意作僞，原不難按合歲差之數以定前若干年之中星，但恐漢儒尚無此經驗，未知所謂歲差也。則堯典早於夏數百年，早於周末千數百年。是一證也。

　　二　堯典爲漢人作，必爲元鼎元年以後及見交趾設郡之人所作。太史公作史記，紬石室金匱之書者五年，而當太初元年，則着手於元封二年也。又七年而遭禍，然後成書。自元封至元鼎，年號相接，其時每六年一改元，距交趾設郡不過六七年。撰堯典者即使一聞交趾設郡即日夜趕造僞書，亦已在史公十歲誦古文之後。五帝紀一篇，帝嚳以上寥寥數行爲一帝，則所謂"文不雅馴，

　　[*]　原載禹貢半月刊第二卷第九期，1935 年 1 月 1 日。

薦紳先生難言之"也。自堯以來，其文始詳，然並不越堯典一篇之外。又自言"尚書獨載堯以來"，明乎其撰唐、虞本紀即專用尚書也。十歲即誦古文，及見伏生，及受業孔安國，謂不據童年曾受之古文尚書而忽采同時作僞者之新作，殆未必然。此二證也。

三　"朔方"既前見於詩，而知其非河套，何由而定堯典之朔方必爲河套？史公已改爲'北方'矣，即知古文家解朔方固如是也。"南交"在書緯，原有"春與夏相交"之説。緯書且不以爲據，而"南撫交趾"之文，則不據漢儒之戴記，獨不可據墨子乎？墨子節用篇早有是文，當非元鼎以後作也。古言南方即概以"雕題、交趾"，何必越南！其義爲"南蠻之俗，浴則同川，卧則儷"，又云"卧時首向外，足皆向内，因以相交"。蓋南方炎燠，人多野處，即卧室亦必首向室外以納風露之氣，未定交趾爲郡名以前，固不能謂無"南交"之説也。

四　就文字之氣象言，堂皇如大一統之世。以言堯、舜時不當有此。夫神靈首出，正惟能自異於部落之中。既能以御世之大柄駕乎群后之上，即不能禁其以整齊畫一之理想平亭萬國。否則仲尼何必祖述堯、舜乎？秦皇事不師古，雖襲堯、舜之跡，而但指戰國七雄時之割裂，以顯己之力能統一，自不樂就祖述之名。漢武雅意尊儒，稱先則古，雖已抵河套，猶襲古稱爲朔方，已抵越南，猶襲古稱爲交趾，似亦事之無可甚訝者。

以上數端，弟終抱拘墟之見。祈更有以詔之，幸甚。倘可附登禹貢以備討論，則亦願就正於海内學人者也。

二　勞榦與顧頡剛書

頡剛先生：

頃拜讀"從地理上證今本堯典爲漢人作"，竊以爲謂堯典爲秦人所作則審矣；若謂爲西漢中葉人所作；則有所未安。先生之論證堯典爲秦以後人所作部分，至當至確，雖起伏、孔於九原，恐亦不能易一字；至謂爲漢武帝時人所作，其可商者，大略如下，茲謹論之，幸垂教也。

封建之制自秦而止，不過大略如此，至謂秦無可以稱群后者，則未盡然。秦二十爵，中有徹侯，李斯上書，以此自稱，召平爲故秦東陵侯，衛侯二世時始國除，皆其證也。秦制之與漢初異者，在於不封子弟爲王，郡縣滿天下。徹侯恐亦若漢中葉以後，食租税而已，原不足以屏藩王室。然封建固儒者所樂道，以徹侯比附群后爲理自通，不足以當"是古非今"也。

秦以水德王，數以六爲紀，分郡則始則三十六，終則四十八（從王國維説）；鑄金人則十二；徙豪桀則十二萬户：則當時懸想之畫野分州，九自不若十二之適。若爲漢制，則舍司隸則十三，合司隸則十四，十二之數，兩無可通。則從十二數字觀之，當爲秦人所作可知。

"朔方"在史記作"北方"，本對"西土"而言，統爲泛稱。今本尚書出自王肅、梅賾之流，恐有所改易。即非王、梅所改，然六經文字殊異紛紜，蔡邕以前早難究詰，今既有史記中之異文，則"朔方"二字，不敢信尚書原本必屬如此。"南交"爲"交阯"省文，自不容有疑義，然交阯之名，見于墨子節用，見于王制，見於南越傳尉佗攻破安陽王所置之郡，則交阯一名或據舊稱，未可斷爲漢武帝時始有此名也。"濬川"一語似由碣石刻石"決通川防"而來，時在三十二年，正在二十八年封禪之後。

案秦皇、漢武爲政大略相同，堯典所云，皆可相附。惟堯典自鼂錯受書以後，早已爲天下人所共曉，縱復有文字異同，亦不宜多所更易。姚方興所增僅十二字，且託之得於航頭。南越之平在元鼎六年，其時距建元五年設五經博士已有二十六年，距鼂錯受書當更遠，時人未必能多所更改，或多所更改而人不知也。故堯典作成時代，似仍以在秦爲允。

以上所言不過偶然涉想所至，聊以獻疑，非敢有所論定；如能進而教之，則幸甚矣。至若將此發表，竊尚有所未敢也。

三　葉國慶與顧頡剛書

今本堯典信非當時之記載，然謂其僞作于漢武時，則余有疑在。

何以信其非當代之記載？試舉其大者言之。如：（一）商代文字尚爲草創時代；而堯典乃調諧詞整；（二）堯典有若干部分確鈔襲詩、書者；（三）孟子所見之堯典，確與今本異；（四）今本堯典確有若干部分，爲孟子、荀子未見者：皆具如講義所説。且春秋、戰國時代莊、墨、韓諸子俱道堯、舜而各不同，今堯典所記亦與諸子異，故此僅是儒家所存片面之傳説而已。其事跡已難取信，不特文字也。

所以疑其非僞作于漢武時者，説如下：

講義本文云：“史記五帝本紀……記堯、舜事則以堯典爲骨幹。司馬遷作史記，始于太初元年（前一〇四）改曆法之後；至天漢三年（前九八）而下獄受腐刑，自惜草創未就，忍死續成之。”是漢武時之僞撰堯典，當在太初與天漢之前，故史記得鈔録堯典之文。

本文又云：“司馬相如作封禪文，已言‘君莫盛於唐堯’，而終不引堯典一言。兒寬作封禪對，乃云‘封泰山，禪梁父，昭信考瑞，帝王之盛節也；然享薦之義不著於經’，若不知有堯典在者。此其故何哉？”是則謂司馬相如作封禪文之前，與兒寬作封禪對之前，尚未有僞撰之堯典也。

案司馬相如卒于元狩五年（前一一八），封禪文乃彼卒後其妻獻于武帝者（見史記卷一百十七司馬相如傳）。兒寬卒于太初二年（前一〇三，見前漢書卷六武帝本紀）。又兒寬傳云“上由此愈奇寬，及議欲放古巡狩、封禪之事，諸儒對者五十餘人，未能有所定。先是司馬相如病死，有遺書頌功德言符瑞足以封泰山，上奇其書以問寬，寬對曰……"云云。又郊祀志（卷二五上）云："自得寶鼎，上與公卿、諸生議封禪，封禪用希曠絕，莫知其儀體，而群儒采封禪尚書、周官、王制之望祀射牛禮……"，寬之議封禪當在得寶鼎後。得寶鼎在元鼎四年（前一一三，見前漢書武帝本紀），是則在元鼎四年前尚未有今本堯典也。

前漢書律曆志（卷二一上）云："武帝元封七年（即太初元年），……司馬遷等言曆紀壞廢，宜改正朔。是時御史大夫兒寬明經術，上迺詔寬曰：'與博士共議，今宜何以為正朔？服色何上？'寬與博士賜等議，皆曰'帝王必改正朔，易服色，所以明受命于天也。……'"寬明經術，既曰"帝王必改正朔……"，何不引堯命羲、和曆象日月星辰以授民以對？若謂寬以前未見過偽撰堯典，則此時（太初元年）亦猶未也。

司馬遷在太初元年得鈔偽造堯典，而兒寬在元鼎四年（前一一三）未見過堯典，在元封七年（前一〇四）亦未見過堯典。此可疑者一也。

又講義本文云："堯之命羲、和四子宅四方，曆象日月星辰以授民時，以閏月定四時成歲以釐百工，豈非漢武改正朔之事實之反映乎？類于上帝，望于山川，柴于岱宗，封十有二山，豈非漢武立甘泉太一，汾陰后土，封泰山而禪蕭然，及其禮日成山，禮祭太室，望祀九疑諸事實之反映乎？"是則謂堯典制度全鈔漢武事跡。若此，則堯典之作必在漢武一切制度完成之後也。

然案武帝元封七年始議改正朔，即以七年為太初元年（前漢書律曆志上），而司馬遷太初元年作史記，已得引用堯典，則堯之命羲、和宅四方，曆象日月星辰以授民時，豈得為漢武改朔之反映乎？

本文又云："渾天儀創營于落下閎，堯典'璿璣玉衡'即渾天儀。渾天儀始創于漢武而已見于堯典，其時代之錯誤章章明矣"。

案前漢書律曆志上，太初元年議造漢曆，既而有司不能算，乃募治曆者，于是得落下閎等二十餘人。則閎之造渾天儀必在太初以後。若堯典之璿璣玉衡即渾天儀，則堯典之作僞必在太初後。然史記作始于太初，乃得引用堯典者，何也？此可疑者二也。

堯典若依漢制而作僞，其年必始于太初元年之後而成于太初之後。史記之作亦始于太初，而不知其書成于何年。今若謂史記得引用與彼同時下筆之僞造堯典，則吾人必假定堯典之造成恰在史記未成之日，其機會殊恰切也。且文帝時，伏生已傳尚書，其後學者有歐陽生、張生等。又武帝得聞兒寬説尚書，則在太初以前，尚書之授受有源。史記自序云："年十歲則誦古文。"索隱云："遷及事伏生，是學誦古文尚書。"遷既少誦尚書，得信太初以後僞造之堯典而引用之乎？此可疑者三也。

然則堯典爲何時之作品乎？余以爲堯典類一百衲衣，色樣錯雜，難指爲某一時之作品。四宅之説，"寅賓出日"、"寅餞內日"之語，類祀之禮，含有古代社會之色彩，不能謂其爲漢時制度之反映。朔方、南交之名，書中所指何地不明，吾人可云此乃作者取詩之朔方，呂氏春秋、楚辭等篇之交阯，嵌入文內，不必取名于漢之州郡。然十二州之名確似漢制，其記巡狩一段文確似襲取王制，則又不能謂堯典絕不雜入漢代制度也。

四　顧頡剛答書

當民國十二年春間，予在上海，始將數年來蓄積於心之古史見解著文發表，一時賜以商搉者甚多；因擬出八題，將順序爲之，其第七題爲"堯典、皋陶謨是什麼時候做的？"當時意見，以爲巡狩、封禪始於秦，帝號之作爲職位稱謂始於秦，又交阯至秦始入版圖，秦以六紀而此之山、州、師亦均以六紀，是其事實全取秦制，至早不能過秦之一統，至遲可以及漢（見古史辨第一冊二〇五頁）。適以職業改換，不克終篇。此問題頓在心頭，凡歷九稔。廿年秋，任燕大、北大兩校尚書研究功課，乃以斯意寫爲講義；其結論與前稍異者，則以堯典一篇雖爲戰國所舊有，而吾人所見之堯典則經過漢武帝時人之竄改，其竄改之分量蓋不在少。

講義既布，葉谷磬先生首持異議，寫一文以見貽。當時苦無相當刊物發表，閉置篋衍，迄茲三載。今秋將講義中論及地理之一部分錄入禹貢二卷五期，旋得孟心史先生與勞貞一先生投函指教。頡剛何幸，頻得諍言，敢不拜嘉！

竊聞之：强哭者不哀，强笑者不歡。予幼年讀堯典，即感覺其文辭和平雍穆，氣象既闊大，神情又恬愉，洵爲盛世之元音。當時亦確信其出堯、舜時，以在傳統之史說中惟彼時爲黄金時代也。既而略聞社會學，知由蠻野進於文明之步驟；又稍涉考古學，見史前期及初史期之遺物；又檢覽殷虛甲骨，認識彼時人之思想、生活、文字諸端：始萌疑古之心。以種種因緣之湊合，乃決然以爲夏以前無可徵信；堯典等篇遂同時於我意識之中失其歷史上之地位，知孔子即使確有"祖述堯、舜"之事，亦不過證明當孔子時已有此理想中最高模範之堯、舜存在耳，與邃古史實無與也。十餘年來，恒聞人評我持論太悍，而不知既已吐納現代之空氣，即無法更接受傳統之史說，此實時代精神之自然表現，既非某某個人之力所能創，亦非某某個人之力所得沮也。堯典既非真唐、虞書，則其著作時代頓成問題。將以之與殷、周乎，則與甲文、金文不相融合，且與彼時之政治觀念、地域智識亦全然矛盾。將以之與秦乎，固有許多符同之點，然彼時初以武力統一，創鉅痛深，强笑不歡，安得聞此盛世之元音？且秦皇創立制度猶未成功，改定曆法尤未暇爲，置之於此，尚覺不似。

更觀之漢初何如？高帝奮袂執銳，與天下豪傑逐鹿中原，既即帝位，一切襲秦，未遑訂立新制度也。淮南子氾論云："當此之時，豐衣博帶而道儒、墨者以爲不肖。"故雖有叔孫通、陸賈諸儒在朝，亦但以供驅使奔走而已。文、景之世，玄默無爲，儒生、方士雖屢唱改制之說，而終謙讓不行。堯典之文，置之於此，亦復不類。

自漢初休養生息六十餘年，"人給家足，都鄙廩庾盡滿，而府庫餘財；京師之錢累百鉅萬，貫朽而不可校；太倉之粟陳陳相因，充溢露積於外，腐敗不可食；衆庶街巷有馬，仟伯之間成群"（漢書食貨志），蓋至此時而人民乃得儘量享受承平之樂。民間生活既滿足若此，於是心神鼓舞，"縉紳之屬皆望天子封禪、改正度"（郊祀志）。故武帝之得以建卓絶之武功，開絢爛之文學，定博大之制度，實時代有以促成之。彼封禪矣，巡狩矣，改曆矣，肇州矣，濬川矣，興種種之禮樂矣。以堯典較之，何其類似之甚耶？故予以爲堯典者，武帝時縉紳之屬中心悅樂而形之於言，視武帝爲堯、舜者也。（正猶方士視武帝爲黄帝，説見後。）至帝季年，由於彼之好大喜功，民力已屈，財用已竭，向之歡愉忽焉消失，又不能爲此矣。

夫分州何以不行於秦，又不行於漢初，而至武帝時始爲之？改曆何以不行於秦，又不行於漢初，而至武帝時始爲之？此中消息，不幾漏出堯典著作之真實時代乎？

予持此論，自知移其時代過後，不易爲人所信。且當時史料傳者無多，亦不能獲得真實之憑據。凡我儕考訂古籍皆在暗中摸索，扣槃捫燭，實爲常態，故罅漏必不能免。惟既已提出問題，則討論有一中心，或得遇意外之進展；若其不也，則亦只得徐待新材料之發見而解決之。故予出此論，非敢自謂定見，但以爲有十之六七之可能性而已。今將三君所質解答於下，幸更進而教之！

交趾之名，漢前固已有之。但"交趾"而與"朔方"對舉，則爲武帝時分州之事實。"朔方"固可以解爲北方，但與"嵎夷""南交"對立，則非虛位而爲實地。墨子節用中及韓非子十過俱以"交趾"與"幽都"爲對文；惟大戴禮記少閒則以"朔方""交趾"相對，與堯典同，大戴禮之書固不及墨、韓爲古也。至"春與夏交"之説，直是夢囈，試問誠若此，則羲叔將如何而"宅"之乎？

心史先生謂："古言南方即概以'雕題交趾'，何必越南！"又謂"漢武稱先則古，已抵越南，猶襲古稱爲交趾"，以見"南交"之不必甚南。然堯典開首即言"光被四表"，足徵在作者意中，堯之幅員實至四極。又羲仲宅暘谷，和仲宅昧谷，暘谷日出處，昧谷日入處，已至東西之極；豈東、西至極而南、北不至極乎？故"南交"者南之極（漢武於越南立日南郡，即視爲極南之證），"朔方"者北之極也。夫朔方爲北之極，固漢武以前所未有者矣。

貞一先生謂秦以水德王，數以六爲紀，故十二州應屬於秦。然秦但立郡，未有設州之傾向也。漢初天子僅有十五郡，亦無設州之必要。自景帝削弱七國，武帝開廣三邊，始成爲時代之需求，而武帝詔書中亦屢以古之州名概括諸郡。十二之數固與武帝置十三州不合，然在太初元年正土德以前，漢固與秦同爲水德，亦未嘗不可用以爲紀也。按武帝元朔二年（公元前一二七）始有朔方地，元狩元年（前一二二）始通西域，元鼎六年（前一一一）平南粵，置九郡，元封二年（前一〇九）降滇，以爲益州郡，元封三年（前一〇八）平衛滿，置四郡，此二十年中，武功彪炳，亘古未有，地域日以廣，斯分州之需要日以增，舊有之九州説亦寖失其限制之力，而"益州"一詞又爲州名之初見，意者十二州之説殆始出於此時乎？

堯典作於漢武之世，則作者與司馬遷同時。堯典作於漢武制度大備之後，則成篇與史記同時。以幼即受書之司馬遷，厥協六經之史記，能收此晚出之作乎？斯誠一大問題，於事似不可通。然彼時之書籍尚在不固定之狀態中，發見遺書尤爲欣欣樂道之事；以今文太誓之不典，與周、秦諸子所引絶異，而既已發得，即以立於學官，他可知矣。況彼時經籍，各家互異，堯典一篇，儘可傳者相殊，而統整於一個認爲最滿意之本。時至後漢，尚有賄改蘭臺漆書者，況以武帝時盛大之規模，力足陶醉一世之人心，有不鼓動文人將實現於眼前之理想事物插入舊傳之書乎！司馬遷在當時，歷史知識固爲最多，其搜集史料務求雅馴，亦不能不佩其視前人爲進步；然堯典之文固極雅馴，在其雅馴之標準下所必不當廢者也。豈如今日史家然，別雅馴爲一事，真實爲又一事哉？且司馬遷作封禪書，對於方士之譸張爲幻備致揶揄，可謂已根本不信。其記公孫卿語曰：“今年得寶鼎，其冬辛巳朔旦冬至，與黃帝時等。”又載卿之札書曰：“黃帝得寶鼎，……於是黃帝迎日推策。”此不過以汾陰得鼎，漢武迎至甘泉，遂啟方士紛紛託古之説，視漢武爲即黃帝耳。然黃帝本紀即因而記之曰：“獲寶鼎，迎日推策。”此非視公孫卿之言即爲黃帝之信史乎？此與彼作封禪書之旨毋乃衝突？究其所以如此，則以判卿言“仙登於天”爲不經，而“迎日推策”爲雅馴，但得合於雅馴之條件即視爲合於規格之史料也。彼作五帝本紀，幾將五帝德一篇全部收入；然獨删“黃帝三百年”及顓頊“乘龍而至四海”，帝譽“春夏乘龍”諸語，無他，亦以其不雅馴而已。故不雅馴（神話的）則去之，雅馴（人生的）則存之，其所以審擇史料之術實至簡單。以堯典之雅馴，雖多晚出之文（並非晚出之篇），豈有不録者哉！且迎鼎之事在元鼎四年（公元前一一三），公孫卿信口之説必在其後，而赫然載於史記之首，則城朔方在元朔三年，平南粵在元鼎六年，據以撰成之文安得不可録乎？史記之屬草雖始於元封二年（前一〇九），然天漢三年（前九八）受腐刑時尚未成書，則必寫竣於太始、征和（前九六—前八九）之間，距制度大定之日亦既十餘年矣，又何爲而不可録乎？故竊謂今本堯典雖出於漢武之世，並不礙於史記之收載。以本篇文辭之美，理想之高，其得統一諸本而垂爲定典，固非偶然事也。

　　又有一事足爲堯典録入五帝本紀之旁證者，則今文泰誓之録入周本紀是也。尚書序正義引劉向別録云：“武帝末，民有得泰誓書於壁內者，獻之；與博士使讀説之。”論衡正説篇云：“孝宣皇帝之時，河内女子發老屋，得逸易、禮、尚書各一篇，奏之。宣帝下示博士，然後易、禮、尚書各益一篇，而尚書二十九篇始定矣。"此所益之尚書一篇蓋即泰誓，故經典釋文叙錄云："漢宣帝本始中，河内女子得泰誓一篇。"是則泰誓之出有武帝末與宣帝初之兩説，此兩説雖只差二十年，而均已屆史記成書後。依常識論之，必無錄入史記之理。然而一檢周本紀，泰誓固宛然在目；不但周本紀有之，即齊太公世家亦取數語焉。將謂司馬遷有前知之術乎？抑泰誓既出，後之人讀史記而惜其不備，乃爲之增補者乎？史通古今正史篇云："史記所書，年止漢武，太初以後，闕而不錄。其後劉向、向子歆，及諸好事者若馮商、衛衡、揚雄、史岑、梁審、肆仁、晉馮、段肅、金丹、馮衍、韋融、蕭奮、劉恂等相次撰續，迄於哀、平間，猶名史記。"按此書所受竄益寧僅迄哀、平間耶！秦始皇本紀未有"孝明皇帝"之文，司馬相如傳末且直錄漢書之贊，可見至於東漢而此風仍未已也。即此觀之，史記所無者雖可以斷其本無，而其所有者實未可定其本有。則堯典即必不能爲史公所收，豈遂無他人代爲收入之機會哉！

　　至於中星問題，自慚不解天文，未能施斷。但觀夏小正云："五月，初昏大火中"，與堯典之"日永，星火，以正仲夏"合，疑堯典作者就此推出其他三時之中星。又夏小正中尚無二十八宿之觀念，而堯典有之，實爲堯典後于夏小正之證。故此四仲中星如確爲較早之星象，亦是夏小正之問題而非堯典之問題。況"觀測之日期若差十五日，則星次之位置可差十五度，推定之年代即可差至千有餘年。又觀測之時刻若差一小時，星宿之位置亦將行過十五度，所估之年代亦可差至千餘年"（竺可楨先生説）。是則堯典中極簡略之記載，固未當即以確定其時代之古也。

　　撥冗書此，言不盡意。願三君與讀者共指正之！

　　　　　　　　　　　　　　　廿三，十二，廿六。

附

勞榦：再論堯典著作時代 *

頡剛先生：

　　讀禹貢中討論，於堯典問題賜教諄諄，深感；但仍有所疑，謹瀆陳之。

　　竊以爲從文辭氣象而定時代，未能甚允，列國秦之石鼓，始皇之刻石，王莽及後周之詔令，蓋亦無不肅雍輯睦，有盛世規模。堯典爲儒者理想世界之一種建國大綱，固難以其氣象而定其成書時之治亂也。堯典自成篇以後叠有增飾，至秦而大備，此本古人著書成例，與作僞無關（衛聚賢君謂爲伏生在漢初受書時所爲，非）；若謂長時間所成之理想制度可表現一時治亂，恐未必然。

　　交趾一名泛稱南服者，始于墨子，其他諸子襲之，稱南方人種者始于王制（王制稱"雕題交趾"，蓋沿襲趙策楚詞"雕題黑齒"而誤），而實指一地方者則始趙佗（史記索隱），從未有與朔方對稱者。自衛青辟地千里，漢武爲紀其殊功，方之南仲，始設朔方郡，乃因事制名，非其舊也。元光策賢良方正詔，尚渠搜交趾對舉，是武帝本人亦不及料以後有交趾朔方對舉者，武帝以前之人更何待言？先生稱朔方一名爲後人增入者，可謂鐵律。史記之"北方"，蓋原文也。其與朔方相對之"南交"正堯典闕文處，鄭康成固已疑之。依墨子、韓非、淮南等書交趾幽都對舉之例（史記五帝本紀交趾幽陵對舉亦與此同義），原文或當爲"宅南方曰交趾"與"宅北方曰幽都"相對，其非漢武以後所作可知。

　　秦雖未設州，但監郡御史已爲漢代州制之濫觴。漢代儒生欲

＊　原載禹貢半月刊第二卷第十期，1935年1月16日。

改刺史爲州牧，秦之儒生恐亦未嘗不可欲於郡上置州也。九州雖較古，但以六紀之郡制不能平均分配，則削足適履，改九數爲十二，以幾世主從而行之，事當非妄。漢興雖定爲水德，但文帝時張蒼已就緯，賈誼公孫臣皆主土德，則其時學風亦可概見，若爲漢人所改，應不如此。（先生以"二十有二人"爲九州、九官、四岳，本堯典原文，後未及改者，亦可與此參證，不相衝突也。）

漢書律曆志稱"五伯之末，史官喪紀，疇人子弟分散，或在夷狄；故其所紀有黃帝、顓頊、夏、殷、周及魯曆。戰國擾攘，秦兼天下，未皇暇也，亦頗推五勝，而自以獲水德，乃以十月爲正，色上黑"。是秦雖未定新曆，但亦非不注意曆法也。堯典本儒者理想所寄，其所增改，雖有故使合於時制，期於實行，然時制所無，固亦非不可提出。否則禪讓之事，於秦於漢，兩無所徵，則當日儒生豈不當刪去乎？

堯典討論本自先生始，以上所論雖屬第三種意見，亦由先生前所討論者衍變而出，想不至甚悖也。如有未當，仍乞有以正之。

顧頡剛附記

數旬以來，工作較多，體又不支。得此書，中心頗有欲質正者，而不得寫。因先以此函發表，待他日之討論。

廿四年一月十一日，頡剛記。